全新版

深度玩透信用卡实战手册

华天财经 编著

中国铁道出版社有限公司
CHINA RAILWAY PUBLISHING HOUSE CO., LTD.

内 容 简 介

一本信用卡深度实战手册，从信用卡的申办、开通、激活、管理、使用等方面，结合网上银行、手机银行、微信银行、各行信用卡 APP、蚂蚁花呗、京东白条等平台，以切身经历进行详细讲解，帮助新手用户快速成为信用卡高手。

全书共分为 12 章，具体内容包括：全新感受，信用卡精彩之处；新手须知，信用卡必备常识；选卡有道，适合的才是最好的；办卡攻略，申请、领取与激活；一键搞定，网银手银轻松玩；掌上 APP，轻松管卡有高招；用卡如神，一卡在手走天下；增值服务，肥水不流外人田；提升额度，卡上越来越有钱；省心省力，还款轻松有妙招；安全用卡，避免违法受损；征信查询，做好信用维护等内容。

本书案例丰富，实战性强，适合对信用卡感兴趣的个人用户、商家机构等。

图书在版编目（CIP）数据

深度玩透信用卡实战手册：全新版 / 华天财经编著 .—北京：中国铁道出版社，2018.1（2022.1 重印）

ISBN 978-7-113-23655-7

Ⅰ．①深… Ⅱ．①华… Ⅲ．①信用卡－基本知识－中国 Ⅳ．① F832.46

中国版本图书馆 CIP 数据核字（2017）第 206453 号

书　　名：深度玩透信用卡实战手册（全新版）
作　　者：华天财经

责任编辑：张亚慧　**编辑部电话：**（010）51873035　**邮箱：**lampard@vip.163.com
封面设计：MXK DESIGN STUDIO
责任印制：赵星辰

出版发行：中国铁道出版社有限公司（100054，北京市西城区右安门西街 8 号）
印　　刷：佳兴达印刷（天津）有限公司
版　　次：2018 年 1 月第 1 版　2022 年 1 月第 4 次印刷
开　　本：700 mm×1 000 mm 1/16　**印张：**25.75　**字数：**395 千
书　　号：ISBN 978-7-113-23655-7
定　　价：68.00 元

PREFACE

前　言

| 写作驱动

随着金融系统科技水平的不断进步，使用纸币的时代已经与我们渐行渐远，如今，刷卡消费时代的兴起，信用卡成为新时代消费的趋势。

而逐渐兴起的是各种管理信用卡的网络平台和移动平台，随着移动互联网的发展，各家银行已经在信用卡上进行布局，网上银行、手机银行、微信银行及信用卡管家 APP，还有新式的网络虚拟信用卡，如蚂蚁花呗、京东白条等都是移动互联网时代下的产物，无论是购物、买房、买车、旅游，还是日常的消费，信用卡都成为人们第一时间使用的消费方式，可以说，信用卡已经与人们的生活息息相关。

信用卡是必不可少的理财工具，本书从草根卡友、用卡小白的视角出发，通过通俗化的语言、精美的图片和丰富的实战案例，为不同层次的读者提供全面的信用卡知识，告诉你许多秘不外传的用卡技巧和鲜为人知的信用卡规定，帮助你快速成长为"卡神"，成就你的不凡理财生活。

本书中信用卡的图片均为当时登录的实际截图，由于各家银行的网站和 APP 平台界面会进行不定时地更新，但功能是一样的。因此，请以功能为主进行操作，另外，书中运用了多张信用卡账号，请根据操作的方法进行举一反三即可。

| 内容特色

全面的内容讲解：本书首先着眼于信用卡的基础知识，然后从信用卡的全新动态、使用新规、特色亮点、识别卡片、常用术语、信用卡用途、热门信用卡、信用卡类型、分期业务、认识提额、办卡途径等内容，全面、详细地讲解。

丰富的实战案例：书中安排了 5 大信用卡管理平台，以理论 + 实战的方式，从网上银行、手机银行、微信银行、蚂蚁花呗、京东白条、51 信用卡管理 APP、卡牛信用卡管理 APP、挖财信用卡管理 APP 等方面，用亲身经历进行了非常细致地操作讲解，让读者可以边学边用，产生共鸣，快速上手成为管卡、用卡高手。

完备的技巧解析：书中结合卡民们非常关注的信用卡难点及信用卡使用中非常受关注的技巧，从如何选择卡、快速申办卡、快速激活卡、如何查询账户、如何管理账户、如何分期付款、如何积分兑换、如何赚取积分、如何获得优惠、如何提升额度、如何轻松还款、如何用好信用卡、如何防范用卡陷阱、如何查询个人征信、如何维护个人信用等方面，帮助用卡者轻松玩转信用卡。

| 适合读者

一是广大的正在使用信用卡的用户。

二是从事信用卡相关行业的个人与公司。

三是有意于申请、使用信用卡的各类阶层、各个人群等。

四是新兴创业的个体老板、企业高管、政府媒体等人群。

五可以作为各类银行、信用卡机构培训、指导和沟通客户时的教材等。

| 作者售后

本书由华天财经编著。由于作者知识水平有限，书中难免有错误和疏漏之处，恳请广大读者批评、指正，联系微信：157075539。

编者

2017 年 8 月

目 录
CONTENTS

第1章

全新感受：信用卡精彩之处

随着人们生活水平的不断提高和对物质的不断追求，无论是上班族还是自由职业者，越来越多的人都开始使用信用卡，信用卡的普及让人们的消费理念和支付方式发生了前所未有的改变，几乎使用过信用卡的人都离不开了。

本章主要内容包括：

- 信用卡全新动态解析
- 信用卡使用新规分析
- 特色亮点，心中了然
- 不足之处，小心谨记

1.1 信用卡全新动态解析

《银行卡业务风险控制与安全管理指引》是由中国支付清算协会银行卡基支付工作委员会联合网络支付应用工作委员会、移动支付工作委员会制定的，其主要目的是维护银行卡市场秩序、保护各方的合法权益。本节将重点介绍《银行卡业务风险控制与安全管理指引》中关于信用卡的新规定。

1.1.1 进一步加大批卡难度

《银行卡业务风险控制与安全管理指引》的第三十三条规定如下：

发卡银行在发行信用卡时要谨慎发展无稳定工作和收入的客户群体。对信用状况不易辨别而确有用卡需求的部分客户群体，要采取抵押、担保和质押等方式发卡。

申请人所填收入或资产无法核实部分可不作为测算授信额度的依据。

【规定解析】： 也就是说，对于那些没有稳定的工作和收入来源的信用卡申请人来说，将很难获得银行批卡。

大部分的用户都有过申请信用卡结果被拒的情况，根据笔者了解的信息，即使有一份工作及公司证明，也是有可能被拒的。

要想提高信用卡的申请成功率，申请人最好准备以下材料。

（1）恰当的资产证明。对于大部分用户而言，第一次申请信用卡时的额度都比较低，而且成功率也相对较低，主要是因为银行没有用户的任何消费信用记录，对此银行为了降低产生坏账的情况，主要依靠查询用户的收入资产状况来决定。

图 1-1 所示为资产证明的六个方面。

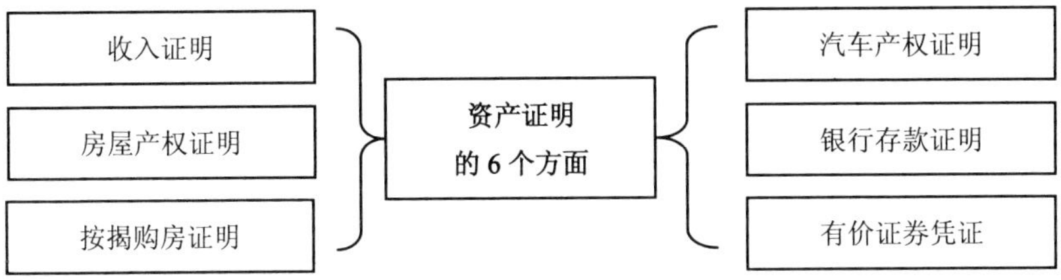

● 图 1-1　资产证明的六个方面

即使申请者完全没有这些证明，但是申请者拥有学历证书、技术等级证书及其他资格证书，那么成功的可能性仍然很高。有些工作无法直接提供收入证明，但是申请者确实有工作，而且是在大公司，那么几乎都能够申请成功。

如果工作无法直接提供收入证明，那么普通用户其实是可以适当地提高个人年收入金额，并将数据上报的，比如年收入 5 万元可以上报为年收入 10 万元。

申请者的年收入金额直接影响申请者信用卡的初始额度，如果申请者所在公司还属于影响力较大的公司，那么信用卡的下发会很迅速。

（2）填写的表格信息。表格信息中的各个方面内容都会影响银行对申请者的信用评估得分，而评估得分直接影响信用卡的申请成功率。

图 1-2 所示为影响评估得分的六个方面。

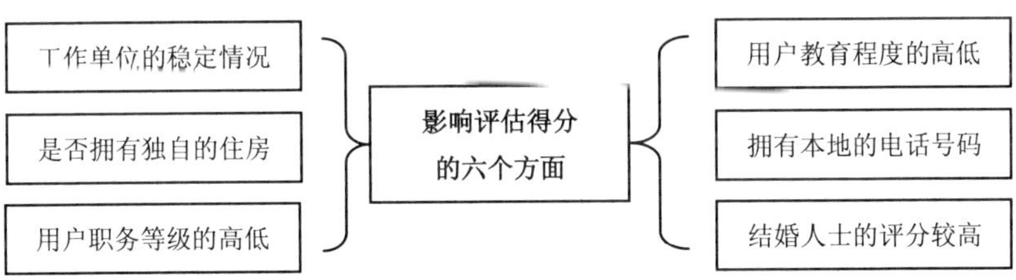

● 图 1-2　影响评估得分的六个方面

> 专家提醒：银行会根据申请人所提交的内容进行综合评估，表格信息是评估的重要方面，但是并非唯一方面，只是如果用户偏离这个标准过多，银行可能不会通过申请。

（3）良好的刷卡习惯。新手用户经常会听到“以卡办卡”的申请方式，这是因为银行在查询个人信息时，会查看用户已有信用卡的额度和等级问题，而信用卡等级很难修改，但额度却是可以靠刷卡的习惯来保持的，尤其是银行上调用户某张信用卡的永久额度时，会对用户申请其他银行的信用卡带来长远效果。

> 专家提醒：用户申请到某个银行的信用卡之后，要持续地保持良好的使用习惯，每个月的刷卡消费记录最好不要低于 10 次，同时刷卡额度较可能地高一些。
> 除此之外，用户还可以根据实际情况合理地进行理财规划，时常消费，按时还款，不要产生还款延期记录。

1.1.2 申请人需提供亲自签名

《银行卡业务风险控制与安全管理指引》的第三十四条规定如下：

信用卡申请材料必须由申请人本人亲自签名。发卡银行受理的信用卡附属卡申请材料必须由主卡持卡人以亲自签名、客户服务电话录音、电子签名或持卡人和发卡银行双方均认可的方式确认。

对在本发卡银行申请首张信用卡的客户，发卡银行要对客户亲访亲签，不得采取全程自助发卡方式。亲访是指发卡审核人员或营销人员采取面谈、上门和电话等多种方式，访问申请人本人，并在申请表受理栏注明亲访事项。亲签是指发卡银行柜面受理人员或营销人员要亲自见到申请人本人签名，并在申请表受理栏注明亲自见到申请人本人签名。

信用卡申请人有以下情况时，应从严审核，加强风险防控，审核可采用电话审核等方式：

（一）在联网核查公民身份信息系统中留有相关可疑信息或违法犯罪记录；

（二）在征信系统中无信贷记录；

（三）在征信系统中有不良记录；

（四）在征信系统中有多家银行贷款或信用卡授信记录；

（五）单位代办商务差旅卡和商务采购卡；

（六）其他渠道获得的风险信息，其他渠道包括但不限于行业协会、银行卡清算机构等主体建设运营的风险信息管理系统。

各发卡银行也可根据自身的风险管控水平和风险偏好，对风险程度较高的特殊行业人群加强资质审核。

本指引所称银行卡清算机构，是指经中国人民银行批准，通过设立银行卡清算标准和规则，运营银行卡业务系统，为发卡银行和收单机构提供银行卡交易处理，协助完成资金结算服务的机构。

【规定解析】： 简单来说，就是信用卡的申请材料加强了个人信用的审核部分，而且将重点严审首次申请信用卡的用户。由此可见，个人征信在当今已经显得越来越重要，成为人们的“第二张身份证”，而且还间接地体现了人们的信用价值。

1.1.3　不允许代办信用卡

《银行卡业务风险控制与安全管理指引》的第三十五条规定如下：

申领信用卡必须由申请人本人持其身份证件原件亲自办理，不允许其他个人代办（主卡持卡人代办附属卡除外）；禁止单位代办信用卡（单位代办商务差旅卡和商务采购卡除外）；法律法规另有规定的除外。

禁止单位代办信用卡，是指以下情形中的一种或几种：

（一）在本单位员工不知情或不同意的情况下强行为员工指定发卡银行；

（二）信用卡申请人不是本单位员工本人或者申请人与持卡人不一致；

（三）信用卡申请表上签名确认者与持卡人不一致；

（四）某独立的中介单位为其他单位营销办卡。

【规定解析】： 这条规定对代表信用卡做了非常严格的表态，那就是严令禁止，申领信用卡必须本人亲自申请。

1.1.4　五类发卡行为被禁止

《银行卡业务风险控制与安全管理指引》的第四十条规定如下：

发卡银行不得有以下行为：

（一）在客户不知情或违背客户意愿的情况下发卡；

（二）营销人员向客户承诺发卡；

（三）营销人员以快速发卡、以卡办卡、以名片办卡等名义营销信用卡；

（四）信用卡申请材料出现漏填必（选）填信息或必选选项、他人代办（单位代办商务差旅卡和商务采购卡、主卡持卡人代办附属卡除外）、他人代签名、申请材料未签名等情况时，核发信用卡；

（五）信用卡申请材料出现疑点信息、漏填审核意见、各级审核人员未签名（签章、输入工作代码）或系统审核记录缺失等情况时，核发信用卡。

【规定解析】：在信用卡发卡过程中，银行将加大审核力度。另外，对于信用卡营销人员的口头承诺，用户也不要轻易相信，并且还需要仔细阅读相关的条款，以免落入陷阱。

1.1.5 加大学生卡申请门槛

《银行卡业务风险控制与安全管理指引》的第四十一条和第四十二条规定如下：

第四十一条

发卡银行不得向未满十八周岁的客户核发信用卡（附属卡除外）。

向符合条件的同一申请人核发学生信用卡的发卡银行不得超过两家（附属卡除外）。

在发放学生信用卡之前，发卡银行必须落实第二还款来源，取得第二还款来源方（父母、监护人或其他管理人等）愿意代为还款的书面担保材料，并确认第二还款来源方身份的真实性。在提高学生信用卡额度之前，发卡银行必须取得第二还款来源方（父母、监护人或其他管理人等）表示同意并愿意代为还款的书面担保材料。

发卡银行应按照审慎原则制定学生信用卡业务的管理制度，根据业务发展实际情况评估、测算和合理确定本行学生信用卡的首次授信额度和根据用卡情况调整后的最高授信额度。学生信用卡不得超限额使用。

第四十二条

发卡银行应在本行网站上公开披露与教育机构以向学生营销信用卡为目的签订的协议。发卡银行在任何教育机构的校园内向学生开展信用卡营销活动，必须就开展营销活动的具体地点、日期、时间和活动内容提前告知相关教育机构并取得该教育机构的同意。

【规定解析】：进一步加大了学生申请信用卡的难度，这有助于控制学生的不良刷卡习惯。当然，对于确实有需求的学生来说，还是可以选择办理儿童信用卡或者留学生信用卡等特殊卡种。

1. 儿童信用卡

儿童信用卡是专属类型的信用卡，其他用户不可申请。五大国有银行中的工商银行、中国银行、交通银行都有推出儿童信用卡。图 1–3 所示为三大银行儿童信用卡的服务功能。

工商银行	可存取款、消费、转账等，也可账户变动提醒、消费限额
中国银行	实现存取款、消费、转账等功能，可实现代收代缴功能
交通银行	用户可以存取款、消费、转账等，还可以开通网银支付

• 图 1–3　三大银行儿童信用卡的服务功能

儿童卡的办理只需凭本人的户口簿及监护人的有效证件即可，与其他信用卡相比，儿童信用卡的功能较少，但具备存取款、消费、转账等基本服务功能。

2. 留学生信用卡

随着出国留学在便利性上进一步提高，国内出国留学热潮依旧在持续增长中，多家国内银行紧盯留学生金融服务这一市场，向留学生推出信用卡海外消费服务。从留学生的角度而言，信用卡有以下三个优点。

（1）使用便捷。留学生拥有的信用卡，至少都是双币信用卡，部分甚至是多币信用卡，不仅能够在国外刷卡、取现，而且还可以便捷地完成国外假期旅游。在国外，信用卡的使用范围要更加广泛，大部分消费都能够通过信用卡完成，甚至可以用信用卡来给服务者小费。

（2）控制消费。低龄的留学生可由家长申请主卡，然后留学生本人持有附属卡，留学生在境外的全额消费都由境内的家长来还款。

> 专家提醒：让低龄的留学生使用信用卡，同时家长有限度地对其进行消费控制，这也有利于帮助其建立良好的消费习惯，尽早培养理财意识。
> 大部分家长都会为孩子办理海外信用卡的附属卡，但是留学生在国外也可以凭借留学生的身份申请所在国的信用卡。

（3）积累信用。在消费时代，每个人的信用记录都非常重要，因为信用记录直接影响到用户买房、买车时申请贷款是否能够得到通过。但凡与银行打交道的事情，提供一份良好的个人信用记录都能够事半功倍。

除了国内的信用卡消费记录能够积累信用之外，留学生在国外申请的信用卡同样能够帮助用户积累信用。由于信用卡在全球都普遍具有适用性，所以留学生在国外申请信用卡并非难事。

1.1.6 收取超限费必须授权

《银行卡业务风险控制与安全管理指引》的第四十四条规定如下：

信用卡未经持卡人申请并开通超授信额度用卡服务，不得以任何形式扣收超限费。持卡人可以采用口头（客户服务电话录音）、电子、书面的方式开通或取消超授信额度用卡服务。

【规定解析】：在一个账单周期内，如果用户使用的某张信用卡的累计信用额度超过实际核准的信用额度时，对于这些超额部分用户需要缴纳一定比例的超限费。

当然，这种情况是比较少见的，通常出现在节假日零时提额并使用超限额度，或者应付利息、滞纳金等欠款超过授信额度导致超限费产生。

第四十四条对于超限费的收取做了明确的规定，即银行未经授权不得征收超限费。当然，用户也必须随时了解自己的授信额度情况，最好的方法就是通过手机银行或者网上银行进行查询。

1.1.7 未激活信用卡的收费规定

《银行卡业务风险控制与安全管理指引》的第四十九条规定如下：

发卡银行应建立信用卡激活操作规程，激活前应对信用卡持卡人身份信息进行核对。不得激活领用合同（协议）未经申请人签名确认、未经激活程序确认持卡人身份的信用卡。对新发信用卡、挂失换卡、毁损换卡、到期换卡等必须激活后才能为持卡人开通使用。

信用卡未经持卡人激活，不得扣收任何费用。在特殊情况下，持卡人以书面、客户服务电话录音、电子签名、持卡人和发卡银行双方均认可的方式单独授权扣收的费用，以及换卡时已形成的债权债务关系除外。

【规定解析】：从这条规定可以看出，对于大部分没有激活的信用卡来说，银行方面是不能随意收费的，当然这也不是绝对的。

> 专家提醒：对于绝大部分用户而言，通过电话服务中的自助服务来激活信用卡是最适合的，既节省时间，又提升效率。
> 银行针对网络平台申请信用卡的用户，要求用户必须带着信用卡及证件到柜台办理激活，不能通过其他激活方式来激活信用卡，主要是为了保障用户的信用卡安全问题，防止不法分子通过网络的虚假信息申请信用卡。

1.2　信用卡使用新规分析

2016 年 4 月 15 日，中国人民银行发布《中国人民银行关于信用卡业务有关事项的通知》，并定于 2017 年 1 月 1 日起施行。本节将对《中国人民银行关于信用卡业务有关事项的通知》进行解读，方便广大信用卡用户和潜在用户了解。

1.2.1　利率标准

《中国人民银行关于信用卡业务有关事项的通知》中利率标准的具体内容如下：

对信用卡透支利率实行上限和下限管理，透支利率上限为日利率 5‱，透支利率下限为日利率 5‱ 的 0.7 倍。信用卡透支的计结息方式，以及对信用卡溢缴款是否计付利息及其利率标准，由发卡机构自主确定。

【规定解析】： 当用户在还款时如果多还了一部分钱，或者直接将信用卡当储蓄卡使用，将钱存到里面，这些钱就成为溢缴款。例如，用户只需还款 2 000 元，但存了 3 000 元到信用卡，此时多存的那 1 000 元就是溢缴款。

新规定对信用卡透支利率做了十分明确的规定，并采用了一定的波动值，对于发卡银行来说更加自由灵活，可以增加银行的竞争力度。

另外，信用卡溢缴款目前是没有利息的，但从《中国人民银行关于信用卡业务有关事项的通知》施行后，银行方面可以自主决定是否支付用户的溢缴款利息，这也是信用卡的一大变革。

专家提醒：在过去，溢缴款不仅没有利息，而且用户如果要取出这些溢缴款，还可能需要支付一定的手续费。

1.2.2　免息还款期和最低还款额

《中国人民银行关于信用卡业务有关事项的通知》中对免息还款期和最低还款额的具体规定如下：

持卡人透支消费享受免息还款期和最低还款额待遇的条件和标准等，由发卡机构自主确定。

【规定解析】：这条规定实行后，市场上可能会出现更长的免息还款期，以及最低还款额，这些对于用户来说都可能是好事。下面具体对比分析目前的情况及新规定的标准，如图 1-4 所示。

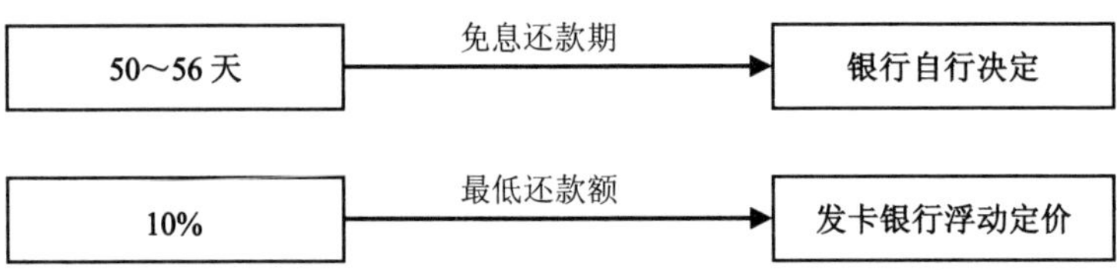

●图 1-4　免息还款期和最低还款额的变动情况

其实，现在已经有一些银行将最低还款额降低到了 5%，而《中国人民银行关于信用卡业务有关事项的通知》中的这些规定也顺应了市场的发展趋势。

1.2.3　违约金和服务费用

《中国人民银行关于信用卡业务有关事项的通知》中对违约金和服务费用的具体规定如下：

取消信用卡滞纳金，对于持卡人违约逾期未还款的行为，发卡机构应与持卡人通过协议约定是否收取违约金，以及相关收取方式和标准。发卡机构向持卡人提供超过授信额度用卡服务的，不得收取超限费。发卡机构对向持卡人收取的违约金和年费、取现手续费、货币兑换费等服务费用不得计收利息。

【规定解析】：以往，在信用卡到期还款日，如果用户的实际还款额比最低还款额低，则银行会收取最低还款额 5% 的滞纳金，最低收取 10 元人民币或 1 美元。新规定则明确取消了信用卡滞纳金，并将其改为通过协议的方式来收取违约金。

另外，对于信用卡年费、取现手续费等各种服务费用采取一次性单独收费模式，而且这些费用不得收取利息，具体分析如图 1–5 所示。

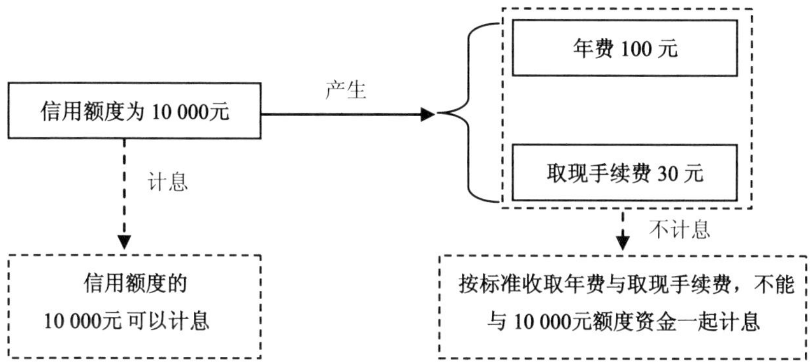

• 图 1–5　服务费用的收取方式改变

1.2.4　信用卡预借现金业务

《中国人民银行关于信用卡业务有关事项的通知》中对信用卡预借现金业务的具体规定如下：

信用卡预借现金业务包括现金提取、现金转账和现金充值。其中，现金提取，是指持卡人通过柜面和自动柜员机（ATM）等自助机具，以现钞形式获得信用卡预借现金额度内资金；现金转账，是指持卡人将信用卡预借现金额度内资金划转到本人银行结算账户；现金充值，是指持卡人将信用卡预借现金额度内资金划转到本人在非银行支付机构开立的支付账户。

持卡人通过 ATM 等自助机具办理现金提取业务，每卡每日累计不得超过 10 000 元人民币；持卡人通过柜面办理现金提取业务、通过各类渠道办理现金转账业务的每卡每日限额，由发卡机构与持卡人通过协议约定；发卡机构可自主确定是否提供现金充值服务，并与持卡人协议约定每卡每日限额。发卡机构不得将持卡人信用卡预借现金额度内资金划转至其他信用卡，以及非持卡人的银行结算账户或支付账户。

【规定解析】： 从前文中可以看到，《中国人民银行关于信用卡业务有关事项的通知》将信用卡预借现金业务分为现金提取、现金转账和现金充值 3 种类型，具体分析如图 1–6 所示。

现金提取	用户的每张信用卡每天可以通过银行柜面和 ATM 最高提现 10 000元。
现金转账	显而易见，用户可以将信用卡中的预借现金额度内资金转到自己的储蓄卡中，具体的转账额度由发卡银行和用户协议，这有点类似于消费信贷了。
现金充值	新规定实施后，银行可以自主决定是否提供现金充值业务。如果银行支持该业务，则用户可以将信用卡中的预借现金额度内资金转入支付宝、微信等非银行支付机构开立的支付账户，而目前是不允许的。

● 图 1–6　信用卡预借现金业务的调整

1.2.5　交易信息

《中国人民银行关于信用卡业务有关事项的通知》中对信用卡交易信息的具体规定如下：

银行卡清算机构应会同发卡机构和收单机构，严格按照银行卡业务相关监管规定，进一步完善信用卡交易业务规则和技术标准。各发卡机构、收单机构应真实反映、准确标识现金提取、现金转账和现金充值等业务类型，完整传输交易信息，确保交易信息的真实性、完整性、可追溯性及在支付过程中的一致性，便利发卡机构识别与判断风险，保障信用卡交易安全。

【规定解析】： 这一点又一次提到了交易安全，这也是广大信用卡用户关注的问题。无论是在线下用信用卡支付还是在线上用信用卡支付，用户都要尽量避免出现多次交易的情况。

比如线下刷卡支付时被工作人员告知密码不正确导致交易失败，那么持卡人先要在错误的交易凭证上确认，并且让工作人员取消该次交易，然后才能够重新进行交易，输入密码与签字确认等。

如果用户是在网上进行支付，那么要记住不要多次刷新交易的页面，尤其是密码输入界面，以避免平台会重复计算用户的支付行为，导致用户购买多次。

1.2.6 信息披露义务

《中国人民银行关于信用卡业务有关事项的通知》中对信用卡信息披露义务的具体规定如下：

（一）发卡机构应通过本机构网站等渠道，充分披露信用卡申请条件、产品功能、收费项目与标准、安全用卡知识和信用卡标准协议与章程等内容，并及时进行更新。

（二）发卡机构应在信用卡协议中以显著方式提示信用卡利率标准和计结息方式、免息还款期和最低还款额待遇的条件和标准，以及向持卡人收取违约金的详细情形和收取标准等与持卡人有重大利害关系的事项，确保持卡人充分知悉并确认接受。其中，对于信用卡利率标准，应注明日利率和年利率。

（三）发卡机构调整信用卡利率标准的，应至少提前 45 个自然日按照约定方式通知持卡人。持卡人有权在新利率标准生效之日前选择销户，并按照已签订的协议偿还相关款项。

【规定解析】：此次，中国人民银行对于披露信用卡相关信息做出了明确规定，即银行方面必须向用户进行详细的说明，从而进一步加大了对用户安全的保障。

> 专家提醒：另外，如果发卡银行要对利率标准进行调整，还必须提前通知用户，而且用户有权选择按照原订协议偿还款项后销户。

1.2.7 非本人授权交易的处理

《中国人民银行关于信用卡业务有关事项的通知》中对非本人授权交易处理的具体规定如下：

持卡人提出伪卡交易和账户盗用等非本人授权交易时，发卡机构应及时引导持卡人留存证据，按照相关规则进行差错争议处理，并定期向持卡人反馈处理进度。鼓励发卡机构通过商业保险合作和计提风险补偿基金等方式，依法对持卡人损失予以合理补偿，切实保障持卡人合法权益。

【规定解析】：这一点主要是针对过去一系列信用卡盗刷问题，第一次做出了官方的明文规定，以保障用户权益，具体方式如图 1-7 所示。

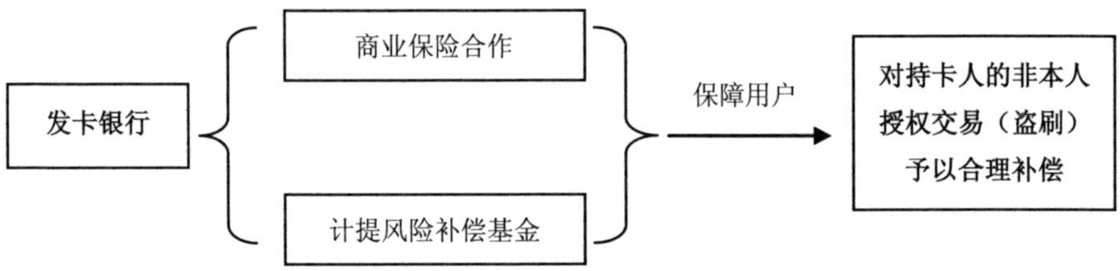

•图 1-7　非本人授权交易的处理方式

1.2.8　利率信息报送

《中国人民银行关于信用卡业务有关事项的通知》中对利率信息报送的具体规定如下：

发卡机构调整信用卡透支利率、免息还款期、最低还款额等相关标准的，应提前 60 天向人民银行报告。信用卡利率纳入人民银行利率监测报备系统按月进行填报（详见附件），应于每月 9 日前完成对上月数据的报送工作，起始报送时间为 2017 年 2 月 9 日前，填报 2017 年 1 月相关信用卡利率信息。其中，全国性银行报送人民银行总行；其他银行业金融机构按属地化管理原则，报送法人所在地人民银行分支机构。

【规定解析】：这一条主要是针对银行方面的信息调整要求，当然，对于用户来说，今后可以更早看到银行对信用卡透支利率、免息还款期、最低还款额等调整信息，及时把握自己的信用卡动态。

由此可见，国内的信用卡市场正在一步步走向规范，这些规则的修改、补充和完善，同时也会对未来信用卡市场的发展起到积极的作用。

1.2.9　信用卡业务自律管理

《中国人民银行关于信用卡业务有关事项的通知》中对信用卡业务自律

管理的具体规定如下：

充分发挥市场利率定价自律机制作用，对信用卡利率确定和计息规则等实施自律管理，维护市场正当竞争秩序。

中国支付清算协会应按照信用卡业务相关监管制度要求和本通知规定，建立健全信用卡发卡流程、使用管理和客户服务等自律机制，制定信用卡协议与章程推荐范本，保障持卡人合法权益，促进信用卡市场有序发展。

【规定解析】：启用信用卡业务自律管理，降低了政府对市场的干预作用，对信用卡业务的管理除了遵守国家立法中有某些必要的规定外，其他规则将交由发卡机构自行管理。

《中国人民银行关于信用卡业务有关事项的通知》的实现，将有效提升信用卡市场活力，并且为市场带来了更灵活的竞争机制，其主要作用如图 1–8 所示。

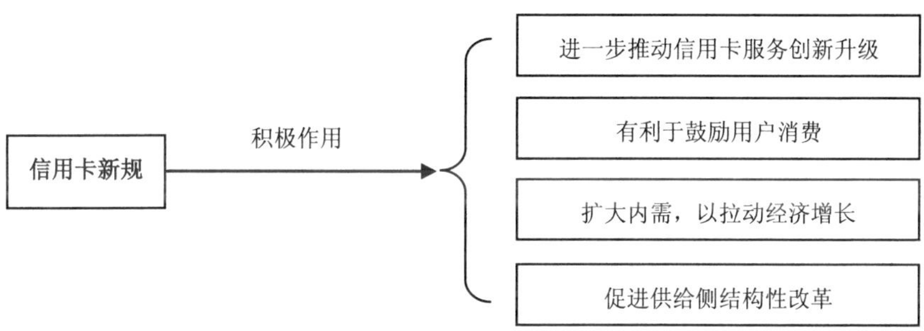

●图 1–8　信用卡新规的积极作用

1.3　特色亮点，心中了然

信用卡作为一款很受市场欢迎的金融产品，会有许多有利于持卡人的方面，否则不可能从国外风行到国内。所以通过信用卡的有利一面来谋利，就是“卡神”必做的一件事。

1.3.1　安全、便利

信用卡携带方便、安全，一旦丢失或被窃，持卡人只要及时通知发卡银行，即可不负担挂失一定时间以后的损失。

安全是因为信用卡在线支付方式虽然是由第三方支付公司提供服务，但是由于第三方支付公司都是和银行及信用卡组织合作，所以除了第三方自身的风险控制系统外，更有强大的银行风险控制系统和信用卡组织的信用卡数据库作为保障。

信用卡具有银行账户的特点，又比银行账户方便、快捷，具有多种功能。持有信用卡，如果需要转账，不一定要到开户银行去，持卡人可以在任何地方的发卡行的网点进行转账。

例如，笔者常常与几个同事搭伙吃饭，为凑零钱往往容易出现尴尬，爱面子的人会主动埋单，不过会有损聚餐的本意，让没掏钱的人过意不去。同事小张新办的一张银行卡具有 AA 制收款功能，只需输入收款姓名、账号、事由和总金额，然后填写需要 AA 付款成员的姓名、金额和手机号码，系统就可以自动生成短信，通知付款人，朋友回复短信即可付款。除了银行之外，第三方支付也正在开发用户的这个需求。例如，从支付宝网站也可以看到，该应用中心推出了“AA 收款”功能，页面显示，该业务推出至今，已吸引活动资金达 2.7 亿元。

另外，用户持有信用卡，如果需要转账，不论在何地收到现金，都可以直接在当地的发卡行的网点存入自己的信用卡账户中。不像一般银行账户，必须到开户银行进行存款。

持卡人在异地用款，可以在用款之前通知单位补足款项，马上使用，加速资金周转，避免占用资金。

1.3.2 灵活、快捷

笔者的好友静枫是金融行业从业人员，最近她办理了一张信用卡和一本存折，“很多人都认为信用卡只能用来刷卡消费，进行积分兑换享受优惠活动。其实不然，信用卡的透支功能对有理财投资渠道的人来说，是一个很好的选择。”

当笔者问及她信用卡和存折哪个比较好时，静枫只是说道：“信用卡比存款理财更加方便。”她的做法是每月发薪水的时候把现金预留下来存入存折，日常的生活消费尽量去能刷信用卡的地方，再把现金用于购买理财产品、炒黄金、股票等。由于具备一定的市场判断力，因此她获得了收益。

随着银行卡的普及，存折已经渐渐淡出了人们尤其是年轻人的视线，“信用卡”和“存折”各自的主要特点，如表 1–1 所示。

表 1–1 “信用卡”和“存折”各自的主要特点

主要特点	存折	信用卡
便捷性	存折是一个小册子，每次办理业务都要去银行柜台，受银行营业时间的限制，且不方便随身携带	信用卡是一张卡片，携带方便，被称为“塑料货币”，可以直接刷卡消费，办理业务不受时间和空间的限制，并且可以在网上进行一些操作实现各种无纸化交易
账目清晰度	存折每笔交易都有详细的记录	可以随时通过电话查询自己的信用额度，如果开通了短信业务，每次消费都会及时以短信的形式通知
费用	存折是免费的	信用卡是要收取工本费和年费，取款要收取一定的手续费
安全性	存折比较安全	信用卡只要保管好，密码不外泄，也非常安全

采用信用卡办理异地转账结算不受地点、单位和金额的限制，可自由挑选客户，看准时机成交付款，掌握付款的主动权。持卡人到异地联系办理结算时，只要在单据上签字确认所转账的金额，即使对方的账户开在其他银行，同样也可以通过交换的方式将货款转到开户银行。另外，使用手机即可随时查询办卡寄送进度、积分兑换、修改个人资料等，如图 1–9 所示。

●图 1–9 用手机即可随时查询信用卡信息

1.3.3 干净、卫生

肖先生因为工作需要经常出国，而国外通行的大部分都是信用卡，因此他渐渐习惯了在国内也用信用卡消费。

谈到最主要的原因时，肖先生说道："出门在外时，我会尽量避免带现金，一是不安全，二来也不卫生，现金钞票不知经过多少人接触，携带很多病菌，在国外还是刷卡比较放心。"

信用卡除了自己使用外，接触的人就只有几个收银员，众所周知，现金在流通过程中不可避免地会沾染各类细菌和病毒，而受理信用卡则可以有效减少细菌和病毒的传播机会，创造了一个安全、卫生的消费环境。信用卡用脏了，可以用酒精球擦拭卡面（签名条不可以擦拭），如果卡片损坏或是卡片磨损较严重，也可以致电发卡行要求重新换新卡。

1.3.4 随时获得信贷

"原来信用卡除了可以透支和提现之外，还可以用来贷款。"王女士接到银行电话之后颇为兴奋，她近日正计划装修，手头上的资金还差 40 000 元左右才够装修款，正愁"无米下锅"时却接到了所持信用卡所在银行的电话。

王女士来到银行后，工作人员为她做了具体的信贷方案：王女士的透支额度刚好是 20 000 元，预借现金额度是 10 000 元；另外，银行方面刚好有活动优惠，总的加起来，王女士可以获得 40 000 元的预借现金额度。

对于那些支付不足或者不愿用自己手头的现金付款的消费者来说，使用信用卡可以方便地从发卡行获得贷款。

获得信贷是信用卡数量迅速增加的主要原因之一。信用卡可使得消费者自由地使用信贷，而不必到银行去申请需要按月偿还的贷款。使用信用卡，可以在到期日全部付清借款，或者在一定时期内偿还规定的最低限额。

信贷的办理流程非常简单，只需三步即可，如图 1-10 所示。

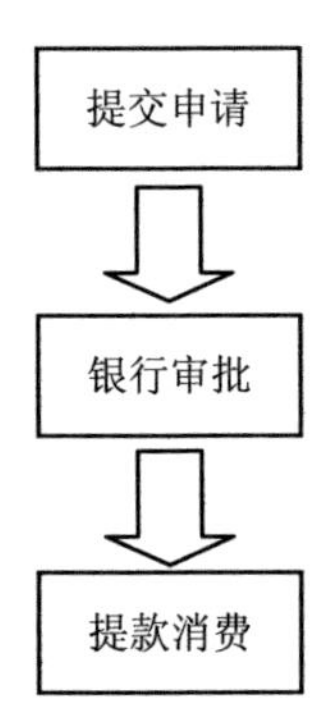

● 图 1-10 信贷的办理流程

1.3.5 获取增值服务

笔者的好友白小姐在旅行时搭乘的汽车发生交通事故，导致其腿部骨折，在接受初步治疗后，她又回当地医院进一步治疗。

“司机当时态度很好，我觉得可以大事化小，所以在对方陪我就医、赔偿我医疗费用后我也没有进一步追究，连出事的凭证都没有留下。”白小姐事后有些后悔。

其实，白小姐早在 3 年前就办理了一张附带保险功能的信用卡，其中的一项服务是提供出行交通意外保障。

直到现在，白小姐才想起她有这样一份保险，作为乘客，当交通意外伤害后可获得最高 5 000 元的赔偿金，“其实回来后我自己也付了不少医疗费，现在要理赔根本不可能了，只怪自己忘了这份保单。”对于每天在身边的这张信用卡，白小姐懊恼自己没有进行多了解。

> 专家提醒：如今，提供保险保障服务的信用卡为数不少，常见的提供交通意外保障、旅行意外保障，较为特别的有健康保险，比如广发真情卡持卡人可自由在女性健康保险与重大疾病保险中选择一项保险。女性健康保险金卡保额 30 000 元、普卡保额 10 000 元；重大疾病保险金额保额同样为 30 000 元、普卡保额 10 000 元。当实际生活中，多数持卡人拿到卡片后，对自己享有的权益并不了解。不同的信用卡在很多持卡人眼中并无差别，卡片附带的增值服务往往容易被忽视。

很多持卡人的钱包中会有两张以上的信用卡，它已经与我们的日常生活密不可分。那么，信用卡除了办理正常的结算消费类业务外，比如刷卡消费、网上购物及各种理财结算业务等，是否还有其他的用途呢？

其实，银行推出的各种信用卡，都附带着一些增值服务，这些服务就像在超市买折扣商品一样，买得越多越划算。例如，使用某家银行的信用卡看电影或在指定的餐厅用餐及商场消费都能享受打折优惠，有时也会为持卡人举办各种主体活动和展会等。

据悉，各银行推出的服务可分为七类：现金回报、抽奖、购物折扣、免费保险、旅行服务、个人理财报告等一些增值服务。

例如，中信私人银行打造了五大俱乐部：健康俱乐部、投资者俱乐部、未来领袖俱乐部、艺术鉴赏俱乐部和高尔夫俱乐部；中行、民生等私人银行购入了私人飞机、游艇，供客户享用；工商银行推出了私享系列名家讲座、高尔夫系列活动、文艺时尚活动及为客户打造专属杂志等。

另外，为了满足不同类别客户的需求，现在各家银行也都相继推出了具有专属增值服务功能的银行卡。针对自驾游和经常往返京郊的客户，华夏银行推出了 ETC 速通卡，客户不仅能够使用高速公路 ETC 专用的收费通道，而且还能够享受通行费 9.5 折的优惠。同时该卡还具备普通银行卡的各项功能。

专家提醒：笔者从当地多家银行了解到，绝大多数增值服务都是免费的，但并非面对所有客户。另外，每家银行都会说自己有各种各样的增值服务，但是不是真有，服务如何只有试了才知道。

1.3.6　刷卡拒付率低

信用卡不存在资金被冻结的情况，因此刷卡拒付率非常低。即使是对于做仿牌的客户，也不用担心国外的拒付，因为在信用机制健全的欧美等主流信用卡消费地区，信用卡消费拒付不但需要持卡人到持卡行进行办理，而且要出示相关的证据，同时若拒付了，会降低持卡人的信用评价，信用体系直接影响到持卡人的车贷、房贷等贷款问题。从多方面考虑，消费者是不会轻易拒付的。据 VISA、Master 卡信用卡组织调查显示，拒付率一般在 5‰以下。

1.3.7　尊贵身份独享

持卡人在申请信用卡时，可根据自己的资产能力申请不同类型的信用卡（如白金卡），而各银行对持卡人的信用记录和个人资产评估后，若符合条件则给持卡人核发高级别信用卡。一些高级别信用卡的透支额度相对于普卡、金卡来说会高很多，同时高级别的卡也是体现持卡人尊贵身份的象征，在很多场合使用高级别的卡消费能享受到一些普通卡没有的服务和优惠。

1.3.8　培养理财意识

如今，随着通货膨胀日益加重，就业保障和经济基础成为幸福感的直接来源之一。在保证一定水准优质生活的前提下，减少负债是构建稳定经济基础的重要方法。信用卡的出现和应用打破了人们一贯以来的消费习惯，促进了提前消费行为的普及，帮助缓解资金压力，使消费行为平均而稳定，最大程度实现了金钱的有效应用，是一种良好的消费行为习惯，也是培养理财意识的一条最佳途径。

1. 指导理性消费

狄先生在某网站做频道主编。他刚工作时，因为自己的钱由自己做主，经常和朋友们出没在酒吧、KTV，结果成为“月光族”。

后来，狄先生认识了一个心仪的女孩，为了追到她更加入不敷出了，直到沦落到要向父母借外债的地步。因此，狄先生的父母教他通过算账来控制自己的收支平衡，狄先生灵机一动：不如用信用卡来代替记账。

此后，狄先生去餐厅刷卡，买花刷卡，选购 CD 也刷卡，就是去超市买生活用品还是照刷不误。每月银行都会给他寄一份月结单，上面详细列出了他的每笔消费支出。如果这个月购买服装超支了，那么下个月就省着点用；这个月省下几百块，那么下个月就可以提前透支买一个 MP3 来奖励自己。

没想到，从此之后他不但把女朋友笼络得牢牢的，也不再伸手向父母借外债，每月还多出几百块可以灵活使用。而随着信用卡消费越来越普及，相信今后他的账目将算得更细致。

理财除了开源还要学会节流。既然是信用卡，当然消费是最大的用途，保留好每次消费的签购单据，在与银行对账单对账的时候，逐笔核对，逐笔分析，笔者每次对账就是一次个人消费的大检查，对账完毕也就知道自己有了多少不理性的消费行为，哪些该消费、哪些可以延后消费、哪些根本就不应该消费马上做到心里有数，慢慢地购物消费变得容易控制。

2. 巧用免息期赚取利差

信用卡都有免息期，也就是银行为鼓励消费给客户提供的可以延迟付款的优惠，既然是对自己有利的事情当然要充分使用。

其实，笔者研究发现，普通的上班族只要巧妙利用信用卡与货币市场基金的特点，也可以发点小财。例如，买卖货币市场基金一般都免收手续费，而且认购费、申购费、赎回费都为零。

具体方法为：上班族可以利用信用卡多达一个月的免息期，领到工资后不要着急还款或存银行，而是去购买货币市场基金，然后在免息期内通通用信用卡消费。等到了信用卡免息期结束的前两天，再将货币市场基金赎回去还款。由于跟银行签了到期全额还款的协议，到期自动扣划还款，所以银行从你手里根本赚不到透支利息。

这样既赚了货币市场基金的年收益，又赚了信用卡不少的积分，还可以换礼品，多合算。假设货币基金的年化收益率为 3.45%，按此计算，10 000 元资金在 20 天和 56 天的周期中，货币基金中所产生的收益分别为 19.17 元和 53.67 元。如果存为银行活期，收益仅为 2.78 元和 7.08 元，两者收益率相差近 10 倍。

另外，现在一些基金公司开始与银行联合发行信用卡，货币市场基金可以设定在固定日期自动赎回转入信用卡还款账户，让这样的“套利”行为更方便了。因此，持卡人不但可以利用银行各类短期理财，使刷信用卡消费利益最大化。

> 专家提醒：目前，国内银行信用卡中心每月都会寄来信用卡账单或者电子账单，但如果信用卡一多，管理这些信用卡账单就成为难题，因此持卡人还可以利用财务软件解决该难题。目前，市面常见信用账单软件应用很多，比如卡牛、51 信用卡管家及卡小二等，再也不必为账单日、还款日发愁。

1.4 不足之处，小心谨记

信用卡是为鼓励消费而生存的，若想练成“万花丛中过，片叶不沾衣”的高超武功，用卡规则和误区不可不了解。只要你有心，把信用卡当成一项理财业务来经营，则处处都是学问和心得。

1.4.1 盲目消费

购物刷信用卡、旅游刷信用卡、账单缴费刷信用卡……信用卡已渗入人们生活的方方面面，从最初的持卡到商店购物，到如今用信用卡在网上购物、境外网站购物、出境旅游，甚至用信用卡通过手机购买电影票、团购餐饮优惠券等，信用卡在我们日常生活中起到越来越重要的地位。

笔者的大学同学赵辉对持卡消费情有独钟，可以说是信用卡的忠实粉丝。

赵辉总是对身边的人说："手里不握有几张信用卡，怎么算一个真正的现代都市人呢？"因此，在大学期间，赵辉就办了各种各样的信用卡，普通卡、银卡、金卡、白金卡和钻石卡。

赵辉不断用各种不同的信用卡来回转账，以换取更高信用额度。随着信用卡等级的升高，赵辉可透支的额度也就越高。

大学毕业后，赵辉去了一家中资机构，成为不折不扣的白领，并且消费需求也越来越多。在工作之余，赵辉很热衷于旅游，每年的假期都不虚度，南方北方，国内国外，早就溜达了一圈。另外，赵辉的衣着打扮也追求时尚，笔记本电脑也是买高端的，可以说是当之无愧的时尚生活引领者。

赵辉的朋友们都很羡慕他的生活，觉得他年轻有为又能干，是个典型的"富二代"。但不久前的一次同学聚会，赵辉对笔者说出了实情，原来他是"哑巴吃黄连，有苦说不出"。

其实，在风光耀眼的生活背后，赵辉承担着沉重的生活危机和心理压力。刚开始，赵辉只是觉得信用卡方便实用，偶尔透支一点点钱，但很快就还上。随着时间的增长，赵辉越来越习惯刷卡消费，常常随心所欲地使用信用卡。久而久之，透支的钱还不上，赵辉常常是拆了东墙补西墙，到了还款的期限，急得像热锅上的蚂蚁，从这张卡上透支的钱补到那张卡上。

如今，赵辉变成了名副其实的"卡奴"，轻易不敢出门，因为出门就会抑制不住乱花钱。而且，他还有另外一个难以启齿的原因：怕遇到熟人追债，他甚至连父母养老的钱都借来了，总算堵住了银行利息和透支账单这个大窟窿。至于从亲戚朋友处借的钱，只能打亲情牌，暂时拖欠着。

当今，随着科技的进步，带来了品质不断提升的物质生活，各种诱惑充斥在社会的每个角落。许多人为了提升自身的外表形象，显示自身的地位，开始注重外在表现，不顾经济承受能力而大把用卡消费。提前消费的快感，都市时尚生活带来的小小虚荣心，使信用卡受到都市人空前的厚爱。而用信用卡消费是看不到现金的，对于金钱并没有那么敏感，最容易导致盲目消费。

富人懂得用钱滚钱，把财富越滚越大，富上加富；穷人常常以债养债，把债务越养越大，穷上加穷。走向富翁的第一步，就是要做好负债管理。因此，持卡人要切记不能盲目消费，不要在别人面前充富人，否则，被迫还债时就可能沦为一个“屌丝”。

> 专家提醒：随着信用卡的逐渐普及，刷卡消费和透支消费已经成为很多现代人的生活方式。然而，就在一些人津津乐道于信用卡消费的种种优势时，却出现了越来越多的“卡奴”。非理性消费的增多，使“卡奴”们陷入一种难以走出的财务困境，以致形成恶性循环。说起自己从月月精光到负债累累的过程，每个“卡奴”都有一部血泪史。笔者建议，透支消费应该量力而行，持卡人对待信用卡更需理性。

1.4.2 过度透支

在几年前，曾经有一项针对中国年轻人消费观念的调查显示，有接近63%的年轻人已经习惯提前消费，靠的就是信用卡的“透支功能”这一坚强后盾，用信用卡分期付款买高档车、用信用卡分期付款装修高档住房、用信用卡透支买时尚电器等，这些已经成为年轻持卡一族的信用卡消费行为。

笔者的邻居老王可以说是一个时运不济的人，老王来长沙时从老家带了十多万元过来做生意。后来，由于种种原因，生意失败了，欠下不少债。

后来，老王改行做了快递行业，还买了一辆面包车，专门用来送快递。之后老王办了一张中信银行的信用卡，发现信用卡可以套现后，他便用套现的方式拿到三万多元还了以前欠的债。之后，老王又先后办了另外两家银行的信用卡，额度分别为10 000元和8 000元，也用来还债了。

另外，那两年办卡是比较容易的，银行大都以量为主。办卡业务员根据所办卡数量的不同，每张卡能拿到一定的提成。因此，那时不同银行的业务员为了冲业绩互相办信用卡的情况相当普遍。就这样，老王先后拥有了10家银行的信用卡，额度都在万元以上，其中80%以上都是金卡。

老王原以为债是越还越少了，可没想到向银行借钱代价更高：数十到上百元不等的年费，日息万分之五的透支利息及月息5%滞纳金、超限费等，而且很多项目还按月收取复利。这样，老王的债务像“雪球”一样越滚越大。现在，老王疲于奔命地应付着3张信用卡每月的最低还款额，每天都紧张兮兮的。

笔者发现，现在拥有信用卡的人越来越多，有不少人都像老王那样从中透支，他们大多数都是拆东墙补西墙，要么向朋友借钱，要么找父母讨要，实在不行就再办一张卡，真正来个“拆墙补墙”。

“卡奴”的出现，在很大程度上与持卡人自控能力差、理财能力差、消费不够理性有关。在现实生活中，很多持卡人过高估计了自己的收入，以为自己未来几十年中收入都会维持在同样的水平，殊不知事实远非如此。一旦持卡人收入减少，不能支付已经提前消费掉的支出，必然会出现财务困境，沦为“卡奴”。

1.4.3 需交年费

杭州的龙先生只申请一张信用卡，但银行却寄来两张，一张是 VISA 卡，一张是万事达卡，两张卡共用 27 000 元的额度。可龙先生没想到的是两张卡却是分开收年费，连续三年他每年都被银行多收了 100 元。对此，该银行信用卡中心表示，确实是按卡收年费，目的是为了避免产生睡眠卡。

至于为何申请一张信用卡，银行却寄来两张呢？银行方面表示，可能是由于持卡人在申请时同时选中了 VISA 和 Master 两个选项，所以寄了两张卡给他。

> 专家提醒：目前，大部分银行信用实行的是“共享额度”制度。“共享额度”，是指同一个持卡人持有的同一家银行所谓信用卡使用一个共同的额度。例如，你持有某银行 5 张信用卡，信用额度为 10 000 元人民币，那么这 5 张信用卡共同使用这个 10 000 元的信用额度，当你使用某张卡刷卡透支消费 2 000 元后，则使用其他 4 张卡还能透支消费 8 000 元。

发卡银行对每种信用卡的年费都有明确的收取标准，实际操作过程中，目前金卡、普卡一般都是首年免年费（有几种特别类型的信用卡是必须交年费的，如建设银行的龙卡汽车卡），当年刷几笔（各家银行不同，有 5 次、6 次等不同）可免次年年费，但白金卡及以上等级的卡片都是需要交年费的，从几百元到几千元不等。

若信用卡未开通使用，是不收取年费的（金卡、普卡是不收取年费的），如果不需要信用卡了，一定要记得注销卡片，白金卡及以上等级的卡片即使不开卡一般也要收取年费。

1.4.4 利息较高

信用卡虽然表面上看免除了利息，但是其所收的手续费就是一种“变相利息”。日常的信用卡广告当中，我们经常看到一些“开卡免费”“刷够五次免年费”“零利息”等一系列广告语。但是，没有信用卡广告敢宣称“零手续费”，因为这是他们获利的一种重要组成部分。

近日，笔者拿到了某银行一种信用卡的费率表，上面详细罗列了这种信用卡的各种费用明细，其中，“柜台交易”等种类手续费就有 18 种。其中，在柜台或者 ATM 机上的“柜台存款”“境内取现”等 7 种业务的手续费，在本行本地办理可以免除；本地异行办理的则根据不同的情况收取不等额的手续费，一般最高 50 元 / 笔；换卡手续费及挂失手续费则暂免。

目前银行信用卡收取手续费有两种方式：一种是以月手续费的方式平均每期收取，另一种则是在缴付首期款时一次性收取。

另外，如果持卡人到最后还款日还没有完成还款，银行将按每天万分之五的利率收取利息，并且上期所有消费均不享受免息期。下期如仍然不能足额还款，利息按复利计算。

所谓的复利，简单来说就是利滚利、钱滚钱的概念，其推算公式就是本利和 = 本金 ×（1 + 年报酬率 %）的 n 次方，其中 n 为设定的投资年数。

专家提醒：例如，每年投资 10 000 元在年报酬率为 10% 的理财工具上，第一年的本利和就是 11 000 元，而第二年的投资本金就是 10 000 元再加上第一年的 11 000 元，也就是将第一年获利的 1 000 元并入本金继续投资，因此第二年的本利和就是 23 100 元（21 000+21 000 × 10%），第三年再以 33 100 元继续投资，如此周而复始，20 年后本利和将达 630 000 元，以本金总和 200 000 元来看，20 年间的投资报酬率逾 300%，与最初每年投资报酬率 10%（单利）相比较，复利的威力由此可见。

1.4.5 恶意盗刷

若信用卡丢失、密码泄露、个人信息被冒用，都有可能造成卡片被盗刷，会造成不必要的麻烦或损失。

肖雪一直自认为是个网购达人，每周都要网购好几次，然而今年年初的一次网购遭遇，让她开始重新审视自己。

事情的经过是这样的，肖雪在某网站下单购买了自己心仪的商品后，收到了一位自称客服的人的电话。该人声称该商品已经没货了，需要肖雪提供自己的信用卡卡号、有效期、CVV2 码等信息进行退款。信以为真的肖雪提供了相关信息，突然收到银行发来的交易短信，提示她的信用卡已经在境外网站被刷了 2 000 多美元。此时，肖雪才恍然大悟，自己上当了。

此情况同样出现在另一位先生身上，某日，正在上班的张先生被连续收到的 3 条手机短信给吓得跳了起来。短信内容显示，他的某张双币种信用卡在当天早上 8 时 57 分、9 时 32 分、10 时 33 分，分别被人取走现金 2 000 元、消费 11 000 元和 500 元。

为确认短信的真实性，张先生赶紧拨通信用卡中心的客服热线。当客服人员证实电脑记录显示信用卡在当天早上确实有这三笔交易时，张先生简直不敢相信自己的耳朵。张先生意识到信用卡资料很可能已被人盗用，他马上冻结了卡并报警。

不是张先生本人签名，商家为何会结款？本案中的疑点恰恰说明，当前信用卡在监管和客户安全意识上都有问题，而这也是造成此类案件频发的主要原因。不少持卡人都碰到过信用卡未离身甚至还未收到，就莫名被盗刷，且遭银行催缴欠款。

如果持卡人发现自己的信用卡存在非本人的欺诈交易，在收到银行短信提示或账单显示后，应立即致电发卡银行，并配合发卡银行提供相关材料，进行后续调查。结果往往有以下 3 种：

（1）伪卡欺诈类盗。对于经调查确认非持卡人本人原因造成的资金损失，原则上无须持卡人本人承担。

（2）信用卡遗失引起的盗刷。个人信息丢失，被不法分子盗取后，复制卡片消费。持卡人应立即挂失，在挂失前发生的资金损失仍由持卡人承担，挂失后发生的资金损失由银行承担。

（3）个人信用卡被他人冒领后激活并盗刷。目前，信用卡大都是通过挂号信或快递寄出，理论上要本人凭身份证才能收取。但事实上，投递中同事、邻居甚至门卫都可以代签收，这就增添了“被冒领”的风险。

因此，持卡人一旦得知以自己身份申请的信用卡产生莫名其妙的消费，一定要第一时间到银行申请挂失卡片，同时向所在地派出所报案。除此之外，日常用卡中也有一些注意事项：

（1）保护个人的信息安全。在申请信用卡过程中，要严格跟进每个环节，直到拿到卡片后激活并设置安全性较高的交易密码。设置交易密码相当重要。很多持卡人认为只要采用了“签名+密码”的方式就能保障信用卡的安全，其实不然，许多商家在核对签名时只是走形式，并不认真，有些甚至看都不看，只要交易密码对即可。

（2）熟记银行的热线号码。如果持卡人发现自己的信用卡丢失，应马上通过电话银行挂失，多数银行的信用卡失卡保障条款中规定，赔偿客户前 48 小时内的损失。目前多数银行能做到电话挂失即时生效，少数未能做到即时生效的银行，也可以确保在 24 小时内将客户的资料冻结。

（3）保管好各类信用卡单据。持卡人最好妥善保管好对于 ATM 机上的取款凭条、刷卡消费单据及账单等信用卡原始凭证，保存一段时间后定期销毁。这样做不但可以避免泄露个人及卡片信息，还可以在发生信用卡纠纷时将单据作为证据。

（4）为了保障自己的利益，持卡人在卡片背面签名时要做到真实、难以模仿。实际中，有很多持卡人对于信用卡背后的签名问题不以为然，随意签上或签名与原申办时的签名字样不符，甚至不签，这是非常不可取的。当卡片被冒用，产生纠纷，诉之法庭解决时，持卡人会因此吃大亏，很多信用卡冒用案例都充分说明了这一点。

因此，持卡人在生活要保持警惕，不要将信用卡信息透露给陌生人，同时选择风险监控水平高、安全保障系数高的信用卡作为支付工具。

> 专家提醒：据悉，目前网购诈骗呈多发态势，占了整个网络诈骗案件一半的份额。骗子一般采用假冒网店卖家，以电话或网上即时通信工具联系买家，并以商品退货、系统升级等借口骗取持卡人的信用卡信息。

1.4.6 影响信用

既然信用卡和个人信用有关，如果长期恶意欠款，自然会影响个人信用记录，甚至被银行列入黑名单，从而很难再申请到信用卡和贷款。

家住长沙的孙先生三年前办了两张信用卡，一直都是按时还款。去年下半年的时候，孙先生由于在国外出差，连续有两期的钱逾期未还，金额有 1 万多元，后来都补缴上了。笔者当时就告诉孙先生，这样会影响他的信用，但他却也没往心里去。

不久后，孙先生在河西购买了一套房子，单价 8 000 多元 / 平方米，他首付了 200 000 元，剩下的在工行办理了商业贷款。3 个月后，孙先生接到了银行的电话，告诉他，由于个人征信有问题，贷款无法办理。

此时，孙先生才意识到问题的严重性，于是到银行去申诉，但结果还是没能解决。

笔者从银行获悉，随着信用卡业务的普及，因个人信用出现污点，贷款时遭到银行拒绝的事例越来越多。只要持卡人在银行办理了贷款，包括住房贷款、汽车贷款、助学贷款等，并且当前仍有余额，或者持有信用卡（或准贷记卡），或为他人贷款担保，就会自动拥有个人信用记录。持卡人只要在一家银行有一次信用污点，其他银行登录个人征信系统，输入贷款申请人的身份证号码，就能查到这一污点信息。不论持卡人是无意还是恶意，也不论所欠金额有多少，只要逾期未还款，个人信用记录都会留下污点，即使是逾期补交了也一样留下记录。

不良信用记录一旦产生后，就不能进行修改，如果有关信用记录由于各种原因出现与实际不符的情况，个人可到有关信贷业务发生行或人民银行征信管理部门提出异议申请，经核实后会更正相应记录。

另外，利用信用卡购房后，贷款利率变动也会对个人的信用记录产生影响。目前，不少持卡人通常使用存折或银行卡等关联账户归还住房贷款，在贷款合同最后还款日前几天才往存折或银行卡里存钱，这样很容易在加息后出现少还款情况。如此一来，不仅会在信用报告上留下负面记录，而且还将影响持卡人今后贷款或办理信用卡。贷款利率变动在什么情况下可能会影响到个人的信用记录呢？

贷款利率上调，增加了借款人每月的应还款额，但借款人因不知道等原因未能及时增加月还款金额，这样借款人的信用记录就会受到影响，因为所有未能足额、按时还款的信息都会被记录在个人信用报告中。

个人信用报告是对过去行为的客观记录。一般情况下，界定个人贷款是否逾期的关键是贷款合同约定的“结算应还款日”，无论本息，都应在该日期前按合同约定金额归还，否则即为逾期，这一信息就会被记入个人信用报告。

那么，贷款人在购房后，要如何避免因利率调整、月还款额变动给自己造成负面记录呢？对于这种情况，贷款人要注意与商业银行签订的贷款合同中的利率条款。如果采用的是浮动利率，还款的利率会随着基准利率的变动而变动，这时要特别留意央行利率调整的消息。

> 专家提醒：例如，订合同后至次年的 1 月 1 日，中国人民银行上调了贷款利率，则商业银行将从次年的 1 月 1 日起按最新的贷款利率计收利息，会引起月还款额发生变化。此时，贷款人每月还款时不妨往存折或银行卡里多存入一些钱，以免由于储蓄账户资金不足而影响到个人的信用记录。

第 2 章

新手须知：信用卡必备常识

信用卡除了平常的消费，还有很多用途和作用，不同的银行推出的信用卡和相同的银行推出不同的信用卡，其信用卡的作用也各不相同。作为一个用卡新手，应该了解和清楚每一种信用卡的用途及使用常识，以便更好地发挥出信用卡的价值，快速成长为用卡高手。

本章主要内容包括：

- 亲密接触，信用卡外貌
- 必知必会，信用卡术语
- 全面通晓，信用卡用途

2.1 亲密接触，信用卡外貌

若想将自己打造成“卡神”，用户就要静下心来了解信用卡的相关知识，弄清楚信用到底为何物，银行如何赚取持卡人的钱。

很多人都有信用卡，信用卡可不是储蓄卡，卡面上除了信用卡卡号外，还有很多重要的信息，很多无卡支付都是要用到这些信息，对于持卡人来说很重要，可是你对信用卡卡面信息知多少呢？

信用卡多由特种材质制成，卡形各异、制作精美、便于携带。其本身并非货币，但可通过电子计算机网络系统广泛地用于支付、消费信贷、结算等领域，故信用卡又被誉为“电子货币”。

信用卡正面信息图解，如图 2-1 所示。

• 图 2-1　信用卡正面信息图解

信用卡背面信息图解，如图 2-2 所示。

信用卡正面显示发卡行名称及标识、信用卡组织标识（国际组织标识）、卡号、英文或拼音姓名、启用日期（一般计算到月）、有效日期（一般计算到月）；背面显示有卡片磁条、持卡人签名栏（启用后必须签名）、境内外服务热线电话、卡号末 4 位号码或全部卡号（防止被冒用）、信用卡安全码（在信用卡背面的签名栏上，紧跟在卡号末 4 位号码后的 3 位数字，用于电视、电话机网络交易等）。

• 图 2-2　信用卡背面信息图解

2.1.1　卡号

大多数人都会有一张信用卡，每张卡上都会有一串 16 位的卡号，这串数字是独一无二的，银行“只认数字不认脸”，这串数字当然不会是随机摇号给持卡人的，它们有自己的规律。

信用卡都有自己的卡号——卡上排列的 16 位数字（运通卡为 15 位、大莱卡为 14 位），卡号是收款或付款的认证条码。

1. 信用卡 BIN

现在，信用卡的国际标准是 16 位卡号，前 6 位是信用卡的 BIN，由国际卡组织分配。信用卡 BIN 是指发卡行识别码，英文全称是 Bank Identification Number，缩写为 BIN，用来表示发卡银行或机构。

（1）9 字头 BIN 号。根据国际标准化组织的 ISO/IEC7812 文件规定，9 字头 BIN 号由一国国内的标准组织分配，不适用于全球通用。

（2）6 字头 BIN 号。中国银联代表各家发卡机构向 ISO 机构申请了 800 个国际和国内通用的 6 字头 BIN 号。银联标准卡是按照中国银联的业务、技术标准发行，卡面带有唯一的“银联”标识，发卡行识别码（BIN）经中国银联分配和确认的银行卡。目前，由中国银联各成员机构发行的银联标准卡 BIN 是“62”字头的，分配的 BIN 范围是：622126 ～ 622925。

> 专家提醒：其中，一些成员机构使用独立向国际标准化组织（ISO）申请的 BIN 发行的银行卡，卡面带有唯一的“银联”标识，经检测符合中国银联的业务、技术标准，并经过与中国银联签署协议，也纳入银联标准卡管理。

（3）3 字头 BIN 号。3 开头是日本 JCB 和美国 American Express。JCB（Japan Credit Bureau，中文称吉士美卡，或称日财卡）为日本三和银行、日本信贩银行、三井银行、协和银行、大和银行等企业在 1961 年成立的信用卡组织。美国运通公司（American Express）是国际上最大的旅游服务及综合性财务、金融投资及信息处理的环球公司，在信用卡、旅行支票、旅游、财务计划及国际银行业占领先地位，是在反映美国经济的道琼斯工业指数 30 家公司中唯一的服务性公司。

（4）4 字头 BIN 号。BIN 首位为 4 的是 VISA 卡，VISA 又译为维萨、维信，是一个信用卡品牌，由位于美国加利福尼亚州圣弗朗西斯科市的 VISA 国际组织负责经营和管理。VISA 是全球支付技术公司，连接着全世界 200 多个国家和地区的消费者、企业、金融机构和政府，促进人们更方便地使用数字货币，代替现金或支票。

> 专家提醒：VISA 的各种创新，为持卡人提供更多的支付选择，包括用于即时支付的借记卡、提前支付的预付费卡或事后支付的信用卡等产品。另外，Visa 在不同市场还可以提供特殊定制的解决方案，以满足各种规模的企业和政府机构的特殊要求。

（5）5 字头 BIN 号。5 开头是国际品牌 MasterCard（万事达卡），是万事达国际组织于 20 世纪 50 年代末至 60 年代初期创立的一种国际通行的信用卡体系。万事达卡国际组织是一个包罗世界各地财经机构的非牟利协会组织，其会员包括商业银行、储蓄与贷款协会，以及信贷合作社。

> 专家提醒：目前国际上有 6 大信用卡品牌，分别是威士国际组织（VISA International）、万事达卡国际组织（MasterCard International）、美国运通国际股份有限公司（America Express）、中国银联股份有限公司（China UnionPay）、大来信用卡有限公司（Diners Club）以及 JCB 日本国际信用卡公司。

2. 区域信息

信用卡卡号的第 7 ～ 15 位为各行根据自己需要按照地区归属分配，下面以建设银行的 VISA 卡为例，介绍其中的含义，如图 2-3 所示。

•图 2-3　建设银行的 VISA 卡

（1）第 7 ～ 9 位：（010 ～ 034）为总行规定的地区信用卡发卡行的区间号，超出此区间的为异地卡。

（2）第 10 位：（0 ～ 8）表示个人卡，（9）表示单位卡。

（3）第 11 ～ 13 位：为发卡顺序号。

（4）第 14 位：（0）为主卡，（1 ～ 9）表示附属卡。

（5）第 15 位：表示领用该信用卡张数。

3. 校验位

信用卡号经常需要被输入、扫描、传输和调取，这些过程都有出错的可能，所以最后一位作为校对（检查数字）。

普通的 16 位数字信用卡号，前 15 位是发卡行定的，但是最后这一位，是通过前 15 位，用某种算法算出来的。这个算法是由 IBM 的工程师 Hans Peter Luhn 在 1954 年发明的。当时被申请为专利，现在已经公开，进入公共知识领域，成为国际标准组织的一项标准：ISO/IEC 7812-1。

> 专家提醒：很明显，就靠一个数字，是不能保证检测到所有错误的（命中的可能性是 1/10），但 Luhn 算法非常智能，它能检测到任何一位的错误（输错一个数字）。比如，把上面这个卡号的 9 和 6 互换成 6，它也能检测到几乎所有成对交换的数字。这些都是人们输入卡号时，经常犯的错误。所以，校对码还是起到了不小的作用。

因此，持卡人最好把自己常用的信用卡卡号记下来，放在身边，以备紧急情况下使用。如果你知道卡号，挂失的过程就简便了不少，比如通过电话服务热线的一级菜单就可以直接进入挂失服务的银行，不用等着接人工服务，自己操作就能办好挂失。

2.1.2 银行标志

1959 年，美洲银行发行了第一张银行信用卡。1965 年，发展信用卡略具规模的美国商业银行开始拓展全国性的业务，来年并授权其商标给其他家银行，发行一种有蓝、白、金三色带图案的 Bank Americard。至此，信用卡银行标志便诞生了。

信用卡上的银行标志就是它的身份证，国内常见的银行标志，如图 2–4 所示。例如，中国银行行标于 1986 年经中国银行总行批准正式使用。中国银行 Logo 行标从总体上看是古钱形状代表银行；“中”字代表中国；外圆表明中国银行是面向全球的国际性大银行。

•图 2–4 国内常见的银行标志

2.1.3 信用卡标志

一些资深的持卡人都知道每张信用卡上都有一些特定的标示，通过这些图片标示可以知道一些关于这张信用卡的特定信息。例如，中信双币卡同时具有两种标志，为持卡人提供遍及境内外方便安全的服务，如图 2–5 所示。

• 图 2-5　中信双币卡

下面介绍各类信用卡标志的含义与作用，如表 2-1 所示。

表 2-1　信用卡标志的含义与作用

标志名称	标志图片	使用范围	主要特点
中国银联		持卡人可在全国各地有银联标志的特约商户及中信银行的特约商户签账消费；在全国各地有银联标志的 ATM 机上凭私人密码提取现金（人民币）	方便快速，通行全国
VISA		持卡人可在全球 2 700 万家有 VISA 标志的特约商户签账消费，在全球 70 多万台有 VISA 标志的 ATM 机上凭私人密码提取现金（当地货币）	畅游各地，通行全球
万事达		持卡人可在全球 2 400 万家有 MasterCard 标志的特约商户签账消费，在全球 100 多万台有 MasterCard 标志的 ATM 机上凭私人密码提取现金（当地货币）	畅游各地，通行全球
JCB		持卡人可在全球遍布 190 多个国家和地区的 2 300 万家有 JCB 标志的特约商户签账消费，在全球有 JCB 标志的 ATM 机上凭私人密码提取现金（当地货币）	一卡在身，敢享人生

专家提醒：银联卡是指符合统一业务规范和技术标准要求，并且在指定位置印有“银联”字样的银行卡。“银联”标识推出的目的是：为各种自动柜员机（ATM）和销售点终端机（POS）受理各商业银行发行的银行卡提供一种统一的识别标志，以便使不同银行发行的银行卡能够在带有“银联”标识的自动柜员机和销售点终端机上通用，为广大消费者提供方便、快捷、安全的金融服务。

2.1.4　卡主姓名

谭敏收到银行寄来的信用卡，小小的信用卡画面精致，色彩典雅，让人看了爱不释手，便向同事罗琳“炫耀”起来。由于卡面确实很精致，在公司被称为“卡神”的罗琳也翻来覆去欣赏了好久，突然发现银行把谭敏名字的拼音印错了。

谭敏一看确实是印错了，不过他满不在乎：“没关系，我刷卡消费都用中文签名，不会用到拼音的。”罗琳说：“这你可不能马虎，记得你说今年计划去欧洲旅游，到时你用这张不合格的信用卡，麻烦就大了。虽然大多数商户会将你在签购单上的中文签名和卡背面的签名核对，但有些商户也会要求你出示护照，核对护照和信用卡正面的拼音，以确保是本人消费。”

谭敏听罗琳这么一说，发现这个小小的卡面学问还挺大，于是虚心讨教起来。

罗琳解释道：“卡正面姓名的拼音一定要注意有否印错。此外信用卡有效期为 5 年，卡正面右下角为卡片的失效日，是从右往左来识别的，例如这张卡是 02/18，那失效日就是 2018 年 2 月底。在卡背面的磁条下方，需签好你的姓名，以便刷卡消费时核对。签名栏处有 7 个数字，前 4 位数字对应卡号的末 4 位，后 3 位数字是 CVV 校验码，在注册网上银行和网上消费时，会让你输入，以加强网上交易的安全性。签名栏下方有发卡银行的客户服务电话，分别有境内外拨打电话及手机、座机拨打的电话，有问题随时随地可咨询。”

听了罗琳的解释，谭敏赶紧拨打客服电话，要求银行为自己重新制作一张印有自己正确名字拼音的信用卡。

卡主姓名一般是用户申请时身份证上名字的汉语拼音，就和实名制一样，在信用卡正面的底部。

通常情况下，卡主姓名的拼音采用大写，姓与名以空格分开。例如：王军先生申请办卡，当所有手续都办好后，王军凭身份证去领信用卡，那么他所领到的信用卡上会出现“Mr.WANG JUN”字样的。

2.1.5 签名处

持卡人需要注意，信用卡背后一定要签名，这个签名和密码同等重要，如图 2-6 所示。

• 图 2-6 信用卡背后一定要签名

对于消费者来说，虽然信用卡均设置密码，但随着信用卡使用次数的增加，密码泄密风险也就相应增大，而在信用卡和密码丢失后，核对信用卡背后的签名就成了保护卡主信用卡安全的最后屏障。如果收银员在核对签名过程中，发现签名与信用卡上的签名不符，有权取消这笔消费，并拒绝出售商品，这能在一定程度上避免给失主造成损失。

万一信用卡不慎被盗或遗失而造成信用卡被非法使用时，对于背面没有签名的信用卡，该受害金额可能无法获得赔偿。为了放心地使用信用卡，笔者再次提醒持卡人不要忘记签名。一旦发生信用卡被冒用的事件，使用签名的持卡人的权益往往能得到更好地保护和补偿。

2.1.6 有效期

信用卡的有效期一般是 3 ～ 5 年，超过有效期的信用卡将无法正常使用。在信用卡卡面上都明确标有该信用卡的有效期，信用卡有效期一般标注在信用卡卡号的下方，标注的格式为月 / 年。例如，07/20 表示用户的信用卡有效期为 2020 年 7 月，如图 2-7 所示。

• 图 2-7　信用卡的有效期

在通常情况下，在有效期结束之前，银行都会提前一段时间利用邮件短信或者信件的方式提醒用户。

一些持卡人对续卡后新卡的额度、功能是否会发生变化也存在疑虑。通常情况下，只要卡片没有出现冻结等异常使用状态，银行都会主动为客户邮寄新卡，并且新卡与原卡在功能、额度等方面均不会发生变化，原卡的积分也会随之转入新卡中。但新卡额度降低的情况也确实存在。银行会时刻关注持卡人的用卡情况，并据此定期调整信用额度，消费次数少、额度低的卡片很有可能被下调信用额度。

很多人不禁要问，信用卡有效期的存在必要吗？

笔者给出的答案是非常必要，因为它可以防止持卡人丢卡后忘记挂失所带来的风险、持卡人长期恶意透支和其他人在持卡人去世后冒用信用卡等风险。像很多出国或者要去外地长时间工作的信用卡用户，应该在出发之前确认自己的信用卡是否已经过期，如果即将临近过期，应及时和开卡行联系，银行会提供提前换卡的服务。

一些人也可能因为卡片使用不方便等原因不想继续使用，但切忌不要认为信用卡已过期，就不必再理会。即使是在卡片有效期内从未使用过的信用卡，也可能因年费产生欠款。因此，为避免产生不良信用记录，持卡人对于不再使用的信用卡应慎重处置，无论卡片是否已过有效期，最好咨询一下信用卡客服中心，以免因逐年累积的年费影响信用记录。当然，持卡人若想销卡，可以直接拨打相关银行信用卡客服电话或携带相关材料至银行网点办理。

> 专家提醒：对于希望上调新卡额度的客户，在收到新卡后，首先应拨打客服电话开卡，伴随着新卡的生效，原卡片随之作废。然后，向银行提出调高额度的申请，银行在对客户用卡情况进行核实后，会做出适当调整。

2.1.7 安全码

近日，余小姐在一家境外购物网站，用信用卡买了300多美元的电子产品。令余小姐惊讶的是，卖家并未要她提供密码，只让她提供卡号和印在卡背上的三位数安全码，就把钱划走了。

余小姐以为自己的密码泄露，连忙致电发卡银行咨询，银行的回答让她大跌眼镜：大多数在国内需要凭密码的信用卡，其实在境外网站购物并不需要密码，这属于一种“授权交易”，买主只需提供账号和安全码即可。

信用卡背面持卡人签名处有一个安全码（Card Security Code），前四位和信用卡后4位相同，后3位为校验码，术语叫CVV2验证码，主要是用来获得银行授权的，包括网上、离线、电话等交易方式。一般来说，CVV2和交易密码配套使用最安全。

其实在国内，也有商家与银行签约，可无须信用卡密码进行电话划账，但主要限于购买机票、财产保险等能记在持卡人名下的商品或服务，在网购层面此类交易越来越火，银行对此也很谨慎。目前，已有少数银行对境外无卡支付进行了限制，要求持卡人打电话开通和关闭，保证此类交易资金安全。

信用卡在使用过程离不开信用卡安全码，信用卡安全码是信用卡在进行网络交易和电话交易时的一个安全特征，主要用于证实付款人在交易时是拥有信用卡的，从而防治信用卡欺诈。所以，对于持卡者来说，一定要保护好信用卡安全码，以防被他人知悉造成信用卡被盗刷的风险。

不同的发卡组织的信用卡安全码的名称和印刷位置不同，如表2-2所示。

表 2-2　不同的发卡组织的信用卡安全码简介

发卡组织	安全码名称	位数	位置
VISA	CVV2（Card Verification Value 2）	3 位数字	平印在信用卡背面签名栏上卡号后 4 位处
万事达卡（MasterCard）	CVC2（Card Validation Code 2）	3 位数字	平印在信用卡背面签名栏上卡号后 4 位处
发现卡（Discover Card）	Cardmember ID	3 位数字	平印在信用卡背面签名栏上
运通卡（American Express）	CID（Card Identification Number）	4 位数字	平印在信用卡正面信用卡卡号上方
银联卡（China UnionPay）	CVN2（Card Validation Number 2）	3 位数字	平印在信用卡背面签名栏上卡号后 4 位处之后

专家提醒：鉴于安全码是印在卡背面，所以只有建议持卡人注意保管，在消费时不要让信用卡离开自己的视线，避免别人记住账号和安全码。

2.1.8　防伪标志

一般借记卡没有伪卡，因为借记卡凭密码消费，复制卡片的意义不大。然而，信用卡（特别是国际卡）因为没有消费密码，所以可能会出现复制卡。因此，一般来说信用卡在卡片的右侧中部都会有一个激光防伪标签。卡片上的激光防伪标签在紫光灯照射下，会出现银行 Logo 或发卡机构的名称。

例如，美洲第一信用卡联盟（America First Credit Union）推出的采用新 VISA 商标及使用 ServerSide 集团有限公司（ServerSide Group Limited）提供的磁卡个性化技术制作的“完美照片 VISA 卡”（Picture Perfect Visa Card）。

新式 VISA 信用卡设计标准包括把 VISA 信用卡上的鸽子全息图从卡的正面放到卡的背面，从而把鸽子全息图整合到磁条中，这使得伪造信用卡变得更加困难，如图 2-8 所示。

这项升级的 VISA 设计使美洲第一信用卡联盟用户增加了信用卡正面的空间，进而可以创建一个边对边的定制照片产品。

• 图 2-8　VISA 卡的防伪标志上有一个鸽子

由于信用卡有其独特的方便之处，信用卡发展十分迅猛。目前社会上已经发现有人用伪造的信用卡作案，企图获取别人钱财。如何鉴别真假信用卡，已成为持卡人特别是特约单位不可缺少的本领，如表 2-3 所示。

表 2-3　鉴别真假信用卡的方法

鉴别方法	真卡特点	伪卡特点
看塑料底片	真卡表面光滑，颜色不易脱落，底片有防伪标志	伪卡表面粗糙，颜色易脱落，底片一般无保安设计
看印刷	真卡颜色鲜明，字样清晰，卡面条纹清楚整齐	伪卡字样模糊，颜色过深或过浅，卡面条纹不整齐，犹如贴在白卡上
看签名栏	真卡有重复发卡公司的商标	伪卡无公司商标，即全白色或有涂改痕迹，且签名不流畅
看压印	真卡卡号大写英文字母整齐有序	伪卡压印号与英文字母不整齐或大小有别，其中涂改卡的旧卡号在卡面隐约可见
在 POS 机上刷卡	真卡可以正常使用	伪卡在 POS 机上刷过后，POS 机显示的卡号和信用卡上的卡号不相符

2.1.9　服务热线

笔者的好友刘霞爱好旅游，常常趁着各大假期去全国各地游玩。

国庆期间，笔者与刘霞一起去了内蒙古大草原旅游。不幸的是，在旅游途中遇到了小偷，钱包被偷了，当然刘霞钱包里所有的卡都没了。这下可急坏了刘霞，她全部的钱都在这些卡里，如果不及早挂失，万一让小偷先一步取了里面的钱，那损失就惨重了。

正在刘霞急得不知所措时，笔者听闻了情况，一边安慰她，一边提醒她说："你可以拨打银行服务热线进行挂失呀。"

刘霞似乎看到了希望，马上拿出手机拨打 24 小时银行服务热线。果然，才短短几分钟，刘霞就把她的卡进行了挂失。这下，刘霞终于安下心来。

银行服务热线着实为持卡人提供了很大的便利，无须再费时费力地跑去银行处理信用卡的业务，也无须再担心信用卡消费的安全问题。只需一个电话，无论何时何地，银行服务热线都可帮持卡人轻松解决。

足不出户，即可对自己的银行卡账户信息了如指掌！

身在异地，也可以以最快的速度进行银行卡挂失！

深夜凌晨，也能在家给远方的亲人汇款转账！

银行服务热线是银行为了更好、更方便地服务顾客而设置的热线电话。银行服务热线所提供的服务内容，已经基本与柜台一致。也就是说，除了存、取款的现金业务，大部分在柜台能办的服务项目，持卡人都能通过银行服务热线完成。

> 专家提醒：以最常用的查询服务为例。通过拨打银行服务热线，持卡人不必再费力地跑去 ATM 机或银行进行查询。只要拿起电话输入个人账号和查询密码，自动语音服务会将持卡人的个人账户余额情况报得清清楚楚。同时，银行服务热线还可以查询信用卡的交易记录。如某段时期内个人账户的存取款记录都可以查到，这对于那些粗心的客户来说，无疑是相当便利和有安全保障的。

为了方便各位读者进行查询，笔者特意将国内主要的银行服务热线进行了整理，如表 2-4 所示。

表 2-4　国内主要银行的服务热线与信用卡热线

银行	服务热线	信用卡服务热线
工商银行	95588	400-66-95588
农业银行	95599	400-669-5599
中国银行	95566	40066-95566
建设银行	95533	400-820-0588
交通银行	95559	400-800-9888
招商银行	95555	400-820-5555

续上表

银行	服务热线	信用卡服务热线
中信银行	95558	400-889-5558
民生银行	95568	400-669-5568
广发银行	95508	400-830-8003
深圳发展银行（平安银行）	95501	400-669-5501
浦发银行	95528	800-820-8788
兴业银行	95561	400-889-5561
光大银行	95595	400-788-8888
华夏银行	95577	400-66-95577
上海银行	95594	通用
北京银行	95526	4006-601169
恒丰银行	400-813-8888	通用
长沙银行	0731-96511	400-6796511

专家提醒：需要注意的是，银行的热线电话有可能会更换，读者在借鉴时最好参考银行官方网站，以免产生损失。

2.2 必知必会，信用卡术语

信用卡持卡人要想成为“卡神”，首先必须对信用卡知识有一定的了解。

2.2.1 信用额度

信用额度是指发卡银行根据顾客提供的资信情况，在指定期限内，给予最高可以使用的金额。信用额度可循环使用，持卡人在该信用额度内可先消费、后还款，并在到期还款日（含）发卡行营业网点营业终了前全额偿还所有应付款项后，可继续重新享受全部信用额度。部分偿还的，只可重新享受部分信用额度。

前些日子，笔者好友在闲聊中问到一个问题：白金（钻石）信用卡的额度是怎样的？关于额度是众多持卡者所关注的，在此，笔者就为读者们介绍一下白金（钻石）信用卡的额度情况。

对于很多持卡人来说，信用额度的多少是选择白金（钻石）信用卡的关键因素。对此，笔者专门做了一番了解：目前，建行和中行白金（钻石）信用卡的信用额度最高，建行钻石信用卡起始信用额度为 50 万元，最高为 500 万元，中行白金信用卡信用额度为 10 万美元；相比之下，其他几家银行白金（钻石）信用卡的信用额度起点大部分均为 5 万元。

> 专家提醒：白金卡信用卡的年费一般都很高。比如，工商银行的白金信用卡额度为 20 万元，而年费就需要 2 000 元，且每年必须刷卡 20 万元才能减免。

2.2.2 可用额度

可用额度是信用卡账户当前可以使用的透支额度。每次消费或取现后，可用额度会相应减少，但每次还款后，用户的可用额度会相应恢复。用户可通过 24 小时客户服务热线查询可用额度，也可通过以下公式计算可用额度。

可用额度 = 核定的信用额度 − 尚未交还的账单上的欠款 − 未入账但已发生的交易金额 − 其他相关利息、费用。

想要提升信用卡的额度，持卡人首先要明白自己的可用额度有多少，是否足以支付消费需求。

信用卡可用额度是指所持信用卡尚未被使用的信用额度。计算方式如下：

可用额度 = 信用额度 − 未还清的已出账金额 − 已使用未入账的累积金额

（1）未还清的已出账金额：是指已出账单，但尚未归还的刷卡交易金额；

（2）已使用未入账的累积金额：是指已发生但尚未出账单的刷卡交易金额；

（3）其他相关利息、费用：是指取现或分期付款等利息。

举例：你所持有的某张信用卡的信用额度为 5 万元，未还清的已出账金额为 1 万元，已使用未入账的金额为 2 万元，则此时你的可用额度为 3 万元。

2.2.3 交易日

交易日是指持卡人实际用卡进行消费、预借现金等交易的日期。

王彤是一个普通的上班族，使用信用卡也有两年了。由于工作性质的原因，王彤每月要用信用卡消费的金额相当大。

时下，各银行信用卡经常推出形形色色的有奖消费和各种满额优惠活动，爱刷卡消费的王彤自然成了入围抽奖的常客。久而久之，王彤也养成了参与信用卡累积消费抽奖的习惯，可是她却遇到了问题。

王彤突然收到了银行的短信，介绍了一个积分累计免费换购苹果手机的活动。临近月底，王彤对自己的信用卡积分进行了统计，并加上预订了出差机票的金额所对应的积分，发现累计积分刚好够参加换购活动。

可王彤左等右等，银行的换购通知却迟迟不来，于是打电话咨询，但结果却让她傻了眼。原来这次换购活动的积分，已经到了截止日期，但王彤预订的那张出差机票金额，是在她登机之后才成功入账的，其信用卡交易日是在一个月后，因此只能记在之后一个月份的积分中了。

王彤听完银行的解释后恍然大悟，原来交易日和记账日是不一样的。交易日是指持卡人使用银行卡实际发生交易的日期，而记账日是指银行将清算交易内容记入持卡人账户的日期。虽然平时消费时，交易日和记账日一般是同一天，但遇到预订酒店、机票这种特殊消费，交易日和记账日间就会产生时间差了。

> 专家提醒：需要注意的是，如果使用跨行还款，也可能出现记账日比交易日晚的情况，千万不要以为，在最后还款日前还了就万事大吉，还是要以入账日为准，否则如果银行算你延迟还款，就会带来不必要的利息损失和信用记录。因此，为了良好的信用记录，如果你选择跨行还款，最好提前几天还款。

2.2.4 记账日

信用卡记账日（简称记账日）是指发卡银行（或机构）将信用卡清算交易内容记入持卡人账户的日期，即接受交易的商户实际到收单机构请款的日期。另外，记账日也指根据规定将费用、利息等记入其信用卡账户的日期。

> 专家提醒：信用卡记账日一般不是刷卡交易的当天，正常情况下，银行会在持卡人刷卡的第二个工作日将刷卡的款项记入账户中，此后登录网上银行或者拨打信用卡中心电话即可查询到该次刷卡交易的细节。

2.2.5 账单日

每期账单中，所记录信用卡交易的截止日称作“账单日”。通常情况下，账单日是指发卡银行每月定期对持卡人的信用卡账户当期发生的各项交易、费用等进行汇总结算，并结计利息、计算当期总欠款金额和最小还款额，并为持卡人邮寄对账单，同时告知当期还款项的日期。随着互联网的发展，如今的对账单大多数都是以邮件的形式发送电子对账单给信用卡用户，很少邮寄纸质对账单了。

下面笔者以建行的龙卡汽车卡（信用卡）的电子对账单为例，账单日显示在对账单左边的“账户信息”中，如图 2-9 所示。

龙卡汽车卡对账单 Auto Credit Card Statement 账单周期：2017年02月05日-2017年03月04日

账户信息 Account Information	
账单日 Statement Date	2017-03-04
到期还款日 Payment Due Date	2017-03-24
信用额度 Credit Limit	CNY 10,000
取现额度 Cash Advance Limit	CNY 5,000
积分余额 Available Points	点击查询积分

◇如您同时拥有多张主卡，请按币种、卡号分别还款。

应还款信息 Payment Information ◇如需通过网上银行还款，请点击进入。

账户币种 Currency	本期全部应还款额 New Balance	最低还款额 Min.Payment	争议款/笔数 Dispute Amt/Nbr
人民币（CNY）	930.48	273.05	-

◇您可微信关注”中国建设银行”公众号并绑定信用卡，轻松办理查账、还款、账单分期等业务。

◇若您的账单地址、联系电话、电子邮件地址发生变更时，请携带本人身份证件及信用卡至我行任一网点办理资料更新，以便您及时查收账单及享受相关服务。

◇请您核实账单所列交易，如有疑义请即致电我行24小时服务热线查询。

◇若您绑定了约定还款账户，请确保您的约定账户在到期还款日上午 7 点前有足额款项。

◇您可通过我行约定账户、微信、手机银行、网上银行、自助终端及网点等进行还款，方便快捷。

●图 2-9 电子信用卡对账单

一般来说，大部分的银行信用卡到期还款日通常在账单日后的第 18 天左右（以账单所示为准），到期还款日后的 3 个自然日为还款宽限期。

但不同持卡人的账单日可能互不相同，比如：账单日为每月 25 日，则每期账单记录的是上月 26 日至本月 25 日的所有入账交易，对应的最后还款日是次月 13 日。25 日当天的消费，一般 26 日才入账，则计入下期账单。

2.2.6 免息还款期

免息还款期是指持卡人在到期还款日（含）之前偿还全部应还款额的前提下，可享受免息待遇的非现金类交易自银行记账日至到期还款日之间的时间段。

如今，如持卡人当期发生不足额还款，且未还款金额不超过 10 元人民币或 1 美元，可享受免息待遇的消费交易，不额外计收利息和滞纳金。例如，用户在 7 月 1 日消费，账单日是 7 月 25 日，最后还款日是 6 月 13 日，那么用户就享受了从 7 月 1 日到 6 月 13 日的免息还款期，共计 43 天。

下面笔者再举一个例子：王先生想要买一台价值 6 000 元的笔记本电脑，而王先生有两张账单日分别是 5 日和 25 日的信用卡，假如现在是 6 日，那王先生消费时应首选账单日为 5 日的信用卡，如果现在是 26 日，应首选账单日为 25 日的信用卡，这样错开选择就能最大限度地享受免息期。

专家提醒：免息还款期最长为 50 天，发卡机构与申领单位另有约定的除外，但免息还款期最长均不得超过相关法律法规规定要求的最长免息还款期限。

2.2.7　最后还款日

发卡银行规定的持卡人应该偿还其全部应还款或最低还款额的最后日期称为最后还款日。每月的信用卡账单中都会明确列出最后还款日是哪一天。

例如，工行信用卡对账单在每月的最后一天生成，如果在 25 日之前刷卡消费的可享受 25 天的免息还款期；如果在 25 日之后刷卡消费的可享受最长 56 天的免息还款期。每月 25 日为到期还款日，只要在这之前把最低还款额还上即可。

2.2.8　本期应还额

本期应还额是指信用卡本期应偿还的总金额即为本期应还额，也就是在本期内已入账，免息期内的所有消费额度。在纸质信用卡账单上，还可以看到以下信息。

（1）上期账单金额：上期对账单应还的汇总金额。

（2）上期已还金额：从上期账单日到本期账单日期间，您所偿还并且已经入账的还款总额，还款明细列于交易明细中。

（3）本期账单金额：从上期账单日到本期账单日期间，各笔交易款项及应收费用的总和，各笔明细列于交易明细中。

（4）本期调整金额：从上期账单日到本期账单日期间，调整交易的金额总和，如商店退款等，各笔明细列于交易明细中。

（5）交易明细：各笔交易的相关讯息，包括“消费日、记账日、交易摘要、人民币或美元金额、卡号末四位、交易地点、外币折算日、交易地金额”。

（6）用卡信息：还款信息、各项促销优惠活动及信用卡使用最新通知事项等。

（7）还款联：持卡人可凭还款联到银行各网点或各代收机构（具体资料会于当期对账单背面说明）偿还信用卡账款。

2.2.9 最低还款额

最低还款额是指发卡银行规定的持卡人当期应该偿还的最低金额，不同银行的计算方法不同，应注意查看信用卡账单上列出的最低还款数额。如果持卡人本期仅还了最低还款额，则本期所有消费均不享受免息期。

2.2.10 超限费

章某 6 年前在民生银行办理了一张民生银行信用卡，6 年后，透支金额 17.7 万余元，其中本金 3.3 万元，滞纳金 11.5 万余元，利息 2.9 万余元。银行屡次催还，章某以各种理由拒绝还款。于是银行到当地公安局立案侦查，将章某抓获。

据章某交代，他同时还办理了招商银行、中信银行、工商银行及交通银行等多家银行的信用卡，也都存在着透支的情况。5 张信用卡累计透支本金 10 余万元，滞纳金则多达 30 多万元，利息达 10 余万元。当地公安局以涉嫌信用卡诈骗为由，将章某刑拘。

信用卡给持卡人提供消费预支方便的同时，因偿还不及时，也会产生相应费用，一般有四项：利息、滞纳金、超限费及其他费用。只要消费者透支后长期不还，就会产生大于本金很多倍的费用。因此，办理信用卡时，要详细阅读信用卡条例，若存在欠款应立即偿还。

其中，超限费是指根据中国人民银行的有关规定，对于持卡人超过信用额度用卡，银行将对超过信用额度部分计收超限费。

> 专家提醒：因此，持卡人要理性办理信用卡，根据自己的经济能力进行消费，不要盲目地图一时之快，给自己造成麻烦。

2.2.11 滞纳金

根据中国人民银行的有关规定，如果持卡人在到期还款日实际还款额低于最低还款额，银行将根据《招商银行信用卡章程》对于未能按期偿还的最低还款额部分将收取滞纳金。通常情况下，滞纳金按最低还款额未还部分的5%计算，最低收取 10 元人民币或 1 美元。

2.2.12 溢缴款

溢缴款是指持卡人还款时多缴的资金或存放在信用卡账户内的资金。例如，持卡人只欠银行 1 000 元，但还了 2 000 元，那么多存的那 1 000 元就是溢缴款。

通常情况下，持卡人将溢缴款取出时，银行是要收取手续费的，但个别银行在柜台取出溢缴款是免费的，如民生银行。

2.2.13 循环利息

循环利息是指持卡人名下的信用卡（含主卡、附属卡）的循环利息总和。通常情况下，上期账单的每笔消费金额为计息本金，自该笔账款记账日起至该笔账款还清日止为计息天数，日息万分之五为计息利率。

例如，招商银行的信用卡账单日为每月7日，在6月1日刷卡消费2 000元，6 月 2 日该笔消费入账，6 月 7 日的账单上会显示“本期应还金额”为 2 000 元，“最低还款额”为 200 元。若持卡人在到期还款日 6 月 25 日只偿还 200 元，则 7 月 7 日的账单上会显示截至当日需支付的利息，即 2000 元循环信用本金 23 天的利息和还款后剩余的 1 800 元本金 13 天的利息：2 000 元 ×0.05%×23 天（6 月 2 日～24 日）+ 1 800 元 ×0.05%×13 天（6 月 25 日至 7 月 7 日）= 23 元 + 11.7 元 = 34.7 元，如图 2-10 所示。

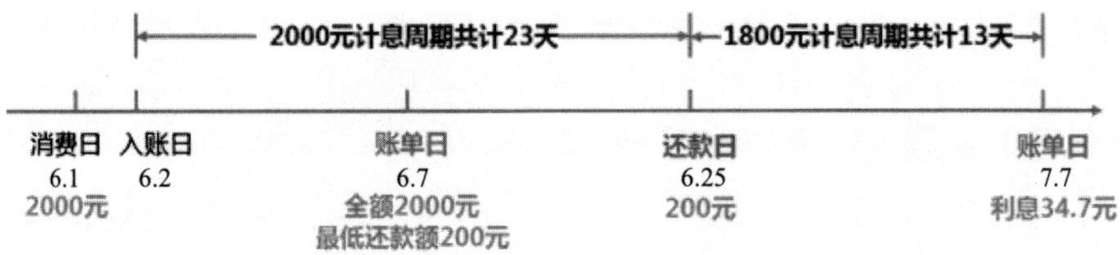

• 图 2–10　循环利息的计算

2.2.14　循环信用

循环信用是一种按日计息的小额、无担保贷款。持卡人可以按照自己的财务状况，每月在信用卡当期账单的到期还款日前，自行决定还款金额的多少。当持卡人偿还的金额等于或高于当期账单的最低还款额，但低于本期应还金额时，剩余的延后还款的金额就是循环信用余额。循环信用的开通流程如下。

（1）客户向发卡银行申请开立循环信用证，并提交相应材料。

（2）发卡银行受理并审查客户提交的开证申请书及相关材料。

（3）发卡银行按规定向客户收取开证保证金并审查客户授信情况。

（4）审查通过后，发卡银行对外开出该笔循环信用证。

如果持卡人选择使用循环信用，将不享受免息期的优惠，待全部应还款缴纳完毕方可恢复。另外，当期账单中产生的利息、手续费、滞纳金等费用需全额还款，这类费用不享受最低还款功能。

2.3　全面通晓，信用卡用途

信用卡的用途不只是刷卡消费，还有免费保险、旅行服务等各种增值服务。如果你是一个信用卡用户，那么很有必要了解不同银行的信用卡，清楚信用卡的各种用途，以便更好地发挥信用卡的作用。

2.3.1　提前消费后还款

小暮是一位刚毕业一年的大学生，最近他想为自己购买一台笔记本电脑，而现在每月的工资只有 2 000 元左右，到月底已经所剩无几，短时间内为自己买电脑的愿望无法实现。于是，小暮想到了利用信用卡分期付款来帮助自己实现买电脑的愿望。

上周小暮首先去银行申请了一张额度为 1 万元的信用卡，再过几个工作日就可以审批下来。申请信用卡只要凭借个人的收入证明、个人有效证件证明有还款能力就可以申请办理此项业务。

小暮想买一台价值 5 000 元左右的笔记本电脑，使用信用卡分期付款可以根据自己的偿还能力选择 3 期、12 期或者 24 期，按 12 期来算，而他每月只要拿出四五百元就可以在一年内把这项款付清；要是选择 24 期，每月仅拿出平常聚会一次吃饭的钱即可满足自己的愿望。

信用卡分期付款逐渐成为一种购物潮流，而购买电脑也是一个大额的商品，对于资金比较短缺的持卡人来说，选择信用卡分期购买不失为一个好的方式。现如今，不论是网购，还是商家组织的团购，都提供了信用卡分期付款的购物功能。

2.3.2 节省利息和开支

信用卡的节省费用功能显而易见。例如，消费 5 万元，享受 50 天的免息期，如果按 5.4% 的银行贷款利率计算，仅一个免息期，持卡人即可节省下近 400 元的利息。长期刷卡消费，省下来的利息将不是一个小数目。而且通过每期的账单能清楚了解本月的生活开支用在什么地方、有没有超额，使下个月能进行合理地调整。

1. 用信用卡节省开支

分期还款可以让用户手中的现金流有更好的用途和规划。例如，招行信用卡在商户消费时，即使不是指定商户，也可以向招行提出分期付款。国美、苏宁分期付款还不占用正常信用额度，但一定要先向招行客服申请。其他的消费，只要持卡人持卡 3 个月以上，每笔消费金额达到 1 000 元，在本期账单日次日至最后还款日前两个工作日之间都可以申请分期付款。期数有 3 期、6 期、12 期供选择，相应的手续费为 2.6%、4.2%、7.2%。交行信用卡则连手续费也分期，随同分期费用逐月扣取。分期付款手续费用和申请的分期付款金额相关，与分期期数无关。最低以 1 500 元起，1 500 ～ 6 499 元的金额，手续费为 0.72%，6 500 ～ 12 499 元手续费则为 0.7%；12 500 元以上，手续费则为 0.68%。

银行经常举办的购物刷卡赠送礼品活动，也能让持卡人省一笔钱。特别是在重大节假日，许多银行都会与一些大型商场和超市联手搞活动，此时刷卡消费就能获赠价值不等的礼品，如果持卡人此时正好购买一些价值 1 000 元左右的商品，那么持卡人将获得的赠品价值也会在 100 元左右。

2. 刷卡保住现金流

陈先生用卡就非常理智，在他的巧妙安排下，银行赚不到他一分钱的利息。“我只办两张信用卡。”这两张卡的还款日，一张在 10 日，一张在 29 日，正好错过半个月，“前半个月用 29 日还款的这张信用卡，后半个月用 10 日还款的这张，就可以享受到最长的免息期。”此外，超过 5 000 元的贵重物品他都选择分期付款。只需支付一定金额的手续费，就可以保证自己手上的现金流。将这笔钱用于投资，绝对比直接拿给商家划算。

3. 充话费享优惠

目前，网上银行用得如火如荼，网上充话费也相当便利。例如，在 QQ 客户端上充话费能享 9.5 折。信用卡在网上支付还能获得返利等。

4. 银行美食优惠

只要你善于发现，基本上每天都有持某银行信用卡在某饭店吃饭可以打折的优惠。持卡人可以提前查看要选购信用卡优惠的折扣饭店是否符合自己需要，选对最适合自己的美食信用卡，才能既得实惠又能享用到美食。各银行的美食优惠活动通常都有一定的时间限制，想出手的卡友要多多关注最新的活动。

笔者好友小燕最近总是在抱怨，“以前鱼香茄子 14 元，现在 20 元，以前爆炒猪肝 20 元，现在 28 元，钱包实在伤不起。”小燕和丈夫都不会烧菜做饭，所以，每天的晚餐不得不在小区周围大大小小的餐馆里解决。出于用料卫生的考虑，他们会选择比较有名、规模较大的餐馆，这一来成本也就跟着上去了。

小燕夫妇两人每月近 2 万元的收入中，至少有四五千元“吃”到了肚子里，

“前几年还好一些，大概两三千元，现在收入没怎么涨，餐费却是越来越贵。”小燕说，就连早餐买个包子也从 1 元一点点涨到了 2 元，足足翻了一倍。

“真不知道，这每个月的餐费怎么才能省点下来，总不能三餐都啃白馒头吧？”小燕似乎为此很是烦恼。

其实，与其降低就餐标准，苛刻自己、影响健康，还不如巧妙地利用各种信用卡优惠活动，来给餐饮开支降降压。

（1）利用信用卡优惠觅食。中国人向来有“民以食为天”一说，各发卡行在“吃”的方面最下血本，提供了相当大的优惠力度，有些活动的优惠幅度甚至超越了网络团购。美食优惠是时下信用卡活动中较为活跃的一种，虽然普遍来看力度不算太大，但至少为持卡人节省了成本，也算是理财的一种手段。不过，需要提醒消费者的是，有些商家的活动期限通常截止到年底，如果现在去办信用卡的话，就未必能赶得上这些优惠了。但对于已经持有这些信用卡的消费者来说，大可以趁年底促销活动期间，让自己大快朵颐。

（2）打印优惠券去用餐。例如，维洛卡已经在上海、北京、天津等多个城市打开市场，这张小小的卡片不仅提供不定期免费礼品，而且更能为就餐节省不少支出，所累积的积分还可以兑换电影券、健身券等实用礼品。在豆捞坊，维洛卡持卡人可享受 9 折优惠、3 倍积分；在避风塘，可享受 9.5 折优惠和 2 倍积分。除了维络卡外，持卡人也可以留意下大众点评网、丁丁地图等网站的优惠信息，如果打印比较麻烦，可直接下载到手机中，在有效期内还能多次使用。

> 专家提醒：维络卡简称 VELO，是一张可以在维络城终端机器上感应打印出你想要的优惠券的卡片，凭优惠券到商家可以享受折扣优惠。在遍布全市范围的热门商圈、罗森便利、地铁内都能见到维络城的服务设备，通过设备可以通过遍布全市范围的服务设备打印优惠券，也可以在维络城官网打印优惠券。维络卡服务内容包括商户优惠、商情咨询、商城购物、手机充值、福彩投注、VIP 服务等各项内容在内的，涉及城市生活消费的餐饮、娱乐、休闲、购物、旅游等众多服务。

（3）开通新型支付工具享优惠。例如，指付通喊出“一元午餐”的口号着实非常诱人。活动仅对指付通用户开放，信用卡“指付通”用户在活动规定时间内通过“指付通”官网完成活动优惠券关联后，即可在当天规定时间内使用指纹支付，以 1 元或 10 元享用特约餐厅正价指定午餐优惠。

> 专家提醒："指付通"（指纹支付）业务是立佰趣与合作银行联合为个人用户推出的一项全新的凭手指指纹无密码的电子支付业务。

2.3.3 急需用钱解眉急

袁成由于一时冲动，向父母借了首期款，买了套二手房。虽然房子有了，可是这股新鲜劲一过去，又要面对现实问题了，每个月除去还贷款和生活必须品的消费，袁成感到非常吃力，日子过得还远不如以前。另外，有些大件家电、家具等商品，他明显无法消费购买了。袁成的几笔大额消费还差3万元，而工资是每个月5日到账，每月节余约1万元。袁成想到了自己的两张信用卡。

（1）充分利用信用卡的免息期还贷。第一张卡（1号卡）的账单日为每月20号，最后还款日为下一个月8号。如果在1月19号消费的，1月20号生成的账单中就记录了这笔消费，到2月8号必须还款的时候，只享受了20天免息；但如果是在1月21号消费的，那么这笔消费只会记录在2月20号发出的账单中，等到3月8号还款的时候，免息了46天。

（2）多卡错开消费，享受最大利益。第二张卡（2号卡）的账单日是每个月的5号，最后还款期是每个月25号。在前一年的6月10号，袁成用2号卡买了2万元的家电；21号，他又用1号卡购买了1万元的家具。7月25号，他要还2万元的信用卡账，这个时候他已经存了6月和7月的工资节余共2万元，正好用来还款。8月8号，1号信用卡的1万元账到期，这个时候，袁成8月份的工资已经到账，节余的1万元正好用来还款。没有一张卡逾期还款，不用支付任何利息。

通过这种不同记账日和还款日的信用卡"接力赛"，袁成成功地将几笔大额消费进行分解，并提前享受到想购买的大件商品。

如果用户着急用钱，而定期存款两周后才到期，这种情况该怎么办呢？大多数人的第一个想法是向身边的熟人借钱，看看能否解决燃眉之急，如果没有借到的话，就只能对定期存单进行部分提取了。那么为什么不向银行借款呢？信用卡产品的最主要的功能就是透支功能，它根据申请人的信用情况核定一个信用额度，申请者可以在这个额度范围内进行透支消费或取现。该功能就可以应对一般的突发事件，还不用损失定期存单的利息。

通过良好的用卡行为，可以提升持卡人的信用形象和信用分值，同时还可以提高持卡人在银行的贷款额度。当持卡人没有银行借款记录时，有一个良好的用卡记录，将是获取银行借款，并尽可能地提高借款金额的一个好途径。

例如，程小姐和李小姐是在同一公司上班的销售员，她们一起向银行申请信用贷款。她们的家庭资产、职业、收入等情况几乎相同，但银行给了李小姐 20 万元的贷款，而程小姐却只得到 15 万元的贷款。

程小姐认为银行有“信用歧视”行为，其实，银行给予两位表面看似一样的销售员以不同的贷款额是有一定缘由和道理的。程小姐和李小姐都没有在银行办理过贷款，因此都没有贷款的信用记录可查。但不同的在于，李小姐持有该银行的信用卡，而且 3 年来用卡记录一直都良好。因此，银行认为李小姐是一个有着良好的信用卡信用的销售员，可以放心地将更多的资金借给她。而程小姐既没有向银行借过款，也没有办理过信用卡，银行不知道她是不是一个遵守信用的人，因此在借款额度上保守一些也没有什么不对。

由此可见，拥有信用卡能提升用户的信用形象和信用分值。循环使用信用卡的过程，也就是一个创建个人信用史的过程。只要持卡人经常透支消费，然后按时还贷，就能建立信用档案并提升持卡人的个人信用程度。

2.3.4 积累积分抵现钱

笔者的好友李慧是一个不折不扣的用卡达人。最近，李慧又在市中心的一家百货商场里，用自己建行信用卡里的积分兑换到了几百元的商品价格。原价 1 800 元的衣服，李慧实际只花了 1 250 元。难道李慧认识商场的人可以打折？还是正好碰上促销活动？对此，李慧的同事张毅颇感好奇。

“都不是啦！是找到对我最好的了。”还没等张毅问是谁对她最好，李慧就得意地说：“别误会，我说的是自己的信用卡。最近有一个‘龙卡信用卡兑你最好’活动，刷卡消费可用积分兑换，最高可兑换刷卡金额的 30%。这不，我购买这件心仪已久的衣服时就体验了一把，还真省下了不少呢！另外，我也是建行的老客户了，活动的时候最高能享受到 8 倍积分，还有可能拿到苹果 iPad 哦！”

此后，张毅还从她那里得到许多其他有关信用卡积分的学问。

（1）积分抽奖活动。有些银行如交行会举办积分抽奖活动，用一些零碎积分就可以获得抽奖的机会，说不定运气好就能拿一个大奖回去。

（2）积分秒杀活动。例如，兴业银行就有积分秒杀活动，有可能用很少的积分兑换到专享礼品。

（3）积分换手机话费。例如，上海银行、平安银行信用卡积分可以转换成手机话费等。

（4）积分翻倍活动。境外消费或者分期消费，积分就能翻倍的活动在各家银行信用卡身上更是屡见不鲜。

“只要你细心观察，小积分就能发挥大价值。”李慧这样总结给张毅。

李慧还提醒周围每位使用信用卡的好友，不是所有银行的信用卡积分都是常年有效的，持卡人最好致电银行客服了解自己持有的信用卡是否具有有效期限。当然，这个有效期限也可以在信用卡的卡面上看得到。

李慧还补充说，银行之间的积分累计规则也略有差异。

（1）注意积分规则。大多数银行是 1 元人民币计 1 分，1 美元计 7 分或不等；也有银行是 20 元人民币计 1 分，2 美元计 1 分。如果刷卡金额为 19 元，建议持卡人可以再购买些小金额商品，凑满 20 元，否则 19 元就没有积分了。

（2）小心积分盲区。大多数银行对于在房地产、批发类、汽车销售类、公用事业、政府机构等消费都是不算积分的。

（3）注意配送礼品细节。有的银行配送积分礼品还需要收取另外的积分分值或者不同的兑换方式配送费也有所不同。

李慧提醒，卡友们一定要多留意自己卡内积分的有效期、各家银行对积分累计及配送费的规定，这样心仪的礼品才不会偷偷地溜走。

中国银联和发卡行不定期地都有一些对于持卡人的优惠活动，如积分换奖、刷卡消费累计换奖等活动，及时通过网站获取相关信息，可为自身刷卡消费带来实惠。借记卡和信用卡配合使用，也能通过参加刷卡消费等优惠活动，获得抽奖、积分。

除了常规的积分外，有的银行信用卡会在一些特定的消费情况下提供多倍积分服务。比如，兴业银行的信用卡持卡人在其生日当天持兴业银行信用卡进行的交易，可获两倍积分。如果是兴业银行白金信用卡持卡人在其生日当天进行刷卡消费，则可获 4 倍积分，附属卡持卡人同样可享受 4 倍的消费积分，计入主卡账户。

> 专家提醒：使用信用卡消费后的积分可在指定的特约商店中直接兑现消费。持卡人持信用卡到发卡银行指定的特约商场刷卡购物，只要在刷卡时告知收银员用积分消费，就可以使用信用卡中的积分折算现金，折扣货款。积分折算现金的比例不一，比如，兴业银行对信用卡的积分折算现金的比例为 400 积分 = 1 元人民币。刷卡消费时，信用卡积分不足抵扣消费金额时，不足的金额按一般刷卡消费从持卡人的信用卡中扣除。

2.3.5 购买大件更轻松

随着物质水平的提高，追求小康的脚步逐渐加快，许多人开始盘算着如何圆汽车梦。购车并不是难事，但需要的是足够的资金。没有足够资金的或是有资金但还想贷款买车的人，首先将目光投向银行，向银行申请汽车消费贷款。但有另外一类人，他们或满足不了汽车的消费贷款的条件，或虽能满足条件却钟情于使用信用卡购车。于是，用信用卡买车就成了一种日渐时尚的信贷行为。

1. 信用卡一次性刷卡买家电

随着生活水平的提高，人们对生活的要求也越来越高，高档家电、电子产品都已成为人们追求时尚的必需品。向银行借钱买家电，最便利的方式就是直接用信用卡刷卡支付购买家电费用，目前，刷卡购物已逐渐被社会所认同。

例如，张欢看到自己心仪已久的一款单反相机在搞活动，大幅降价。而促销活动时间只有一个月，对于她来说是一个千载难逢的好机会，于是，她选择了两张能享受 50 天左右免息期的信用卡，共刷卡 1.5 万元，买下了那款单反相机。

在享受新相机的同时，她还算了一笔经济账。1.5 万元享受 50 天免息期，按当时 2 年期 6.13% 的年利率计算，如此，1.5 万元 50 天的利息就是 510 元。张欢若在规定限期内还完所透支的额度，那么可省 126 元。

2. 信用卡分期付款买车

信用卡分期付款业务，是指持卡人在同意支付首付款的情况下，向银行申请其信用卡，从银行指定的经销商购买汽车，经银行核准后，将审批通过金额平均分成若干期，由持卡人在约定期限内按月还款，并支付一定手续费的业务。目前银行推出的信用卡购车分期付款业务品种，多数为“零利息，低手续费”，也就是说一般不收取利息，但要一次性（第一个月账单）收取3%～10%不等的手续费（手续费因分期的期数不同而有差别），也有一些银行按月收取手续费。不过目前有一些发卡银行和汽车企业合作开展的促销车款，甚至免收手续费。

例如，张先生看中了一款12万元的家用车，按信用卡购车分期付款业务的规定，他支付了30%（3.6万元）的首付款，余下的8.4万元分24期平均还款，每月偿还3 500元，同时，还要一次性收取7%的分期付款手续费5 880元。

3. 信用卡现金分期付款买车

所谓信用卡现金分期付款业务，是指持卡人向银行提出申请后，银行将一定金额的款项转入持卡人在该银行开户的非信用卡账户内，由客户自由支配，客户按选定的期限分期归还该笔款项。现金分期付款免抵押、免担保、免利息，只要一次性支付一定的手续费（例如4%或7%的手续费）。持卡人提出申请后，银行将根据每个持卡人的信用、消费、职业、对银行的贡献度等情况，在几个工作日内核定一定数额分期付款额度。例如，2万～10万元，银行推出的大多是6期和12期的信用卡现金分期付款业务。

> 专家提醒：在费用和费用支付方式上，信用卡现金分期付款业务类似于信用卡购车分期付款业务。例如，某持卡人申请3万元、6期（手续费为4%）的信用卡现金分期付款业务，那么他每月归还透支本金5 000元，同时得一次性支付2 000元的手续费。

2.3.6　投资理财不耽误

信用卡不仅能够刷卡消费、积分，而且还可以帮你进行投资理财。那么，如何才能充分发挥信用卡的投资理财功效呢？下面将逐步进行分析。

1. 信用卡理财实战

钟玲是个典型的白领女性，不但年轻漂亮、聪慧可人，而且能够很快地接受新事物、新思维，去年在银行工作的好友向她推荐了信用卡，很快钟玲渐渐留意起免息期的作用了，原本仅为消费的信用卡，在钟玲手里，正在摆脱作为消费工具的单一性，向时尚理财工具转变。近日，钟玲拿着她通过信用卡理财赚来的银项链，美滋滋地向好友夸耀。于是，好友经不起诱惑，也连忙向她讨教经验。钟玲的方法其实很简单，就是巧妙使用信用卡。

（1）日常消费方面。钟玲办了好几张信用卡，每张卡的额度都有 2 万多元，并且将这些信用卡每个月的结账日期互相错开，这样她每月 2 000 多元的花费，基本都能享受 50 多天的最长免息期。钟玲消费的同时还投资了货币市场基金，货币市场基金周转快、收益又相对稳定。每当快到信用卡还款日的前几天，钟玲就将货币基金赎回还信用卡欠款，每月如此，到年底也有一笔小收入。

（2）装修、置办大件方面。钟玲今年装修了新房，购买了 50 英寸的液晶电视、滚筒洗衣机、燃气热水器，花费 2 万多元；又买了卧房四件套、沙发、茶几，花费 5 000 多元，她虽然有现金付款，但通过信用卡付款，在免息期投资货币市场基金，不但省钱，也间接地赚了小钱。

（3）信用卡积分方面。平时公事出差、AA 制的同学同事聚餐等付款时，钟玲总是利用信用卡付款，一段时间后，信用卡上的积分已有十多万分，前不久她就用信用卡积分换取了一大堆礼品。

（4）理财投资方面。钟玲前年在市南郊花 30 万元买了一套 75 平方米的两居室用来出租，需要首付 13 万元，钟玲还利用信用卡付款后，利用免息期进行投资基金，真正做到了买房投资两不误。

（5）信用卡还款方面。钟玲最后提醒好友，使用信用卡时，一定要及时还款，否则可能会产生逾期罚息，而且还可能产生信用不良的记录，那样就得不偿失了。

毕竟不是人人都能做到钟玲这样，因此，作为普通消费者，在使用信用卡消费时一定要保持理性，要根据自己的实际需要来决定是否使用信用卡。

2. 信用卡收藏投资

随着国内信用卡业务的迅速发展，信用卡收藏的发展也是异常迅猛。信用卡收藏已经成为众多收藏品中的一匹黑马，越来越多的爱好者加入信用卡的收藏队伍，信用卡的收藏价值日益凸显。

用户办一张信用卡，既可作为用品，也可以作为收藏，但一定要注意及时把卡的密码保管好或者将卡销户，并且严防在有效期内与他人做交换或是出售。对于没有要求先刷卡几次后才能销卡的信用卡，最好拿到卡后尽快刷足次数，再做销卡处理。

（1）收藏信用卡的途径。可以自己或托亲友办卡；或是向朋友或亲戚要过期卡；或是到市场上购买；还可以向民间卡刊邮购或从网上拍卖获得。

（2）收藏的信用卡特点。发行时间早；存世量少；在银行卡历史上的地位比较重要；追求者多。

另外，一些特别题材或是异型信用卡的收藏价值很高。比如，中国银行与北京奥运会合作，共发行了三款奥运题材的信用卡，分别是中银 VISA 奥运卡、联想奥运卡和国航知音中银 VISA 奥运卡。

除中国银行外，其他银行也发行了以北京奥运会为题材的信用卡，例如，建行的奥运白金卡、广发银行的 VISA 奥运卡等。广发银行与 VISA 国际组织联手，发行了第一套 VISA 奥运珍藏套卡，一套 5 张（每套卡片有唯一的序列号，卡片各异）。而建设银行的奥运白金卡，为了满足持卡人的收藏需求，一张申请表发两张卡，一张是可使用的信用卡；另一张则是专供收藏的信用卡。

为了增强奥运信用卡的收藏价值，一些银行采取了“限量发行”的活动。例如，中国银行的 VISA 奥运卡限量发行 10 万套，奥运会后将不再发行，收藏价值更显珍贵。

专家提醒：另外，异型信用卡也富有收藏价值。异型信用卡的造型各种各样，大小不一，一般具有小巧别致的外形，如 MINI 形、圆弧形、球形、刀形、M 和 F 形等。一些异形卡一般都被赋予了独特的设计，主题各异。比如广发银行的 MF 南航明珠卡、光大银行的刀形卡、福建兴业银行的加菲猫卡等。

2.3.7 享受尊贵的服务

信用卡涉及的方面越来越广，增值服务也越来越多，也从另一方面说明银行有资金实力为持卡人提供周到、优质的服务。因为创造一个良好的信用卡服务环境，是一个成本很高的工作。因此，有办法提供较多增值服务的银行，其综合实力就强。

信用卡的附加价值涉及衣、食、住、行、吃、喝、玩、乐等生活的方方面面，相当广泛，在涉及的每个方面都能得到相关优惠。

> 专家提醒：比如，信用卡的积分换购礼品、机场免费贵宾室、免费道路救援、海外平安险、赠送飞行里程、赠送航空意外险、刷卡消费抽奖、特惠商户购物优惠、本外币兑换、免费停车、免费洗车、现金回馈、机场免费接送、保险打折、加油打折、红利点数等，是最为常见的附加价值。

随着信用卡市场竞争的激烈，银行发行信用卡除了信用卡的购物消费、透支取现、转账结算、代缴费用等基本功能外，还额外具备一些诸如海外平安险、加油打折、免费洗车等附加服务，这些附加的增值服务就是信用卡的附加价值。

目前，有一些人申办很多家银行的信用卡，并不是一张信用卡的信用额度不够用，而是因为看中了信用卡的附加价值，想从多家银行的信用卡中获取众多的附加利益，给自己的日常生活带来更多便利和实惠。

总之，信用卡纷纷比拼增值服务，最终受益的无疑将是广大持卡人。广大持卡人期待银行推出更多的增值服务，让信用卡不仅仅是一张卡片，而是集多个方面金融服务于一身的产品。

> 专家提醒：如今，信用卡的增值服务已经向更深层次发展。有一位银行高管这样说："高端信用卡不仅仅要比拼服务，更要比拼服务背后的深层价值。所谓深层价值，不仅体现在一种高品质的生活当中，更要在客户享受品质生活的同时，帮他们实现财富、人际关系、智慧的多重价值的积累。"

2.3.8 获取保险与旅游

给信用卡用户提供某种回报或增值服务，是信用卡市场营销和产品设计中常用的方法，它可以极大地提高信用卡产品对消费者的吸引力，促进客户关系，加强客户忠诚度。对于一些旅游爱好者来说，很有必要持有多张不同银行的信用卡，因为信用卡不但可以享受便宜甚至免费的保险，还能让持卡人享受到多家银行组织的价格便宜、住行有优惠、性价比极高的旅游。

1. 获取免费保险

刷卡消费就能获赠保险岂不一举两得。那么，哪家银行的信用卡赠送的保险最适合用户呢？接下来结合 5 家大型银行和浦发、深发展、光大、招商、平安、广发 6 家股份制银行的信用卡，就信用卡提供的保险产品进行比较，用户可根据自己的需求进行选择。

（1）航空意外险。在中国银行、建设银行、工商银行、光大银行、招商银行、浦发银行这 6 家银行，只要使用信用卡支付全额的机票或支付 70% ～ 80% 以上的旅游团费，就可以获得 50 万～ 3 000 万元保额的航空意外险。中国银行保额最高可达 1 000 万元，并有 1 000 ～ 3 000 元的航班延误费和行李损失费。

（2）驾驶员意外险。驾驶员意外险对于私家车一族，也有一些信用卡可以提供相关保障。招商银行爱车一族系列信用卡开卡后，即可免费获赠保额为 10 万元人民币的自驾车意外伤害保险。平安车主卡免费赠送最高 50 万元驾驶员意外险保障、最高 10 万元 / 人同车亲属意外险保障，并独家推出一卡保全车，免费赠送全车 5 人或 7 人的事故医疗保障。

（3）公共交通险。公共交通险乘坐公共交通工具的消费者也可借助信用卡取得保障。例如，平安携程商旅信用卡首刷即送海陆空全方位保险，最高可享乘坐飞机 200 万元，火车（包含地铁、轻轨）、轮船 50 万元，汽车（包含出租车）10 万元的交通意外保险。平安银行白金卡、交通银行白金卡开卡即免费赠送公共交通意外险。

（4）意外伤害险。例如，平安银行的保险信用卡首刷次日，主卡持卡人即可每年获赠最高 15 万元的燃气用户意外保障。交通银行推出“刷得保”业务，客户可获得的保额将与持卡人的刷卡金额挂钩，保障额度随账单余额倍增。如果账单金额为 4 200 元，那么客户可获得保额 42 万元的综合意外保障，还有 50 万元航空意外险和 25 万元的轨道交通、轮船意外险保障。浦发银行的主卡持卡人，可获得为期 90 天，保额最高达 30 万元的意外伤害保险。

（5）家庭财产险。光大银行吉祥三宝信用卡首刷后，持卡人和家人即可免费获赠保额为 5 万元人民币的家庭财产保险，不限地域。

2. 获取保费折扣

信用卡保险与其他保险产品相比，在保费上有所优惠。特别是期交保险产品，月缴保费会比同类产品的其他缴费渠道便宜一些。而且，信用卡保险推出险种，多为保险产品组合，因此保费会更划算一些。

例如，中信新城保险金融信用卡所附加的信诚人寿“健康今生”组合保险，该保险产品为专属寿险及附加重疾险产品组合，适合 10 ～ 50 周岁人士投保，提供身故保障、重大疾病保障、满期保险金等多种保障利益，月缴保费只需 280 元，由中信信诚保险金融信用卡自动代扣，充分满足客户对长期重大疾病保障、储蓄等综合保险理财的需求。

3. 信用卡旅游更实惠

现在各种航空联名卡数不胜数，选择一种适合旅游者的信用卡，能为旅程节省下不少花费，也能体会到更贴心的服务。

航空联名卡除了具备一般信用卡的功能外，特别之处在于信用卡消费积分可以按一定的比例兑换到与这张信用卡联名的航空公司的会员卡里（办理航空联名卡时航空公司会分配一个会员号给持卡人，会员号会同时印在信用卡的卡面上，当持卡人需要出行订机票时，可先查询一下航空会员卡里的积分，再根据所能兑换的数额进行兑换）。

> 专家提醒：对于旅游达人来说，要多关注各旅游景点的金融服务和信用卡特约商户服务，持对信用卡可以充分发挥作用。出境、国内游、短途游，针对部分银行信用卡都有各种优惠产品。旅行社也纷纷与银行联手，推出信用卡优惠旅游。建议办理时多多了解研究，选好信用卡旅行社合作商，就可以出游省钱。

4. 旅途全程专属优惠

目前，使用不同银行的联名信用卡，积分兑换的里程分值是不同的。

（1）建行东航龙卡每消费 1 元可积累 1 分信用卡积分，每消费 1 美元可积累 10 分信用卡积分，而每 15 分信用卡积分可自动转换成 1 公里飞行里程，相当于 15 元人民币的信用卡消费可转变成 1 公里飞行里程。

（2）工商南航明珠信用卡也是每消费 15 元可积累 1 公里，但 1 美元消费则累积 8 分信用卡积分，比东航龙卡的少了 2 分积分。

（3）国航知音中银信用卡则具有三重里程累积功能，首先前程万里积分将在用户每月账单日自动兑换为国航里程，兑换比例为每 18 分兑换 1 公里国航里程，起兑标准为 18 分，不足 18 分部分自动累积到下一期账单。

5. 刷卡住店获惊喜

出门旅行，吃、住是否舒适，是决定旅程能否愉快的重要前提，也是旅途中开支较大的一部分。

一般银行和酒店给顾客的优惠方式有以下五种。

（1）按比例返现。如今，农业银行、建社银行、招商银行、华夏银行等都和一些旅游网站合作，通过在线预订酒店并在指定酒店消费，即可享受一定比例房费的返金返额。

（2）积分回馈。中信银行规定，通过中信携程商旅专线或网上预订的，持卡人每月成功预订酒店累计N间夜，可额外获得酒店成交金额的N倍积分；成功预订机票，可额外获得机票交易金额的2倍积分。这样丰厚的积分对消费者来说是很划算的。另外，还有一些银行有住酒店送航空里程的优惠政策。

（3）享受贵宾级待遇。招商银行推出了很多的酒店联名卡，这些卡不仅能让持卡人在酒店享受贵宾礼遇，而且还能享受一些折扣优惠和额外积分。

（4）促销活动优惠。在五一长假或者国庆、中秋节假期，银行为鼓励出游时刷卡消费，也有一些针对性的促销活动。很多银行都会出台一些促进消费的政策。

（5）指定方式享受优惠。有的银行会在自己指定的商户上，对持卡人有更多的优惠。比如，招商银行的携程卡持卡人在指定酒店消费可以享受2～7折不等的优惠，芒果卡通过在线预订酒店、机票可以双倍积分并享受金卡会员待遇。

6. 信用卡旅游与车同行

当前，在自驾游十分普遍的环境下，一些发卡银行将信用卡旅游与旅行中使用的车联系在一起。例如，兴业银行曾推出自驾出租车服务的活动，规定在活动期间，凡持兴业银行信用卡在至尊公司北京、上海所有门店享用自驾租车服务，刷卡支付200元以上的，即可参与抽奖活动，每位持卡人均有机会获得几十元至200元的奖品。一些银行组织的汽车卡自驾游活动，给持卡人提供免费的高品位的食宿，让旅游更开心。

第3章

选卡有道：适合的才是最好的

如今，各大银行持续不断地新增信用卡，让越来越多的人迷失在信用卡的选择上，有些人能通过其中的一张或几张信用卡满足自己的需求，可有些人却永远败在这一张信用卡上，无法自拔。因此，选择适合自己的信用卡是成为“卡神”最关键的一步。

本章主要内容包括：

- 全面了解，各家银行的信用卡
- 重点知晓，常用热门的信用卡
- 知己知彼，信用卡轻松选择
- 根据特点，选择适合自己的
- 根据性格，选择互补性卡片

3.1 全面了解，各家银行的信用卡

据《2016 年信用卡活跃用户消费报告》显示，我国信用卡活跃用户的消费与2015 年相比，人均持卡量达到了 4.3 张，增长了 34%，人均年消费高达 8.96 万元，增长了 36%。明显看出我国使用信用卡消费的人在不断地增长，那么，卡民想申请信用卡就需要先了解各家银行的信用卡。

3.1.1 中国银行信用卡

中国银行全称是中国银行股份有限公司（ Bank of China Limited ），总行位于北京复兴门内大街 1 号，是 5 大国有商业银行之一。中国银行的业务范围涵盖商业银行、投资银行、保险和航空租赁，旗下有中银香港、中银国际、中银保险等控股金融机构，在全球范围内为个人和公司客户提供金融服务。

中国银行于 1985 年开始发卡，是中国最早的信用卡发卡行。中国银行信用卡是一张国际标准信用卡，一卡双币，全球通用。另外，中国银行信用卡挂失服务可以保障持卡人的权益；众多的特约优惠商户和丰富多彩的积分回报计划将使持卡人刷卡消费时尽享快乐；遍布全球 20 个国家和地区的中国银行海外分支机构也为持卡人提供四海如一的亲切中文服务。

中国银行目前热申的信用卡排名前 5 名，如图 3-1 所示。

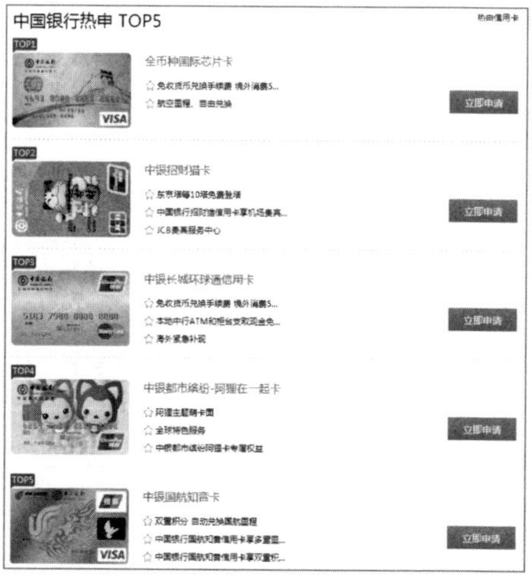

• 图 3-1　中国银行热申信用卡排名前 5 名

> 专家提醒：在中国银行办理信用卡最重要的是准备完整的个人资料，再按照中国银行信用卡申请流程办理即可，一般可以借助我爱卡等信用卡网站查看具体的中国银行信用卡申请流程。

3.1.2 工商银行信用卡

中国工商银行信用卡是国内发行量最高的信用卡品种，目前工商银行信用卡种类主要有：牡丹国际信用卡，牡丹贷记卡，牡丹信用卡；按照工商银行信用卡的品牌分为：牡丹威士卡、牡丹万事达卡和牡丹运通卡；按照信用等级分为：白金卡、金卡和普通卡；按照发行对象分为商务卡和个人卡，其中个人卡分为主卡和副卡。

牡丹国际信用卡是由中国工商银行发行的，给予持卡人一定信用额度，持卡人可在信用额度内先消费后还款，境内外通用的贷记卡，如图 3-2 所示。个人卡最高授信可达 5 万元。对于信用额度内的消费透支，持卡人在对账单规定的还款日期前全部还款，即可享受最短 25 天、最长 56 天的免息还款期。

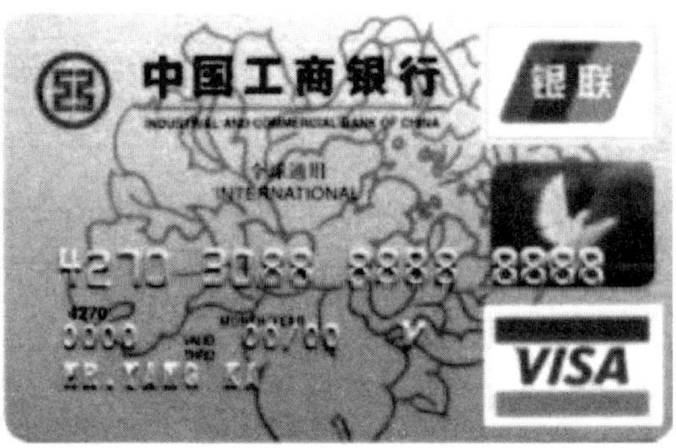

• 图 3-2　中国工商银行牡丹信用卡

> 专家提醒：牡丹主题信用卡有很多种，如牡丹美食卡是中国工商银行发行的以"爱美食，爱生活"为内涵的主题信用卡。持卡人既可享受工商银行牡丹信用卡的基本金融功能与服务，又能体验工商银行遍布全国范围的餐饮特惠商户的优惠礼遇，在享用美食之余，感受工商银行提供的温馨服务。

3.1.3 农业银行信用卡

中国农业银行致力于建设"面向'三农'、城乡联动、融入国际、服务多元”的一流商业银行，通过23 000多家境内机构、12家境外机构及网上银行、电话银行、掌上银行等分销渠道，向广大客户提供优质的金融产品和服务。

中国农业银行推出的金穗信用卡以“享受信用 品味人生”为品牌服务理念，立足为持卡人创造新生活、新体验，并以成为持卡人最信赖的信用卡品牌为目标，如图 3–3 所示。

• 图 3–3　中国农业银行金穗标准信用卡

> 专家提醒：金穗信用卡以创新为主线，面向中、高端客户及潜在目标客户群体，相继推出标准系列卡、公务商务卡系列、白金卡及多种区域性联名卡、特色卡等系列产品，可以满足不同客户群体的需求。金穗信用卡除提供随时调高临时额度、自助激活、24 小时免费客户服务热线、失卡零风险、短信及时通知、消费密码选择、紧急援助、多种还款方式等一系列贴心服务外，还相继开通账单短信提示、短信挂失、邮件挂失、商旅预订、24 小时健康咨询、“516”分期付款等特色功能，将遍布城乡的网点优势、网络优势与产品优势结合起来从而形成强大的功能优势。

3.1.4　建设银行信用卡

中国建设银行成立于 1954 年 10 月 1 日，是股份制商业银行，是国有 5 大商业银行之一。中国建设银行主要经营领域包括公司银行业务、个人银行业务和资金业务，中国内地设有分支机构 14 877 家（据 2015 年统计），为客户提供全面的金融服务。中国建设银行拥有广泛的客户基础，与多个大型企业集团及中国经济战略性行业的主导企业保持银行业务联系，营销网络覆盖全国的主要地区。

中国建设银行已经发行的信用卡都以“龙卡”冠名，同时，建设银行作为国内较早涉足发行信用卡的国有银行，已经有了不少的信用卡种类。目前，中国建设银行已经公开发行的龙卡种类有：龙卡名校卡、龙卡商务卡、龙卡汽车卡、东航龙卡、上海大众龙卡、龙卡香港精彩旅游信用卡、建行 VISA 明卡、艺龙畅行龙卡、芒果旅行龙卡、龙卡（大师杯）网球卡。图 3-4 所示为龙卡双币种信用卡。

• 图 3-4　龙卡双币种信用卡

3.1.5　招商银行信用卡

招商银行成立于 1987 年 4 月 8 日，是中国第一家完全由企业法人持股的股份制商业银行，是中国第一家采用国际会计标准的上市公司，总行设在深圳。自从成立以来，招商银行秉承“因您而变”的经营服务理念，不断创新产品与服务，如今资本净额已超过 2 900 亿元人民币，是中国第六大商业银行。

据悉，招商银行信用卡被业内专家誉为国际信用卡发展史上的一个奇迹，日前已被哈佛大学商学院编写成 MBA 教学案例。

例如，QQ 会员招行联名卡是腾讯 QQ 会员和招商银行联合推出的特色信用卡服务，QQ 会员可享受刷卡双倍积分、取现免手续费等特权，如图 3-5 所示。

• 图 3-5　QQ 会员招行联名卡

> 专家提醒：招商银行和众多的合作伙伴一起打造中国信用卡的领先品牌，携手赢得千万用户的信任和喜爱，让持卡人第一时间分享全新的金融产品和服务。在产品服务创新上，招商银行信用卡打造了百余项新的产品和服务，坚持推进异业合作模式，陆续与百货业、旅游业和体育消费业等不同生活领域的翘楚企业开展合作，为持卡人提供双重意义上的产品和功能服务。

3.1.6　交通银行信用卡

交通银行始建于 1908 年，是中国近代以来延续历史最悠久的银行，也是近代中国的发钞行之一，现为中国 5 大国有大型商业银行之一。交通银行是中国境内主要综合金融服务提供商之一，并正在成为一家以商业银行为主体，跨市场、国际化的大型银行集团，业务范围涵盖商业银行、投资银行、证券、信托、金融租赁、基金管理、保险、离岸金融业务等诸多领域。

交通银行信用卡是交通银行和汇丰银行共同合作推出的信用产品。此信用卡的定位是“一群对生活和事业有理想、有追求，懂得享受，更愿意奋斗，有时也有到国外求学、经商、调研或旅游需要的人，也是一群生活水准高、愿意尝试新的消费习惯的族群。”随后，交通银行和汇丰银行联手重磅推出“中国人的环球卡”（China’s Global Card）——“交通银行太平洋双币信用卡”，如图 3-6 所示。

• 图 3-6　交通银行太平洋双币信用卡

专家提醒：交通银行信用卡产品都是以“太平洋”冠名，常见的交通银行信用卡品种有：太平洋双币信用卡、太平洋 Y-power 信用卡、交通银行太平洋沃尔玛信用卡、交通银行太平洋苏宁电器信用卡、太平洋航空秘书卡、交通银行香港新世界百货信用卡和太平洋公务卡、以上海世博会为主体的世博卡。

3.1.7　光大银行信用卡

中国光大银行成立于 1992 年 8 月，是国内第一家国有控股并有国际金融组织参股的全国性股份制商业银行。目前，光大银行已在全国 29 个省、自治区、直辖市的 108 多个经济中心城市及香港特别行政区拥有分支机构 1 048 家。

光大银行信用卡中心创始于 2003 年 7 月，于 2003 年年底正式成立，直属于中国光大银行总行，是在国有控股、国际金融组织参股全国性股份制商业银行的框架内，服务于广大消费者的信用卡中心。光大银行信用卡可分为公务商旅类信用卡、运动类信用卡、慈善类信用卡、汽车 / 加油类信用卡、购物消费类信用卡、其他特色信用卡及标准信用卡。

其中，阳光信用卡是光大银行发行的标准信用卡，除具备信用卡的基本功能外，还与携程网联合开发了商旅服务功能，可以按优惠价格预订旅行产品（机票、酒店等），刷卡消费可获双重积分，如图 3-7 所示。

•图 3-7　光大银行阳光信用卡

3.1.8　中信银行信用卡

中信银行创立于 1987 年，原称为中信实业银行。中信银行是中国的全国性商业银行之一，总部位于北京，主要股东是中国中信集团公司。中信银行为中国大陆第七大银行，其集团总资产为 51 222.92 亿元（统计于 2015 年）。

中信银行信用卡一直以服务大众为宗旨，将信用卡办理更好地为群众服务，不少使用过信用卡的人都知道，信用卡非常方便，不但可以在国内大商场、超市使用，甚至可以在一些国外的消费场所使用，信用卡大大方便了普通群众，更让银行从中获得了更多的利润。

例如，中信淘宝联名卡除具有普通绿卡金融功能外，还具有在淘宝网、阿里巴巴、支付宝及外部网站进行方便、快捷网上支付的功能（ “支付宝卡通功能” ），如图 3-8 所示。

•图 3-8　中信淘宝联名卡

3.1.9 兴业银行信用卡

兴业银行（Industrial Bank）原名福建兴业银行，是经国务院、中国人民银行批准成立的首批股份制商业银行之一，2007 年 2 月 5 日正式在上海证券交易所挂牌上市，注册资本 50 亿元。

兴业银行信用卡中心成立于 2004 年 7 月，总部设在上海，全面负责兴业银行信用卡业务的运作和管理。兴业银行发行了符合国际标准的双币别卡，与战略合作机构香港恒生银行在全国推出带恒生标志兴业银行信用卡，如图 3-9 所示。

• 图 3-9　兴业银行双币信用卡

3.1.10 广发银行信用卡

广东发展银行成立于 1988 年 9 月，是中国金融体制改革的试点银行，也是国内最早组建的股份制商业银行之一。2011 年 4 月 8 日，经监管机构和相关政府部门批复同意，原注册名称“广东发展银行股份有限公司”更改为“广发银行股份有限公司”，简称“广发银行”（China Guangfa Bank）。

广发卡是广发银行于 1995 年发行的国内第一张真正意义上的信用卡，也是第一张实现盈利的信用卡。广发卡可在国内境外有“中国银联”标识或与本行联网的商户消费上的自动柜员机上提取现金及货币。

3.1.11 浦发银行信用卡

上海浦东发展银行股份有限公司（简称浦发银行）是 1992 年 8 月 28 日

经中国人民银行批准设立、1993 年 1 月 9 日开业、1999 年在上海证券交易所挂牌上市的股份制商业银行，总行设在上海。

浦发银行信用卡中心成立于 2004 年 1 月，是浦发银行引进花旗技术和管理支持，专业从事信用卡业务的分支机构。该中心也是国内首家获得外资银行提供支持的信用卡运作机构，为持卡人带来一份全新的用卡体验。

3.1.12 民生银行信用卡

中国民生银行股份公司是中国内地第一家由民间资本设立的全国性商业银行，成立于 1996 年 1 月 12 日，总部设在北京。民生银行 A 股于 2000 年 12 月 19 日在上海证券交易所公开上市，民生银行的 H 股于 2009 年 11 月 26 日在香港证券交易所挂牌上市。民生银行信用卡可分为白钻系列、标准卡系列、公务卡系列、女人花系列、特色主题系列、百货系列、航空旅游系列、汽车系列、俱乐部系列等。

3.1.13 华夏银行信用卡

华夏银行成立于 1992 年 10 月，是一家全国性股份制商业银行，也是我国第一家由工业企业兴办的银行，同时还是唯一一家以民族名称命名的银行。2003 年 9 月，华夏银行在上海证券交易所挂牌上市交易，成为全国第 5 家上市银行。

华夏银行 2007 年 6 月 18 日正式发行华夏信用卡，首发系列信用卡分为普通卡、金卡和钛金卡三种。在产品功能设计方面，华夏信用卡推出了多个创新功能与服务，在信用卡额度、还款期限、免息政策等方面皆有创新之举。

3.1.14 邮政储蓄银行信用卡

中国邮政储蓄银行于 2007 年 3 月 20 日正式挂牌成立，是在改革邮政储蓄管理体制的基础上组建的商业银行。

邮政储蓄银行信用卡为银联标准人民币贷记卡普卡，具有透支消费、透支取现、分期付款等丰富的功能；提供 24 小时客服热线、账单免费寄送、自扣还款关联等服务；另外，还有免收异地还款交易手续费、大额交易免费短信提醒、消费享受免息期优惠等强大功能。

新发行的邮政储蓄银行信用卡以“鼎”作为设计图案，既表现出邮政历史文化底蕴、雄厚实力及精诚守信、一诺千金的内涵，也表现出邮政储蓄银行“鼎力为您”的服务承诺，如图 3-10 所示。

• 图 3-10　邮政储蓄银行信用卡

3.2　重点知晓，常用热门的信用卡

大部分人的手中或多或少都拥有一些信用卡，很多人生活都离不开信用卡。不管是透支族、集卡族，都有积累了信用卡的使用心得，下面介绍国内各银行信用卡的优点和缺点。

3.2.1　女性卡

如今，各大银行早就在女性主题信用卡和理财等方面做足了文章，不仅卡面靓丽、外形时尚，而且在购物、美容、积分、保险等方面也有诸多优惠。女性选择信用卡除了看中信用卡的外表外，还应该了解各家银行推出的女性卡的特点和功能，尤其是为女性服务的功能，如生日、妇女节、母亲节可获得双倍积分或者折扣优惠等。

女性可以借鉴以下各大银行推出的女性信用卡的特色来思考自己适合和选择什么样的信用卡，如表 3-1 所示。

表 3-1　各大银行女性卡特色

银行	产品	特色	适合对象	备注
工商银行	周大福牡丹信用卡	国内首款珠宝首饰类信用卡产品，享有多项珠宝饰品类优惠及特色服务	经常购金饰珠宝的人士	限港、澳、台地区以外的中国地区周大福分店使用
建设银行	芭比美丽信用卡	每周六持卡人时尚消费（百货、美容、餐饮、健身、电影院消费）可获得双倍积分，全额购买机票，获赠高额航空意外险	追求精致生活与时尚品位的女性	在芭比上海旗舰店可免费成为芭比 VIP 会员
中国银行	钛金女士信用卡	国内首创钛金镜面卡，为女士提供多种尊荣礼遇，贴心的女性健康专属保险，时尚绚丽的女性卡友专享网站等	都市白领女性	涵盖全国、港澳地区的优惠商户网络
农业银行	金穗宝娜卡	在宝娜美容美体连锁机构各大分店、分校消费，享受相应折扣优惠，同时可享受农行现有优惠商户折扣	经常需要美容美体消费的女性	客户不定期获赠《美丽前线》时尚杂志及美容咨询类手册
广发银行	广发真情卡	国内首张女性专属信用卡，具有自选商户类型 3 倍积分计划、自选保险计划等功能服务，同时享有众多商户折扣优惠	相关时尚美容杂志、精品爱好者	可在线申请
招商银行	时尚女性系列	瑞丽联名信用卡，千色店联名信用卡，VOGUE 钛金信用卡，ELLE 联名信用卡，VSAMSN 信用卡 5 款	追求时尚生活的人士	可在线申请
光大银行	阳光伊人钛金国际信用卡	国内第一张时尚信用卡，持卡人可享受 7.5 折订阅《时尚COSMO》《时尚先生》等杂志，在专属商户需持卡消费，不出国门也有特别折扣	常需国际品牌最新时尚资讯的人士	生日当月持卡及本人身份证可在特定商户享受免费写真一套
深圳发展银行	深发展靓丽卡	持深发展靓丽卡在美容、美发、SPA、保健类商户刷卡消费可享 3 倍积分	喜欢积分的女性	

3.2.2　百货联名卡

百货联名卡有很多好处，如积分优惠是几乎所有的百货联名卡都具有的功能。凡持卡在联名的商家消费，商家都会根据消费金额给予消费者相应的积分，有的商家在特定日购买其商品还能享受到双倍积分，用积分还可兑换礼品。

持百货联名卡相当于持有该百货商家的 VIP 卡。一些指定商品，商家规定只有凭联名卡才可以享受到打折的优惠，使用现金消费的消费者是无法享受到这些折扣的；还有专属的优惠活动。同时还能参加商家的各类贵宾专享活动，如时尚讲座及新品发布会。在商场内任意消费，还可享受免费停车、享受商家的贴心服务等。

对于消费者来说，联名卡往往提供购物折扣、飞行点数、现金回馈等好处，因此广受欢迎。

> 专家提醒：联名卡是指信用卡公司和另一市场主体（如零售商、百货公司、航空公司、保险公司、旅馆酒店、俱乐部等）或社会组织（如校友会）联名发行信用卡，信用卡公司以此为市场营销的渠道扩大市场份额，而零售商和航空公司等则借此扩大销售量、扩大客户群、提高客户忠诚度，或者社会组织借此获取一定的收入（如发卡所得收益的一定比例给卡用户的母校，从而受到热爱母校的校友们的欢迎）。

3.2.3 学生卡

湖南大学的王斐在大一的时候办了一张信用卡，当时信用额度为 2 000 元。刚开始用卡的时候，因为没有节制地消费，就有了还款压力。后来，王斐学会了理性地控制消费，每个月还款不成问题，现金消费也控制得很好，每个月生活费不但没有增加，反而减少了。

从大一到大四，王斐总是准时还款，保持了良好信用，刚毕业银行就通过提升额度的申请。使用大学生信用卡，除了能取得消费信贷等基本服务外，还具有增长金融知识、积累个人信用、培养理财能力、构筑事业基础等好处。

如今，大学生已成为信用卡持有者全体中的特殊一族。大学生除了父母提供的生活费外，基本上没有其他固定的收入，但他们是社会上素质相对较高的人群，毕业后有很大一部分会是未来社会经济发展的重要力量，也将成为消费的主要人群之一。

学生群体作为潜力无限的用户群体，一直都是银行发行信用卡时针对的对象，而独属于学生群体的信用卡服务往往也能为学生带来真切的实惠。不仅能够提升用户的信用度，而且还能省下一笔消费的费用。

各银行推出的学生信用卡基本上都是在原有信用卡功能的基础上，根据学生的特点和需求而设计的，除了包括基本的透支消费、小额资金助学、ATM 功能、特约合作商户打折消费和建立大学生信用档案等功能外，还增加了出具个人信用报告、就业指导功能等多项特色服务。学生信用卡普遍都具有特色分期付款、优惠取现服务和免费异地存款等特色服务。

下面针对学生群体的信用卡常见消费类型进行分析。

（1）娱乐消费：作为学生群体用户主要的支出方式，娱乐消费的额度占据了信用卡消费的绝大部分额度。如果信用卡恰好可以帮助用户在进行娱乐消费时打折，那么节省的费用将不是少数。以招商银行推出的 YOUNG 卡校园版为例，信用卡能够帮助用户在吃、喝、玩、乐方面获得大量优惠。图 3-11 所示为招商银行 YOUNG 卡校园版的功能介绍。

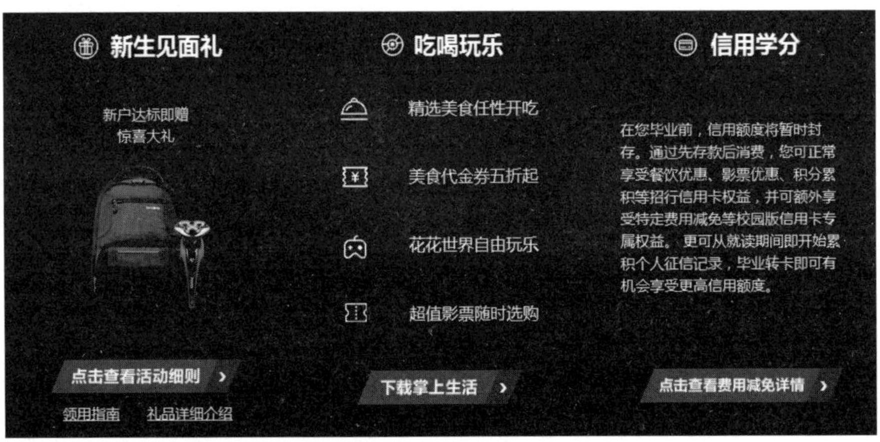

• 图 3-11　招商银行 YOUNG 卡校园版的功能介绍

（2）电影特价：大部分针对学生用户的银行信用卡如果没有推出娱乐消费方面的折扣，也一定会有电影特价。

对于学生用户而言，寒暑假一直是大片云集的战场，而银行推出的电影特价直接迎合了用户的需求。

（3）旅游出行：对于学生用户而言，信用卡还有一个功能就是便于旅游

出行。尤其是对于大学生用户群体而言，在寒暑假旅游已经成为一种新的休闲方式。

以中国工商银行的牡丹学生卡为例，这种针对学生群体的信用卡能够帮助用户在旅游出行时获得更好地服务体验。图 3–12 所示为牡丹学生卡的 5 个功能。

一卡双币	一卡双币的学生卡并不常见，可以在全球通用
境外消费	用户在境外进行消费，在国内可以进行还款操作
超长免息	提供最长 56 天的免息还款期，免息时间最长
网络购物	在境外的网络平台上可以直接购物消费，方便快捷
自主使用	在带有“VISA”和“MASTERCARD”标识的设备上使用

●图 3–12　牡丹学生卡的 5 个功能

学生申请学生信用卡的手续很简单，一般只需填一张申请表，出示身份证和学生证复印件即可办理。透支额度也不相同，本科生持卡一般可透支 2 000 元，研究生一般是 5 000 元，无息透支时限最长可达 56 天。

3.2.4　爱车卡

自古以来，车不仅是交通工具，更是权利、地位和富贵的象征。当今，车已成为人们需求的一部分，对车的爱护也随之增加，人们对服务的要求也随之增加，而信用卡中的爱车卡就为车民提供了多种细致入微的服务，可以称之为爱车的守护神。

“买车容易，养车难”是一些车族人常说的话，而信用卡中的爱车卡提供了很多养车的优惠活动（如加油折扣、免费洗车、免费停车位等）。享受这些优惠的同时，还有很多银行推出了意外保险类的功能和服务。

3.2.5　休闲娱乐卡

信用卡虽然没有休闲娱乐的功能，但却是休闲娱乐活动不可缺少的帮手。

例如，旅游、看电影、聚餐等，使用信用卡都能带来一系列优惠。

目前，市面上的信用卡品种繁多，各家银行纷纷与商家签下折扣协议，从日常消费到外出旅游，应有尽有。利用信用卡还可以享受到用餐的折扣，作为一个美食爱好者，要享受“物超所值”的美食已不再是难题了。招商银行、工商银行、中国银行、兴业银行等十多家银行都发行了在各种餐饮企业优惠的联名卡。

事实上，各家银行都已经捕捉到了信用卡在年轻人市场里的巨大潜力，他们为持卡人奉献缤纷多彩的娱乐、餐饮、打折等优惠活动。各家银行的各种各样的信用卡也正伴随着人们体味美食、享受娱乐。

3.2.6 航空联名卡

如果你经常乘坐飞机往返各地，那么申请一张航空联名信用卡或许是种不错的选择。除了具备一般信用卡的金融功能外，航空联名卡还同时让你拥有航空公司会员资格，享受里程累积、保险、机场贵宾厅等各种服务。

目前，银行与航空公司的联名信用卡种类五花八门，市场最为流通的是招商银行的国航知音信用卡、工商银行的南航明珠牡丹信用卡、建设银行的东航龙卡等，它们除具有一般国际信用卡功能外，同时还可通过刷卡消费累积航空里程。

航空联名卡的优势在于，将平日的消费转换为里程，再配合持卡人搭乘相应航空公司航班所累积的里程，以便持卡人更快获得换取免费机票或升舱服务的机会。如果持卡人并不是经常搭乘班机，单凭平日消费想要获得免费机票或升舱服务，可以说是比较困难的。这主要是因为里程兑换的比例有限，而兑换航空机票和升舱服务的标准较高。因此，倒不如办理一张积分永久有效的信用卡，换取银行提供的礼品，不必为积分清零懊恼。另外，对于商旅人士来说，如果并不忠实于某一家航空公司，又觉得办理很多联名卡不方便，不妨直接办理航空公司会员卡，在搭乘班机时累积里程，倒也有机会获得免费机票或升舱服务。

曾经就有人试过使用某航空公司的联名信用卡出差到欧洲，往来 10 次便可免费兑换一张往返亚洲的机票。

例如，表3-2所示为各银行信用卡积分兑换东航里程数比例。

表3-2 各银行信用卡积分兑换东航里程数比例

银行	白金卡	钛金卡	金卡	普卡	备注
兴业银行	6元：1东航积分	10元：1东航积分	15元：1东航积分		每月自动兑换，不足1里程部分自动累积到下期账单
交通银行	10积分：1东航里程（1元兑1分，1美元累计8分）		12积分：1东航里程		每月自动兑换，不足1里程部分清零
广发银行		10元（1美元）：1东航里程	14元（2美元）：1东航里程		每月自动兑换，不足1里程部分清零
浦发银行	12元（1美元）：1东航积分	14元（1美元）：1东航积分	15元（2美元）：1东航积分		可致电东航客服专线，或登录东航网站购票，并以该卡成功支付东航机票，即可获得双倍积分累积（白金卡12：2，钛金卡14：2，金卡15：2）。按每笔消费自动兑换，不足兑换1里程部分清零
建设银行			15元（1.5美元）：1东航里程	15元（1.5美元）：1东航里程	每月自动兑换，不足1里程部分自动累积到下期账单
民生银行	10元：1东航积分		18元：1东航积分	18元：1东航积分	每月自动兑换，不足1里程部分自动累积到下期账单
招商银行				18元（2美元）：1东航积分	按每笔消费自动兑换，不足兑换1里程部分清零
中信银行	15元（2美元）：1东航积分		18元（2.5美元）：1东航积分	18元（2.5美元）：1东航积分	每月自动兑换，不足1里程部分自动累积到下期账单

3.2.7 酒店联名卡

酒店联名卡是发卡银行与酒店联手发行的一种银行卡，凡持有该卡片的消费者在这些酒店消费可以享受商家提供的一定比例的优惠。

表 3-3 所示为各大银行酒店联名卡对比表。

表 3-3 各大银行酒店联名卡对比表

银行	产品	优惠措施
招商银行	凯莱酒店集团联名信用卡	凯莱酒店集团旗下全国所有酒店支付餐饮消费，可享受 9 折优惠；持该卡支付本人全额机票款或 80% 以上的旅游团费时，可获赠 200 万元人民币的航空意外险及最高保险金额为 1 000 元人民币的旅游不便险。持该卡消费将可积累凯莱贵宾伙伴积分（不累积招商银行积分），每 20 元人民币或境外消费每 2 美元积累 1 个贵宾伙伴积分
建设银行	锦江龙卡	房费消费积累锦江会员积分，每 1 元客房消费积累 1 分，可兑换酒店客房等回馈奖励；退房时间可延迟至下午 2:00（酒店规定特殊情况除外）；该卡积分可按 5 000:300（信用卡消费积分：锦江会员积分）比例兑换锦江会员积分。每次兑换的起始标准为 2.5 万消费积分，每 5 000 消费积分为递增单位
交通银行	锦江之星信用卡	可在锦江之星各门店享受 9.5 折房价折扣，而在一次性缴纳 158 元会员费后，更可以享受各店 9 折房价折扣；可享受会员电话和网上订房便利，还可获得延迟入住和延迟退房礼遇。持该联名卡在锦江之星旗下的锦江大厨餐厅和星连心茶餐厅用餐可享受 8.8 折优惠；可获得消费积分，积分可兑换锦江之星代金券，用以抵用锦江之星店内的各项消费，还可换取各大航空公司的航空里程，或换领多达百种的信用卡积分礼品

如果想用最少的钱订到最合适的酒店，而且还能享受各项增值服务，就需要密切关注各个酒店的促销活动，如有的时候新酒店开业就会有折扣活动；成为某些旅游网站的会员也能享受一定的折扣。

3.2.8 外币信用卡

对于经常出国旅游、留学的用户，各家银行推出了以外币结算的信用卡。国内外币信用卡主要发卡行，如表 3-4 所示。

表 3-4　国内外币信用卡主要发卡行

外币种类	发卡银行
美元卡	大多数银行
欧元卡	中国银行、工商银行、中信银行、民生银行
港币卡	中国银行、中信银行、广发银行
澳元卡	民生银行
日元卡	中国银行
英镑卡	中国银行、民生银行

目前，我国发行的信用卡有单币卡、双币卡两种，其中单币卡可以是人民币信用卡，也可以是外币种单币信用卡，而双币卡则是指卡片除了拥有人民币账户外，还拥有一个外币账户。信用卡上会分别印有卡组织标识，如银联、Visa、MasterCard、JCB 等，这表明了持卡人可以通过哪个或哪几个途径刷卡消费。

例如，同时印有“银联”“Visa”标识的卡片，可以在银联 POS 机和 Visa 的 POS 机刷卡消费，但无法通过 MasterCard 渠道或 JCB 渠道刷卡消费。

专家提醒：对于普通消费者而言，如果想享受境外刷银联卡免货币转换费等优惠便利，可以选择单标识银联卡，在使用这种卡时，因为其所有的外币交易都会按照实时汇率转换为人民币金额记入国际卡的人民币账户，确保持卡人享受免收货币转换费等优惠和便利服务。

3.2.9　个性信用卡

对于消费者来说，持有与众不同的产品就是一种时尚和个性。一些年轻人希望打造出自己独特的个人魅力，追求个性，从而推出了各类个性信用卡。

如今的信用卡，除了拥有丰富功能，一个炫彩且个性的卡面也是必不可少的。一些银行提供了 DIY 卡，可供用户自己设计信用卡卡面。对于年轻人而言，有一张有自我表示的信用卡，就是一种独一无二的个性，个性信用卡不仅仅是一张信用卡，更成为其身份的标志。

例如，招行推出的魔兽世界联名卡，其卡面采取夜光工艺的特殊处理，卡片在黑暗的环境中可以隐约显出淡淡的绿光，酷劲十足，让持卡人感受时尚生活的无穷魅力，如图 3-13 所示。

• 图 3–13　魔兽世界联名卡

3.2.10　附属卡

附属卡是依附于另外一张信用卡而存在的卡片，这两张卡将分享一个透支总额。一般来说，附属卡持卡人所持有的卡发生的一切债务，全由主卡持卡人承担，主卡持卡人与附属卡持卡人之间，多为财产共有关系，附属卡持卡人一般是主持卡人的配偶、子女、父母或兄弟姐妹。

附属卡与主卡在使用上并没有区别，年费一般是主卡的一半，银行的优惠活动、卡片的增值服务业同样可以享受。有的银行的白金卡的附属卡，在个别项目的增值服务上可能不能独立享受。比如，中信银行的附属卡就不享受生日积分 4 倍的服务。

另外，在还款时，除了中国银行的主卡和附属卡要分别还款外，其他银行的主卡和附属卡都是共用一个账户，还款时选择还主卡还是附属卡都可以。

> 专家提醒：附属卡的额度由主卡持卡人限定，可以是百分百共享主卡额度，也可以是主卡额度的一定比例。积分一般是合并到主卡中使用的，但工商银行附属卡的积分可以独立使用。

3.3　知己知彼，信用卡轻松选择

很多人一打开钱包，里边排得满满的一沓卡，其实并不一定每张卡都会用到，而且过多的银行卡如果不精心打理，还会在无形之中花掉不少冤枉钱。卡的多少不重要，重要的是根据持卡人的消费习惯合理地选好卡、用好卡。

3.3.1 时尚女性

在前面一节中笔者介绍了一些银行的女性卡，女性可以从信用卡的功能和特色上选择适合自己的卡，除此之外，还有以下一些银行的信用卡非常适合女性使用。

例如，建行的芭比美丽卡规定，持卡人每周六的时尚消费（含百货、美容、餐饮、健身和电影院消费）可获双倍积分。中信的“魔力”卡规定，无论持卡人是在境内还是境外消费，只要每月使用刷卡消费达到指定金额，即可获得加倍的积分回馈，金卡以上最高可获 3 倍积分。广发的真情卡规定，持卡人可以在百货、旅游、餐饮和娱乐这 4 类商户中选择一种享受日常消费的 3 倍积分。中行钛金女士信用卡规定，持卡人在生日当月、妇女节当日和母亲节当日的刷卡消费可获双倍积分回馈。

除了积分之外，部分银行还赠送保险，中信、中行和广发的女性主题卡均赠送健康保险，广发还赠送重大疾病保险。

需要注意的是，一些银行的女性主题卡是和合作伙伴联名发行的，附加的特色服务主要由合作伙伴提供，用户需要比较这些服务的稳定性和实际品质。

1. 魅惑黑：招行香水卡

招行香水卡是招行 Hello Kitty 粉丝卡中最具味道的一张，黑色卡面具有神秘的感觉。卡中 Kitty 的蝴蝶结中间的迷藏圆孔，可随时滴入香水，香味驻留其中随时释放，散发着让人无法拒绝的魅惑，如一位亲密的倾听者。

活动期间，凡成功申请 Hello Kitty 香水卡的主卡持卡人，只要成功开卡且缴纳年费，可获得梦幻心想大礼包。大礼包内含粉色恭祝系列 Hello Kitty 公仔一个、华丽金色 Hello Kitty 可换装公主裙一件、魅力可换装 Hello Kitty 蝴蝶结一只、Hello Kitty 修容套装一套、Hello Kitty 手机链一只，可大大满足 Hello Kitty 迷们的梦幻爱好。

2. 清爽蓝：中银钛金女士信用卡

中国银行首款面向都市中高端白领女性发行的信用卡，展现“Love Yourself——爱自己，更美丽”的新生活“新钛度”，除了具有循环信用、预借现金、免费短信、灵活分期付款的金融功能外，还提供高额授信额度、最长可达56天的超长免息期、专享的年度理财报表及丰富多彩的超值积分回馈和涵盖全国、港澳地区的优惠商户网络，其中“亮天蓝”颜色的一张卡就如即将到来的初夏一般清爽。

持卡人生日、三八妇女节、母亲节当日交易均可享受双倍积分回馈，若持卡人生日在妇女节或母亲节当日，更可享受三倍积分的特惠，另从中行佛山分行获悉，活动期间，客户只要使用中行信用卡作为主账户注册个人网银和手机银行，即可获赠5 000信用卡积分奖励。已开通中行个人网银或手机银行的客户，只要申请中行信用卡并激活，可获赠10 000信用卡积分。

3. 自信红：民生女人花卡

民生银行联手旗下《品位》杂志联名倾情打造的职场女性专属信用卡，以商务女性需求为设计主调，插画风格空灵唯美，展现女性对生活的自信与勇气。一张热烈的红色卡，更将品位女人的特性展现无遗。刷联名卡订阅《品味》杂志专享8.5折优惠。

4. 高贵紫：广发真情卡

国内首张女性专属信用卡，透明卡版设计，倡导“独立、从容、聪明、率性”的女性生活理念，具有自选商户类型三倍积分计划、自选保险计划等功能服务。

5. 可爱粉：建行芭比美丽信用卡

建行联合美泰公司为追求精致生活与时尚品位的女性客户量身定做的一款信用卡，其中一张芭比美丽信用卡粉红色卡面赋予了年轻时尚女性梦想与憧憬，更成就女性对浪漫和精致生活的追求。

每周六客户时尚消（百货、美容、餐饮、健身、电影院消费）可获得双倍积分，而芭比好礼随心兑除参加龙卡信用卡积分活动之外，还可专享芭比经典玩偶、芭比日用品等正版积分礼品兑换，持卡至芭比上海旗舰店，即可免费成为芭比VIP会员。

3.3.2 爱车族

如今，对于很多年轻人来说，车往往是看中买不起的“大件”。另外，油价不断上涨，让不少有车族也感觉负担越来越重，一辆普通的家用轿车一个月光是油费最少也需要八九百元，加上每年的保险和保养费用，养车还真是不容易。

因此，爱车族不妨关注各大银行推出的与汽车相关的信用卡。如果用户持有一张信用卡，就可以运用信用卡的分期付款业务来拥有一辆自己的车了。同时，信用卡还涵盖了车主最需要的服务内容，不仅能为车主节省油钱，还有洗车、保养、保险等实用的优惠措施。

（1）加油返现。用招商银行、广发银行等发行的汽车信用卡在中石油加油站加油，可以获得现金返还。例如，招商银行的“Car Card”信用卡更有最高 5% 的油费返现，并额外赠送 50% 的积分。但需要注意的是，每位持卡人每月最多只有 1 000 元的加油金额可以享受优惠，如果开的是大排量“油老虎”，可能就难以满足需要了。

（2）洗车打折。建设银行的龙卡汽车卡同样是优惠多多，满 1 000 积分可以兑换 1 升中石化加油站的 97 号汽油，还有在指定洗车门店享受每周一次洗车立减 15 元的优惠。据了解，按照目前洗车市场均价 20 元来算，用这张信用卡就相当于打了 2.5 折，非常划算。

（3）车险赠送。在车险优惠方面，不少银行为开卡客户赠送驾驶员意外险，另外就是在与发卡银行合作的保险公司购买车险，保费可以打 7 折的折扣。

（4）维修保养优惠。大部分银行的汽车卡都有全年不限次数的换胎、充电、加水和 30 分钟内的机械维修服务，而广发银行还提供全年无限次 100 公里内免费拖车服务和 3 次 10 升的免费送油服务，为被困窘境的车主“雪中送炭”。

3.3.3 大学生

身在巴黎、伦敦、纽约的大学校园，经常可以看到身着学生装的中国留学生，熟练地使用信用卡，自由在海外消费的场景。据了解，每年至少有 20 万人次的出国留学生，为金融机构打开了一条新的路径，多家海内外金融机构正在紧盯留学生金融服务这一市场，中国留学生选择信用卡海外消费已经成为潮流。

由于学生信用卡不良率持续攀升，银监会已出台新规禁止银行向未成年学生发信用卡（附属卡除外），曾火热一时的“校园卡”基本全面停发。调查发现，银行只不过把原来针对国内读书的孩子们变成了即将飞往世界各地的留学生们。

对于去海外求学的留学生来说，信用卡却是必不可少的金融工具。消费、住宿、租车、付小费等，很多都要靠信用卡来完成。银行也看准了这块的商机，每年 9 月份之前，是各大银行猛推留学信用卡的时机。

当前，留学最热门的地区无非是美国、英国、澳洲、加拿大。民生银行近期就新推出欧元卡、澳元卡，可在中国银联和国际信用卡组织全球受理网络使用，其中澳元卡属国内首家推出。中国银行新推出的英镑卡，将提供英镑为清算货币、用英镑消费、以英镑还款，也可用人民币还款，避免在英国消费时的多重货币兑换损失。此外，中国银行还有人民币—日元双币卡。

> 专家提醒：可供留学生使用的信用卡一般分为普通的双币信用卡，也就是人民币—美元卡；然后是多币种双币卡，如欧元卡、港元卡等，其记账货币和结算货币都为欧元或港元，直接折算成人民币，减少因折算而产生的部分汇率损失。

3.3.4 驴友

“驴友”是对户外运动，自助自主旅行爱好者的称呼，更多地是指背包客，就是那种背着背包，带着帐篷、睡袋，穿越、宿营的户外爱好者。

中国商旅市场的增长速度十分惊人，规模已稳居全球第二，商旅市场的持续升温，吸引各家银行纷纷发行和布局旅游信用卡。2006 年 6 月，中国建设银行和中国国际旅行社联合推出国内首张以旅游为主题的联名双币种信用卡。此后，旅游主题信用卡逐渐增多，成为新一类信用卡。

旅游主题信用卡为持卡人带来了实实在在的优惠，例如，建设银行国旅龙卡持卡人可以专享“旅游类期刊优惠”“旅游特惠计划”“旅游优惠产品”和“免税店优惠”等配套增值权益。

近日，笔者的办公室中，有小孩的同事都在纷纷为孩子准备暑假的活动。

如何陪孩子度过快乐的暑假是每位家长都在用心思考的问题，而“假期亲子游”便不失为一个全家同乐的理想选择。一些家长利用年休假带孩子出游，避暑的同时又能增进同孩子间的感情，可谓一举两得。

目前，不少信用卡中心、卡组织都为这个假期准备了丰富的旅行优惠活动，让亲子游的成本一降再降。例如，建设银行针对全体银联持卡人推出“玩转香港最高立减 800 元”“玩转香港 SOGO 百货刷满即赠现金券”等活动，招商银行针对全体持卡人推出“港澳行 3% 现金回馈”活动，中国银行、交通银行也分别推出“刷万事达卡游港澳台 2% 现金回馈”活动。消费者可有针对性地选择，同时应谨慎对待各种附加条件。

下面笔者介绍几个境外刷卡的技巧。

（1）18 个国家和地区可刷卡。很多消费者平时已经习惯了持卡消费，到境外旅游时也照样可以刷卡付账。据了解，目前银联卡开通使用的 18 个国家和地区包括新加坡、韩国、泰国、印尼、越南、菲律宾、美国、德国、法国、西班牙、卢森堡、比利时、日本、马来西亚、澳大利亚、新西兰和中国香港、澳门地区。银行发行的美元账户、欧元账户的银行卡也都可以使用。另外，在正式出发前，最好先咨询银行，确保自己准备携带的这张银行卡在旅游目的地可以使用。

（2）境外消费时尽量刷卡。由于旅游携带大量现金既不安全也很不方便，如果在境外的 ATM 提取现金的话，费用会非常高。信用卡在境内消费差别不大，但在境外就可能由于结算方式、币种、交易线路不同而差距很大。因此，在境外购物时能刷卡尽量刷卡，不到万不得已最好不要提取现金来使用。另外，用信用卡在境外提取现金，一般都按 3% 收取手续费，而且还按日收取高额利息，很不划算。

（3）银联渠道退税最方便。消费者领回税款的方式有几种，主要包括现金退税、信用卡退税等，但都存在一定的费用和时间。现在，中国银联联手全球回报集团在欧洲和新加坡地区推出了出境购物退税服务。只要持卡人在带有全球回报集团标志的商店购物，选择通过银联渠道退税，并把银联卡（只需带有银联标识即可）相关信息填写在退税单上，在海关盖章生效后投入专用信箱寄回全球回报集团，就可以坐等税款划入账上了，而且退款都会直接进入人民币账户，中间不收取任何货币转换费。目前，工行是唯一提供这一服务的银行，在北京、上海、广州的机场、市区内都设有专门的退税服务网点，对法国、德国、英国、意大利等 20 多个国家的境外消费办理退税业务。

（4）选择适当的交易渠道。出境游不仅要多使用信用卡，并且还要选对适合的交易渠道。目前，银行卡国际结算有许多公司，中国银联的结算平台已遍布东南亚、日韩、欧洲、美洲和中国港澳地区，比如在香港地区，银联的 ATM 覆盖率达到了 90%。但需要注意的是，日本等地习惯使用本国的刷卡渠道，所以如果在日本、欧洲等非美元国家，要另外挑选适合的渠道，以免因无法用银联结算而改用美元结算通路而产生交叉汇率，无形中提高交易成本。

> 专家提醒：因此，经常出去旅行的“驴友”，可以选择一张与携程、芒果、艺龙等旅行公司联名的信用卡，可以享受不少优惠。
> 另外，从用户的角度出发，要想用一张信用卡就解决出境游，那么仅仅只是双币信用卡是不够的，还需要全币种的信用卡。例如，中行、工行和农行在信用卡业务上主打“全币种”概念并推出相关产品，主要功能就是让持卡人在不同的国家旅游时可以直接使用信用卡刷卡，而不需要被收取货币转换费，从而切合出境游客的需求。这种“全币种”的信用卡能够帮助用户实现无论在何地消费，回国后均可直接用人民币还款的功能，进而免除购汇手续。

3.3.5 购物狂

网购达人罗小姐最近在淘宝电器城上购买了一部价值 4 000 元的单反相机，进入支付宝收银台后，通过建行信用卡一次性付款就完成了购买。

罗小姐表示，爱上网购后，网上消费已经成了自己信用卡的主要用途之一。“很早就办了建行信用卡，但一直觉得支付起来不算很方便。”罗小姐介绍，原先使用建行信用卡在网上支付时单笔和每天累计的额度都是 500 元，如果想买同样一部 4 000 元的照相机，原来需要使用信用卡连续 8 天向支付宝每天充值 500 元，然后再使用支付宝内的 4 000 元余额进行付款。

如今，建行信用卡和支付宝就信用卡网上大额支付达成的最新合作。建行信用卡用户在淘宝网支持支付宝大额支付的商家购物时，不再受单笔单日 500 元的额度限制，可以一次付款购买几千元的商品。据悉，目前跟建行一样，支持支付宝信用卡大额支付的银行已经包括工行、中行、建行、交行、招行、广发、光大、兴业、中信、平安银行。

笔者去淘宝进行了体验，发现用户只需在淘宝首页输入需要寻找的产品，然后在“服务”项目选中“信用卡”复选框，就可以看到分栏中所有支持信用卡大额支付服务的商家及商品。据悉，目前仅淘宝平台支持信用卡大额支付服务的商家就超过了 20 万家，支持的商品超过 5 000 万件。

同一家银行会发行很多种类的信用卡，但是每张在用途设计上都会有所侧重，办卡人可以根据自身的情况选择需要的信用卡。因此，“购物狂人”们可以选一张购物优惠多，或是与某大型商场合作发行的购物卡。

3.3.6 商旅人士

在深圳一家质量认证机构工作的张先生是名副其实的空中飞人，基本上每个星期都要到外地出差。利用累计航空公司的里程奖励，张先生每年换取的免费机票能让一家三口回家过年。最近，他准备办理一张信用卡，在刷卡消费的同时也可以累计航空里程。不过，面对各家银行发行的航空联名信用卡，张先生看花了眼。到底应该挑选哪一张适合他呢？

对于经常出差的商旅人士来说，选择一张航空卡最适合不过了。目前，商旅人士是银行的重点发卡对象。许多银行针对商旅人士的用卡特点，推出了适合商旅人士使用的具有独特附加价值的信用卡，如携程联名信用卡、航空联名信用卡、上网卡等。

多家银行推出的携程联名信用卡，既是携程联名信用卡也是携程贵宾卡。如交行的太平洋携程联名信用卡、中信银行携程信用卡。在享用信用卡的便利时，还可以积累携程网的“双重积分（携程积分奖励和银行刷卡消费积分奖励），双重回馈（携程旅行网和发卡银行的回馈）”，可以免费享受携程网提供的全国酒店、机票的优先预订服务，还可以在指定消费场所享受 2 ～ 9 折的优惠。刷卡买机票，附送高额航空意外险，此外还有全球紧急求助服务。

由于市场上的航空信用卡种类繁多，如何选择适合自己的航空联名信用卡，并能较快地累积里程兑换机票，就成为一门学问了。

从积分换兑来看，中信银行的美国运通信用卡金卡较为划算，消费 8.33 元即可记录 1 公里飞行里程。举个例子，广州飞上海的距离大约 1 308 公里，理论上，累积消费 19 620 元人民币（按每消费 15 元人民币积累 1 公里计算）可换得一张广州至上海的单程机票，如果是美国运通信用卡金卡，消费 10 895 元左右即可兑换。

> 专家提醒：实际里程和航空里程的折算比例，主要考虑的是票价折扣问题，即折扣越少，航空公司给出的奖励幅度越大；反之则越小。机票的折扣高低与累积里程的数量成反比，接近全价的机票，累积的里程则越多。这也是航空公司一般对 6 折以下的票价不予累积里程的原因。

3.3.7 公务员

公务卡是指在公务消费中，公务员先透支消费，再由政府进行还款的银行卡。公务卡分为单位公务卡和个人公务卡。

例如，近日交通银行依照国家相关规定，结合预算单位日常财务工作实际情况，设计开发了交通银行公务卡（以下简称公务卡）。公务卡的推出，可以进一步深化国库集中支付制度改革，规范中央预算单位财政授权支付业务，减少现金支付，提高支付资金透明度，加强财政监督。

另外，公务卡是由预算单位在职人员个人持有的信用卡，既可用于日常公务支出和财务报销业务，也可用于个人消费、取现，并可享受各项持卡消费优惠待遇。

3.3.8 体育爱好者

体育爱好者在选择信用卡时，可优先申办体育主题信用卡。由于体育爱好者的队伍不断壮大，银行推出各种样式的体育主题信用卡。

例如，中国工商银行推出的牡丹运动卡，给体育主题信用卡增添了一个重要成员。牡丹运动卡为中国第一款倡导运动与健康的主题信用卡，突出“我运动、我健康、我快乐”的主题，除了具有牡丹信用卡的基本功能、优质服务和年费优惠外，持卡人在全国逾千家运动场馆、健身俱乐部、运动会所、体育产品专卖店刷卡消费时，还将专享惊喜折扣。

3.3.9 其他人群

很多朋友都问过笔者一个问题：“我想办张信用卡，但又不知哪个银行的最好？”这个相信也是大家困扰的问题，那么究竟哪家银行的信用卡好呢？

答案可能有很多种，比如有人说招商银行的卡面最漂亮，因此招商银行的信用卡最好；也有人说，你工资是哪个银行的，就用哪个银行的卡最好，因为这样还款时会比较方便。正所谓“没有最好的信用卡，只有最适合自己的信用卡。”其实，各个银行的信用卡在基本功能上完全一样，在对部分信用卡功能进行测评后，你会发现，各个银行的信用卡都有自己的特点，很难说哪个银行的卡最好。

（1）月光族：小张是一个超前消费的月光族，总是还没挣到钱就要把钱都花出去，而每日 0.05% 的利息又太高，这时候他可以选择光大银行的信用卡，因为光大银行的信用卡可以开通自动分期 12 期的业务，而且每月手续费仅有 0.5%，为各个银行最低。此外，光大卡如果提前还款，剩余期数的手续费不用缴纳，也就是说，如果准备疯狂消费且不准备全额还款，光大银行信用卡可以为你节省不少的利息支出。

（2）借贷族：小李是一个经常需要预借现金的持卡人，虽然是短期使用，每天万分之五的利息并没有多少钱，但很多银行收取的预借现金手续费却高得惊人，一般为 1% ～ 3% 不等。因此，他可以办一张工商银行或者民生银行的卡，在工商银行或者民生银行本行柜台及 ATM 机上取现则不收取预借现金手续费。

选择合适的信用卡才能最好的利用信用卡带来的方便。我们办卡是为了更好地打理我们的经济生活，而合适的信用卡才能达到我们的目的。办合适的信用卡才是我们用好信用卡的起步，也是最重要的前提。

> 专家提醒：最好的办法是到各家银行的官网上去看看该行主推哪些信用卡，或亲自去银行，了解各家银行的信用卡优势与缺点，然后确定最适合自己的信用卡。

3.4　根据特点，选择适合自己的

从消费者类型上可分为：价格敏感者、品牌导向者、福利优先者、便利首要者与流行追随者。

3.4.1 价格敏感型

如果用户对于价格特别敏感，那么用户首要的考虑可能是办卡是否需要付年费，部分银行会针对团体办卡提供首年免年费，或是对于特定单位办卡提供年费优惠。

近日，笔者好友王涛使用某银行信用卡在国美电器采用分期还款的方式，购买了一台智能手机，总价为 2 780 元，分六期支付还款，每期还款 463.3 元。因为利息为零，王涛以为自己赚了一笔，“相当于向熟人借了笔不要利息的钱。”

可是，王涛事后发现，仅手续费就花去了 69.5 元。原来，该银行规定要收取提款金额的 2.5% 作为手续费。

因此，持卡人要从自身需要的角度选择适合自己的信用卡，还应充分考虑不同信用卡的交易成本、安全性、便利性等因素。

3.4.2 品牌导向型

有些人对价格并不是那么在乎，但对于热衷品牌的人特别讲究，用户可以针对自己喜爱的银行卡品牌提出办卡申请，无论用户崇尚的是国有四大银行的老字号品牌，或是商业银行的新品牌，办卡都可获得满足。

下面为用户推荐一些目前比较被认可的“品牌”卡片，如表 3-5 所示。

表 3-5 比较被认可的“品牌”卡片

信用卡种类	主要特点
中国银行长城卡	与其说是信用卡，不如说是具有收藏价值的信用卡，这是一张具有历史意义的信用卡
建设银行 Mylove 双币卡	采用国际最先进的精度高达 600 dpi 专用打印设备制作，卡面精致，图像清晰，彰显高端品味，完美展现幸福瞬间
民生银行贵宾卡	提供多重用卡保障及永久积分等优惠。常有花样繁多的促销活动，吸引众多人前来办卡
浦发东方信用卡	享受众多贴心服务——失卡保障、“样样行”免息分期付款等，满足客户优越生活需求
光大银行阳光卡	增值服务富有特色，推出 48 小时失卡保障服务，可以最大限度地保证客户资金安全
中信银行 STAR 卡	国内首创为中信魔力信用卡持卡人提供女性健康保险，免费提供 50 万元旅游交通意外保险

续上表

信用卡种类	主要特点
交通银行太平洋卡	联手国内外多家航空公司，持卡人以刷卡积分便可换取机票。符合经常出差的商务人士的需要
兴业银行加菲猫信用卡	首创积分消费功能，并荣获最受持卡人喜爱的卡通信用卡奖
招商银行 young 卡	综合指数最高，拥有全球最佳的信用卡呼叫中心，能给持卡人带来最佳的刷卡消费体验
深圳发展银行发展信用卡	当客户急需现金时，可以提供高达信用额度 50% 的预借现金服务，满足不时之需

专家提醒：持卡人对信用卡品牌是否满意，首先会考虑其在“品牌”与“服务”方面的表现，其次会考虑“实用性”“便利性”及“安全性”等基础方面。

3.4.3 福利优先型

卡片能为用户带来什么福利，是用户最关注的重点，用户可先进行各项福利的比较，包括积分有效期限、附加保险、提供的银行配套优惠、商场折扣点等来进行选择。另外各种联名卡也是关注卡片福利者的最好选择。目前，中国已拥有上千个联名卡的合作项目，但是选择却很有讲究，如表 3-6 所示。

表 3-6 选择联名信用卡的方法

信用卡类别	主要功能	选择原则
百货联名卡	百货联名卡可以是人民币，也可以是人民币 + 美元（或日元、英镑）等双币卡，具有透支、消费积分、兑换商场礼品等功能，是“百货积分卡”和信用卡功能合一的卡	这类卡适合经常购买日用品，喜好购物；品牌忠诚度高，经常在一家百货商场购物；住宅或工作单位靠近某百货商场的人。首先，使用前最好确定最常去的百货商场选择自己的信用卡类型；其次，女性很容易冲动消费，必须控制自己的信用额度
航空联名卡	航空联名卡是银行和航空公司联名发行的。与普通卡的区别在于，航空联名卡消费的积分只能用来兑换各个航空公司的里程，获得机票奖励或升级服务。还可以提供一定的意外险保额、航空烟雾补偿及行李损失补偿等	首先，根据自己常坐或最喜欢乘坐的航班选定航空公司，进而选择银行；其次，比较各种信用卡的年费，选择最优惠的卡种；最后，选择“赠礼”最多的卡种

续上表

信用卡类别	主要功能	选择原则
旅游联名卡	旅游联名卡是一种银行与酒店、旅行社、网络旅游服务机构合作的联名卡。使用旅游联名卡，能在旅游出行中获得高于普通信用卡的折扣和特殊服务。可以直接成为旅行社或餐饮公司的会员，享受信用卡透支、积分兑换等功能	首先最好列出自己想去的城市、国家，并收集想去城市、酒店、航班及购物信息等；其次是确定在那些城市、国家中你所熟悉的或口碑好的酒店、购物中心，以及你所信任的航空公司，列出清单；最后选择能覆盖未来旅游出行各个方面的信用卡

3.4.4 便利首要型

对于喜欢便利的人来说，时间就是金钱。因此，用户需要知道的是，能否上门办卡，送卡、缴款是否方便，客服电话服务质量，网上银行的相关服务项目等。

3.4.5 流行追随型

很多人希望成为众人艳羡的亮点，目前，国内各银行所发行的卡片有透明材质的、有图案靓丽的、有不规则形状的，这些特殊材质的信用卡可以满足个性族追求时尚的需求。

3.5 根据性格，选择互补性卡片

对于持各类信用卡用户来说，从消费习惯角度进行划分，基本可以分为三类：常规消费者、冲动消费者、理智消费者。

3.5.1 常规消费者

笔者的好友莉莉在银行工作，她向笔者透露了自己的选卡秘诀：“我手中的信用卡已有三四张，选卡的第一个因素是免年费，否则不予考虑。另外，喜欢经常有促销活动的信用卡，通过参加这些活动，可以得到自己想要的礼物，如我用的一张卡，看中的就是它消费可送时尚杂志。还有一张是美食卡，就因为我爱尝美食。”

莉莉就是信用卡常规消费者的代表，他们使用信用卡只是图方便，将信用卡作为现金和支票的替代品，每月底都会一次性结清欠款。

对于常规消费者而言，选卡时考虑免年费、得实惠的同时，还要考虑还款方便、服务周到。有的卡只能凭签名刷卡，有的卡签名、密码两可；有的银行可为信用卡提供失卡保障功能，就是挂失前产生的损失银行来埋单。这些都需要广大消费者全面衡量，优中选优。

3.5.2 冲动消费者

冲动消费者通常指在某种急切的购买心理的支配下，仅凭直观感觉与情绪购买商品的消费者。冲动型消费者的购买行为是商品广告、宣传诉诸情绪的强烈冲击，唤起心理活动的敏捷与定向。

冲动消费者的基本特征为：个人消费定势的心理构成中，情感因素超出认知与意志因素的制约，容易接受商品特别是创新时尚商品的外观质量和广告宣传的情绪刺激，一般对所能接触的头一件合适的商品，立即产生首因效应，不愿再做反复的选择与比较，迅速做出购买决定，同时付诸实施。

对于冲动消费者来说，需要注意的是，与普通借记卡不同，信用卡推行的财务理念是先消费后还款，一旦出现逾期还款，还会被银行追收高达日息万分之五的罚息，这要远高于普通的银行消费贷款利率。因此，面对市场上花样层出不穷的信用卡产品，冲动型消费者应从自身需求出发申办，清楚认识自己的风险承受能力，并将个人拥有的信用卡数量严格控制在 2 ～ 3 张以内。

> 专家提醒：信用卡的日益普及，给众多消费者提供了更为便捷的支付方式。据不完全统计，目前使用信用卡分期付款的持卡人比例虽然不高，但在使用此项服务的客户中，30 岁以下的年轻人却占了相当高的比例。因此，对于这个容易冲动消费的群体，采用分期付款，量入为出很重要。

3.5.3 理智消费者

通常情况下，理智的消费者会理解钱的来之不易，进而感受到合理消费的必要性，意识到要养成合理消费的好习惯。

另外，理智的消费者维权意识程度强，理解维权在生活中的重要性。并知道作为消费者有哪些权利，懂得要努力学会用法律武器维护自身合法权益。

理智消费者要做信用卡达人，首要步骤就是谨慎开户，弄清各银行的年费标准和一些常见特殊情况下的支出，例如常容易被卡主遗忘的挂失费用。

信用卡作为一个透支消费的工具，已为很多人所熟知，但大家不太在意的是，巧用信用卡还可以有机会“赚钱”。不久前，一个27岁的女子突然风靡中国台湾地区，利用信用卡消费“红利点数8倍送”的优惠，仅依靠刷信用卡，三个月内就获利上百万元新台币，她便是杨蕙如。

在这个许多人因刷卡欠债的“卡奴”年代，杨蕙如“卡神”的故事近乎传奇。想要复制“卡神”的传奇固然困难，但是，我们也可以悟出这样一个道理：信用卡不仅是简单的消费工具，对信用卡商家的优惠手段多加揣摩与对比，你一定也可以成为“信用卡达人”。

第4章

办卡攻略：申请、领取与激活

如今，各大银行都推出了自己独具特色的信用卡，而随着信用卡用户群越来越大，柜台办卡的方式已经不能满足人们的需求，那么，还有哪些渠道可以申请、激活和领取信用卡呢？急需信用卡的用户又如何能快速地申请到信用卡？

本章主要内容包括：

➢ 使用网上银行快速办卡

➢ 使用手机银行随时随地申办卡片

➢ 使用微信银行申办信用卡

➢ 通过其他APP申办信用卡

➢ 识别卡片，查询账单

4.1 使用网上银行快速办卡

网上银行是指银行向客户提供开户、查询、对账、转账、证券、投资理财等服务项目的网络银行，属于银行在互联网上开设的虚拟柜台。

图 4-1 所示为招商银行的网上银行主页面。

●图 4-1　招商银行的网上银行主页面

需要注意的是，网上银行并不是银行的互联网官网，两者在功能的全面性和专业性上有所不同，官网平台属于任何用户都可以进入的平台，而网上银行则属于用户私有的银行卡管理平台。

虽然市面上的网上银行比较多，但各大银行的信用卡核心功能都比较类似，因此本书将以信用卡发行量相对较大的建设银行为例，讲解信用卡在网上银行的相关操作方法和使用技巧。

4.1.1 没有信用卡客户如何申请

信用卡并非只是一个可有可无的“先消费后还款”工具，对于信用卡高手而言，一张信用卡可以帮助其获得更优质的生活体验，当然你首先需要申办一张信用卡。

【实战】：下面以建设银行网上银行为例，介绍在线申请信用卡的操作方法。

步骤 01 进入建设银行的官网，选择个人网上银行业务后单击“登录”按钮，如图 4-2 所示。

步骤 02 进入个人网上银行主页，在“登录个人网上银行”选项区中依次输入账号和密码，如图 4-3 所示。

•图 4-2　单击“登录”按钮

•图 4-3　输入账号和密码

步骤 03 单击“登录”按钮，即可登录个人网上银行，如图 4-4 所示。

步骤 04 在导航栏中，选择“信用卡”|“信用卡申请”选项，如图 4-5 所示。

•图 4-4　登录个人网上银行

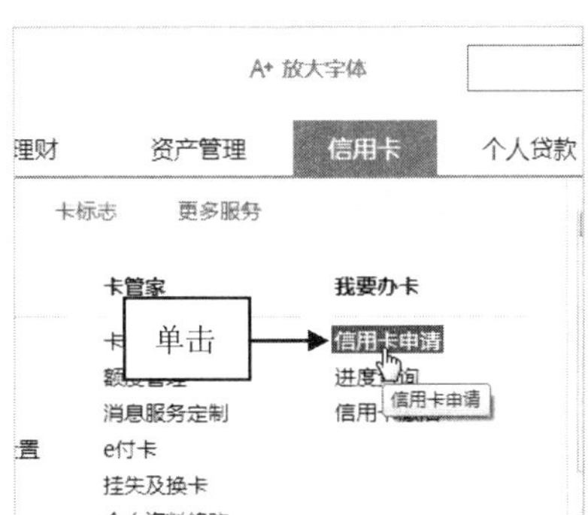

•图 4-5　选择“信用卡申请”选项

步骤 05 执行操作后，进入“信用卡申请”页面，可以看到“普通申请”和“便捷申请”两种方式，如图 4-6 所示。

> 专家提醒：普通申请与便捷申请的主要区别如下。
> - 普通申请无须验证客户网银盾，客户的信用卡申请按常规方式处理。
> - 便捷申请需要验证客户网银盾，通过验证后不需要再去网点面签。

• 图 4-6 “信用卡申请”页面

步骤 06 例如，选择普通申请方式，单击“立即申请”按钮进入申请流程，用户需要选择卡片及填写相关的申请详细信息，如图 4-7 所示，然后根据提示完成申请操作即可。

• 图 4-7 填写申请详细信息

> 专家提醒：用信用卡的种类越多，就越会发现信用卡的功能基本一致，只是不同的信用卡在特色上有所不同。所以最好的办法是用户在各家银行的信用卡官网上了解该银行主推的信用卡类型，认识各家银行的信用卡优势与缺点，然后结合个人需求，确定最适合自己的银行。

4.1.2　已有卡客户如何申请

【实战】： 对于那些已经办理了银行信用卡的用户来说，再申办新信用卡时也会更加方便，下面介绍其操作方法。

步骤 01 首先登录建设银行信用卡官方网站 http://creditcard.ccb.com/cn/creditcard/ index.html，找到“信用卡在线申请”栏位，单击“马上申请”按钮，如图 4-8 所示。

• 图 4-8　单击“马上申请”按钮

步骤 02 输入姓名、身份证号后，系统会自动判断用户为建设银行已有卡新客户，如图 4-9 所示。

步骤 03 在下方选择所在省市、申请卡种，阅读领用协议后单击“下一步”按钮，如图 4-10 所示。

步骤 04 之后，用户只需填写已有卡号等信息，验证手机验证码，并单击“提交申请”按钮即可，如图 4-11 所示。

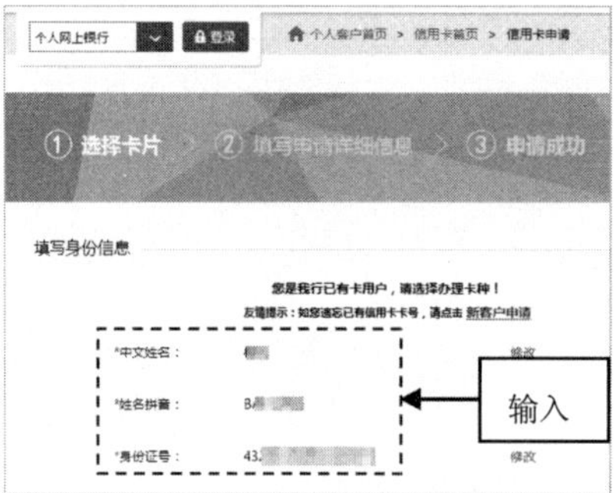

•图 4-9　输入姓名、身份证号

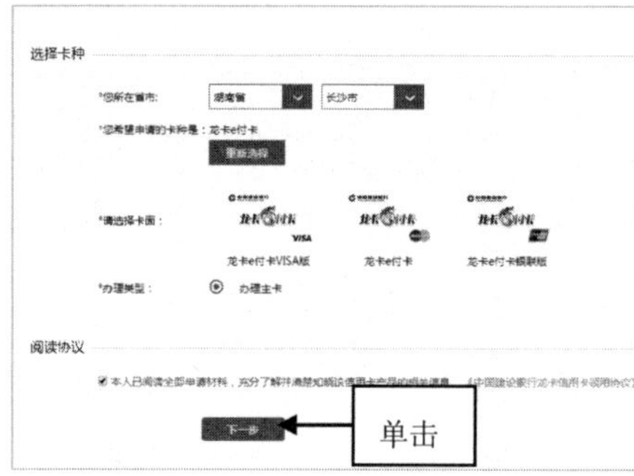

•图 4-10　选择申请卡种

•图 4-11　填写申请详细信息

4.1.3　优质客户申请卡片更简单

【实战】： 优质客户可以说是银行的重点服务对象，他们的前提标准就是信用记录良好，不但可以获得大幅的利率折扣，而且还可以申请高级别的信用卡。

步骤 01　登录 http://creditcard.ccb.com/cn/creditcard/apply/quickApply.html，进入优质客户快速办卡专区，勾选阅读须知，并单击“下一步”按钮，如图 4-12 所示。

• 图 4-12　单击“下一步”按钮

步骤 02 接下来输入姓名和身份证号码，验证是否具备快速申办资格，并单击“下一步”按钮，如图 4-13 所示。如果符合优质客户的申请条件，则可以跳转至申请页面，完成信息填写并提交申请即可。

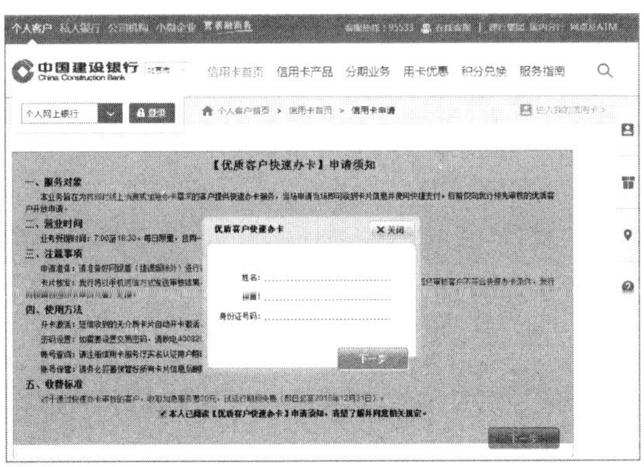

• 图 4-13　验证申办资格

4.1.4　使用网上银行查询申办进度

在信用卡首页中，还有一个功能就是信用卡的申请进度查询，主要是针对用户拥有信用卡之后申请的其他本银行的信用卡主卡或者附属卡的情况，便于用户获得申请进度的信息。

【实战】： 在信用卡首页找到“办卡进度查询”栏位，单击“马上查询”

按钮，进入“办卡进度查询”页面，如图 4-14 所示。如果用户正在申请新的信用卡，输入证件号码后单击“查询”按钮，选择相应申请编号即可。

• 图 4-14 “办卡进度查询”页面

4.1.5 使用网上银行快速激活信用卡

当用户收到银行邮寄过来的信用卡后，首先需要激活信用卡。通过网上银行激活信用卡十分方便快捷，而且对于用户来说，最大的好处便是节省时间。

【实战】：通过网上银行激活信用卡的具体操作方法如下。

步骤 01 登录网上银行主页，选择“信用卡”|“业务办理”|“在线开卡”选项，如图 4-15 所示。

• 图 4-15 选择“在线开卡”选项

步骤 02 进入“信用卡激活”页面，输入相应的证件号码和信用卡卡号，如图 4-16 所示。单击“下一步”按钮，根据提示操作确认激活信息即可。

• 图 4-16 输入相应的证件号码和信用卡卡号

4.2 使用手机银行随时随地申办卡片

选择信用卡时根据银行对象进行分析是很重要的一个方面，但寻找适合个人的办卡银行，并不仅仅只是根据银行的相关要素来分析。

下面为寻找适合办卡银行的三种方式。

- 卡面的设计：漂亮的卡面设计能够成为用户寻找办卡银行的一个决定因素。
- 工资卡类型：工资卡属于哪个银行，就办哪个银行的信用卡，还款最便捷。
- 特色的功能：寻找办卡银行，还需要考虑它提供的功能是否刚好满足需求。

当然，选择好信用卡后，用户还需要办理信用卡，这本是一个比较复杂的过程，但手机银行的出现，使这些复杂操作变得更加简单、快捷。

4.2.1 通过手机银行申请信用卡

【实战】：下面以建设银行手机银行为例，介绍通过手机银行申请信用卡的操作方法。

步骤 01 进入“信用卡”界面，点击“我要办卡”按钮，如图 4-17 所示。

步骤 02 进入“我要办卡”界面，选择“信用卡申请”选项，如图 4-18 所示。

•图 4-17 点击“我要办卡”按钮

•图 4-18 选择“信用卡申请”选项

步骤 03 进入“信用卡申请”界面，在此会显示账户的中文姓名、中文拼音及身份证号信息，输入信息并确认无误后，点击“下一步”按钮，如图 4-19 所示。

步骤 04 跳转到下一个“信用卡申请”界面，用户需要进行地区选择，才会显示出相应地区的信用卡类型，然后才能选择需要的信用卡，如图 4-20 所示。

步骤 05 用户可以点击申请界面右上角的“全部”按钮，在弹出的菜单中可以更精确地筛选和选择不同的信用卡类型，如图 4-21 所示。

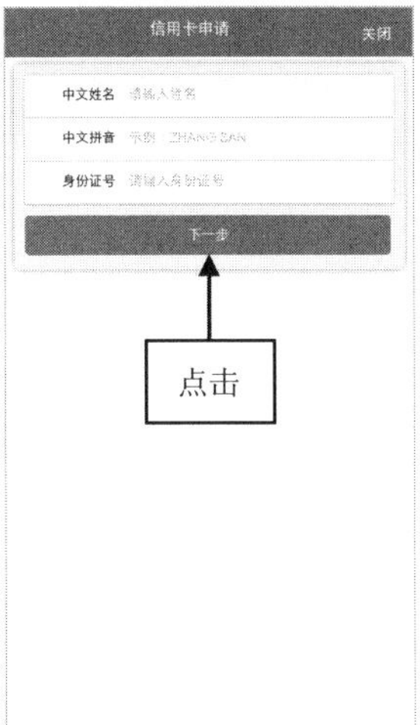

• 图 4-19　点击“下一步”按钮　　• 图 4-20　选择地区和信用卡

步骤 06 选择好信用卡后，跳转到下一个“信用卡申请”界面，如图 4-22 所示。

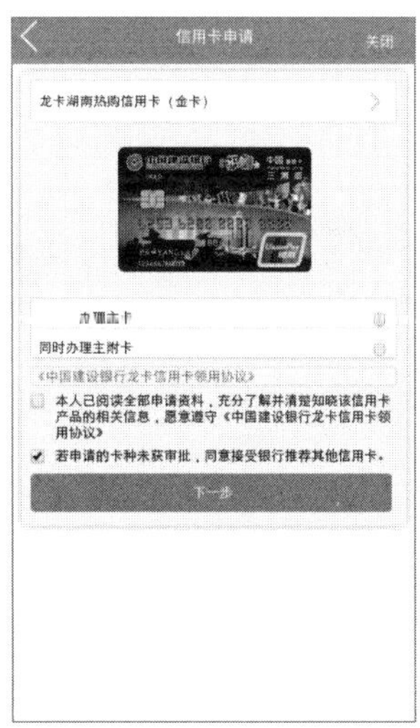

• 图 4-21　信用卡类型　• 图 4-22　跳转到下一个“信用卡申请”界面

步骤 07 用户可以自行选择相应的卡面类型，如白金卡，如图 4-23 所示。

步骤 08 执行操作后，选中相应的信用卡类型（主卡或附卡）和信用卡领用协议，并点击“下一步”按钮，如图 4-24 所示。

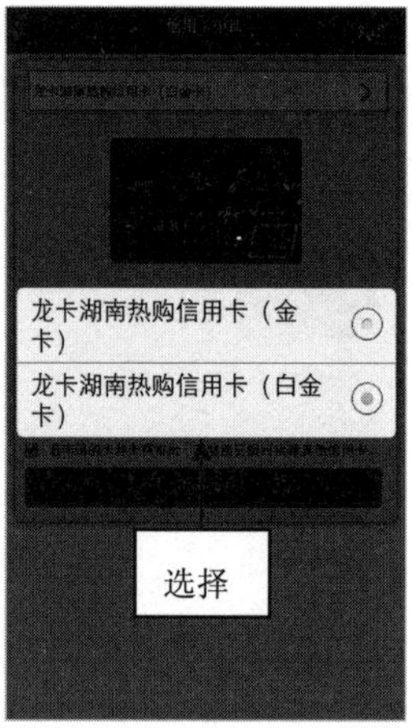

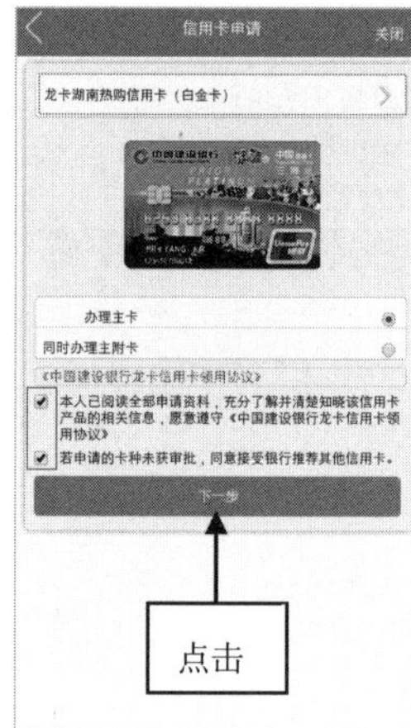

• 图 4-23　信用卡卡面类型　　• 图 4-24　点击“下一步”按钮

步骤 09 如果是第一次申请建设银行信用卡的新客户，则需要输入详细的身份信息资料，如图 4-25 所示，点击“下一步”按钮，根据提示进行操作即可。

步骤 10 如果是已有建设银行信用卡的客户，则只需输入所持信用卡号、身份证有效期及手机号后四位等信息，点击“下一步”按钮，如图 4-26 所示。

• 图 4-25　新客户申请界面　　• 图 4-26　老客户申请界面

步骤 11 执行操作后，依次设置营销员信息、推荐码、验证码等信息，点击“提交申请”按钮即可，如图 4-27 所示，即可等待审批结果。

> 专家提醒：除了自己办卡之外，还可以推荐朋友办卡，推荐者也可以得到不同的回馈。比如，招商银行对推荐人采用赠送 1 000 招商银行永久积分作为奖励。交通银行信用卡用户推荐其他用户办卡，可以根据办卡数量来获得不同的刷卡金补贴奖励，最低 50 元。

• 图 4-27　点击“提交申请”按钮

4.2.2　通过手机银行查询申请进度

如果用户提供的资料比较齐全，而且符合发卡银行的信用卡申请条件，那么根据用户和银行的不同情况，申办信用卡的审核过程也不尽相同。

此时，手机银行会自动更新信用卡的申请编号，最新的申请列在最前面，点击相应编号即可查询，如图 4-28 所示。

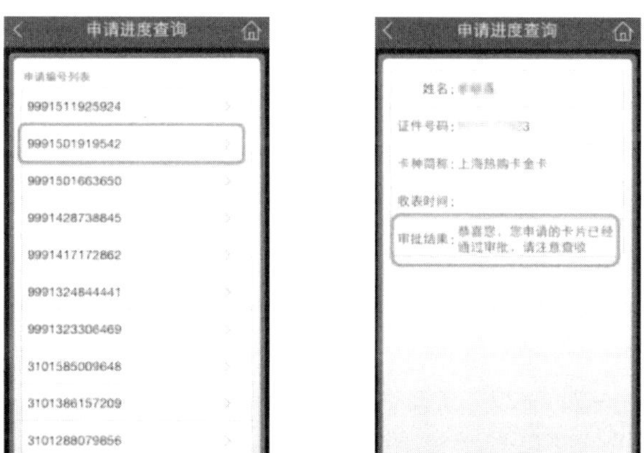

• 图 4-28　信用卡申请进度查询

办卡进度查询是用户在申请信用卡时尤其需要注意的，银行会及时地在平台上公布信用卡的进展情况，是否已经寄出信用卡也会在平台上显示。

如果用户没有及时查询信用卡办卡进度，导致信用卡被别人冒领，那么损失会比较严重，所以用户记得及时查询非常重要。

> 专家提醒：如果用户对于申请信用卡较为急切，那么还可以在申请时注意不同申请渠道的区别，一般情况下，通过线下的银行营业厅进行申请，时间相对较长，通过银行的网络平台或者手机银行进行申请，时间则相对较短。某些银行会推出新卡即日享活动，活动期间的办卡速度会非常快，但这种活动相对较少，需要用户留意。

4.2.3 通过手机银行查询邮寄进度

通常情况下，对于申办信用卡时没有特殊要求的用户来说，审核通过的信用卡会在 3 个工作日内寄出，通常采用的方式为挂号信或快递。

同时，银行会发一条信用卡寄出短信到用户登记的手机上，通知用户卡片已经寄出，并会在短信中说明卡片邮寄的挂号信或特快编号，以方便用户查询。用户可以通过网站、电话及手机银行等多种方式进行查询。图 4-29 所示为使用招商银行手机银行查询的卡片邮寄进度。

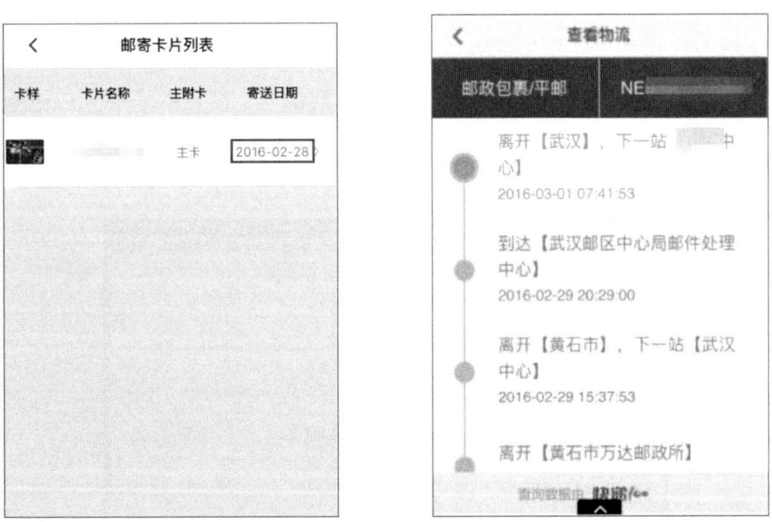

• 图 4-29　使用手机银行查询的卡片邮寄进度

通常情况下，当用户收到通知短信后，会在 10 天左右收到信用卡。如果信用卡寄出一段时间内无人签收（如建设银行为 20 天），则会退回到发卡银行。当卡片退回后，银行也会再次通过短信或电话通知用户，用户可联系银行重新邮寄信用卡。

4.2.4 通过手机银行快速激活信用卡

很多用户收到银行邮寄过来的信用卡后，但却不知道如何激活使用。其实，通过手机银行激活信用卡（开卡）非常简单。

以建设银行手机银行“信用卡管理”中的信用卡激活功能为例，用户点击之后就可以进入激活界面，输入需要填写的个人信息，点击“确定”按钮，即可激活，如图 4-30 所示。

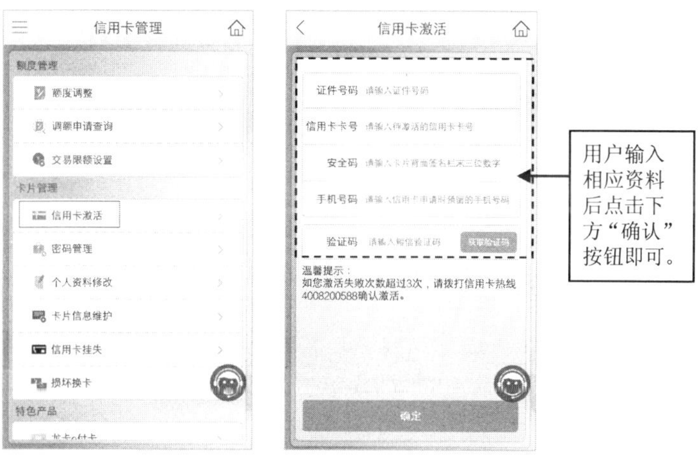

●图 4-30　用户信用卡激活的操作界面

在激活界面，用户需要填写证件号码、信用卡卡号、安全码（信用卡背面签名栏的末 3 位数字）、手机号码及手机收到的验证码。

4.3 使用微信银行申办信用卡

微信用户不用登录网上银行，也不用下载手机银行的 APP，直接利用微信平台上的微信银行也可申请办卡、查询进度及开卡激活，操作方式更方便快捷。

4.3.1 微信也可以申办信用卡

在各家微信银行的功能中，必然有一个功能是在线办理信用卡，为了让用户获得最适合的信用卡，微信银行一般都会将所有可办的信用卡向用户展示。

【实战】： 下面以中国建设银行的微信银行为例，介绍申请办卡与进度查询的具体操作方法。

步骤 01 进入中国建设银行的微信公众平台，选择“信用卡”|“申办/进度/新卡活动”选项，如图 4-31 所示。

步骤 02 执行操作后，出现操作提示，点击“点击这里，立即申请”超链接，如图 4-32 所示。

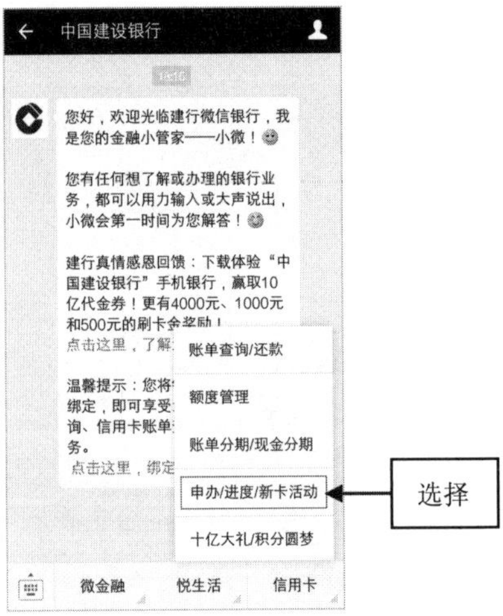

● 图 4-31 选择“申办/进度/新卡活动”选项

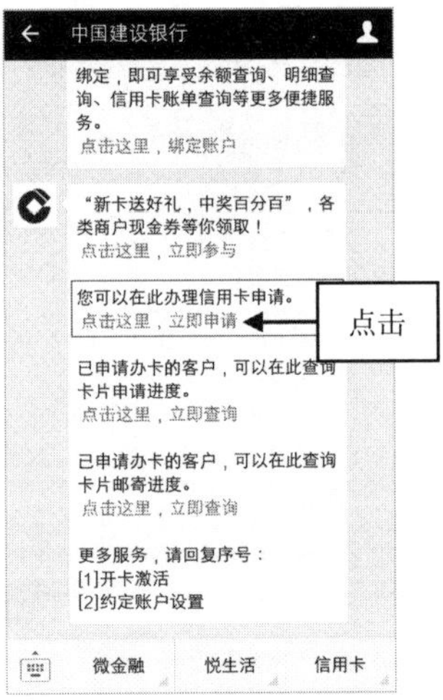

● 图 4-32 点击“点击这里，立即申请”超链接

> 专家提醒：如果用户已经办理了建设银行信用卡，可以在其微信银行中点击“点击这里，立即查询”超链接，进入“申请进度查询”界面，设置证件类型和证件号码，点击“下一步”按钮即可查询信用卡的进度。已经申报并且通过审核的用户还可以利用微信银行查询卡片邮寄进度，方法与查询申请进度类似。

步骤 03 执行操作后，进入“信用卡申请”界面，输入中文姓名、中文拼音、身份证号信息，如图 4-33 所示。

步骤 04 执行操作后，依次选择所在的省份和城市，如图 4-34 所示。

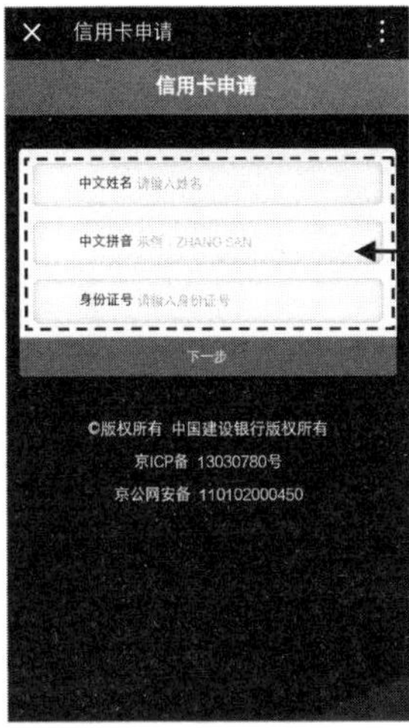

●图 4-33　输入身份信息

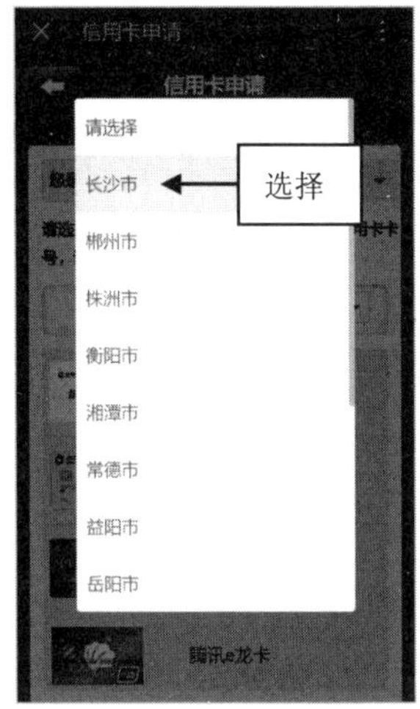

●图 4-34　选择城市

步骤 05 执行操作后，显示该城市可以申办的信用卡类型，选择相应的信用卡，如图 4-35 所示。

步骤 06 跳转至下一个“信用卡申请”界面，如图 4-36 所示。勾选相应的协议，点击“下一步”按钮。

●图 4-35　选择信用卡

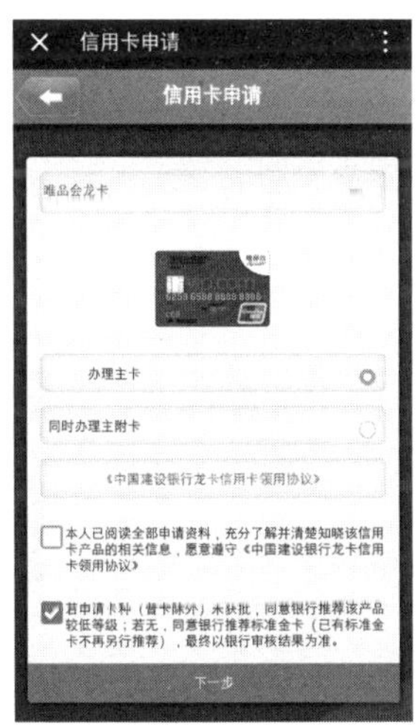

●图 4-36　跳转至下一个“信用卡申请”界面

步骤 07 填写个人的基本资料，点击“下一步”按钮，如图 4-37 所示。

步骤 08 填写工作资料，点击“下一步”按钮，如图 4-38 所示。

• 图 4-37　填写基本资料

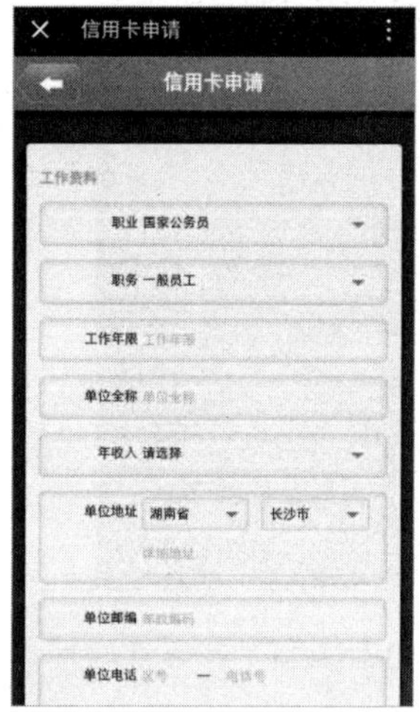

• 图 4-38　填写工作资料

步骤 09 填写邮寄信息，点击“下一步”按钮，如图 4-39 所示。

步骤 10 执行操作后，依次设置营销员信息、推荐码、安全验证码等信息，点击“提交申请”按钮即可，如图 4-40 所示，即可等待审批结果。

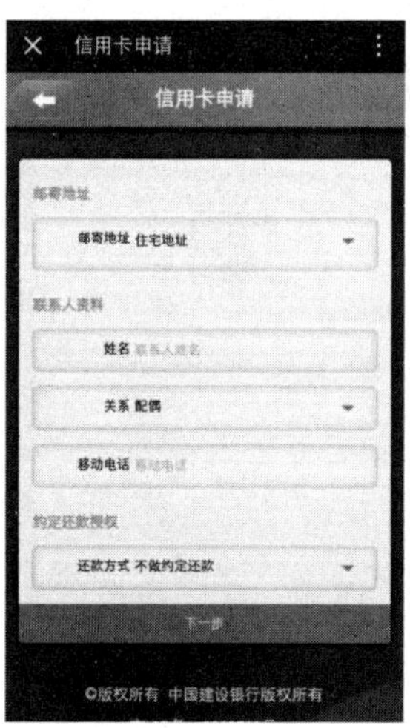

• 图 4-39　填写邮寄信息

• 图 4-40　点击“提交申请”按钮

4.3.2 通过微信银行激活信用卡

微信用户不用登录网上银行，也不用下载手机银行的 APP，直接利用微信平台上的微信银行也可开卡激活，操作方式更方便快捷。

【实战】：下面以建设银行的微信银行为例，介绍信用卡激活的具体操作方法。

步骤 01 进入建设银行的微信公众平台，选择“信用卡”|“申办 / 进度 / 新卡活动”选项，出现操作提示，回复数字 1，即可收到银行的开卡激活操作提示信息，点击“点击这里，立即开卡激活”超链接，如图 4-41 所示。

步骤 02 执行操作后，进入“身份验证”界面，如图 4-42 所示。输入相应的手机后四位与短信验证码，点击“确定”按钮根据提示进行操作即可。

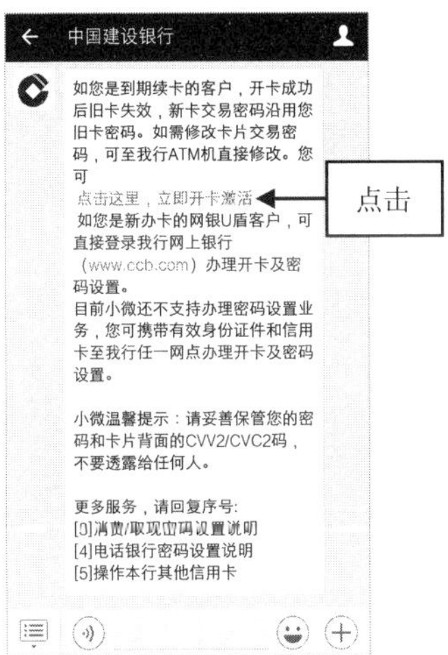

● 图 4-41 点击“点击这里，立即开卡激活”超链接

● 图 4-42 “身份验证”界面

4.4 通过其他 APP 申办信用卡

用户申办信用卡的途径除了网上银行、手机银行和微信银行外，还可以通过 APP 申办信用卡，下面笔者介绍目前很火的三款理财 APP 的申办信用卡的操作。

4.4.1 使用 51 信用卡办卡

用户可以通过 51 信用卡管家 APP 快速办卡，可以选择的银行包括民生银行、兴业银行、交通银行、浦发银行、花旗银行、光大银行、招商银行及中信银行。

【实战】： 下面介绍在线办卡的具体操作方法。

步骤 01 新用户注册并登录 51 信用卡管家 APP，并允许接受获取地理位置，进入主界面，点击下方“发现”按钮进入其界面，如图 4-43 所示。

步骤 02 点击“办信用卡”按钮进入办卡界面，如图 4-44 所示。选择相应的银行，如民生银行。

• 图 4-43 点击“发现”按钮

• 图 4-44 办卡界面

步骤 03 在卡片列表中选择相应的信用卡，如民生银行标准信用卡，点击“立即申请”按钮，如图 4-45 所示。

步骤 04 进入在线申请信用卡界面，如图 4-46 所示，根据提示进行操作即可。

步骤 05 另外，用户还可以在线预约办卡。点击“办卡”界面的最底面的“预约办卡”按钮进入其界面，选中相应银行，点击“确定”按钮，如图 4-47 所示。

步骤 06 进入“基本资料”界面，选择学历、住房性质、信用卡信息、工作信息等选项，并点击“下一步”按钮，如图 4-48 所示。

• 图 4-45　点击“立即申请”按钮

• 图 4-46　在线申请信用卡界面

• 图 4-47　点击“确定”按钮

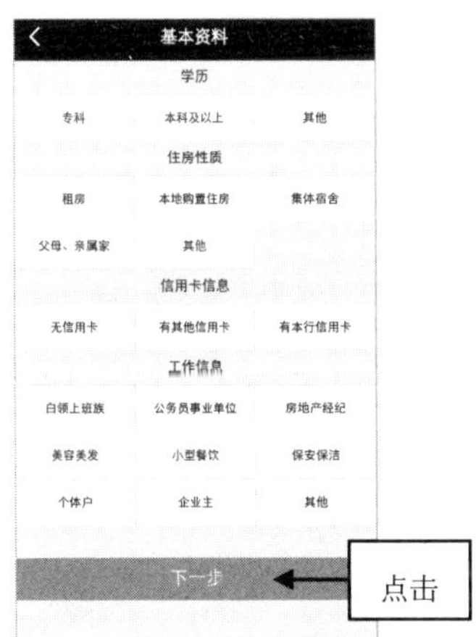

• 图 4-48　点击“下一步”按钮

步骤 07 进入“工作情况”界面，输入单位名称，并设置工作单位性质、社保情况、可提供工作证明等资料，点击“下一步”按钮，如图 4-49 所示。

步骤 08 进入“提交资料”界面，如图 4-50 所示，输入身份证号、姓名、所在区县、单位地址、手机号及获取的验证码，接受协议并点击“提交”按钮根据提示进行操作即可。

●图 4-49 点击“下一步”按钮

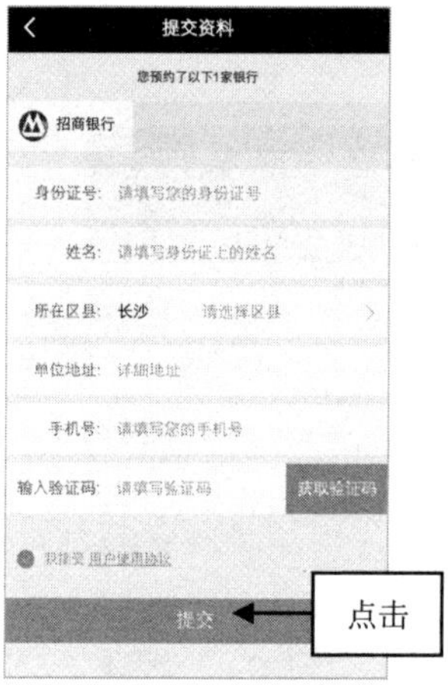

●图 4-50 “提交资料”界面

专家提醒：用户还可以通过点击办卡界面的“进度查询”按钮，查询已经提交信用卡申请的卡片的办理进度。

4.4.2 使用卡牛 APP 办卡

卡牛信用卡管家 APP 支持多达几百个办卡城市，信用卡数量也非常多，而且还有许多超高额度的信用卡供用户在线申请。在主界面下方“信用卡”选项卡中点击“办卡”一栏进入“办卡”界面，如图 4-51 所示。

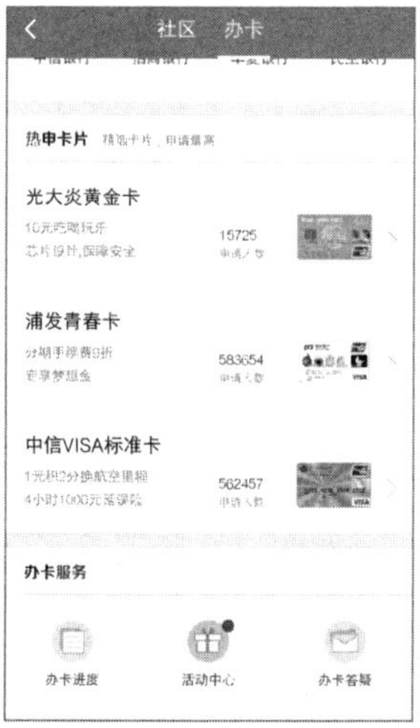

●图 4-51 “办卡”界面

4.4.3 使用挖财 APP 办卡开卡

挖财信用卡管家中提供了百余种信用卡供用户选择办理，而且在线申请最快可以一天下卡。

【实战】： 下面介绍使用挖财信用卡管家 APP 申办信用卡的具体操作方法。

步骤 01 打开挖财信用卡管家 APP，点击右下方的“申请信用卡”按钮，如图 4-52 所示。

步骤 02 进入“我要办卡”界面，用户可以在“快速办卡”选项区中选择相应的办卡银行。例如，交通银行，如图 4-53 所示。

● 图 4-52 点击“申请信用卡”按钮

● 图 4-53 选择交通银行

步骤 03 进入“交通银行热门信用卡”界面，用户选择好信用卡后点击“立即申请”按钮，如图 4-54 所示。

步骤 04 进入“网络办卡”界面，用户需要填写相应资料，并根据提示进行操作即可完成办卡申请流程，如图 4-55 所示。

步骤 05 另外，“我要办卡”界面还有一个申卡进度查询功能，点击即可进入“申卡进度查询”界面，这里列出了大部分的银行名称，点击进入后根据提示输入相应信息进行查询即可，如图 4-56 所示。

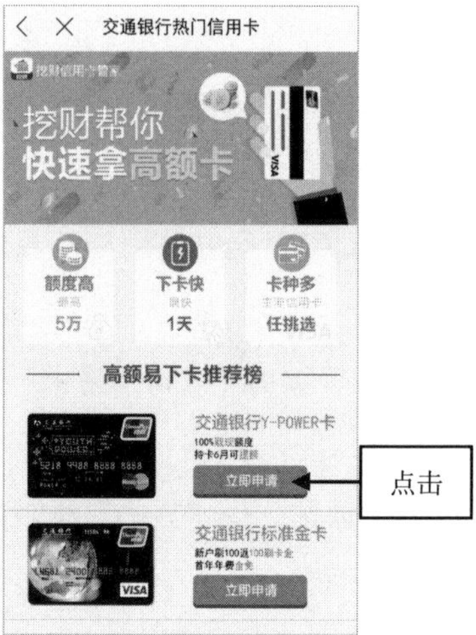

• 图 4-54　点击“立即申请”按钮

• 图 4-55　“网络办卡”界面

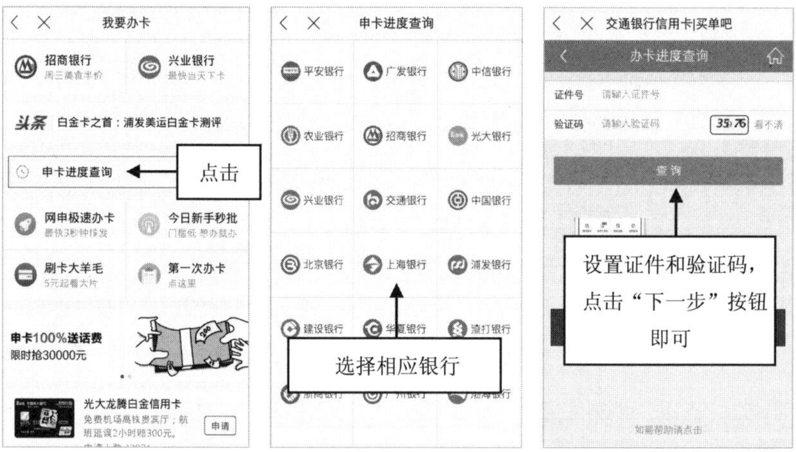

• 图 4-56　申卡进度查询

挖财信用卡管家也提供了在线激活信用卡功能。用户可以进入“服务窗”界面，点击“卡片激活”按钮，进入“申卡卡片激活”界面，如图 4-57 所示。选择相应银行后，跳转至“信用卡开卡及设定密码”界面，阅读银行信用卡的使用协议并勾选同意，确定后可进入下一个“信用卡开卡及设定密码”界面，如图 4-58 所示，用户可以根据提示进行操作，完成开卡流程。

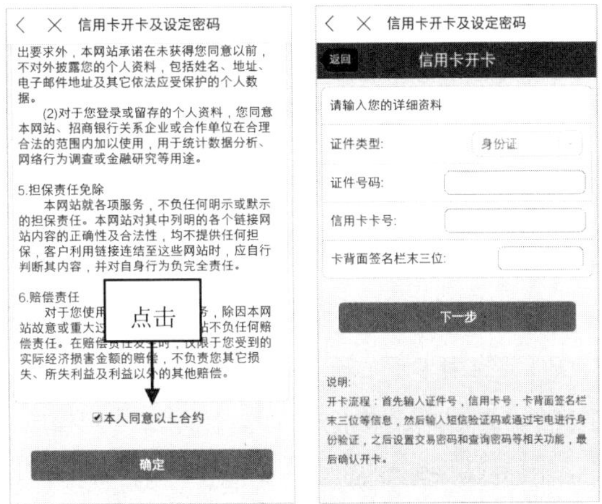

• 图 4-57　“申卡卡片激活”界面　• 图 4-58　“信用卡开卡及设定密码”界面

4.5　识别卡片，查询账单

信用卡卡面上至少有发卡行名称及标识、信用卡标识（组织标识）及全息防伪标记、卡号、英文或拼音姓名、启用日期（一般计算到月）、有效日期（一般计算到月），最新发行的卡片正面附有芯片。

例如，VISA 卡防伪特征如图 4-59 所示。

• 图 4-59　VISA 信用卡

➢ 右下角有一以展翅鸽子为图形的激光防伪标志。

➢ 在放大镜下，包围蓝、白、橙三条 VISA 标志的方框应由所谓的规则的头四位卡号及制卡厂家代号所组成。

➢ VISA 的卡号应为 4 打头，13 位或 16 位长。凸印的 VISA 卡号的前四位应同时印刷在卡面上。位置应在前位凸印卡号的上方，两者必须相同，否则可能为伪造卡或卡号被更改。

4.5.1 “后三码”要保管好

在信用卡背面签名处有 7 位数字，前 4 位是信用卡的最后 4 位卡数，后 3 位就是信用卡的后三码，也就是安全校验码，当持卡人用信用卡在电视购物、电话购物和网上购物，还有离线压单交易等特殊交易时需要提供。

所谓的“后三码”，是信用卡背面位于签名处的末 3 位数字，也被称为 CVV 或 CVC 代码，经过发卡银行的编码规则和加密算法生成。一般来说，这 3 个数字是唯一的，用来识别个人身份，而且输错了是无法支付的。在支付过程中，如果商家将“后三码”提供给银行，银行会默认为商家取得持卡人授权，从而允许进行交易。

例如，VISA 引入 CVV（Card Verification Value），CVV 是一个三位数的密码，分别为 CVV1 和 CVV2。

➢ CVV1 密码写在磁条中，当通过划卡交易时，CVV1 会自动传递到发卡行供验证。

➢ CVV2 密码连同卡号打印在卡背面的签名条上，供语音授权时验证用。

笔者发现在很多 O2O 网站进行消费支付时，只要是 VISA 卡、万事达卡、支付宝等用户，都可以在此进行支付，如图 4-60 所示。

• 图 4-60　O2O 网站接受各类信用卡支付

若是通过信用卡支付，页面信息则显示，只需输入信用卡卡号、持卡人姓名及 CVV 代码（信用卡卡面信息的后 3 位验证码）即可预订并支付。在这一过程中，甚至连身份证号都不用输入。

> 专家提醒：O2O（Online To Offline）模式通过将线下商务的机会与互联网结合在了一起，让互联网成为线下交易的前台。这样线下服务就可以用线上来揽客，消费者可以用线上来筛选服务，还有成交可以在线结算，很快达到规模。

另外，笔者还发现很多网站可以使用信用卡无卡支付服务。例如，一些航空公司官网、预订机票、酒店的商旅网站及国外购物网站等。目前，在此类网站消费，使用信用卡支付服务都无须输入密码，只需输入持卡人姓名（拼音）、信用卡卡号、有效期、签名栏末尾 3 位数，均可以成功支付。相比于信用卡密码，“后三码”及卡号等卡面信息似乎更容易获得，这也为一些利用信用卡诈骗的不法分子带来一定的可乘之机。

因此，持卡人一定要保存好信用卡签名栏上的卡号和校验码信息，笔者也对此总结出一些经验。

（1）“主动防御”：在领到信用卡后，最好剪一块胶布将“后三码”盖住，或将这 3 位验证码抹去，防止信息外泄。

（2）“小心电话”：如果持卡人接到一些陌生的电话，询问卡面信息时，一定要谨慎回答，不要以为对方不知道密码，自己的信用卡就很安全。

（3）卡片要保管得当：持卡人不要将卡随意交给别人使用、查看，以免信息被不法分子记录后，进行离线交易。

（4）消费刷卡要谨慎：在吃饭购物刷卡时，千万不要嫌麻烦将信用卡交给店员拿去结账，防止“别有用心”者借机取得信用卡上的相关信息。

（5）保存信用卡单据：每次消费之后，都要保存好信用卡交易收据，并仔细对照信用卡交易收据与月账单。

> 专家提醒：信用卡无卡支付服务（Card Not Present），简称 CNP 交易，是目前国际市场上普遍使用的一种支付方式，在 Visa 和 Master 网站上都有关于 CNP 交易的详细介绍。当消费者选择信用卡无卡支付服务时，就意味着授权商家有权从其提供的信用卡账户中扣除该笔订单对应的支付款项。另外，该服务无须开通信用卡网上支付功能，无须输入密码，无须签名，摆脱了一般电子支付依赖网络的局限性，不仅使消费者付款变得更加便利，而且也提高了商家的交易效率。目前，这种支付方式在国内实名制消费行业已有广泛应用。
> 国内各大银行对申请开通信用卡无卡支付服务的商户有严格的评估标准，只有符合安全条件的商户才会被批准开通该项支付服务。同时，在商户申请银行授权时，必须根据各银行的要求提供信用卡卡号、有效期、验证码等信用卡相关信息进行验证。

4.5.2 如何处理错误对账单

不久前，李岚像往常一样收到了银行寄给她的信用卡对账单。但是，等李岚仔细看了对账单后，被吓了一跳。原来，对账单中除了地址与姓名是她的之外，其余账号和消费信息都不是她的。李岚的第一想法就是有人盗用了自己的个人信息办了信用卡。

随即，李岚打通了发卡银行的客服热线，对方的解释是银行打印系统出了问题，目前银行已经寄出了正确的对账单。在听取了银行方面的解释后，李岚并不满意。另外，银行的客服代表还告诉她，这次出错的对账单有很多，银行也在几天前就知道了这一情况。

李岚听了之后非常恼火，认为既然银行已经提前知道，为什么不通知客户？最起码也应该发一条短信或者道歉声明通知客户。说起此事，李岚仍旧有些愤愤不平："我平常也看到过一些人盗用他人个人信息然后办理信用卡的案件，这次我还以为是自己'中招了'。"如果真如李岚说的那样，则对方也可能将她账户内的钱全部转走。

对账单（Monthly Statement）出现错误或多出持卡人不认得的消费账目时，可能的情况有：特约商户的疏忽、银行作业的疏失、信用卡被人冒用或伪造，或者是持卡人自己忘记了。

持卡人应立即以电话或书面通知发卡银行，通知时应注明持卡人的姓名、账号、错误的种类、日期、金额及资料证据。发卡银行会进行调查，有错误时，应更正；没有错误，也会向持卡人说明原因。在调查期间，持卡人不必支付有争议的这笔款项。

如果是卡片遗失被人冒用，只要持卡人在发卡银行规定时间内完成挂失手续，则所受的损失将全由发卡银行负担。万一是持卡人自己忘了有这笔消费而要求发卡银行调阅签账单，有些发卡银行会要求持卡人支付这笔调阅签账单的费用，费用不一。所以持卡人最好再回想一下，看看是不是自己忘记了这笔消费，然后再请发卡银行去调查。因此，持卡人每次消费完后最少应该将签账单保留至下一个月的月结单来时，核对无误后再予以销毁，这是非常有用的。

专家提醒：发卡银行会于每月将刷卡明细印成对账单，寄给持卡人，并载明消费金额及缴款期限。持卡人应先仔细核对账单和保留的消费签账单是否相符，若有出入，可通知银行并暂停缴纳该笔费用。

4.5.3 发卡银行客户服务电话

记住自己信用卡的客户服务电话，能帮助持卡人在碰到各种用卡问题时及时咨询，以免上当受骗。

关于信用卡的客户服务电话，老李两年前就吃过一个很大的亏，至今都悔恨不已。两年前的一个周末早上，老李接到了一个来电显示区号为 010 的电话。一看来电显示为陌生号码，老李索性将电话挂断，转了个身继续睡觉。不到半小时，该号码再次来电，他仍然没有理会。

吃过午饭，老李无意中想在网上查一查 010 到底是哪里的区号，一查后发现是北京的号码。老李开始也以为是骚扰电话，因为他在北京根本没有熟人，因此他并未多想。

下午两点多，该号码再次来电，老李不耐烦地接通电话，只听见电话中杂音很大，听不清对方说什么。老李挂断电话后，按照来电号码主动拨了过去，接电话的是一名北方口音的男子，称自己是交通银行信用卡中心的，要求老李提供工作单位、手机号和信用卡卡号，说是帮他查询后再回复。

老李不久前才办了一张新的信用卡，便不假思索地报出自己的身份证号。谁知对方又称：“请提供信用卡后三位数字，以便查询。”见老李许久没有反应，对方竟说“你的卡在上海市某购物中心刷卡消费 6 800 元”，并提供了所谓的公安局报警电话。此时，老李才开始警惕起来，赶紧将电话挂断。

笔者建议，如果持卡人需查询信用卡账户状况时，必须使用银行正规渠道，如柜台、自助设备、电话银行、网上银行等。另外，持卡人更要牢记自己银行卡所属银行的客服电话，如果遇到陌生电话来电并自称是“客服中心”索要密码的情况，切不可相信，这些都是骗局。

专家提醒：由于信用卡有其独特的方便之处，因此信用卡发展十分迅猛。目前社会上已经发现有人用伪造的信用卡作案，企图获取别人钱财。如何鉴别真假信用卡，已成为持卡人特别是特约单位不可缺少的本领。另外，持卡人也要防止自己的信用卡被伪造。

下面笔者教大家三招。

（1）设置消费密码。在办理并开通使用信用卡时，最好设置密码，一般来说，不法分子伪造的都是没有设置密码的信用卡，因为容易伪造，而且只要磁条可以感应，一般商户很少留意卡的真伪。

（2）牢记客服电话。在没有使用信用卡但收到消费短信时，认准银行的官方客服电话号码，确认短信真伪后第一时间报警。

（3）保护卡片和信息。做好信用卡保管工作，不随便借予他人，避免丢失，不随意向他人泄露个人信息。

第 5 章

一键搞定：网银手银轻松玩

在使用信用卡的过程中，时刻知晓信用卡的动态非常重要，那么，卡民就需要知道查询和管理信用卡的方法。现在各大银行基本都推出了网上银行、手机银行，有的银行还推出了微信银行，卡民可以通过这三大方式查询和管理自己的信用卡。

本章主要内容包括：

➢ 通过网上银行管理信用卡账户情况

➢ 通过网上银行查询信用卡使用情况

➢ 通过手机银行随时随地管理信用卡账户

➢ 通过手机银行实时掌握信用卡账单情况

➢ 通过微信银行轻松管理信用卡

5.1 通过网上银行管理信用卡账户情况

相对于传统柜台来说，通过网上银行管理信用卡更加便捷，用户在家即可进行修改个人资料、设置卡标志、定制消息服务、挂失及换卡等操作。

5.1.1 快速更改信用卡的个人资料

【实战】：以建设银行的网上银行为例，当用户的信用卡账户资料进行变更时，可以登录网上银行进行修改。

步骤 01 登录网上银行，单击“信用卡”|“卡管家”|“个人资料修改”按钮，如图 5-1 所示。

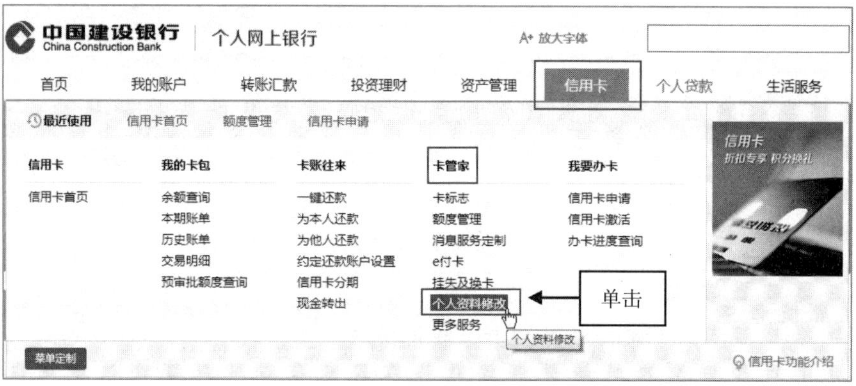

• 图 5-1 单击“个人资料修改”按钮

步骤 02 跳转进入页面后，在“信用卡信息修改”选项卡中，用户可以设置卡片 / 账单邮寄地址、卡片 / 账单邮寄地址邮编、电子邮箱地址、联系人姓名、联系人电话、短信验证码等信息。

步骤 03 在“基本信息修改”选项卡中，用户可以设置家庭地址、家庭电话、单位名称、单位电话、分机号（可选）、短信验证码等信息。

用户只需在相应选项右侧的文本框中输入需要更新的资料，单击“确认”按钮保存即可。

5.1.2 定制消息服务了解资金动态

在网上银行的“消息服务定制”页面中，用户可以设置账单发送的方式，包括短信、彩信、微信、电子邮件及无须账单等，还可以更改财务变动提醒的金额和发送方式，如图 5-2 所示。

• 图 5-2 “消息服务定制”页面

5.1.3 设置小额免验密和交易限额

【实战】： 建设银行网上银行的卡标志包括“小额免验密”和“交易限额设置”两大功能，如图 5-3 所示。

步骤 01 单击“小额免验密”超链接，可以设置免验密规则。当用户在一些人员流动性较大的场所消费时，使用“小额免验密”功能可以降低盗刷风险。

步骤 02 单击“交易限额设置”超链接，可以设置本期交易限额。

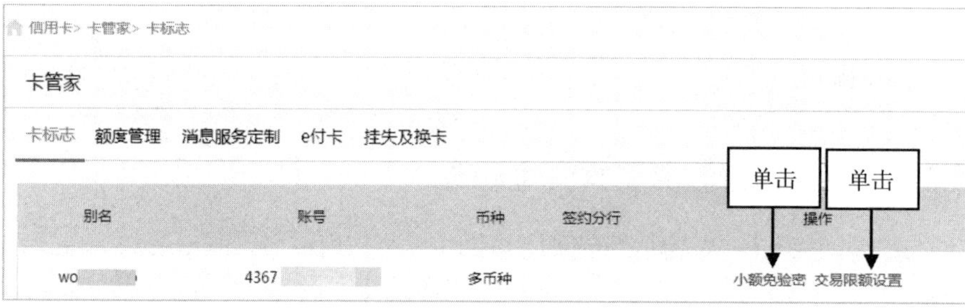

●图 5-3 “卡标志”页面

下面重点介绍一些“交易限额设置”的相关技巧。

➢ 在一个账单周期内，“本期交易限额”可以为用户名下的信用卡设置相应的消费和取现等交易的累计额度。另外，累计额度不会随着用户的还款而减少，账单日后将自动恢复并重新开始累计。

➢ 调整“本期交易限额”不会影响用户的信用额度，它只是限制了每张信用卡的当期可用额度及取现限额。

➢ 当用户的信用卡设置“本期交易限额”后，在消费时有可能出现当前卡片可用额度不足的情况，此时用户可以选择关闭交易限额功能，或根据需要提高本期交易限额的数值。

5.1.4 足不出户信用卡挂失及换卡

在“卡管家”页面中，有一个信用卡快速挂失的入口，这也是部分容易粗心的信用卡用户尤其需要注意的功能。

如果用户想要快速地进行挂失操作，一定要确定信用卡已经遗失，并且无法找回。切换至“挂失及换卡”选项卡，单击“卡片挂失”超链接并确认，如图 5-4 所示。单击“确定”按钮后挂失的操作完成，挂失效果立即生效并且不可撤销。

如果以后的信用卡损坏需要换新卡，可以单击“损坏换卡”超链接填写换卡申请信息，填写完毕后，进行短信验证，并单击“确定”按钮即可。

用户在进行信用卡的“损坏换卡”操作时，需要注意以下事项。

➢ 换卡一旦生效，旧卡立即失效，用户必须自行剪断销毁。

➢ 换卡手续费、卡片工本费及邮寄费等费用，将在用户的信用卡内扣除并计入当月账单。

➢ 如已临近还款，用户可以直接通过卡号进行还款。

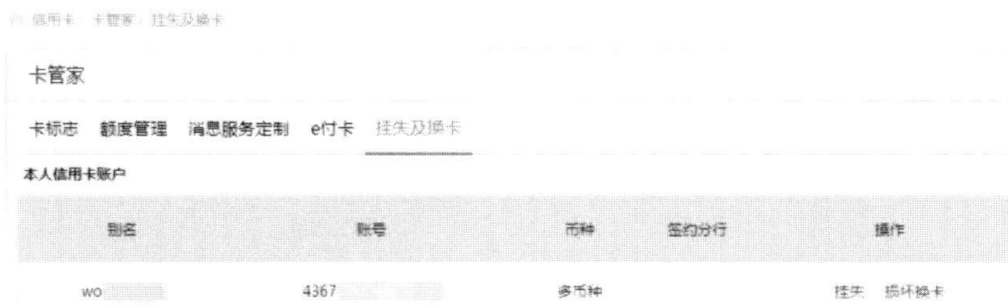

• 图 5-4　挂失申请的用户操作界面

5.1.5　打算出国前，查询购汇汇率

当用户在国外需要支付外币时，需要用人民币去换购成外币，可以使用信用卡进行购汇，将外币存储到账户上，不提取现金。

对于那些经常需要出国的用户来说，查询购汇汇率便是一种常用的操作。在网上银行的“信用卡 | 卡管家 | 更多服务”中，进入“购汇汇率查询”页面，设置相应的币种和日期，单击“查询”按钮，即能查询相应的购汇汇率结果，如图 5-5 所示。

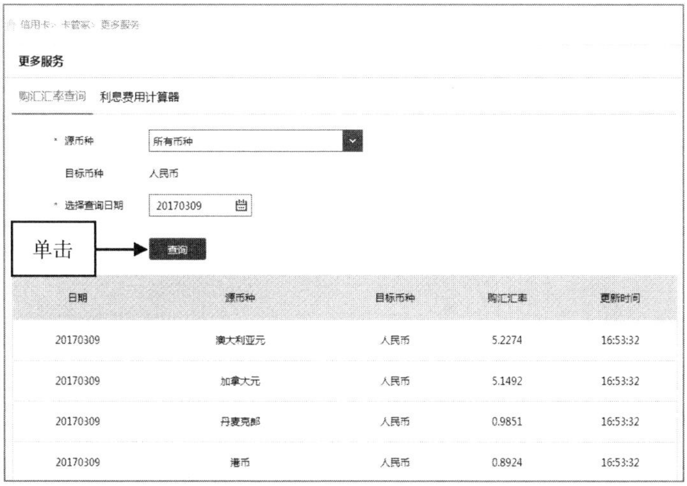

• 图 5-5　购汇汇率查询界面

5.1.6 算利息，计算器可以帮大忙

通常情况下，用户可以享有最长 50 天的免息还款期。因此，利息情况是信用卡用户需要了解的重要数据。

建设银行的用户可以在网上银行的“信用卡 | 卡管家 | 更多服务”中的“利息费用计算器”选项中，设置相应的信用卡卡号、币种、还款日期和还款金额，单击“试算”按钮，即可计算出相关的利息数据。

5.2 通过网上银行查询信用卡使用情况

通过网上银行，用户可以及时查询信用卡的余额、账单、交易明细和积分等情况，随时把握自己的财务状况。下面笔者以建设银行的网上银行为例，进行介绍。

5.2.1 余额查询：信用卡还剩多少钱

【实战】： 通过网上银行查询余额的具体操作方法如下。

步骤 01 用户登录网上银行后，单击“信用卡 | 我的卡包”选项中的“余额查询”超链接，如图 5-6 所示。

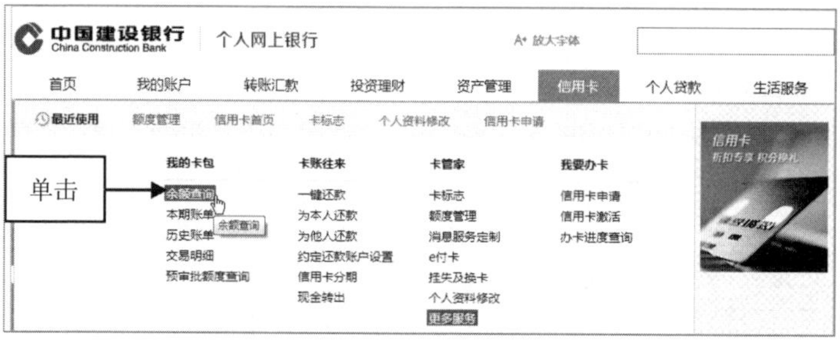

• 图 5-6　单击“查询余额”超链接

步骤 02 执行操作后，即可查看信用卡的余额、信用额度、可用额度、还需还款额等数据。用户应该时刻关注信用卡的余额情况，避免超额消费导致信用受损。

5.2.2　本期账单：本期信用卡消费情况

单击“信用卡 | 我的卡包”选项中的“本期账单”按钮，用户可以查看账务信息、账户信息、应还款明细、账单明细等数据情况，如图 5-7 所示。

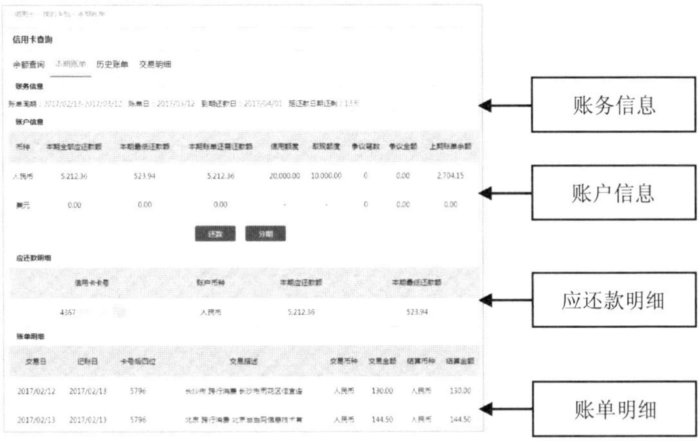

• 图 5-7　“本期账单”页面

如果用户在上个月的还款日到下个月的还款日时间阶段内没有进行消费，那么该信用卡的本期账单信息为空白。

> 专家提醒：如果用户的信用卡属于双币卡，则在账单中除了人民币账单明细之外，还会显示美元账单明细，用户以美元的方式进行支付的账单都会出现在该界面中。

5.2.3　历史账单：历史消费记录一目了然

如果用户需要查询个人的信用卡历史账单的明细，可以单击“信用卡 | 我的卡包”选项中的“历史账单”按钮，进入账单界面，账单会以月份的形式进行展示，如图 5-8 所示。

用户如果需要纸质的账单明细，可以在界面中直接单击“打印”按钮，连接打印机进行打印，也可以单击“下载”按钮，下载该账单。

用户单击相应的账单名称，即可查看该历史账单的详细情况。在每个月份的账单中有一个账单明细功能，用户可以查看具体的支出情况。

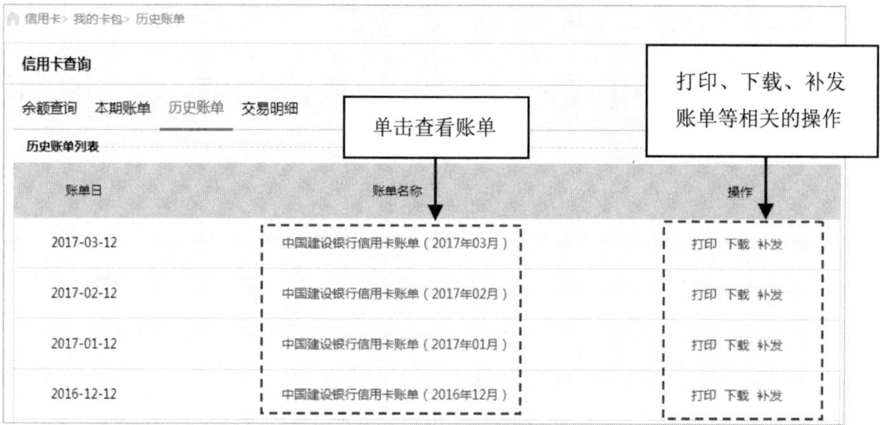

●图 5-8 “历史账单”页面

5.2.4 交易明细：钱花哪里了？明明白白

【实战】：通过网上银行查询交易明细的具体方法如下。

步骤 01 单击“信用卡 | 我的卡包”选项中的“交易明细”按钮进入其页面，设置相应的账户列表、起止日期和关键字，单击“确认”按钮，如图 5-9 所示。

●图 5-9 单击“确认”按钮

步骤 02 执行操作后，页面下方会显示这段时间内的交易描述、交易币种、交易金额、结算币种、结算金额、类型等情况，如图 5-10 所示。

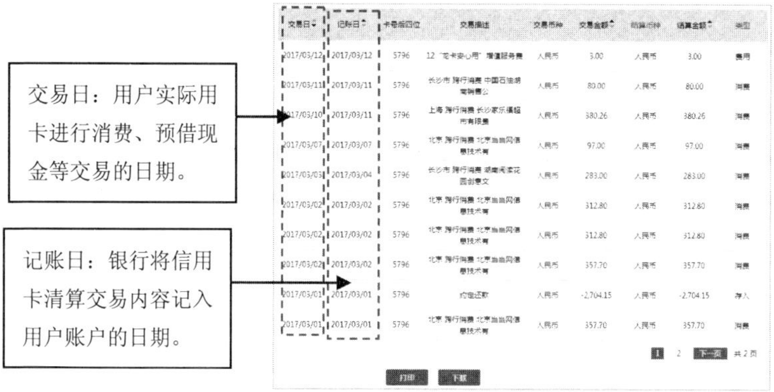

• 图 5-10　查询交易明细

在“类型”列表框中，用户可以单独选择查看全部存入、费用、利息、取现、退货退税、消费、转出等交易类型。

5.2.5　积分查询：快看看有多少可用积分

用户单击“我的账户 | 积分查询”按钮并进入其页面，如图 5-11 所示，该页面直接显示出的信息就是信用卡的可用积分情况。

查询积分历史的主要作用，是便于用户了解不同月份的积分增长情况，或者不同月份的积分兑换情况。

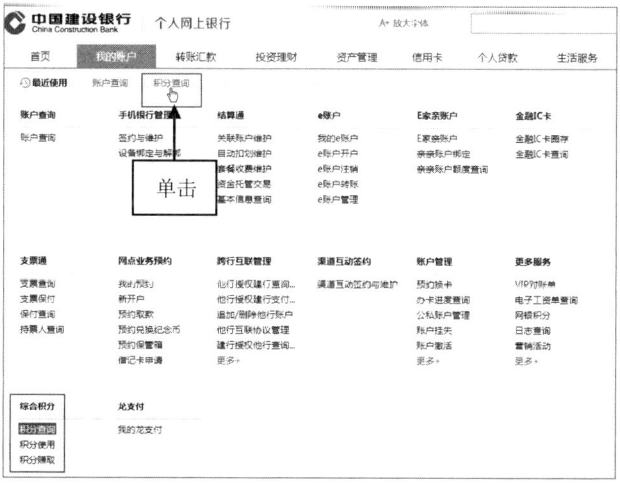

• 图 5-11　单击“积分查询”按钮

5.3 通过手机银行随时随地管理信用卡账户

手机银行提供了很多贴心的银行服务，带给用户更安全、便捷的智能金融体验。其中，账户管理是使用信用卡的最基本操作，下面将以建设银行手机银行为例，介绍信用卡账户管理方面的一些常用操作方法。

5.3.1 通过手机银行查看交易详情

大部分手机银行的功能都比较全面，可以查到各种信用卡账户的交易详情信息。

【实战】： 查看信用卡账户交易详情的操作方法。

步骤 01 进入“手机银行”主界面，点击“我的账户”按钮，如图 5-12 所示。

步骤 02 进入“我的账户”界面，在此可以看到贷记卡账户的信息，点击账户，可以展开账户信息，如图 5-13 所示。

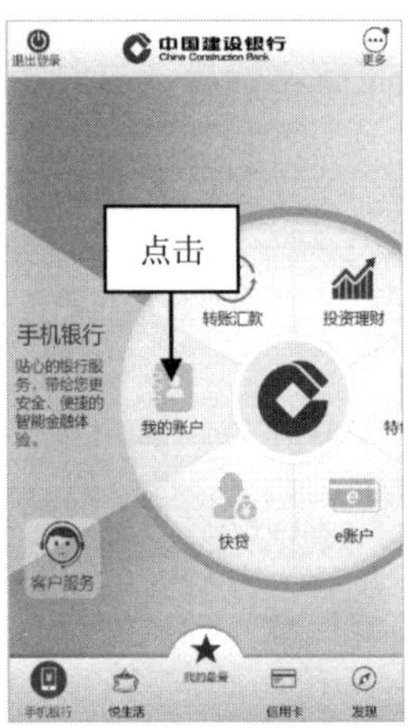

●图 5-12 点击“我的账户”按钮

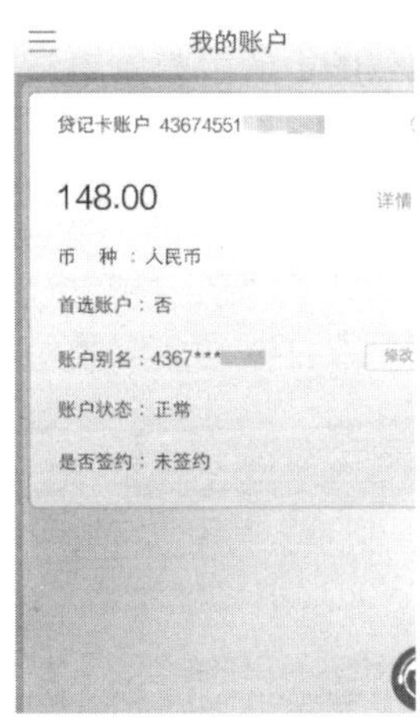

●图 5-13 “我的账户”界面

步骤 03 点击金额右边的“详情”按钮，可以查看账户人民币和美元的明细。

步骤 04 点击“明细”按钮，进入“交易明细查询”界面。

步骤 05 点击“交易明细查询”界面中的“未出账单”按钮，在弹出的菜单中选择月份，即可查看最近月份的交易明细情况。用户也可以自定义设置相应的开始时间和结束时间查看账单。

5.3.2 通过手机银行查询余额积分

手机银行也可以快速查询信用卡中的余额和积分情况，便于用户随时了解自己还有多少钱可用。

【实战】： 查询信用卡中的余额积分的操作方法。

步骤 01 点击“我的信用卡”按钮，如图 5-14 所示。进入其界面可以看到账户中的所有信用卡信息，点击“我的卡片”选项区下的信用卡主卡，如图 5-15 所示。

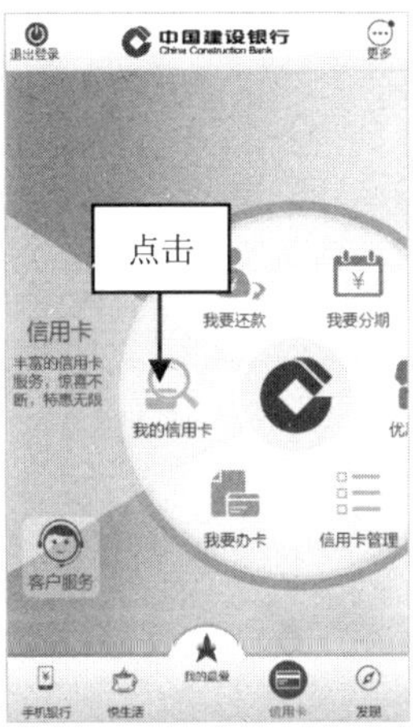

● 图 5-14 点击“我的信用卡”按钮

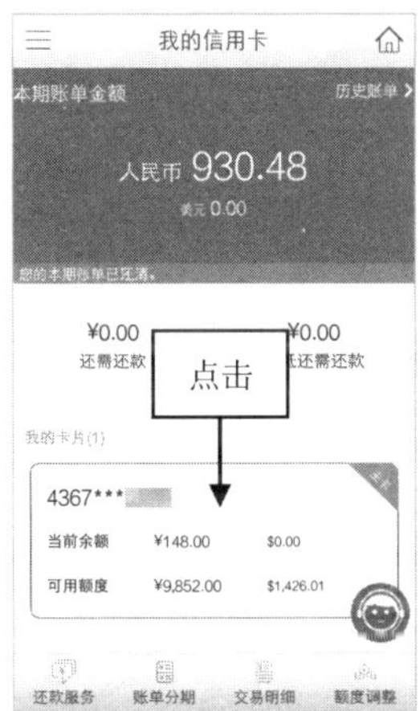

● 图 5-15 点击相应卡片

步骤 02 执行操作后，进入“余额积分查询”界面，点击相应的信用卡卡号，即可展开查看信用卡的余额积分信息，包括信用额度、可用额度、取现额度、还需还款金额、消费积分等。

5.3.3 在手机银行中追加新信用卡

将自己名下的信用卡追加到手机银行里，可以直接查询账单、还款，更加方便。

【实战】： 下面介绍在手机银行中追加信用卡的操作方法。

步骤 01 点击“我的账户|新增账户”按钮进入其界面，在列表中选择“信用卡账户”选项，如图 5-16 所示。

步骤 02 进入“新增信用卡账户”界面，在此输入分行、账号、安全码、有效期、账户别名、账户密码及验证码信息，点击“下一步”按钮根据提示进行操作，如图 5-17 所示，即可完成新增账户操作。

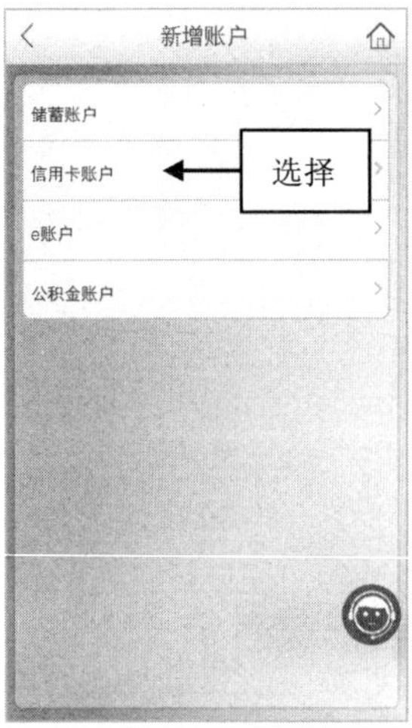

●图 5-16　选择“信用卡账户”选项

●图 5-17　“新增信用卡账户”界面

5.3.4　将已注销的信用卡账户删除

如果用户的某张信用卡不想用了，并且已经将其注销，则可以在手机银行中删除多余的信用卡账户。

【实战】： 下面介绍删除已经注销的信用卡账户的操作方法。

步骤 01 进入“我的账户”界面，点击界面底部的“删除账户”按钮，如图 5-18 所示。

步骤 02 执行操作后，进入可编辑状态，点击想要删除账户左上角的⊖图标，如图 5-19 所示，即可删除该账户，点击“完成”按钮保存即可。

> 专家提醒：用户将信用卡注销后，一定要将其进行剪卡处理，彻底损坏信用卡中的信息，以免被不法分子获取形成盗刷风险。另外，在信用卡注销后，应尽量将账户也进行注销，杜绝风险的根源。

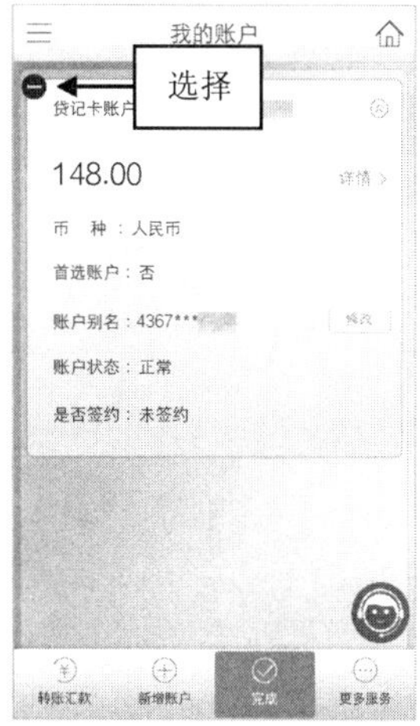

• 图 5-18　点击“删除账户”按钮　　• 图 5-19　点击 图标

5.3.5　使用更多手机银行相关服务

使用手机银行还可以查看他行账户、缴纳养老金、社保账户等，方便用户随时随地办理各种业务。

【实战】：下面介绍使用其他更多信用卡相关服务的操作方法。

步骤 01 在“我的账户”中点击“更多服务”按钮进入其界面，如图 5-20 所示。

步骤 02 例如，选择“养老金”选项可以进行信息查询、投资转换、投资方案设置、个人缴费、支付申请、账户转出、申请进度查询等操作，如图 5-21 所示。

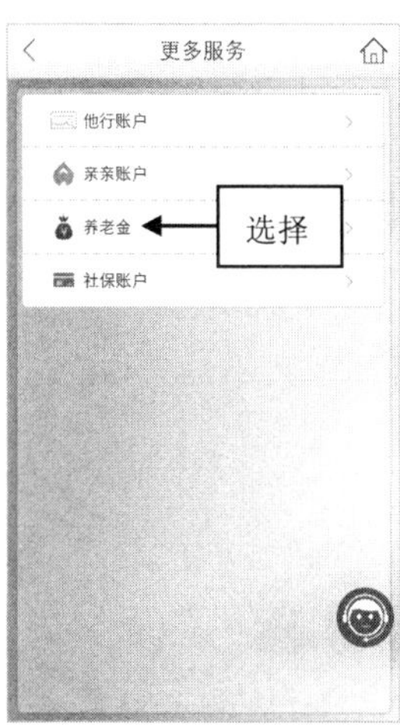

• 图 5-20　“更多服务”界面　　• 图 5-21　“养老金”界面

步骤 03 在“更多服务”界面中选择“社保账户”选项进入其界面，点击“社保缴费”按钮，进入“社保缴费”界面，输入相应的社保缴费信息，点击“下一步”按钮根据提示进行付款操作即可。

5.3.6 通过手机银行修改信用卡密码

信用卡密码是指信用卡的交易密码，与查询密码只具备电话查询或者网银查询的功能不同，有了交易密码，信用卡是可以实现无卡支付的。如果持卡人在办理信用卡并且激活时有设置属于自己的信用卡交易密码，那么进行消费时就需要输入密码才能够完成交易。

用户必须清楚的一个事实就是，长期使用同一个信用卡密码的风险比较大，因此用户必须知道修改信用卡密码的操作方法，并且最好每隔一段时间就修改一次，这样可以降低被盗刷的风险。

【实战】：下面介绍修改信用卡密码的操作方法。

步骤 01 点击“信用卡 | 信用卡管理”按钮，进入“信用卡管理”界面，点击“卡片管理 | 密码管理”按钮，进入“密码管理”界面，如图 5-22 所示。

步骤 02 点击“本人电话银行密码 | 修改”按钮进入“电话银行密码修改”界面，如图 5-23 所示，依次输入原密码、新密码、确认新密码及手机验证码，点击“确定”按钮即可修改密码。

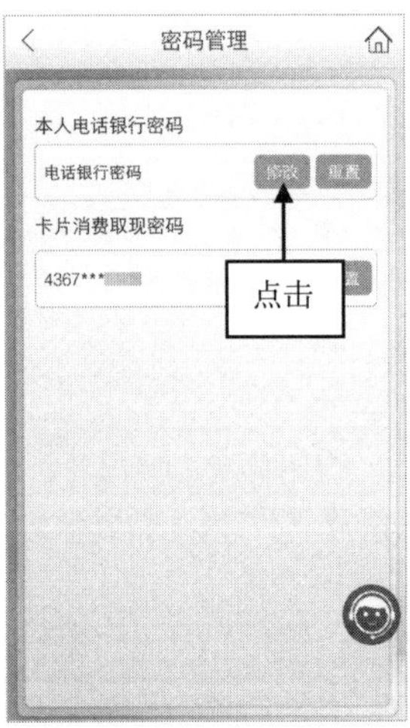

• 图 5-22 “密码管理”界面

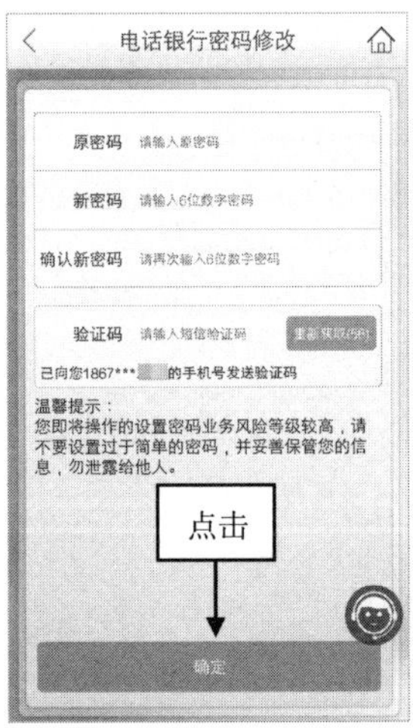

• 图 5-23 修改电话银行密码

步骤 03 点击“本人电话银行密码 | 重置”按钮进入“电话银行密码重置”界面，依次输入证件号码、安全码等，点击“下一步”按钮根据提示进行操作即可重置电话银行密码。

步骤 04 点击“卡片消费取现密码 | 修改”按钮，进入“消费取现密码修改”界面，依次输入原密码、新密码、确认新密码及手机验证码等，点击“确定”按钮即可修改消费取现密码。

步骤 05 点击“卡片消费取现密码 | 重置”按钮，进入“消费取现密码重置”界面，输入证件号码和安全码，点击“下一步”按钮，依次输入新密码、确认新密码及手机验证码等，点击“确定”按钮即可重置消费取现密码。

5.3.7 通过手机银行修改个人信息

在不断变化着的社会中，每个人的个人信息也会随着时间产生变化，例如换手机、换住所等。如果信用卡用户的个人信息有变动，最好及时改过来，免得错过银行的重要通知和信息。

【实战】： 下面介绍修改个人资料的操作方法。

步骤 01 点击“信用卡管理 | 个人资料修改”按钮，进入其界面，在“信用卡联系信息”中修改相应资料后点击“下一步”按钮，如图 5-24 所示。

步骤 02 确认信用卡信息无误后，输入手机接收到的验证码，点击“确定”按钮即可，如图 5-25 所示。

• 图 5-24 点击“下一步”按钮

• 图 5-25 确认信用卡信息

步骤 03 点击“个人资料修改 | 客户信息”按钮，进入其界面，修改相应资料后点击“下一步”按钮，确认信用卡信息无误后，然后输入手机接收到的验证码，点击“确定”按钮即可修改客户信息。

5.3.8 信用卡小额消费免验密功能

很多用户的安全意识比较低，在人员流动性较大的场所刷卡消费时，如餐馆、酒吧、KTV 等地方使用信用卡结账，通常都是将卡片直接给相应的服务员代为处理，这种行为的风险非常大。

针对这种情况，很多银行的信用卡中心推出了“小额免验密”功能，也就是说，用户可以设定一个小额的消费额度，在这个额度内刷卡结账时，无须输入密码，这样可以使密码被偷看的风险降低。

另外，此时进行大额消费，仍然需要用户输入密码，这样也避免了信用卡被大额盗刷。因此，“小额免验密”是一个既实用又安全的功能。

【实战】：下面介绍开启“小额免验密”功能的操作方法。

步骤 01 在“信用卡管理”界面点击“卡片信息维护”按钮进入其界面，点击相应的信用卡卡号，如图 5-26 所示。

步骤 02 执行操作后，即可展开信用卡下面隐藏的功能，点击“小额免验密”选项右侧的“否”按钮，如图 5-27 所示。

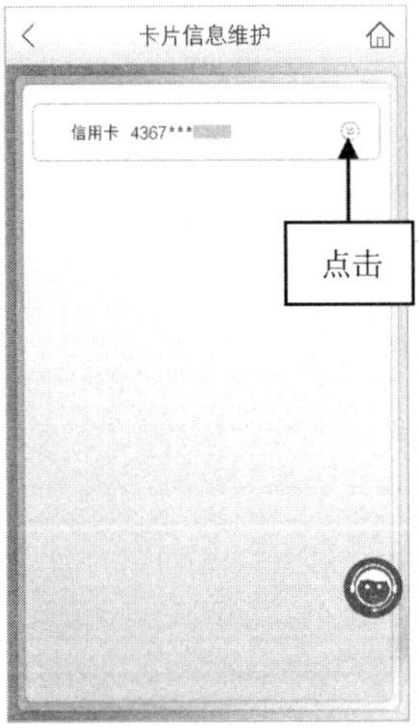

● 图 5-26 点击信用卡卡号按钮

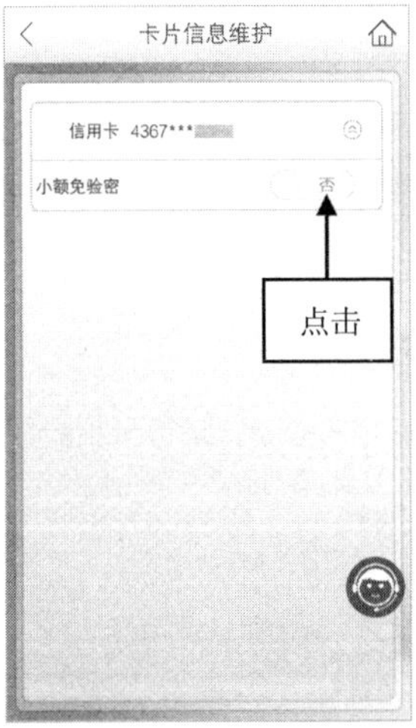

● 图 5-27 点击“否”按钮

步骤 03 执行操作后，会显示一个“免验密金额”文本框，输入需要的金额，并点击“确定”按钮，然后弹出“请输入短信验证码”对话框，输入手机接收到的短信验证码，并点击“确定”按钮即可完成操作。

5.3.9 通过手机银行快速挂失信用卡

随着诈骗手段层出不穷，信用卡的丢失和被盗用的问题逐渐突出。对于用户而言，泄露信用卡信息甚至是完全没有自主意识到的，比如被人偷看、被人骗取、无意间告知他人、使用简易密码等。

信用卡丢失后，用户面临的资金风险是非常大的，所以在丢失后的第一时间进行挂失处理非常重要。

【实战】： 下面介绍信用卡挂失的操作方法。

步骤 01 点击“信用卡管理 | 信用卡挂失”按钮，进入其界面，如图 5-28 所示。

步骤 02 点击信用卡卡号，可以在弹出的列表中选择要挂失的信用卡，如图 5-29 所示。

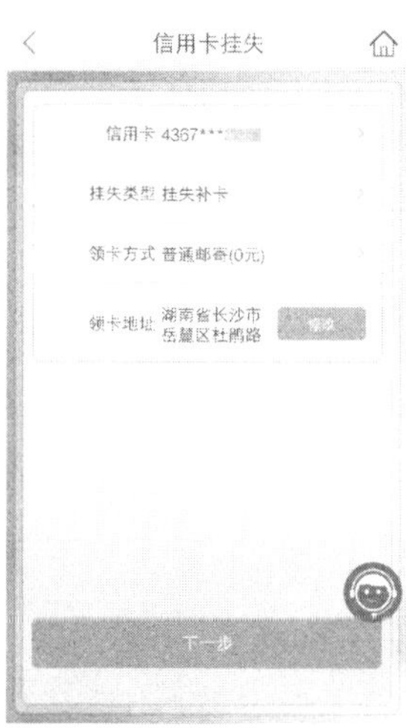

• 图 5-28 “信用卡挂失”界面

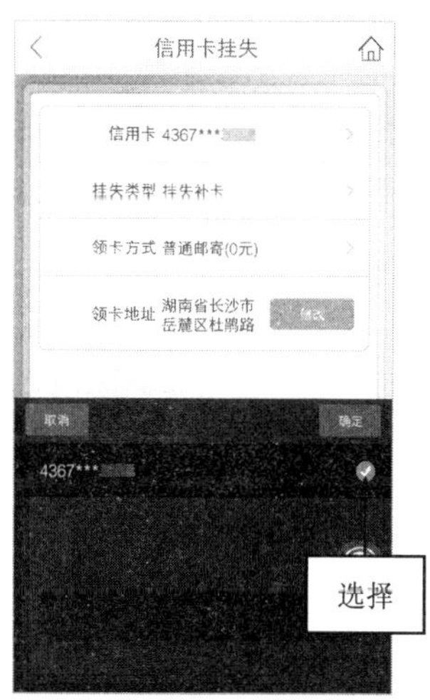

• 图 5-29 选择要挂失的信用卡

步骤 03 点击“挂失类型”一栏，可以设置“挂失类型”为“挂失补卡”或者“挂失不补卡”。

步骤 04 点击“领卡方式”一栏，可以设置信用卡的邮寄方式为“普通邮寄”或“特快专递”。

步骤 05 点击“领卡地址”右侧的“修改”按钮，进入“领卡地址修改”界面，可以设置领卡地址和邮编，点击“确认修改”按钮保存即可。

步骤 06 设置好挂失选项后，点击“下一步”按钮，弹出信息提示框，提示卡片将被冻结，点击“确定”按钮即可确认挂失操作。

部分银行推出了“失卡保障”功能，也就是信用卡被用户丢失后，用户可以立即进行挂失，那么银行会对持卡人在挂失信用卡前的短期时间内被盗刷的信用卡资金进行一定的补偿。不过，这种功能只有少部分银行有，用户可以通过电话咨询自己的信用卡发卡银行是否具备该功能。

另外，不同银行的信用卡挂失费用和补办卡费用是不同的，信用卡的挂失费与储蓄卡也是不同的，一般情况下，信用卡的挂失费用在 50 元左右。用户在大部分银行挂失后就无须缴纳补卡费，但是在中国银行、兴业银行等银行挂失后还得再缴纳一定的补卡费。如果用户持有的是 VISA、万事达等国际信用卡，那么用户挂失的操作和相关程序会更加烦琐。表 5-1 所示为各大银行的挂失费用和补办费用情况。

表 5-1 各大银行的挂失费用和补办费用情况

所在银行	挂失	补卡
工商银行	白金卡免费，其他 20 元	无
建设银行	50 元	无
中国银行	40 元	15 元
农业银行	金卡、普卡 50 元，白金卡免费	无
招商银行	60 元	无
交通银行	50 元，公务员卡免费	无
中信银行	60 元	无
兴业银行	50 元	25 元

5.3.10 通过手机银行也可以保号换卡

如果以后的信用卡遭遇损毁、断裂等物理性破坏，或者出现磁条消磁、签名有误等破坏而不能再使用时，可以通过手机银行及时申请补发新的信用卡。

【实战】： 下面介绍损坏换卡的操作方法。

步骤 01 点击“信用卡管理－损坏换卡”按钮，进入其界面，如图 5-30 所示。

步骤 02 点击信用卡卡号，可以在下面弹出的列表中选择要补换的信用卡，如图 5-31 所示。

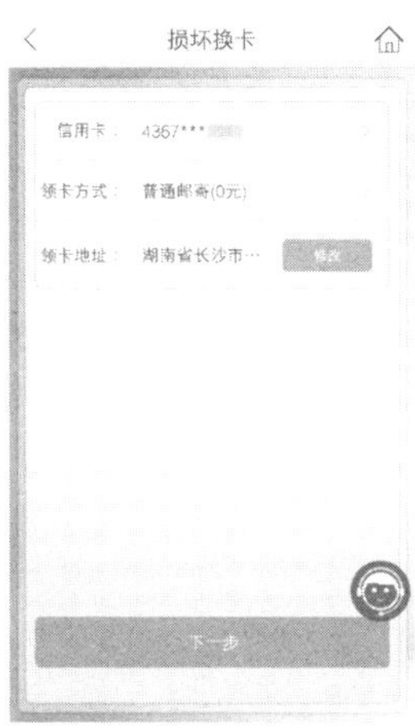

● 图 5-30 “损坏换卡”界面

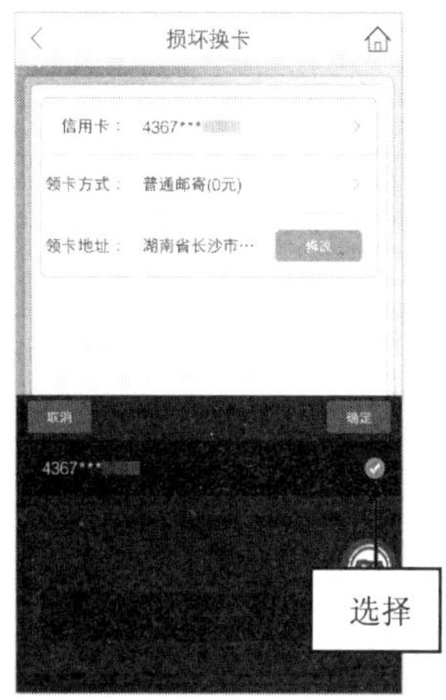

● 图 5-31 选择要补换的信用卡

步骤 03 点击“领卡方式”一栏，可以设置信用卡的邮寄方式为“普通邮寄”或“特快专递”（需要 20 元费用）。

步骤 04 点击“领卡地址”右侧的“修改”按钮，进入“领卡地址修改”界面，可以设置领卡地址和邮编，点击“确认修改”按钮保存即可。

步骤 05 设置好损坏换卡相关选项后，点击“下一步”按钮确认换卡信息。

步骤 06 输入手机收到的短信验证码，点击“确定”按钮即可完成损坏换卡操作。

5.4 通过手机银行实时掌握信用卡账单情况

如今，信用卡用户越来越多，大家都很在意自己的信用卡账单情况信息，通过手机银行连接网络即可随时随地掌握信用卡的账单情况。下面将以建设银行手机银行为例，介绍信用卡账单查询方面的一些常用操作方法。

5.4.1 通过手机银行查询账单明细

智能手机使人们的生活越来越方便，例如，通过手机银行查询信用卡的账单，用户可以随时了解自己的信用卡使用情况，可以防止超额消费，以及及时发现自己的消费问题等，实现轻松地理财生活。

【实战】：下面介绍查询信用卡账单的操作方法。

步骤 01 点击“信用卡 | 我的信用卡”按钮，进入其界面，点击“本期账单金额”区域，如图 5-32 所示。

步骤 02 执行操作后，进入“已出账单查询”界面，在此可以看到本月的信用卡账单详情，如图 5-33 所示。点击下方的任意一个刷卡消费账单，即可展开查看该账单的交易类型、记账日和结算金额等详情。

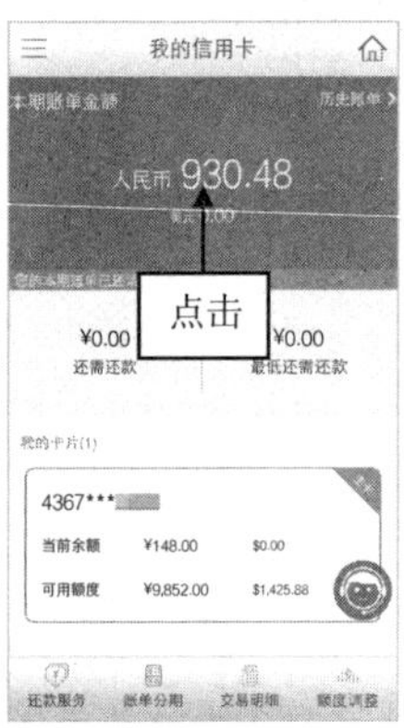

•图 5-32 点击“本期账单金额”区域

•图 5-33 “已出账单查询”界面

步骤 03 点击账单界面上方的“详情”超链接，进入“账单详情”界面，默认显示人民币的账单详情，如信用额度、取现额度、应还款额及最低还款额。切换至“美元”选项，可以查看美元的账单情况。

步骤 04 在“我的信用卡”界面，点击右上角的“历史账单”超链接，进入“账单查询”界面，点击选择相应的月份，如图 5-34 所示，即可查看相应月份的历史账单。

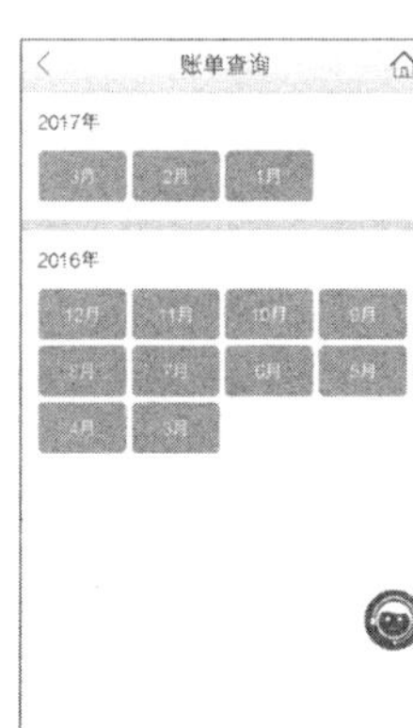

•图 5-34 选择相应的月份

步骤 05 点击界面上方的“详情”超链接，即可查看历史账单详情。

5.4.2 通过手机银行补发卡片账单

如果用户的账单丢失，可以通过手机银行执行账单补发操作，并通过短信、微信、彩信、电子邮件等方式来接收账单。

【实战】： 下面介绍账单补发的操作方法。

步骤 01 在“已出账单查询”界面中选择要补发的账单月份，点击底部的“账单补发”按钮，如图 5-35 所示。

步骤 02 执行操作后，进入“账单补发”界面，点击“账单发送方式设置”按钮，如图 5-36 所示。

步骤 03 进入“账单发送定制”界面，选择相应的账单发送方式，如“彩信”，如图 5-37 所示。

• 图 5-35 点击“账单补发”按钮

• 图 5-36 “账单补发”界面

• 图 5-37 选择账单发送方式

步骤 04 点击“确定”按钮，提示账单发送方式设置成功，点击“返回”按钮，可修改账单补发的途径，点击相应补发方式右侧的“发送”按钮，弹出信息提示框，点击“确定”按钮，即可通过设置的方式补发账单。

5.4.3 通过手机银行分析账单图表

用户可以在手机银行中通过图表的方式展现账单消费情况，这样可以一目了然地了解自己的消费详情。

下面介绍账单补发的操作方法：在“已出账单查询”界面中选择要查询的账单月份，点击底部的“图表分析”按钮，如图 5-38 所示。进入“账单图表分析”界面，即可通过图表显示账单消费走势详情，如图 5-39 所示。在图表上点击相应的蓝色圆点，即可查看相应时间段的账单周期和账单金额情况。

• 图 5-38 点击“图表分析”按钮

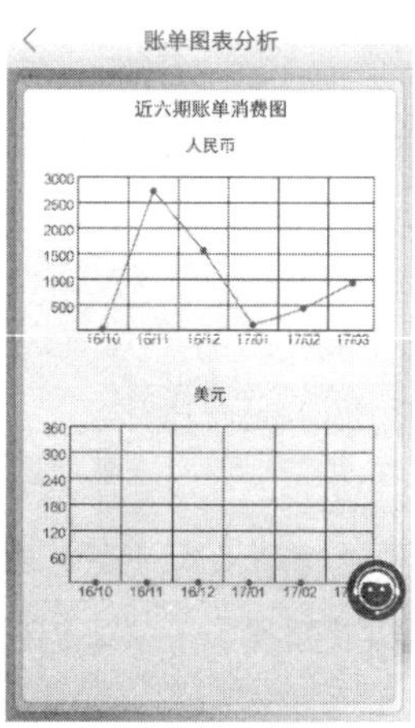

• 图 5-39 “账单图表分析”界面

5.5 通过微信银行轻松管理信用卡

如今，微信已经成为移动互联网时代大众用于社交的重要工具之一。在微信平台上，微信用户还可以使用微信银行来管理银行信用卡业务。作为超级 APP，微信推出的微信银行服务既便捷了大众，又连接了银行，达到了三方共赢的效果。

5.5.1 关注银行官方的微信公众号

要使用微信银行，首先要了解银行的微信银行都有哪些信用卡功能，下面选择一些热门的微信银行进行介绍。

- 招商银行：关注“招商银行信用卡”公众号后，具有办卡开卡、提额评测、改资料密码、客服、查账明细、查询额度、查询积分、快速还款、账单分期、优惠、游戏等功能，如图 5-40 所示。
- 工商银行：关注“中国工商银行电子银行”公众号后，具有查询还款、查询账单、查询办卡进度、手机银行等功能，如图 5-41 所示。

●图 5-40　招商银行信用卡公众平台

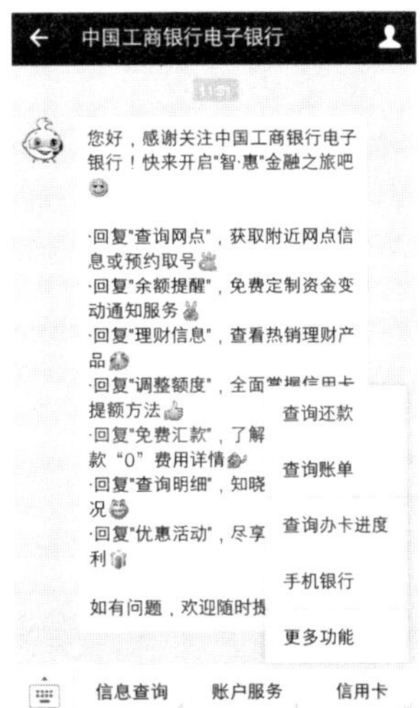

●图 5-41　中国工商银行电子银行公众平台

- 建设银行：关注“中国建设银行”公众号后，具有账单查询 / 还款、额度管理、账单分期 / 现金分期、申请办卡、进度查询、积分圆梦及更多服务等功能，如图 5-42 所示。
- 中信银行：关注“中信银行信用卡”公众号后，具有绑定卡片、开卡、进度查询、查账、还款、积分兑换、服务大厅、福利优惠、快速办卡、推荐办卡送微单、高额分期、我要借款、账单分期等功能，如图 5-43 所示。

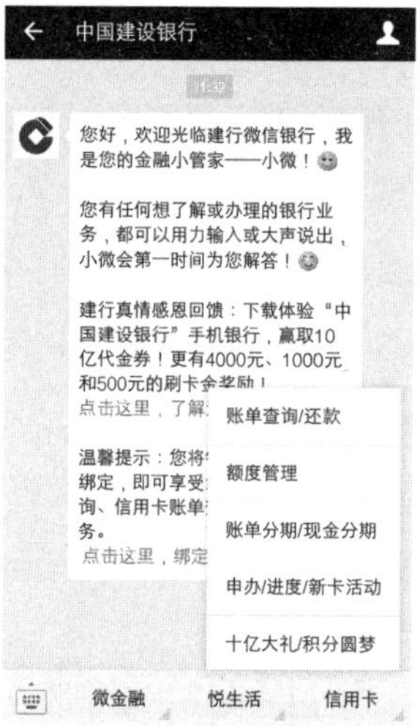

• 图 5-42　中国建设银行公众平台　• 图 5-43　中信银行信用卡公众平台

➢ 中国银行：关注“中国银行信用卡”公众号后，具有办卡 • 推荐、额度 • 账单、分期 • 现金、开卡激活、惠聚天下、积分兑换、运动健身、热点活动、我的红包等功能，如图 5-44 所示。

➢ 农业银行：关注“农业银行信用卡”公众号后，具有绑卡 / 设默认卡、进度查询、享优惠、额度查询 / 临时调整、账单查账 / 账单明细、积分查询 / 积分兑换、申请分期及约定还款等功能，如图 5-45 所示。

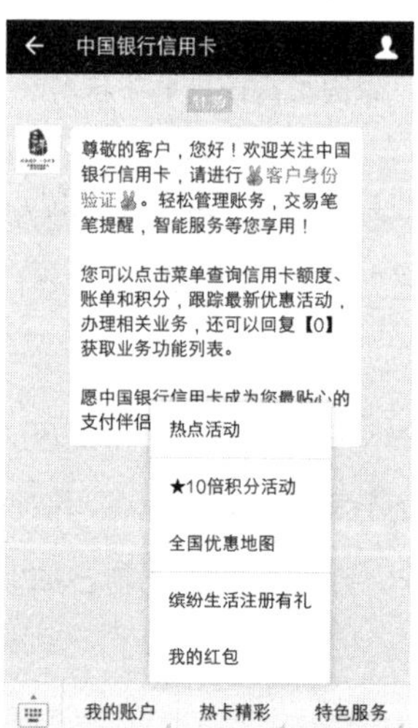

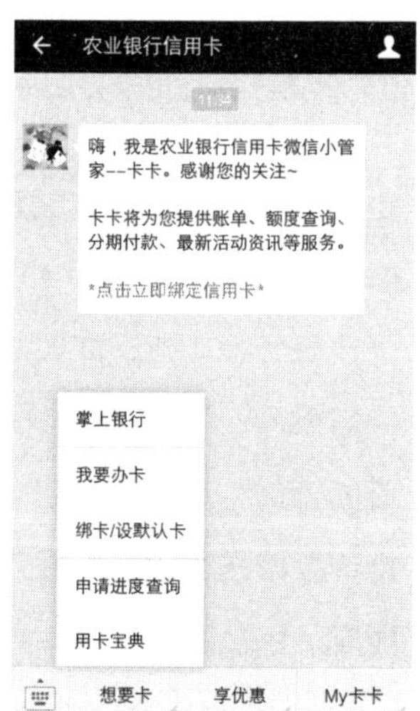

• 图 5-44　中国银行信用卡公众平台　• 图 5-45　农业银行信用卡公众平台

5.5.2 用微信银行绑定信用卡账户

无论是哪个银行的微信银行，如果用户需要进行与个人业务相关的功能操作，那么必须要绑定银行卡账户。

【实战】： 下面以建设银行微信银行为例，介绍在微信银行上绑定账户的具体操作方法。

步骤 01 用户首次关注中国建设银行的微信公众号后，系统会发送一条提示绑定账户的消息，点击“点击这里，绑定账户”超链接，如图 5-46 所示。

步骤 02 进入“绑定协议”界面，仔细阅读相关的微信银行协议，如图 5-47 所示。阅读完协议后，点击“接受并绑定信用卡”按钮。

步骤 03 进入“信用卡绑定”界面，输入相应的身份证号、客户姓名、手机后四位及附加码，点击“下一步”按钮，如图 5-48 所示。

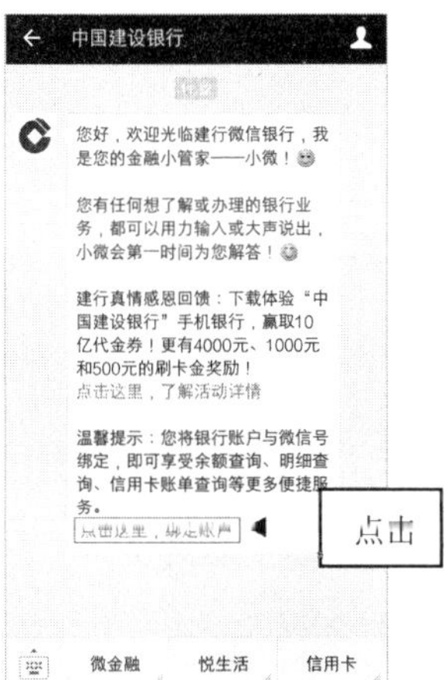

• 图 5-46 点击“点击这里，绑定账户”超链接

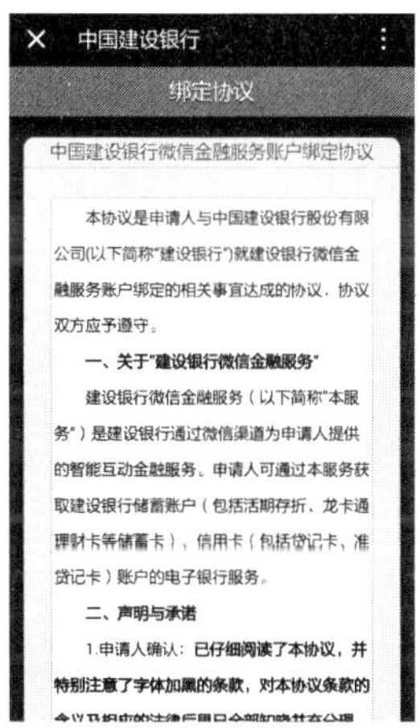

• 图 5-47 “绑定协议”界面

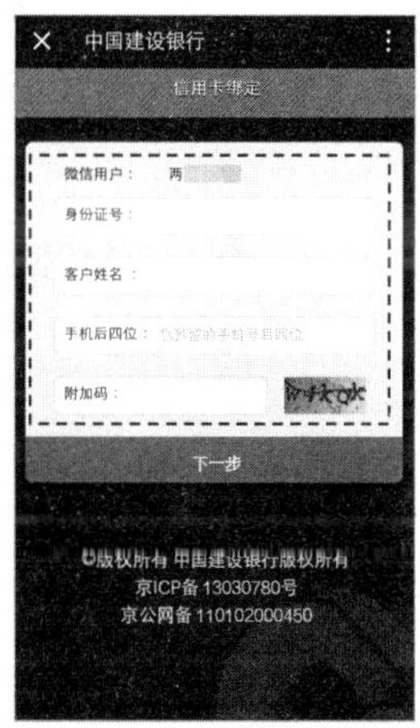

• 图 5-48 设置身份信息

> 专家提醒：用户的身份认证和绑定银行卡，是用户在微信银行平台上办理业务时需要完成的。如果用户在这个认证过程中发现系统提示“用户微信账户或昵称为空”等信息，导致最终的认证结果失败，这可能是因为用户所在区域的通信异常或者网络不稳定所致，用户只需换个时间重新认证即可。

步骤 04 弹出信息提示框，提示验证码获取成功，点击“确认”按钮，输入短信验证码，点击“下一步”按钮，确认信用卡绑定信息，确认无误后点击“提交”按钮，系统会提示用户“绑定成功”。

绑定成功后，微信银行的公众平台也会发送一条提示信息给用户。用户如果要取消信用卡绑定，只需进入公众号的资料界面，点击右上角“⋮”按钮，在弹出的菜单中选择“不再关注”选项即可。

5.5.3 通过微信银行修改相关信息

微信银行实质上是将银行客户端搬到了微信上，因此同样具有修改个人信息的功能，而且其操作方式也比较便捷。

【实战】： 下面以建设银行的微信银行为例，介绍修改个人信息与账单发送方式的操作方法。

步骤 01 进入中国建设银行的微信公众平台，点击“信用卡 | 十亿大礼 / 积分圆梦”按钮，出现操作提示信息，回复数字 6，如图 5-49 所示，在得到的反馈信息中点击“点击这里，立即修改”超链接。

步骤 02 执行操作后，进入“身份验证”界面，输入相应的手机后四位与短信验证码，点击“确定”按钮，如图 5-50 所示。

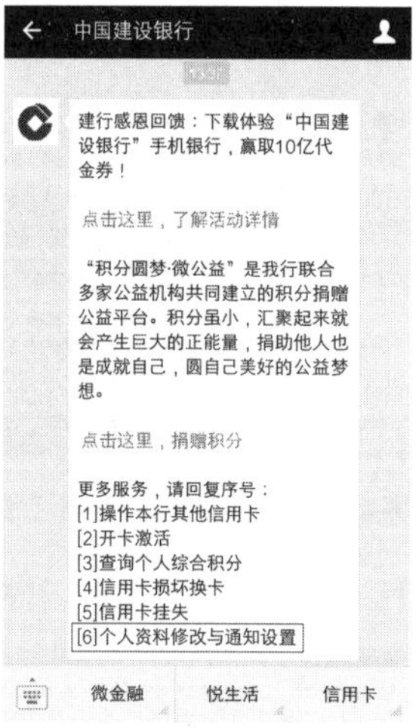

● 图 5-49 回复数字 6

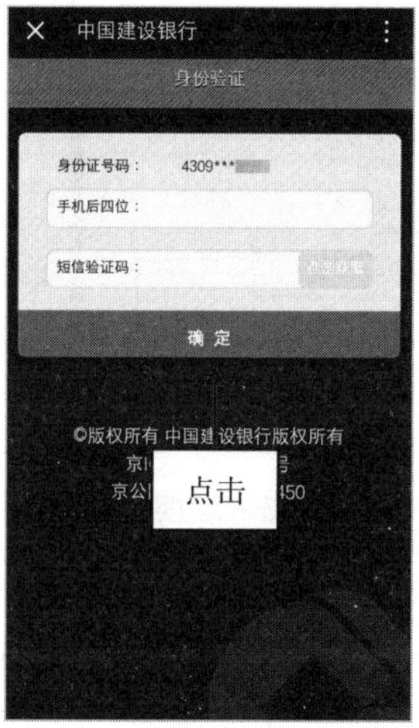

● 图 5-50 点击“确定”按钮

步骤 03 执行操作后，进入“个人资料修改”界面，点击“个人信息修改”按钮，如图 5-51 所示。

步骤 04 进入“客户信息”界面，用户可以在此修改单位名称和单位电话，如图 5-52 所示。

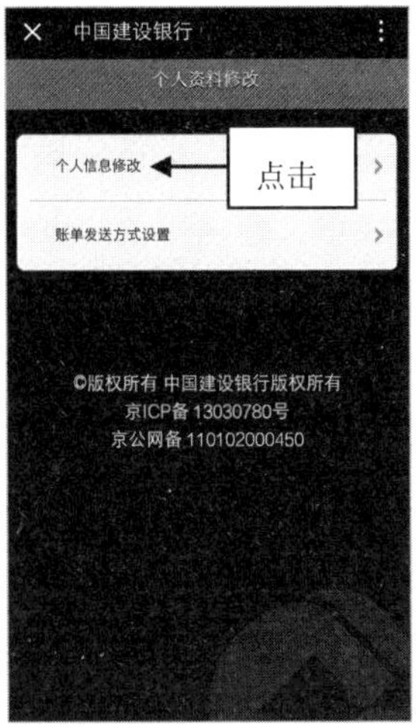

●图 5-51　点击“个人信息修改”按钮

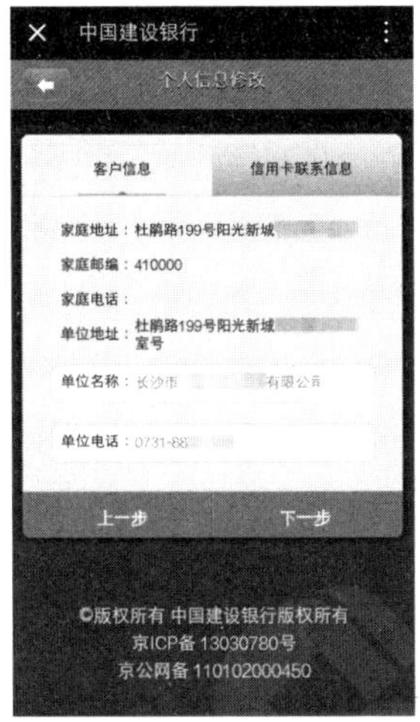

●图 5-52　“客户信息”界面

步骤 05 点击“信用卡联系信息”按钮，并进入其界面，用户可以在此修改电子邮箱地址、联系人姓名、联系人电话，如图 5-53 所示。

步骤 06 在“信用卡联系信息”界面，点击“联系人电话”一栏，使用手机键盘输入需要修改的联系人电话号码，点击“下一步”按钮，确认信用卡联系信息，如图 5-54 所示。确认无误后点击“确定”按钮，即可成功修改个人信息。

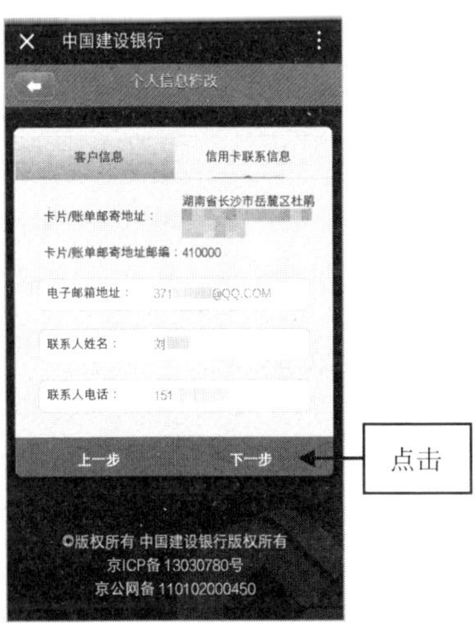

●图 5-53　“信用卡联系信息”界面

●图 5-54　确认信用卡联系信息

5.5.4 通过微信查询信用卡额度

对于已经在微信银行中设定了首选信用卡账号的用户来说，还可以通过相关命令操作切换操作其他的信用卡账号。但从微信银行进行提额申请不会增加用户提额的成功率，在任意平台上都是如此，微信银行只是为用户提供了一个查询的功能入口。用户是否能够调整额度，是由平台根据用户的用卡情况进行分析的，如果出现长久未用、刚申请提额、消费额过多等情况，那么用户很难获得提额通过。

下面以建设银行的微信银行为例，介绍具体操作方法。

步骤 01 进入中国建设银行的微信公众平台，选择“信用卡”|“额度管理”选项，回复相应数字，点击“请点击这里”超链接。

步骤 02 进入“信用卡首选账号切换”界面后，选择要查询的信用卡卡号，根据提示操作即可查询结果。

5.5.5 通过微信银行办理损坏换卡

若用户的信用卡损坏，也可以通过微信银行进行损坏换卡操作。

【实战】： 下面以建设银行的微信银行为例，介绍办理损坏换卡的操作方法。

步骤 01 进入中国建设银行的微信公众平台，点击“信用卡 | 十亿大礼 / 积分圆梦”按钮，出现操作提示信息，回复数字 4，在得到的反馈信息中点击“点击这里，立即办理”超链接，验证身份进入“信用卡损坏换卡”界面，用户可以在此设置信用卡卡号和领卡方式，领卡地址无法修改，如图 5-55 所示。

步骤 02 点击“领卡方式”一栏，可以在弹出的菜单中选择相应的领卡方式，包括“普通邮寄”和“特快邮寄”两种，如图 5-56 所示。

步骤 03 选择好领卡方式后点击“下一步”按钮，确认换卡信息，点击“确认”按钮即可完成换卡操作，如图 5-57 所示。

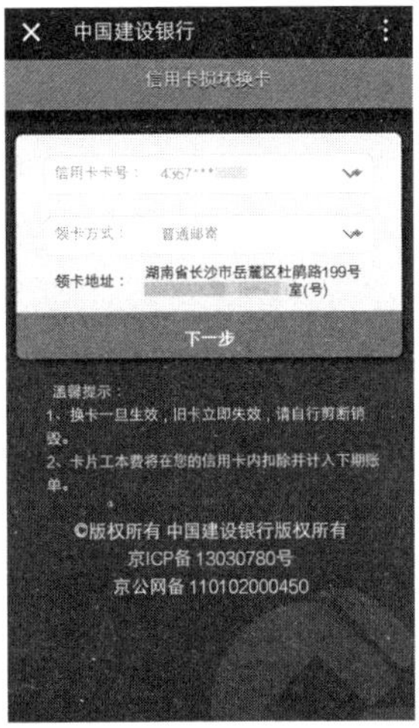

● 图 5-55 “信用卡损坏换卡”界面

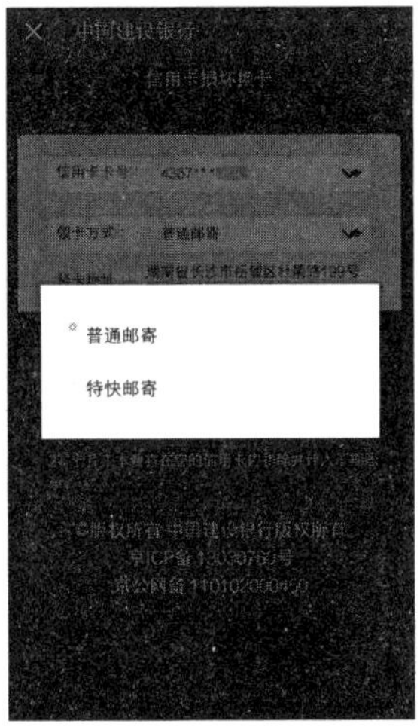

● 图 5-56 选择相应的领卡方式

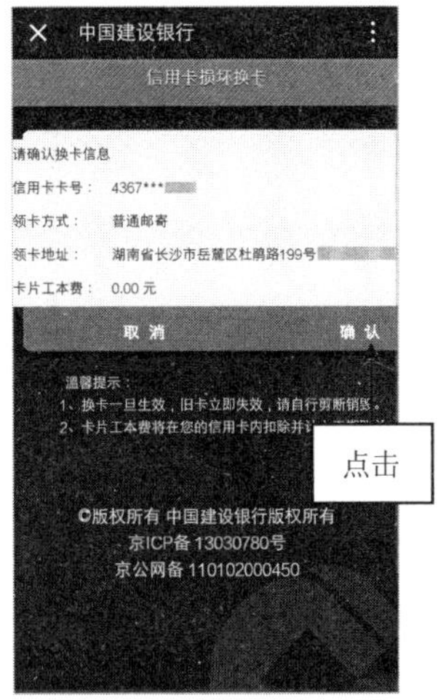

● 图 5-57 点击“确认”按钮

专家提醒：如果用户的地址已经和申请信用卡时的地址不同，用户可以在发卡银行的营业厅向工作人员说明，并且登记新的地址。如果用户已经收到银行发出的到期换卡通知书，可以填写换卡通知书右上角的“领卡网点新地址”并寄回银行。除此之外，部分银行也可以通过电话人工客服的方式来修改地址。

5.5.6 通过微信银行办理挂失业务

【实战】： 下面以建设银行的微信银行为例，介绍信用卡挂失的操作方法。

步骤 01 进入中国建设银行的微信公众平台，点击“信用卡 | 十亿大礼 / 积分圆梦”按钮，出现操作提示信息，回复数字 5，在得到的反馈信息中点击“点击这里，立即办理”超链接。

步骤 02 验证身份进入“信用卡挂失卡”界面，用户可以在此设置信用卡账号、挂失类型、领卡方式，点击“下一步”按钮，如图 5-58 所示。

步骤 03 如果用户选择“挂失补卡”的领卡方式，则确认挂失信息界面，点击“确定”按钮完成挂失补卡操作即可，如图 5-59 所示。

步骤 04 如果用户选择“挂失不补卡”的领卡方式，则确认挂失信息界面，点击“确定”按钮完成挂失不补卡操作即可，如图 5-60 所示。

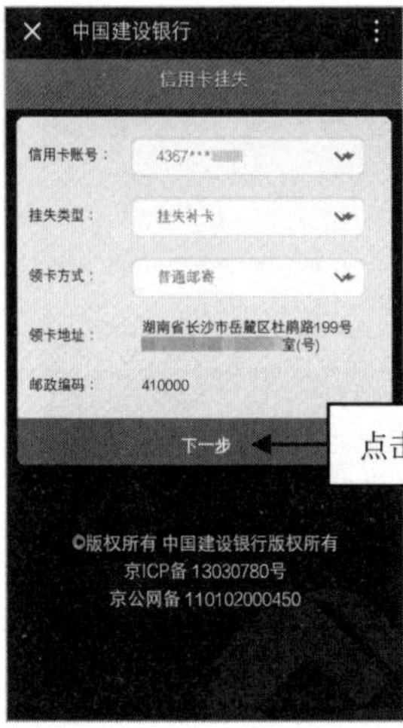

●图 5-58 “信用卡挂失”界面

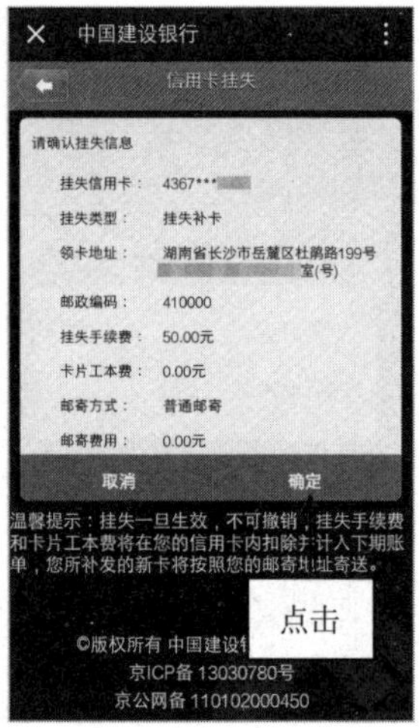

●图 5-59 点击“确定”按钮

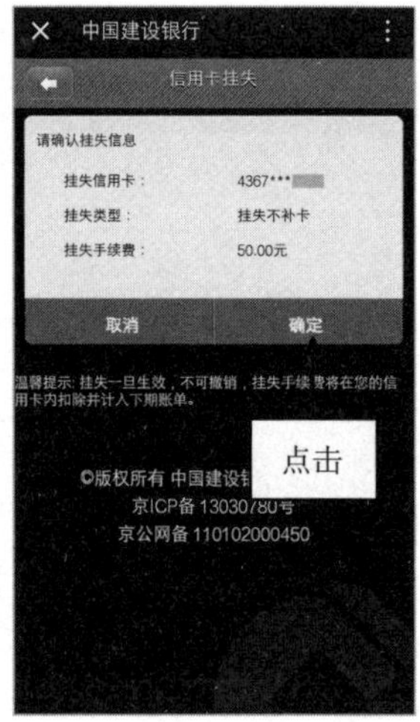

●图 5-60 点击“确定”按钮

5.5.7 通过微信银行办理生活缴费

通过手机微信银行，用户可以办理各种生活缴费服务，如水费、电费、燃气费、手机话费、固话话费、宽带光纤、暖气费、物业费、有线电视费、彩票站点缴费、房租、交通罚款、加油卡充值、路桥费、停车费、学杂费、考试报名费、培训费、校园卡充值、保险续费、代缴养老金、医保缴费、税费缴纳、住房理财、公益捐款等，可以说囊括了几乎所有的生活服务。

【实战】： 下面以建设银行的微信银行为例，介绍办理生活缴费的操作方法。

步骤 01 进入中国建设银行的微信公众平台，选择“悦生活 | 生活缴费”选项，点击“点击这里，立即缴费”超链接，如图 5-61 所示，即可收到相应的系统信息。

步骤 02 执行操作后，进入“建行悦生活”界面，此处列出了微信银行所有的生活缴费服务项目，如图 5-62 所示。

步骤 03 用户点击相应服务可进入相应的服务界面，如缴费充值，如图 5-63 所示，用户若需充值点击界面的相应服务，然后按照系统提示即可完成操作。

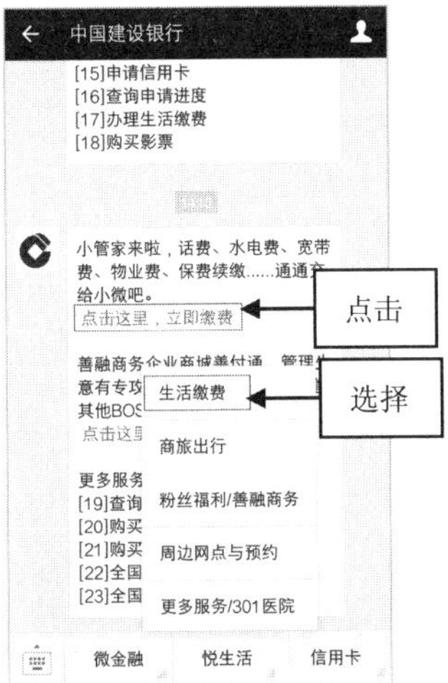

●图 5-61 选择“生活缴费”选项

●图 5-62 “建行悦生活”界面

●图 5-63 “缴费充值”界面

> 专家提醒：相比于其他微信银行，建设银行的微信银行在生活缴费与服务方面的特色较为突出，能够快速地帮助用户进行在线缴费或者获取服务。生活缴费是微信银行的辅助功能之一，帮助用户获得更便利的生活条件。相比于其他微信银行的功能，生活缴费功能在微信银行上出现的情况比较少，大部分微信银行并不支持生活缴费。

5.5.8 使用更多微信银行生活服务

为了吸引用户的长期使用，不同的微信银行几乎都推出了一些特色生活服务。

【实战】：下面以建设银行的微信银行为例，介绍更多的信用卡生活服务。

步骤 01 进入中国建设银行的微信公众平台，选择“悦生活 | 商旅出行”选项，出现操作提示信息，用户可以在这里选择购买机票、火车票、景点门票及旅游产品等服务，如图 5-64 所示。

步骤 02 例如，点击“点击这里，购买旅游产品”超链接，进入“旅游度假”界面，如图 5-65 所示，用户可以在该界面选择度假、发现和特卖查看相应的旅游信息，如图 5-66 所示。

步骤 03 在建设银行的微信公众平台，点击“悦生活 | 粉丝福利 / 善融商务”按钮，出现推送信息，如图 5-67 所示。

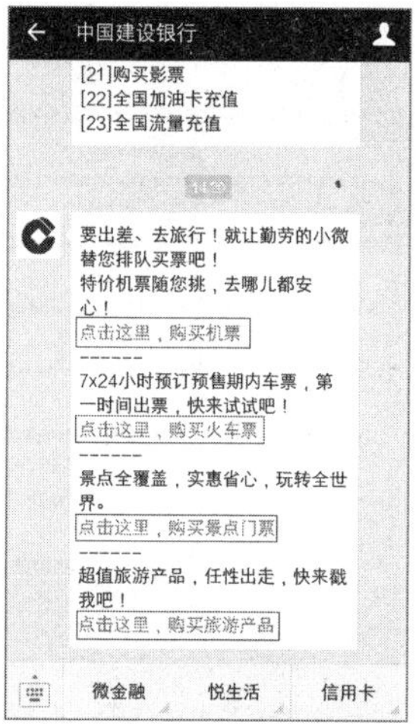

• 图 5-64 “商旅出行”操作提示信息

• 图 5-65 “旅游度假”界面

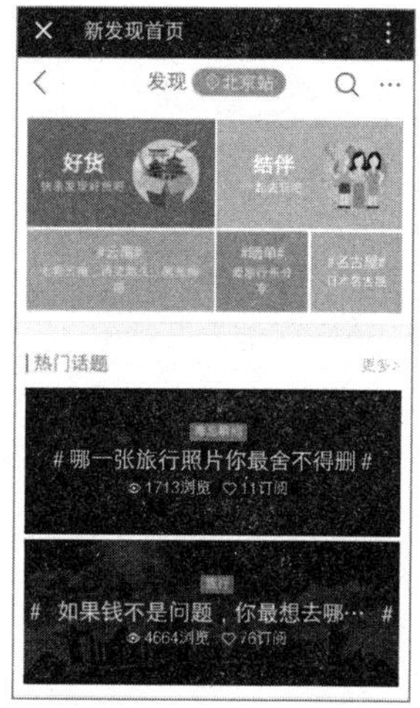

• 图 5-66 “发现”界面

步骤 04 点击相应服务可进入服务界面，查看善融商务信息，如图 5-68 所示。

步骤 05 在建设银行的微信公众平台选择“微金融”选项，出现操作菜单，用户可以选择账户 / 积分查询、微黄金、投资理财、善付通和更多服务，如图 5-69 所示。

• 图 5-67 推送信息

• 图 5-68 “善融商务”界面

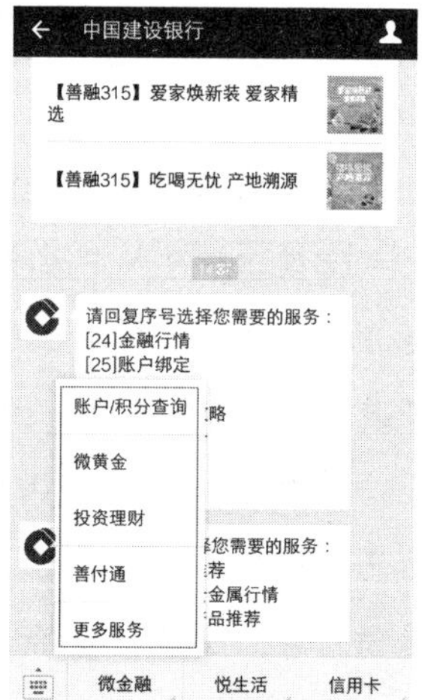

• 图 5-69 “微金融”选项

第6章

掌上APP：轻松管卡有高招

随着网络的普及，特别是高速无线网络进入实质应用阶段，越来越多的人信用卡管家及网络信用卡的推出，让使用信用卡的用户再一次感受到了信用卡的魅力。如今，这种利用高效、快速的电脑与手机网络，管理自己的信用卡已成为新时代的用卡趋势。

本章主要内容包括：

- 使用51信用卡APP管理信用卡
- 使用卡牛APP管理信用卡
- 使用挖财APP管理信用卡
- 热门网络虚拟信用卡：蚂蚁花呗
- 热门网络虚拟信用卡：京东白条

6.1 使用 51 信用卡 APP 管理信用卡

51 信用卡管家 APP 由杭州恩牛网络技术有限公司开发，其主要宗旨是帮助持卡人通过手机一键智能管理信用卡。用户可以通过 51 信用卡管家 APP 实现跨行多卡管理服务，不再错过还款与优惠，同时还是用户手机理财的好帮手。

6.1.1 注册与登录 51 信用卡管家

用户可以在手机助手平台上直接下载 51 信用卡管家 APP，与手机银行 APP 的下载安装方式完全一致。

【实战】： 下面介绍注册和登录 51 信用卡管家的具体操作方法。

步骤 01 打开 51 信用卡管家 APP 后，直接点击界面中的“注册”按钮，如图 6-1 所示。

步骤 02 进入“注册”界面，输入手机号码并且点击“获取验证码”按钮，如图 6-2 所示。验证码发送至用户手机后，用户输入该验证码，并点击“下一步”按钮。

步骤 03 执行上述操作后，即可进入密码设置界面，设置完密码后平台会自动进入“添加邮箱”界面，如图 6-3 所示。

步骤 04 用户点击任意邮箱，平台会跳转至该邮箱的登录界面，完成登录操作后，系统会自动搜索并展示账单信息。

● 图 6-1　点击“注册”按钮

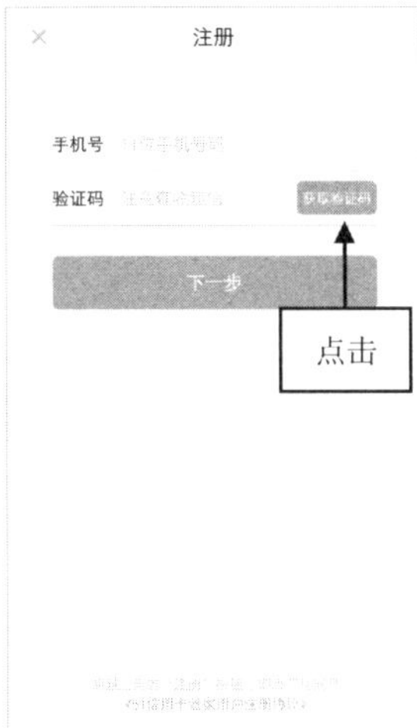

● 图 6-2　点击“获取验证码”按钮

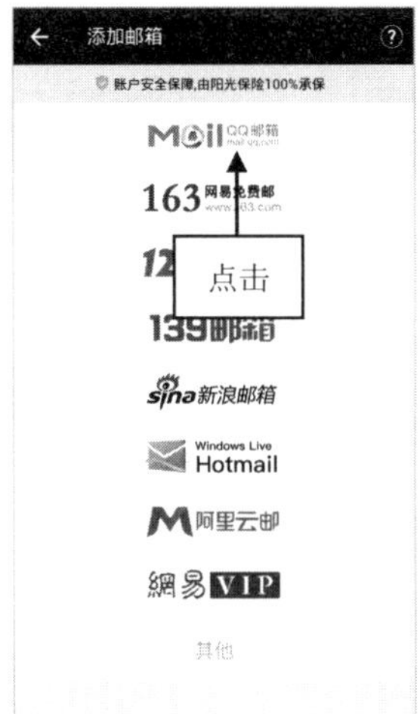

● 图 6-3　“添加邮箱”界面

6.1.2　更加安全的手势密码多重保障

用户可以在 51 信用卡管家 APP 的设置界面中设置手势密码，以提高信用卡账户的安全程度。

【实战】： 下面介绍在 51 信用卡管家中设置手势密码的具体操作方法。

步骤 01 打开 51 信用卡管家 APP 后，点击界面中右下角的“我”按钮并进入界面，点击“设置”按钮，如图 6-4 所示。

● 图 6-4　点击“设置”按钮

步骤 02 进入“设置”界面，点击“手势密码”一栏，如图 6-5 所示。

步骤 03 进入“手势密码”界面，点击“手势密码”右侧的开启按钮图标 ，如图 6-6 所示，然后绘制相应的手势密码，需要重复绘制两次，即可开启手势密码锁。

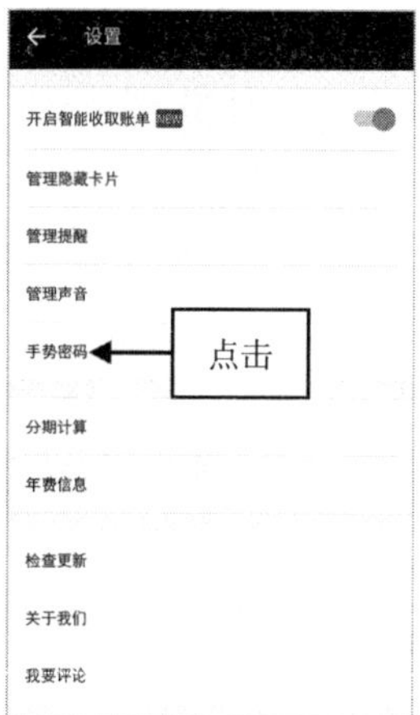

●图 6-5　点击“手势密码”一栏

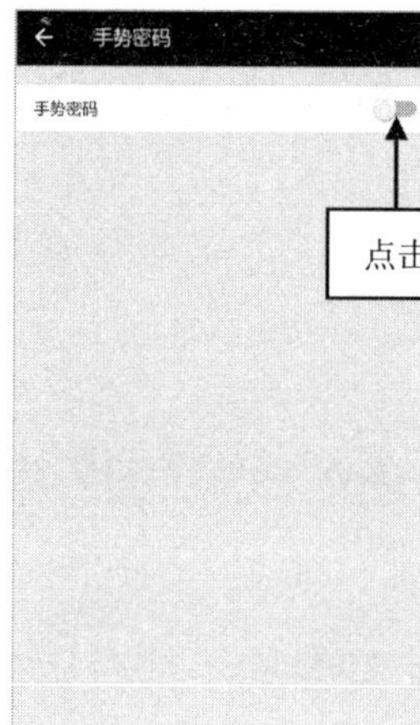

●图 6-6　点击开启按钮图标

6.1.3 用“卡包”信用卡再多也不怕

51 信用卡管家 APP 提供卡包功能，用户可以在其中管理信用卡或者银行卡，还可以查看账单，查看信用卡详情。

【实战】： 下面介绍 51 信用卡管家 APP 卡包功能的具体使用方法。

步骤 01 点击 51 信用卡管家 APP 的“我的卡包”按钮，进入“我的卡包”界面，如图 6-7 所示。点击右上角的“+”号按钮，进入“添加卡片”界面，如图 6-8 所示，输入卡号、银行、卡种、持卡人等信息，点击“保存”按钮即可添加信用卡。

步骤 02 在“我的卡包”界面，点击相应信用卡进入其详情界面，点击卡片可以翻转卡片，查看刷卡免息天数、卡片额度、现有积分、最后还款日及账单周期，如图 6-9 所示。点击相应月份的账单，即可查看交易明细。

•图 6-7 “我的卡包”界面

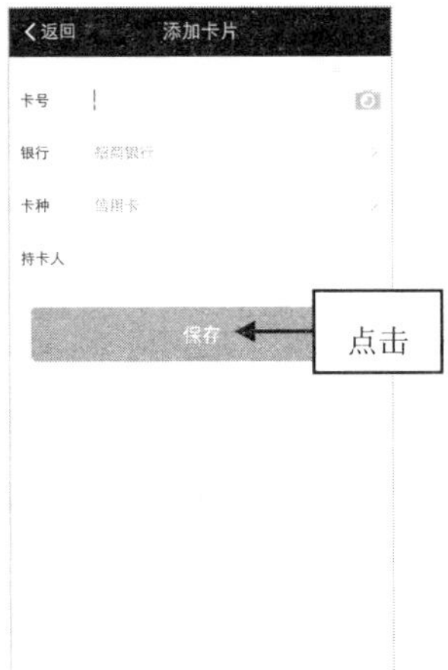

•图 6-8 “添加卡片”界面

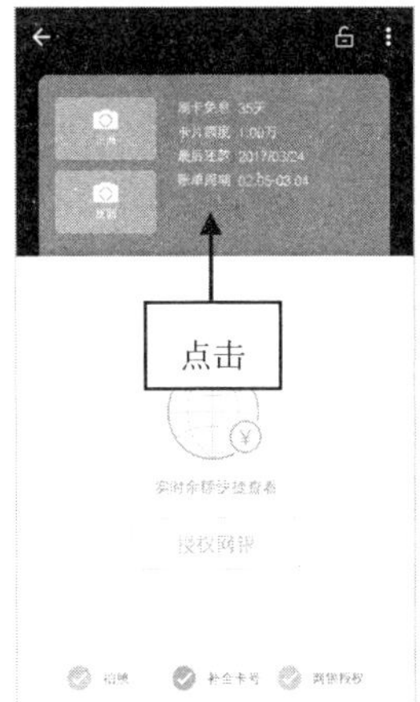

•图 6-9 信用卡详情界面

步骤 03 用户可以点击详情界面的“授权网银”按钮进入授权界面，如图 6-10 所示，输入信用卡卡号和查询密码，点击“提交”按钮，即可查看未出账单详情。在信用卡界面点击右上角的⋮按钮进入“更多”界面，如图 6-11 所示。

步骤 04 点击“编辑卡片”一栏进入“信用卡编辑”界面，如图 6-12 所示，用户可以在此修改信用卡卡号，点击“保存”按钮即可保存设置。

•图 6-10 授权界面

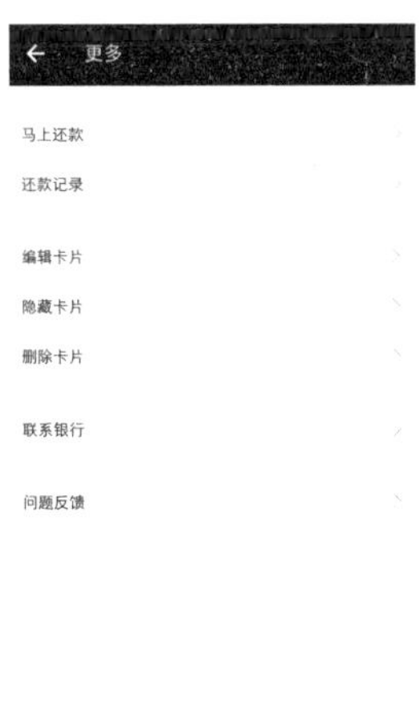

•图 6-11 “更多”界面

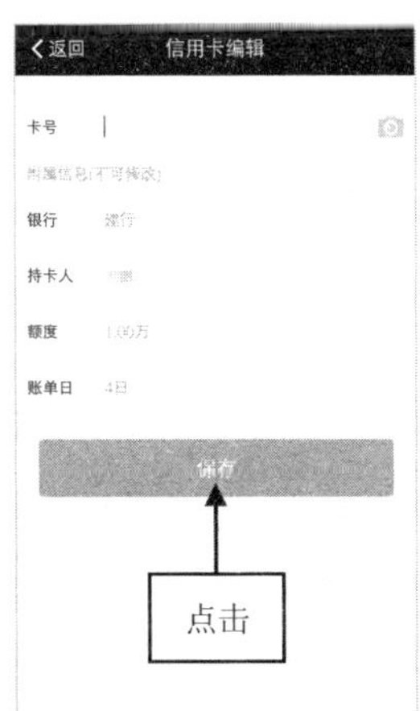

•图 6-12 “信用卡编辑”界面

步骤 05 在“更多”界面点击“隐藏卡片”一栏，弹出“隐藏信用卡”对话框，点击“马上隐藏”按钮即可隐藏信用卡。点击“删除卡片”一栏，弹出“删除信用卡”对话框，点击“了解风险并删除”按钮根据提示进行操作即可删除信用卡。

6.1.4 多种方法快速导入信用卡账单

51 信用卡管家 APP 有多种方法可以快速导入信用卡账单，下面介绍两种方法。

1. 绑定邮箱导入账单

绑定邮箱导入账单是用户在第一次注册时就会完成的操作，用户也可以在“我”界面点击“添加账单”按钮，进入“导入账单”界面中点击“邮箱导入”按钮，如图 6-13 所示。进入“邮箱选择”界面，选择相应的邮箱可自动导入邮箱中的账单。

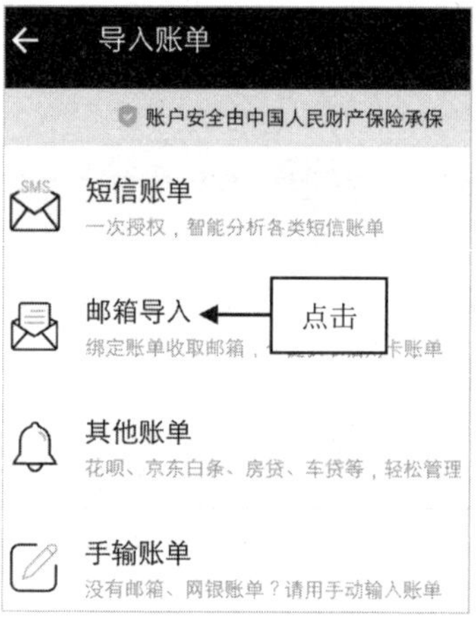

● 图 6-13　点击“邮箱导入”按钮

除此之外，还可以直接点击主页面中右上角的“＋”号按钮，在出现的界面中选择需要添加的邮箱。如果需要删除已绑定的邮箱，用户直接用手指在邮箱上左划即可快速删除。

2. 网上银行导入账单

除了通过邮箱导入账单，用户还可以通过 51 信用卡管家平台直接从网银快速导入信用卡账单。51 信用卡管家平台为用户提供了数十个银行的网银导入入口，几乎能满足用户所有信用卡账单管理的需求。

在“导入账单”界面中点击“网银导入”按钮，可以看到很多银行，选择相应的银行，如图 6-14 所示。例如，选择招商银行，输入身份证号与查询密码后点击“提交”按钮，如图 6-15 所示。系统会自动同步账单，等待大概 30 秒之后，即可完成自动导入账单操作，出现导入成功的提示，点击“确定”按钮即可。

●图 6-14　选择相应银行

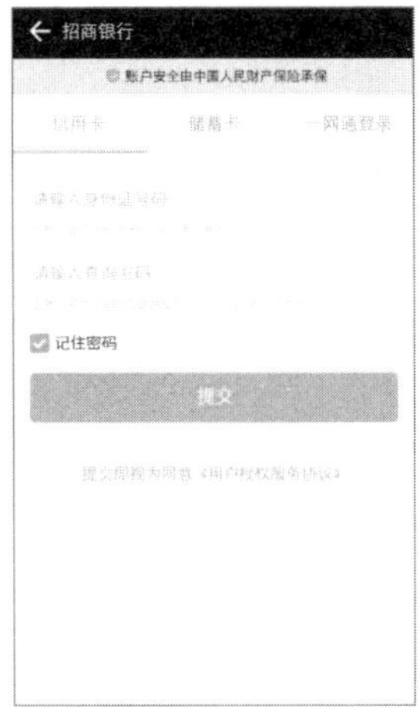

●图 6-15　输入身份证号和查询密码

6.1.5　拒绝糊涂账，创建自定义账单

除了导入银行的信用卡账单外，用户还可以通过 51 信用卡管家创建自定义账单。在“导入账单”界面中点击“其他账单”按钮进入其界面，如图 6-16 所示。点击“自定义”按钮进入“创建账单”界面，如图 6-17 所示。

●图 6-16　“其他账单”界面

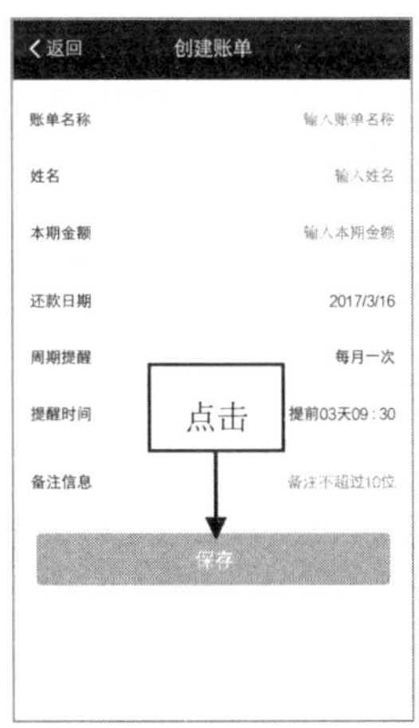

●图 6-17　“创建账单”界面

6.2 使用卡牛 APP 管理信用卡

根据官网的资料显示，卡牛信用卡管家是同时通过中国金融认证中心安全认证和中国人民银行软件中心认证的专业型信用卡管理平台。

卡牛信用卡管家 APP 具有一系列的信用卡理财功能，可以帮助用户轻松管理信用卡。卡牛信用卡管家是一款全自动的信用卡管理 APP，其主要功能包括账单解析、消费分析、用卡助手、线上办卡、在线征信、在线贷款申请等服务。

6.2.1 使用卡牛 APP 添加多张信用卡

用户可以通过卡牛信用卡管家 APP 添加多张信用卡，帮助自己整理短信账单和邮件账单，防止信用卡产生逾期。

【实战】： 下面介绍使用卡牛信用卡管家 APP 添加信用卡的具体操作方法。

步骤 01 打开卡牛信用卡管家 APP 后，在主界面点击“+ 添加信用卡、公积金、房贷”按钮，如图 6-18 所示。

步骤 02 进入“添加我的账单”界面，用户可以在此导入账单，或者通过网银导入信用卡，如选择建设银行选项，如图 6-19 所示。

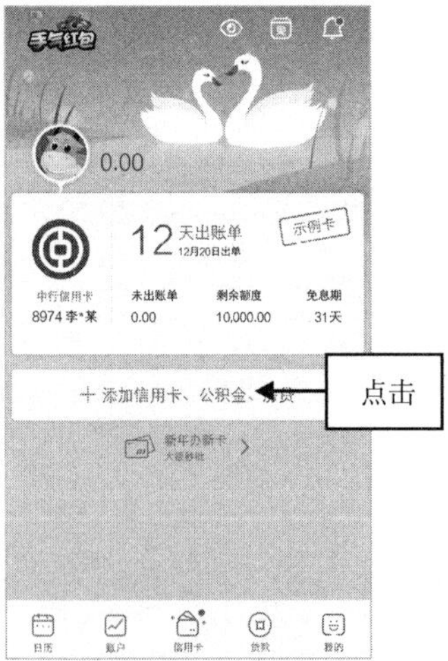

●图 6-18 卡牛信用卡管家 APP 主页面

●图 6-19 选择建设银行选项

步骤 03 执行操作后，进入“添加建行网银”界面，用户可以通过卡号、用户名和身份证三种方式添加网银，点击“开通网银同步”按钮，如图 6-20 所示。

步骤 04 跳转至主界面，用户成功添加信用卡或银行卡，如图 6-21 所示。

● 图 6-20　“添加建行网银”界面

● 图 6-21　主界面

6.2.2　查看与解析信用卡的账单详情

卡牛信用卡管家 APP 的账单解析功能，可以为用户提供智能的个人信用卡管理服务，帮助用户动态掌管银行账户的资产。在主界面点击相应信用卡后，即可查看账单详情，如图 6-22 所示。

另外，用户点击“账单”栏下方的月份能够显示该月账单的消费情况，如图 6-23 所示。

用户还可以通过报表的形式显示账单消费情况，如图 6-24 所示，可以看到各类消费的支出占比。点击右上角的设置图标，用户可以修改卡片类型、信用额度、未出账单金额、本期应还款、账单日、还款日、年费设置等选项，以及隐藏卡片、设为黑名单等设置，如图 6-25 所示。

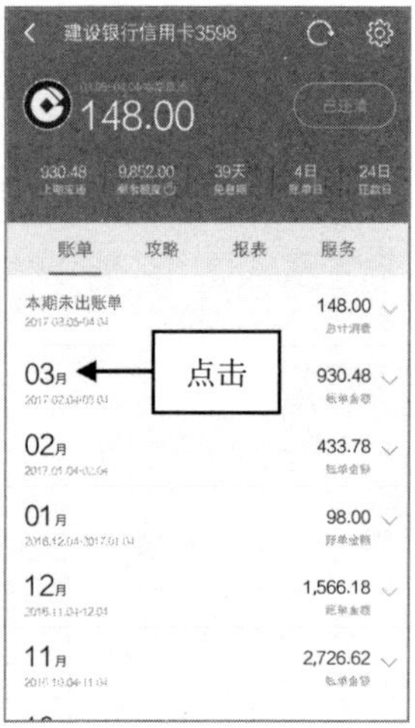

●图 6-22　查看账单详情

●图 6-23　月份账单详情

●图 6-24　报表显示账单

●图 6-25　信用卡相关设置

6.2.3　多种服务提供方便信用卡管理

在信用卡账单详情界面切换至“服务”选项卡，可以在此在线申请信用卡、查看附近网点、服务热线、信用卡客服电话，以及查询可用额度、当前账单、当前积分及卡片可用余额等情况，如图 6-26 所示。例如，点击“附近网点”一栏，可以进入“周边银行”界面，通过地图模式查看用户附近的发卡银行网点，如图 6-27 所示。

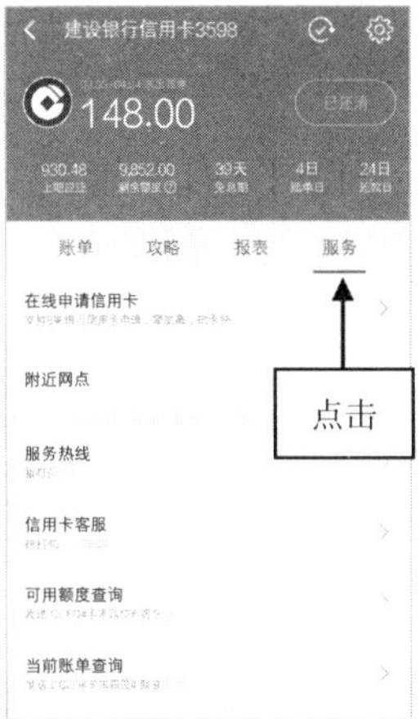

●图 6-26　“服务”选项卡

●图 6-27　“周边银行”界面

6.2.4　多看日历，参与刷卡优惠活动

在卡牛信用卡管家APP的主界面中，点击左下角的“日历”按钮进入其界面，可以显示每一天的刷卡消费优惠活动，如图 6-28 所示。点击相应的资讯标题即可进入查看详细的活动内容，在下方用户还可以回帖，与其他卡友进行互动。

●图 6-28　通过日历查看信用卡优惠

6.2.5　查看相应信用卡账户的总资产

在卡牛信用卡管家 APP 的主界面中，点击底部的“账户”按钮进入其界面，可以查看相应银行账户的总资产，如图 6-29 所示。点击该界面右上角

的图表“”按钮，可以看到资产详情，如图 6-30 所示。

• 图 6-29　资产界面

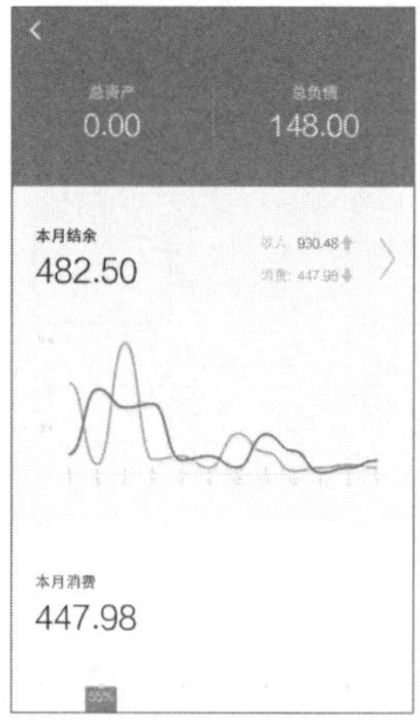

• 图 6-30　图表分析资产

6.2.6　使用随手记 APP 随时随地记账

用户可以将卡牛账号和随手记账号进行绑定，这样可以将卡牛信用卡管家 APP 端生成的流水数据自动导入随手记中，不但可以全自动帮助用户管理信用卡财务，而且还可以完美融合用户的个人生活化场景与财务管理。

随手记有网页版和 APP 两种版本。图 6-31 所示为随手记网页版界面。

• 图 6-31　随手记网页版界面

使用随手记 APP 端记账更加方便，用户可以在购物、旅游的同时能随时随地记账，如图 6-32 所示。

• 图 6-32　随手记 APP 界面

随手记 APP 还可以帮助用户设置相关的消费预算，防止出现不理性的消费项目，抑制自己的购物冲动，让每一分钱都用在实处。

同时，用户不仅可以通过随手记 APP 在线购买理财产品，而且还可以在理财社区中及时发现财务漏洞，以及与理财达人们分析理财经验，共同学习理财知识。

6.2.7　急用钱，卡牛贷款超市帮你忙

卡牛贷款超市是卡牛信用卡管家平台针对用户推出的贷款功能，贷款的下发速度非常快，适合于紧急用钱的用户使用。在卡牛信用卡管家 APP 的主界面中，点击底部的“贷款”按钮进入“贷款超市”界面，分为信用卡贷款、公积金贷款和普通贷款三种模式，如图 6-33 所示。

卡牛贷款超市的申请条件如下。

- 贷款人需要办理信用卡，而且要提供电子账单。
- 贷款人的手机号码需要进行实名制登记。
- 贷款人年纪须在 22 ～ 55（不含）周岁之间。
- 贷款人可以提供淘宝、京东等电商的账号及消费流水数据。

•图 6–33　“卡牛贷款超市”界面

6.3　使用挖财 APP 管理信用卡

“挖财”可以说是国内首批个人记账理财平台之一，其主要目的是帮助用户更加便利地管理个人资产，实现移动化的记账理财，以及运用云端来管理用户的财务数据。目前，“挖财”的产品线已经覆盖手机端和 Web 端，手机端产品包括挖财记账理财、挖财信用卡管家、挖财钱管家等 APP，Web 端产品主要是挖财社区。

6.3.1　用挖财绑定信用卡的账单邮箱

用户可以在挖财信用卡管家中绑定信用卡的账单邮箱，也可以手动输入账单，或者通过网银添加信用卡，绑定后即可一键导入账单。

【实战】：下面介绍使用挖财信用卡管家 APP 添加信用卡的具体操作方法。

步骤 01 在挖财信用卡管家 APP 首页中，点击“添加信用卡”按钮进入其界面。例如，用户选择“建设银行”选项进行网银导入，如图 6–34 所示。

步骤 02 进入“中国建设银行”界面，输入相应信息，点击“确认”按钮，如图 6–35 所示。

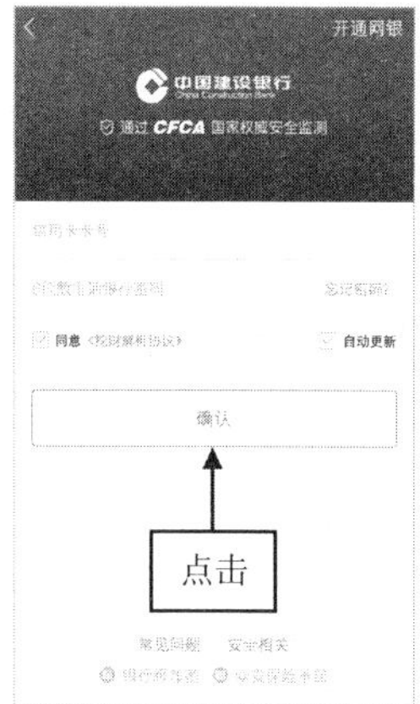

●图 6-34　“添加信用卡”界面　●图 6-35　点击“确认”按钮

步骤 03 执行操作后，开始导入网银账单，并显示导入进度，稍等片刻，账单即可导入完成，点击“导入完成”按钮即可。

6.3.2　使用挖财 APP 的账单管理功能

挖财信用卡管家的账单界面功能比较清晰，主要有还款金额、最低还款额、额度、今日免息天数、账单日、还款日、未出账单等信息，还有简单的图表分析模式。图 6-36 所示为已还款的相关界面。

●图 6-36　信用卡账单

另外，用户还可以在“我”界面中选择查看“账单分析”和“明细流水”的图表分析，如图 6-37 所示，消费情况一目了然。

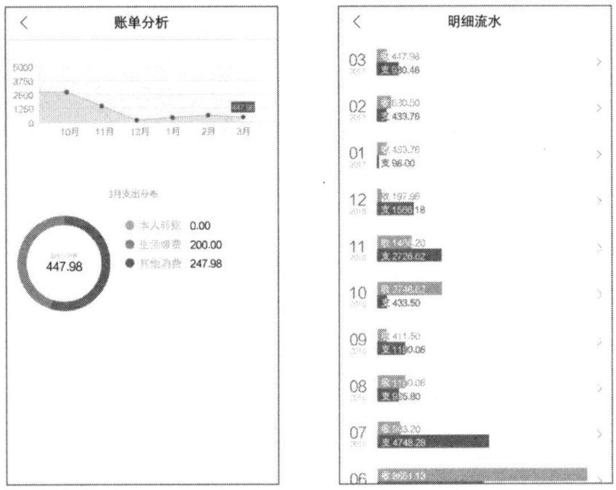

●图 6-37　“账单分析”和“明细流水”的图表分析

6.3.3　挖财管家三大层次的提额攻略

挖财信用卡管家的提额攻略可以分为新手入门、高手进阶和卡神专区三个层次，不同需求的用户可以选择进入查看。

在“服务窗”界面点击“我要提额”按钮，在进入的页面中点击“提额攻略”按钮，进入“攻略首页”界面，在此可以查看所有的信用卡使用攻略，如图 6-38 所示。例如，点击“攻略精华 | 查看全部”按钮，即可在此学习信用卡的用卡技巧，如图 6-39 所示。

●图 6-38　“攻略首页”界面

●图 6-39　“全部攻略”界面

6.3.4　银行短信、电话一键即可联系

用户登录挖财信用卡管家 APP，添加信用卡并点击信用卡进入信用卡详情界面，点击右上角的“••• | 联系银行”按钮，如图 6–40 所示，跳转至相应界面，用户可通过手机快速拨打银行的服务热线，或者通过短信方式进行还款、查询信用卡余额信息、信用卡额度信息、信用卡账单信息、消费积分余额。

例如，选择“查询信用卡余额信息”选项进入其界面，输入卡号后 4 位，点击“发送短信”按钮，如图 6–41 所示，即可通过短信方式获取信用卡余额信息。

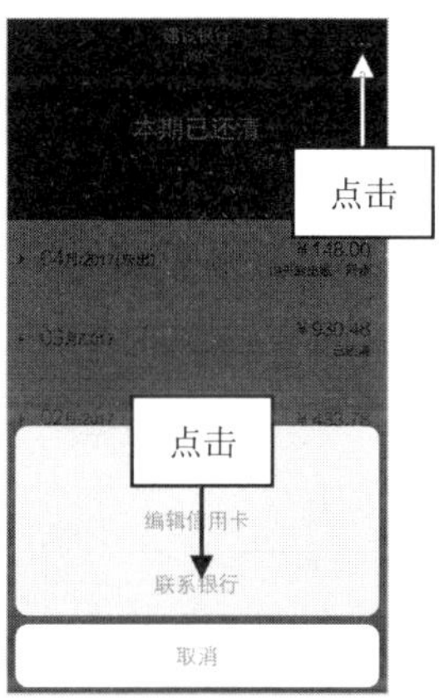

• 图 6–40　点击“••• | 联系银行”按钮

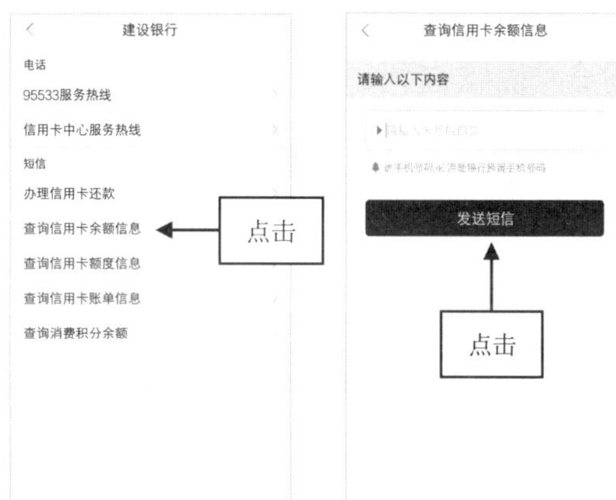

• 图 6–41　选择“查询信用卡余额信息”选项并进入界面

6.3.5　信用卡诊断，哪些方面没做好

进入“服务窗”界面，点击“信用卡体检”按钮进入其界面，这里会显示用户的信用卡健康指数及相关的优化建议，如图 6–42 所示。点击下方“使用率”栏目的“>”按钮并进入其界面，可以查看自己账单每月使用的情况，如图 6–43 所示。

●图 6-42　信用卡体检界面

●图 6-43　账单使用情况

6.3.6　优惠福利，各种活动不要错过

在“服务窗”界面点击“信用卡优惠”按钮进入界面，在此可以查看与参与刷卡优惠活动，如图 6-44 所示。点击任意项目的“查看全部”按钮，用户可以查看该项目的所有优惠，如“按银行查看优惠”，如图 6-45 所示。

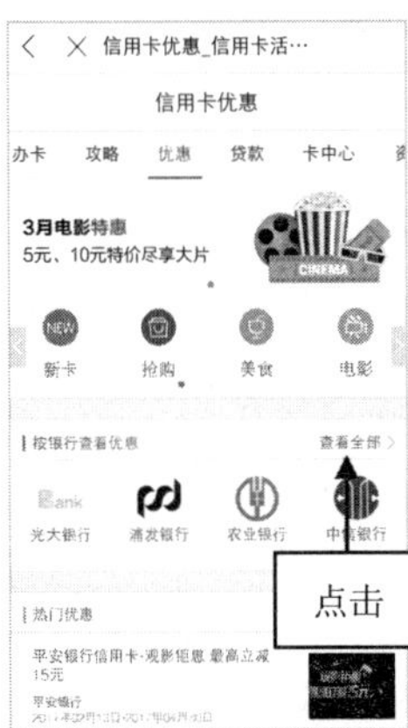

●图 6-44　“信用卡优惠”界面

●图 6-45　按银行查看优惠的“全部优惠”界面

6.3.7　挖财信用保镖、投资保障两不误

信用保镖会将用户的闲置资金进行投资，用户可以活动相应的投资收益，

同时还可以为用户授权的信用卡或房贷账户进行自动还款，有点类似余额宝。在“服务窗”界面点击“信用保镖”按钮进入“挖财信用保镖”界面，如图 6-46 所示。点击界面右上角的“•••”按钮，可查看保镖介绍，如图 6-47 所示，还可进行设置和查看交易记录。

● 图 6-46　“挖财信用保镖”界面

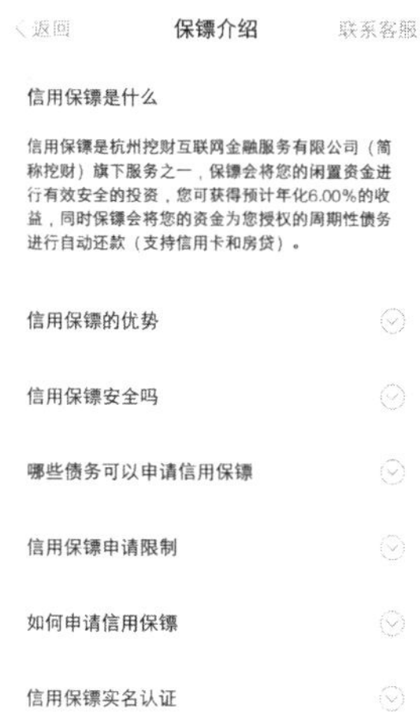

● 图 6-47　“保镖介绍”界面

6.4　热门网络虚拟信用卡：蚂蚁花呗

随着电商和网购的不断发展，阿里巴巴推出了一种类似于信用卡，但只适用于网上消费的服务——蚂蚁花呗，如图 6-48 所示。

● 图 6-48　蚂蚁花呗的图标

人们在阿里巴巴旗下的电商平台购物时，如淘宝、天猫店铺购买商品时，可以使用蚂蚁花呗进行付款，就像信用卡一样，推进人们网购的力度。下面对蚂蚁花呗一些相关的消费操作进行介绍。

6.4.1 支付宝开通蚂蚁花呗

由于蚂蚁花呗是支付宝平台中的一个服务功能，因此，用户首先需要注册支付宝账号，可以选择支付宝 PC 端和移动端任意渠道进行蚂蚁花呗的开通和使用。

【实战】： 下面对支付宝 APP 开通蚂蚁花呗的操作进行介绍。

步骤 01 用户下载并安装支付宝移动 APP，打开支付宝 APP 并登录，点击 APP 右下角“我的”按钮并进入其界面，找到“蚂蚁花呗”，如图 6–49 所示。

步骤 02 点击“蚂蚁花呗”按钮，进入开通界面，点击“开通蚂蚁花呗”按钮，如图 6–50 所示。

• 图 6–49　“我的”界面

• 图 6–50　点击“开通蚂蚁花呗”按钮

步骤 03 执行操作后，进入“身份验证”界面，输入支付密码（自己设置的支付宝密码），如图 6–51 所示。

步骤 04 点击“下一步”按钮即可跳转至“签约成功”界面，表示蚂蚁花呗已开通成功，如图 6–52 所示。用户可以看到签约成功后，会有奖励赠送，点击“立即领取”按钮即可领取相应奖励。

步骤 05 点击“签约成功”界面右上角的“←”按钮返回至“我的”的界面，点击“蚂蚁花呗”按钮即可进入已开通的蚂蚁花呗界面，如图 6–53 所示。

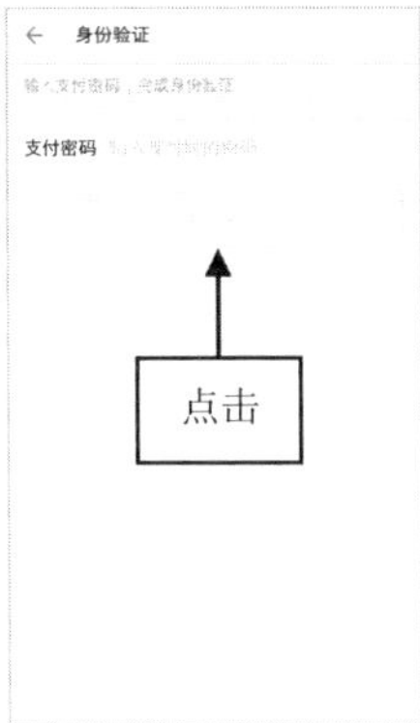

● 图 6-51 “身份验证”界面

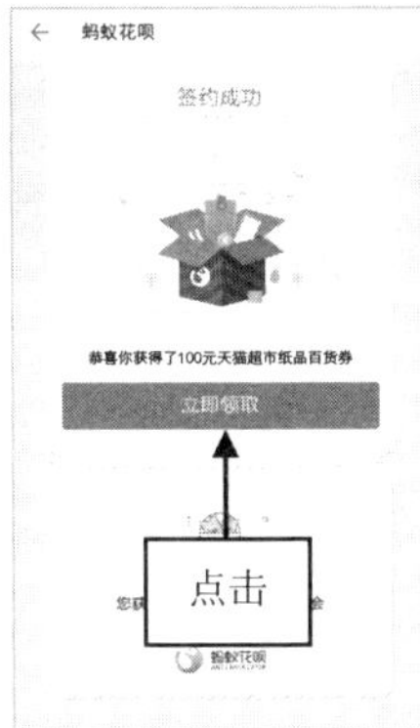

● 图 6-52 “签约成功”界面

● 图 6-53 “蚂蚁花呗”界面

6.4.2 使用蚂蚁花呗网上购物

用户开通了蚂蚁花呗后就可以用花呗进行网上消费了，但是花呗只适用于阿里巴巴的电商平台，下面以淘宝为例，对使用蚂蚁花呗购物的流程进行介绍。

用户打开淘宝，进行商品的正常购买操作，在“确认订单”界面，点击“提交订单”按钮，进入“付款详情”界面，点击“付款方式”按钮，如图 6-54 所示，进入“选择付款方式”界面，选择“蚂蚁花呗”选项，如图 6-55 所示。跳转返回至“付款详情”界面，点击“确认付款”按钮，如图 6-56 所示，进入“支付”界面，输入支付密码即可完成蚂蚁花呗的付款消费。

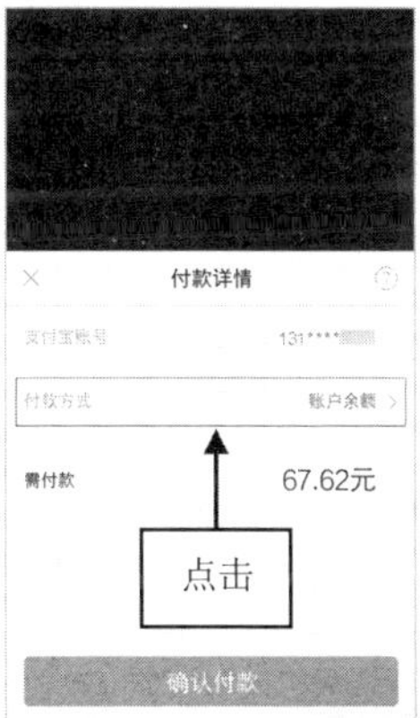

● 图 6-54 “付款详情”界面

需要注意的是，由于蚂蚁花呗是新式付款消费方式，目前少数网店还没有开通蚂蚁花呗的服务功能，因此，用户在购买商品前，需要查看店铺的服务协议（在商品的界面可以看到），或者咨询客服是否有蚂蚁花呗的消费服务。

• 图 6-55 "选择付款方式" 界面

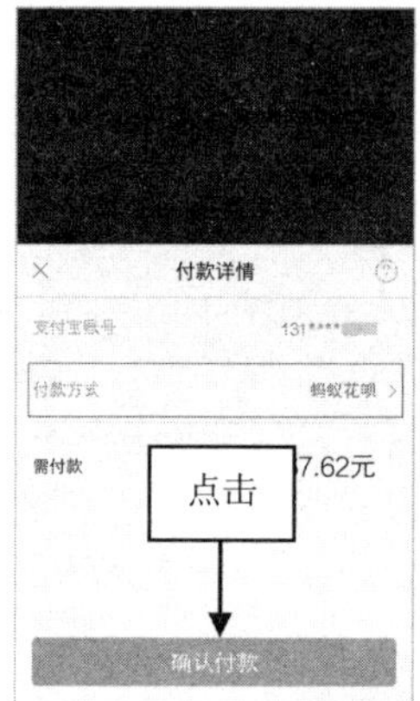

• 图 6-56 点击 "确认付款" 按钮

6.4.3 如何查看蚂蚁花呗账单

用户在淘宝使用蚂蚁花呗进行消费后，可以直接在淘宝的"必备工具 | 蚂蚁花呗"界面中，点击"账单详情"按钮查看账单，如图 6-57 所示。还可以在支付宝的"蚂蚁花呗 | 我的账单"中查看账单详情，如图 6-58 所示。

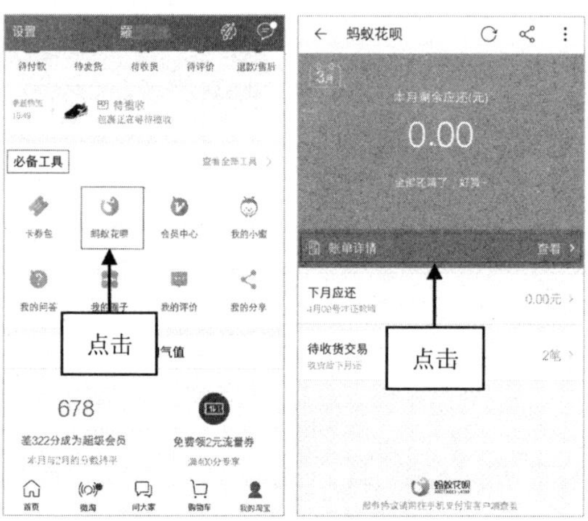

• 图 6-57 查询 "蚂蚁花呗" 的账单

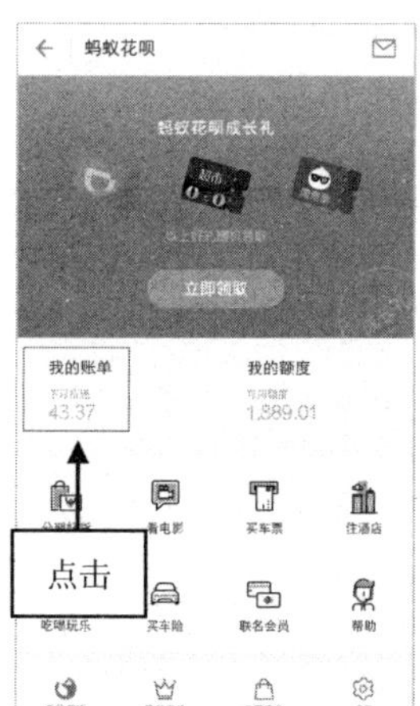

• 图 6-58 支付宝 "蚂蚁花呗" 的账单界面

6.4.4　了解蚂蚁花呗的还款时间

虽然蚂蚁花呗使用起来很方便，但也是需要还款的，若用户逾期还款会产生相应的逾期利息，计算公式为：逾期利息 = 逾期金额 ×0.05%× 逾期天数。而且，逾期记录会对信用产生不良的影响，因此，了解蚂蚁花呗的还款时间（还款日）非常重要。

蚂蚁花呗的还款时间为用户确认收货后的下月还款时间前，一般的还款日是每个月的 9 号或 10 号，比如，用户在 3 月 25 日消费了蚂蚁花呗，并在 3 月 29 日确认了收货，那么用户就需要在 4 月 9 号前还款，若用户在 4 月 1 日确认收货，那么用户就需要在 5 月 9 号前还款。不同的用户还款时间不同，且不能修改还款时间，也不支持延期还款，用户必须在还款日前或当天还款。

那么，如何知道自己蚂蚁花呗的还款时间？下面进行介绍。

步骤 01 用户使用蚂蚁花呗消费后查看还款时间可以登录支付宝并进入蚂蚁花呗，点击“我的账单”按钮并进入界面，选择“未出账”选项，查看花呗的还款时间，如图 6-59 所示。

步骤 02 用户还可以点击“蚂蚁花呗”界面右下角的“设置”按钮并进入界面，点击界面中“服务合同”按钮，查看还款时间，如图 6-60 所示。

•图 6-59　“未出账”界面

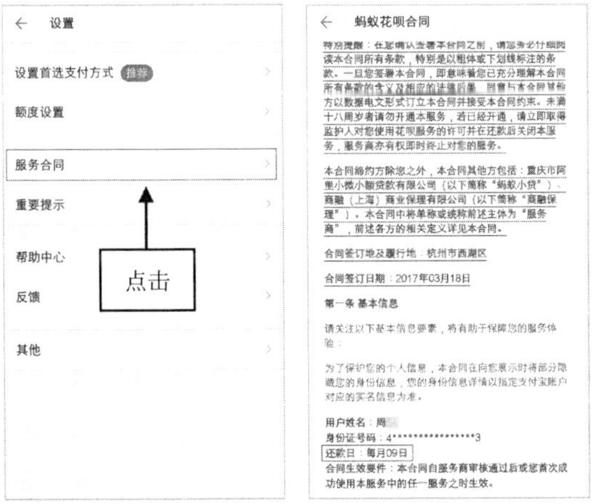

•图 6-60　点击“设置”界面中的“服务合同”按钮查看还款时间

6.4.5 蚂蚁花呗进行分期还款

蚂蚁花呗也能进行分期还款，用户每个月有一次申请分期还款的机会，申请分期还款的时间为每月的 1 号至 9 号，且申请成功后无法取消，但若当前处于逾期状态，则不能进行分期申请操作。

蚂蚁花呗的分期还款的计算规则为每期还款总金额 = 每期本金 + 每期手续费，其中，每期本金 = 可分期还款本金总金额 + 分期期数，每期手续费 = 可分期还款总金额 × 分期总费率 + 分期期数。

蚂蚁花呗进行分期付款的操作：用户登录支付宝并进入蚂蚁花呗界面，点击“分期”按钮，进入“分期还款”界面，选择需要的分期期数，然后点击“申请分期”按钮即可完成。

> 专家提醒：蚂蚁花呗的分期期数为 3 期、6 期、9 期和 12 期，这四个期数对应的费率分别为 2.5%、4.5%、6.5% 和 8.8%。

6.4.6 使用蚂蚁花呗提前还款

若用户想提前还了蚂蚁花呗上的款项，可以使用提前还款的功能，登录支付宝并进入蚂蚁花呗界面，依次点击“我的账单 | 未出账 | 提前还款”按钮，如图 6-61 所示，进入“还款”界面，点击“确认还款”按钮进入其界面，如图 6-62 所示，点击“立即付款”按钮，输入支付密码即可完成提前还款。

• 图 6-61 点击“提前还款”按钮

• 图 6-62 点击“立即付款”按钮

> 专家提醒：用户想要了解更多关于蚂蚁花呗的信息，可以在蚂蚁花呗界面点击“设置 | 联系中心”按钮，进入“小蚂答”界面，如图 6-63 所示。
>
> 
>
>
> • 图 6-63 “小蚂答”界面

6.5 热门网络虚拟信用卡：京东白条

除了阿里巴巴支付宝的蚂蚁花呗深受网购用户青睐之外，京东的京东白条也非常受人们喜爱。京东白条与蚂蚁花呗一样，都是一种“先消费，后付款”的新式支付方式，京东白条由京东推出，是京东金融平台中的服务功能。下面对京东白条的一些使用操作进行介绍。

6.5.1 激活京东白条先消费后付款

用户想用京东白条在京东商城上消费，首先需要在京东金融平台上激活京东白条，下面对京东白条的激活流程进行介绍。

步骤 01 用户登录京东金融，点击下方的“白条”按钮并进入其界面，如图 6-64 所示，点击“激活领 100 元礼包”按钮进入“激活白条”界面，点击“立即激活”按钮，如图 6-65 所示，进入“申请白条额度”界面，用户需要设置支付密码和抢申请名额，然后才能进入下一个申请界面，点击“开始申请”按钮，如图 6-66 所示。

●图 6-64　点击“激活领100元礼包”按钮

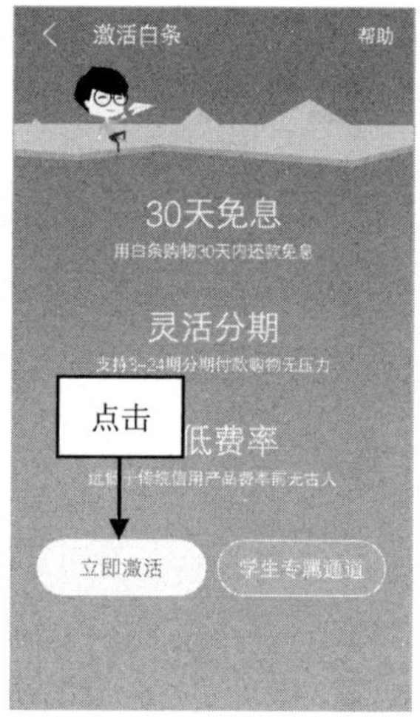

●图 6-65　点击“立即激活”按钮

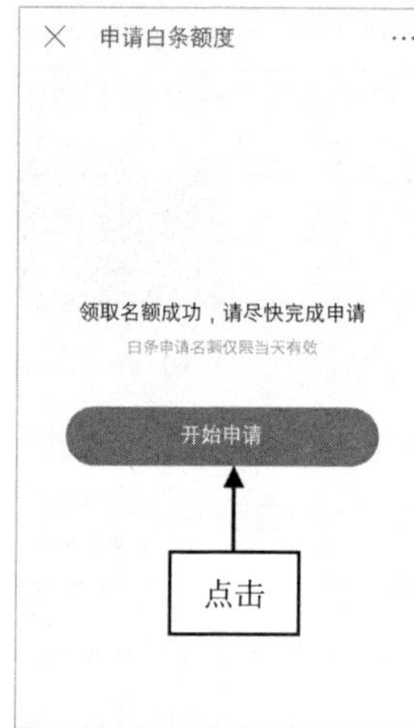

●图 6-66　点击“开始申请”按钮

步骤 02 执行操作后，阅读白条服务协议，点击“同意并继续”按钮，跳转至下一申请界面，如图 6-67 所示，用户需要依次点击“实名认证、基本信息和做任务赢额度”按钮进行余下申请流程的操作，根据系统提示完成操作后，即可成功激活白条，如图 6-68 所示。

●图 6-67　白条余下申请流程界面

●图 6-68　白条申请成功的界面

6.5.2 定制京东白条信用卡

目前，部分银行与京东白条推出了联名信用卡，在白条的官网上，用户可以进行白条信用卡定制，下面进行定制的操作介绍。

步骤 01 用户进入“京东金融”官网并登录，点击“白条 - 白条联名卡”按钮进入“办卡”界面，如图 6-69 所示。

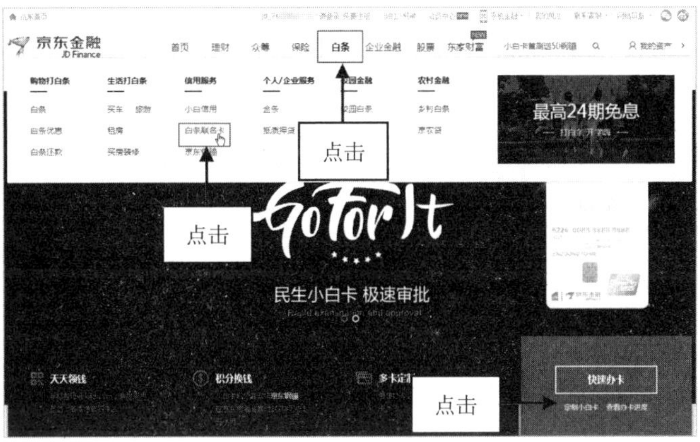

• 图 6-69 白条办卡界面

步骤 02 点击“快速办卡”按钮，界面滑到下方的“定制小白卡”界面，用户需要选择白条信用卡的银行、卡样、卡组织和权益，如图 6-70 所示。

• 图 6-70 “定制小白卡”界面

步骤 03 选择完毕后，点击界面右边的“定制小白卡”按钮，弹出“您正在定制……”对话框，点击“确认定制”按钮，如图 6-71 所示。

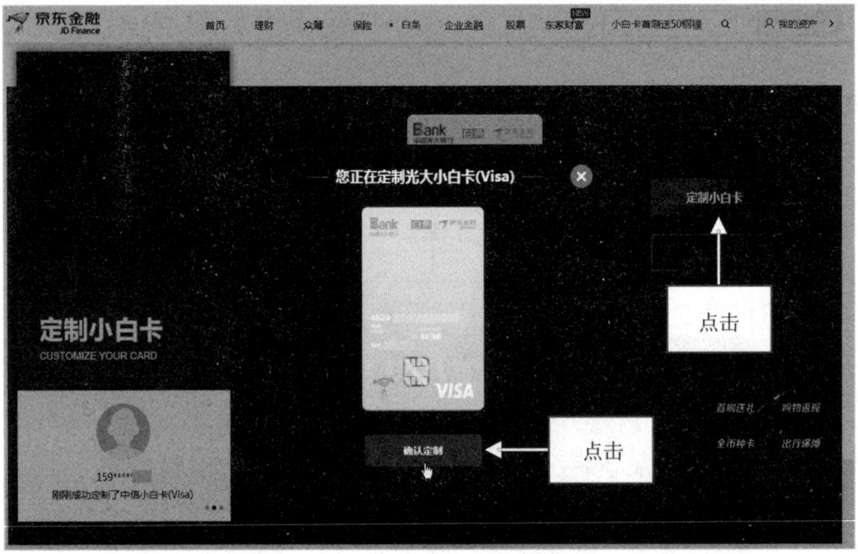

•图 6-71 点击“确认定制”按钮

步骤 04 跳转至“申请信用卡”界面，如图 6-72 所示。填写和选择界面显示的信息，点击“下一步”按钮，根据系统提示进行操作即可完成白条信用卡的定制。

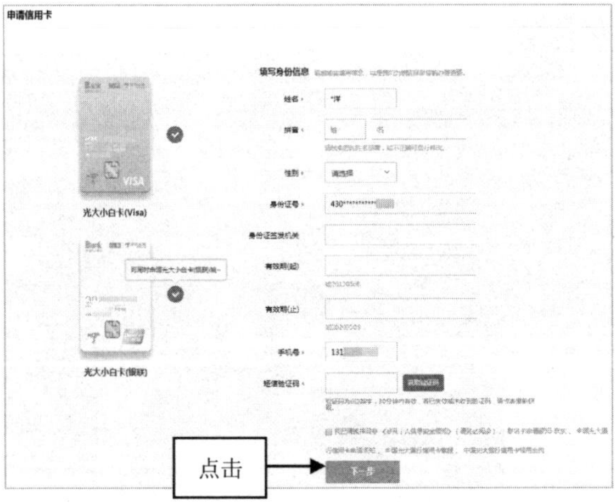

•图 6-72 “申请信用卡”界面

6.5.3 用白条在京东商城购物

白条能够在京东商城进行购物消费，下面进行使用操作介绍。

用户进入京东商城，进行商品的正常购买下单操作，点击“立即下单”按钮后，在“京东收银台”界面点击“打白条”按钮并进入其界面，如图 6-73 所示。选择优惠方式和分期方式后，点击“打白条 ×× 元”按钮进入“白条”界面，输入验证支付密码即可完成白条的消费购买，如图 6-74 所示。

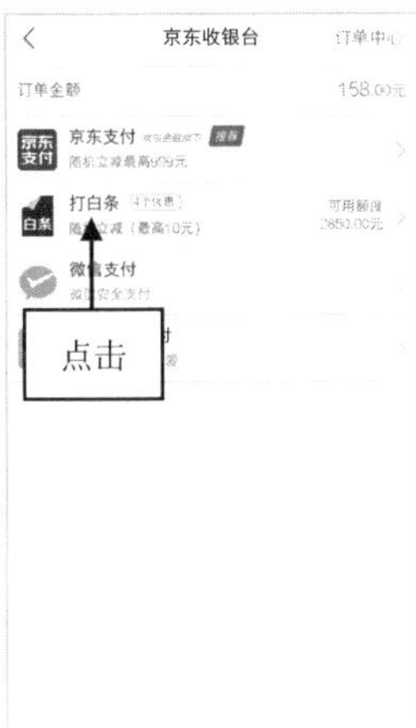

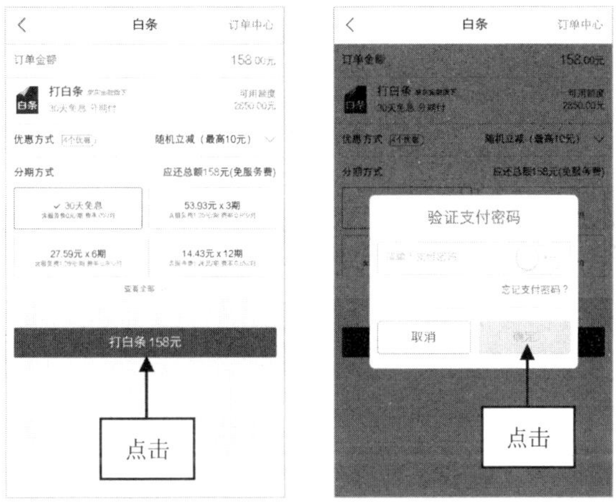

• 图 6-73 点击“打白条”按钮并进入其界面 • 图 6-74 输入验证支付密码

> 专家提醒：若用户想在白条上进行分期还款，可以在购买商品进行下单的过程中选择分期付款，白条的分期期数为 3 期、6 期和 12 期，且每个月的服务费和费率都是 1.26 元和 0.8%。

6.5.4 白条还款日是什么时候

与蚂蚁花呗一样，京东白条也有还款时间，但是白条的还款时间是根据用户购买商品时选择的分期方式进行计算的，具体的计算方式，如图 6-75 所示。

查看还款时间的操作为：在购买了商品没有确认收货的情况下，白条会收到扣款的通知，用户点击京东金融右上角的“□”按钮，进入“消息”界面，点击“白条提醒”按钮，可查看之前购买商品的还款时间，如图 6-76 所示。

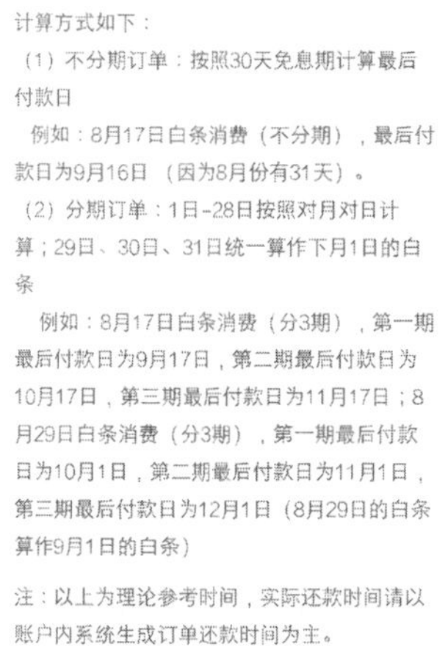
计算方式如下：

（1）不分期订单：按照30天免息期计算最后付款日

例如：8月17日白条消费（不分期），最后付款日为9月16日（因为8月份有31天）。

（2）分期订单：1日-28日按照对月对日计算；29日、30日、31日统一算作下月1日的白条

例如：8月17日白条消费（分3期），第一期最后付款日为9月17日，第二期最后付款日为10月17日，第三期最后付款日为11月17日；8月29日白条消费（分3期），第一期最后付款日为10月1日，第二期最后付款日为11月1日，第三期最后付款日为12月1日（8月29日的白条算作9月1日的白条）

注：以上为理论参考时间，实际还款时间请以账户内系统生成订单还款时间为主。

● 图 6–75　白条的分期计算方式

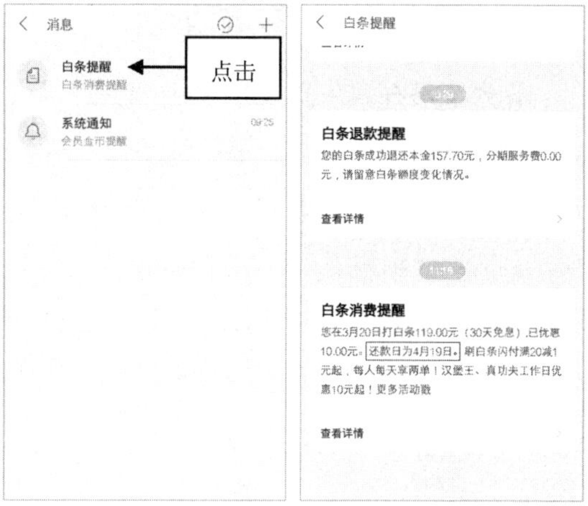

● 图 6–76　点击“白条提醒”按钮查看还款时间

专家提醒：用户确认收货后，在白条的界面会显示还款时间，既可以在京东金融的白条界面查看，也可以在京东商城的白条界面中查看。

第 7 章

用卡如神：一卡在手走天下

要摆脱“卡奴”的困境，首先就要清楚，信用卡消费时可以使用哪些服务，哪些服务可以帮助自己有效地用卡。卡民应该把信用卡当成一项理财业务来经营，而不是无限制地消费。因此，如何用信用卡减轻自己的负担是卡民们需要学习和掌握的地方。

本章主要内容包括：

➢ 信用卡生活支付服务
➢ 信用卡刷卡管卡攻略
➢ 信用卡分期付款业务
➢ 通过手机银行进行分期
➢ 信用卡分期消费攻略

7.1 信用卡生活支付服务

使用信用卡可以进行缴费充值、税费缴纳等，还能享受汽车服务、商旅出行、餐饮娱乐、教育服务、保险医疗等生活服务，为便捷生活添彩。

7.1.1 使用信用卡缴费充值

【实战】：下面以建设银行网上银行为例，介绍使用信用卡缴费充值的具体操作方法。

步骤 01 登录个人网上银行，在“信用卡”主页导航栏中依次单击“信用卡”|“常用服务”|“缴费充值”按钮，如图 7-1 所示。

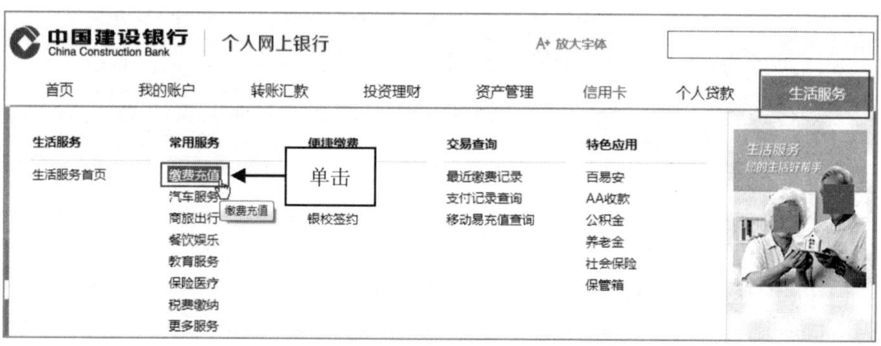

• 图 7-1 单击“缴费充值”按钮

步骤 02 执行操作后，即可进入“缴费充值”页面，在此列出了该银行信用卡可以缴费充值的所有项目，如图 7-2 所示。

步骤 03 例如，单击“手机话费”按钮进入其页面，填写充值信息并确认即可完成充值，如图 7-3 所示。

• 图 7-2 “缴费充值”页面

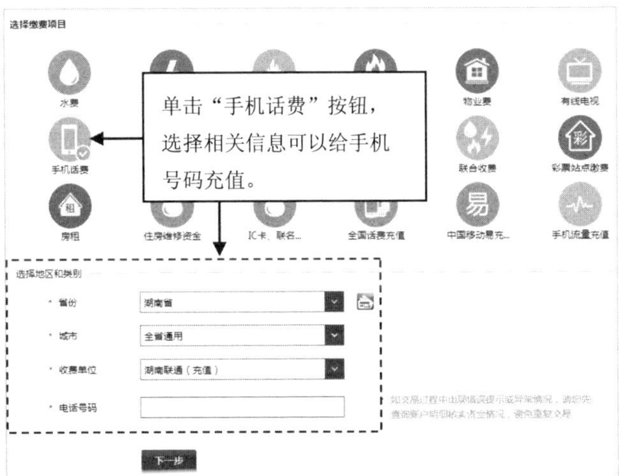

• 图 7-3 填写充值信息

7.1.2 信用卡支付汽车服务

汽车服务主要是一些罚款缴费、路桥费、加油卡充值及租车等服务，对于有车一族来说，会更加便利。

【实战】：下面以建设银行网上银行为例，介绍使用汽车服务的具体操作方法。

步骤 01 进入“常用服务 | 汽车服务”页面，在此可以看到网上银行提供的所有汽车服务，如图 7-4 所示。

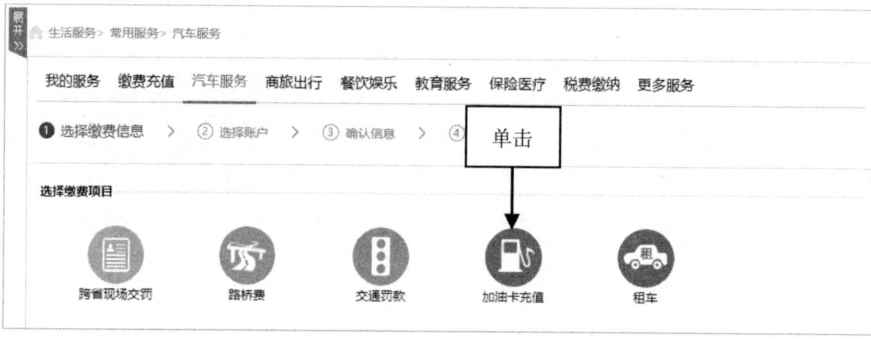

• 图 7-4 “常用服务 | 汽车服务”页面

专家提醒：使用的信用卡种类越多，就越会发现信用卡的功能基本一致，只是不同的信用卡在特色上有所不同。所以最好的办法是用户在各家银行的信用卡官网上了解该银行主推的信用卡类型，认识各家银行的信用卡优势与缺点，然后结合个人需求，确定最适合自己的银行。例如，经常使用交通工具出行的用户可以选择办理一张汽车相关的信用卡，可以为出行带来更多便利。

步骤 02 例如，单击“加油卡充值”按钮进入其页面，填写缴费信息，包括省份、城市、收费单位等，如图 7-5 所示，单击“下一步”按钮确认缴费信息，进入收银台付款即可。

• 图 7-5 填写缴费信息

7.1.3 信用卡支付商旅出行

商旅出行服务包括地铁卡充值、旅游年卡套餐充值、飞机票、火车票、汽车票、酒店、景点门票等业务，对于经常出差或旅游的用户来说，实用性比较高。

【实战】： 下面以建设银行网上银行为例，介绍使用汽车服务的具体操作方法。

步骤 01 进入“常用服务 | 商旅出行”页面，在此可以看到网上银行提供的商旅出行服务，如图 7-6 所示。

步骤 02 例如，单击“飞机票”按钮进入其页面，可以在此选择相应的服务企业、特色亮点、促销活动等，单击“去看看”按钮，如图 7-7 所示。

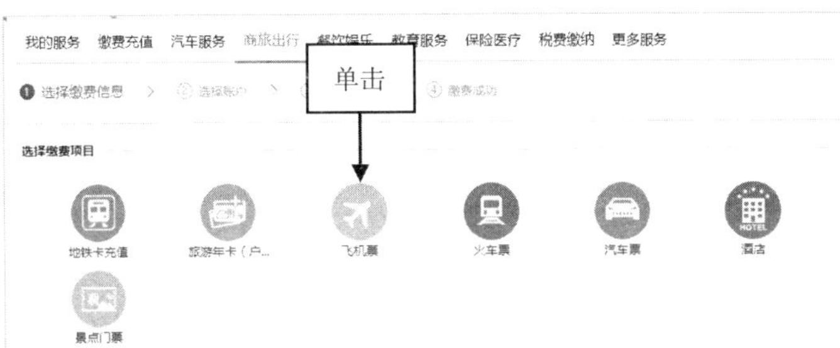

• 图 7-6 “常用服务 - 商旅出行”页面

• 图 7-7 单击“去看看”按钮

步骤 03 执行操作后，进入“航班查询”页面，设置航程类型、出发城市、到达城市、出发日期、到达日期，并单击“查询”按钮。

步骤 04 执行操作后，即可查询到相应的航班信息，并显示相应的起飞 / 到达时间、航空公司、机型、机建燃油信息、舱位 / 折扣信息、票价等。

步骤 05 选择好航班后，单击“预定”按钮，填写机票预订单。填写完毕后单击“提交订单”按钮，并根据提示进行付款操作即可。

7.1.4 信用卡支付餐饮娱乐

餐饮娱乐服务包括电影票、彩票、餐饮等，是信用卡用户日常生活中经常会用到的一些服务。

【实战】：下面以建设银行网上银行为例，介绍使用餐饮娱乐服务的操作方法。

步骤 01 进入“常用服务 | 餐饮娱乐”页面，在此可以看到网上银行提供的餐饮娱乐服务，如图 7-8 所示。

• 图 7-8 “常用服务 – 餐饮娱乐”页面

步骤 02 例如，单击第二个项目的“电影票”按钮进入其页面，在此显示了相应的购票平台及其特色亮点和促销活动，选择相应平台后单击“去看看”按钮，如图 7-9 所示。

步骤 03 执行操作后，选择相应的城市，即可看到正在上映的影片信息，选择想要观看的电影后，单击“选座购票”按钮。

步骤 04 在影院排期中选择相应的日期、区域、影院和放映时间，单击“选座购票”按钮，选择相应的座位，并输入接收电子票的手机号码。

• 图 7-9　单击“去看看”按钮

步骤 05 单击“选座购票”按钮，进入“确认订单并支付”页面，单击“去支付”按钮，根据提示进行付款即可完成购票操作，之后用户即可到店自助取票观影。

7.1.5　信用卡支付教育服务

教育服务包括校园卡充值、考试报名费、培训费、学杂费等，对于学生族来说比较实用，当然学生家长会更需要这些功能。

【实战】：下面以建设银行网上银行为例，介绍使用教育服务的具体操作方法。

步骤 01 进入“常用服务 | 教育服务”页面，在此可以看到网上银行提供的教育服务类型，如图 7-10 所示。

• 图 7-10　“常用服务 - 教育服务”页面

步骤 02 例如，单击“学杂费”按钮进入其页面，填写缴费信息，包括省份、城市、收费单位及学生档案号，如图 7-11 所示。单击“下一步”按钮，根据提示确认缴费信息，然后到收银台付款，即可缴费成功。

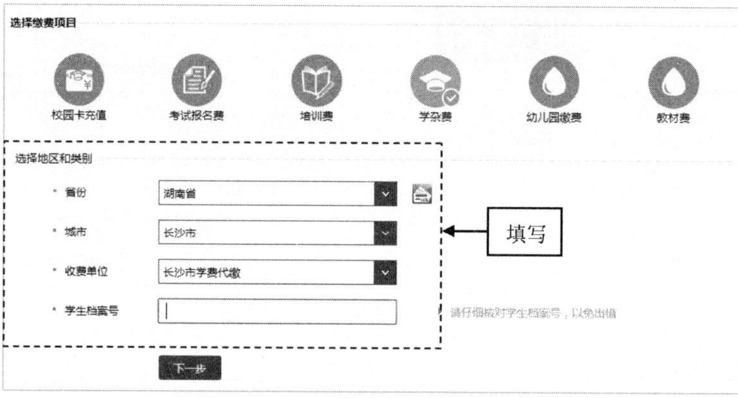

• 图 7-11　填写相应信息

个性化服务迅速出现在各个行业里，其中就包括了银行信用卡服务。随着信用卡市场的扩展，银行不断推出形式内容不同的卡种。

7.1.6　信用卡支付保险医疗

保险医疗服务包括代缴养老金、保险续费、代收保险、医保缴费、医院预缴金业务、银医服务等，是人们享受保险医疗的好帮手。

【实战】： 下面以建设银行网上银行为例，介绍使用保险医疗服务的操作方法。

步骤 01　进入“常用服务 | 保险医疗”页面，在此可以看到网上银行提供的保险医疗服务类型，如图 7-12 所示。

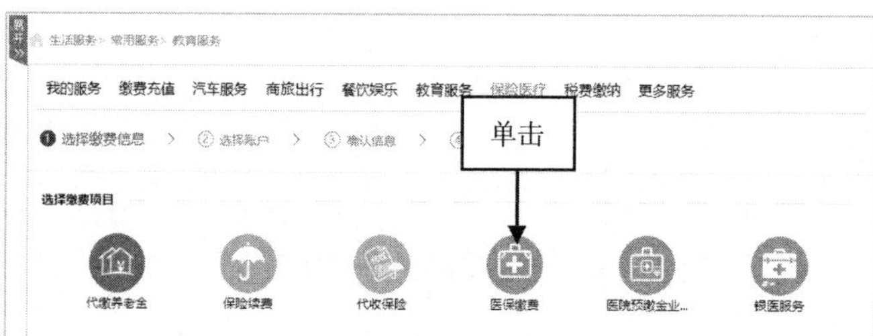

• 图 7-12　“常用服务 - 保险医疗”页面

步骤 02 例如，单击“保险续费”按钮进入其页面，填写缴费信息，包括省份、城市、收费单位、身份证号码、缴费年月及费用种类等，如图 7-13 所示。单击“下一步”按钮，根据提示确认缴费信息，然后到收银台付款，即可缴费成功。

● 图 7-13 填写相关信息

7.1.7 信用卡支付税费缴纳

税费缴纳服务包括工商管理费、非税缴费、国税地税、法院案款、中央财政非税缴款等，对于企业用户来说比较实用，可以节省跑各部门柜台的时间。

【实战】：下面以建设银行网上银行为例，介绍使用税费缴纳服务的操作方法。

步骤 01 进入“常用服务 | 税费缴纳”页面，在此可以看到网上银行提供的税费缴纳服务类型，如图 7-14 所示。

步骤 02 例如，单击“工商管理费”按钮进入其页面，填写缴费信息，包括省份、城市、收费单位及商检代码等，如图 7-15 所示。单击“下一步”按钮，根据提示确认缴费信息，然后到收银台付款，即可缴费成功。

• 图 7–14 “常用服务 – 税费缴纳”页面

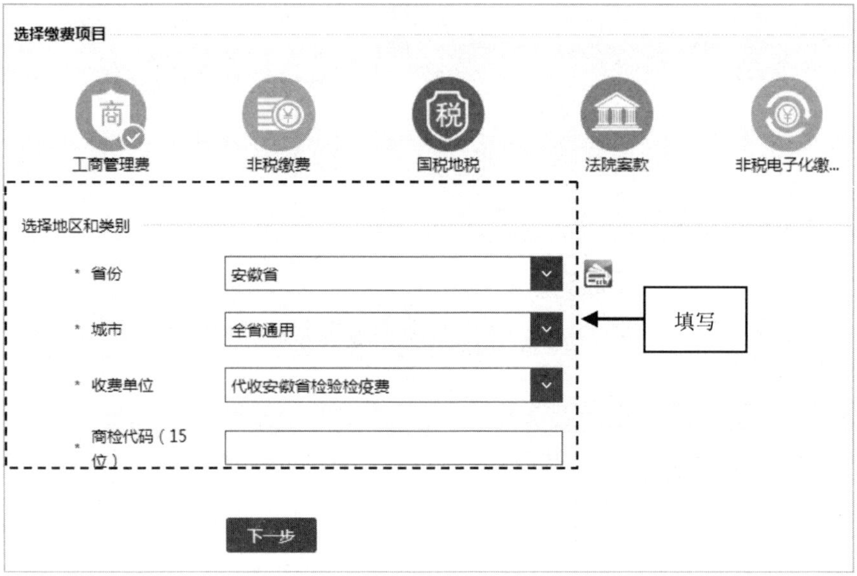

• 图 7–15 填写相关信息

7.1.8 信用卡的其他服务

其他服务包括党费缴纳、团费缴纳、工会费缴纳、招标保证金缴纳、公益捐款、资金归集、住房理财和养老院服务费项目，这些服务一般用户平时很少会用到，但对于那些有特殊需求的人来说却带来很多的方便，如党员、团员、工会成员、投标人、集团公司财务人员等。

图 7–16 所示为建设银行网上银行提供的其他信用卡服务。

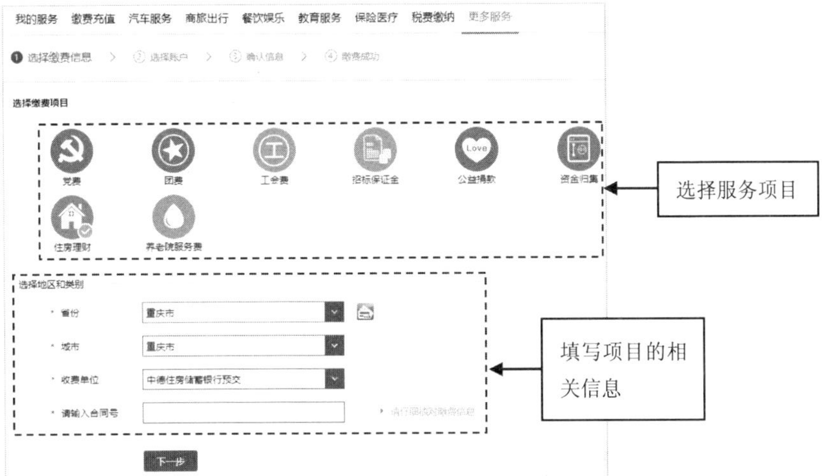

• 图 7-16　建设银行网上银行提供的其他信用卡服务

7.2　信用卡刷卡管卡攻略

刷卡与管卡是用户获得信用卡之后需要注意的，如果能够抓住机会，学好刷卡与管卡的相关技巧，不仅能够让信用卡为用户省钱，而且还能够赚钱。

7.2.1　多种刷卡方式，你都用过吗

信用卡与储蓄卡在支付方式上存在一定的相似处，但是比储蓄卡支付更加方便、快捷而且安全。下面介绍用卡高手必备的 5 种刷卡技巧。

（1）电话支付刷卡：电话支付属于电子支付形式中的一种特殊情况，在操作方式上非常简单，而且支付的成本非常低。信用卡用户只需使用电话或类似设备，连接银行系统进行相关操作就可以完成支付行为，不过部分银行有推出专门的支付电话终端。

（2）多功能 POS 机刷卡：笔者非常喜欢通过多功能 POS 机刷卡，主要原因就是非常方便，无论需要支付的金额是多少，信用卡都可以一笔支付，不需要额外找零，更不需要携带现金。更主要的是，如果用户想要快速提额，那么通过 POS 机刷卡是必需的。

（3）移动 POS 机刷卡：用户在淘宝或其他的购物平台购物时，往往会选择信用卡支付，其中一部分用户会选择货到付款，当快递送达时，用户就需要在快递员携带的移动 POS 机上刷卡进行消费，支付购物费用。

（4）网络支付：网络支付就是用户通过第三方提供的支付接口，来完成的实时支付，相比于其他的支付方式，这种网络支付的好处在于到账迅速，不需要人工确认。用户可选的网络支付形式有很多种，包括绑定信用卡、电子钱包、特殊终端设备支付等。

（5）移动支付：无论是支付宝支付还是微信支付，用户都可以通过二维码支付、转账支付等方式来进行支付，由于支付宝和微信的用户数量极多，所以这种支付方式也成为现阶段支付的主流模式。支付宝、微信已经成为大众生活中不可缺少的生活工具，人们通过在平台上绑定信用卡，就可以通过支付宝、微信获得更便捷的生活服务。

7.2.2 用卡需谨慎，小心被银行封卡

由于信用卡的额度高低直接涉及资金的可用度，所以银行针对信用卡使用有很多要求，一旦触及了刷卡的禁忌，就有可能会出现银行封卡的情况。下面针对高手必知的 10 种刷卡禁忌进行分析，更深入地进行了解。

1. 中介提交资料申请通过率低

由于信用卡具备提现功能，所以有不法分子会通过信用卡进行非法集资，为了打击这种非法中介，银行会对大规模申请信用卡的机构进行严格审查，往往这类机构提交的资料在通过率上会相对较低。

用户如果想要申请到一张适合的信用卡，最好还是自己通过营业厅或者网上平台进行申请，避免出现申请资料无法通过的情况。一旦资料申请失败，用户需要等待数个月的时间才能重新申请。

2. 长期在同一台 POS 机上刷卡

用户长期在同一台 POS 机上刷卡会直接触及信用卡非法套现的禁区，而信用卡非法套现是银行一直打击的非法行为，所以用户如果需要用卡，就尽可能地在多家 POS 机上刷卡。如果用户使用的是大型连锁超市的 POS 机，

则银行的要求相对降低，尤其是在用户刷卡额度占据可用额度的比例并不高的情况下。如果用户在大型连锁超市的 POS 机上每次都刷卡上千元，而且次数频繁，很快就会引起银行的怀疑。

3. 通过 POS 机直接刷完可用额度

如果用户信用卡的可用额度为一万元，而信用卡下发不到一个星期的时间，银行收到的信息就显示用户已经将全部可用额度刷完，这种情况有一定概率会引起银行的怀疑，并由客服人员打电话进行咨询。

信用卡虽然具备先消费后还款的功能，但是为了防止用户产生透支的情况，银行会针对异常情况进行追踪查处。

4. 在特殊时间阶段内有大额刷卡

信用卡消费有一定的免息期，在免息期内用户无须缴纳利息，而部分用户就利用这个功能，在账单日还款期限的前一天还款，后一天又通过 POS 机将额度全部消费，这种情况如果长期发生，就会引起银行的警觉。

5. 不在常见营业时间内使用信用卡

在非正常的营业时间内出现多笔交易，比如批发市场的下班时间突然有刷卡记录，并且次数较多，这种非正常情况会引起银行的调查，比如电话咨询、查询该 POS 机的其他消费记录。

正常消费的用户是不会在营业时间之外进行刷卡的，即使有这种情况，次数也不会太多，所以用户需要注意避免。

6. 接近额度限制进行刷卡代付

大众使用支付宝、微信支付非常常见，但是如果用户每次通过支付宝进行信用卡消费，额度都接近平台限制。比如，用户的招商银行信用卡通过支付宝支付最多一笔只能支付 1 000 元人民币，而用户多次以 1 000 元人民币接近的额度进行刷卡，并且次数较多，那么这种异常数据会直接导致银行进行调查。

7. 套空信用卡额度的情况严重

用户的信用卡长期处于套空的情况，比如用户只在还款日时进行相关交易，而且还款的金额很快就被消费，在其他的时间阶段内用户的消费记录较少，甚至完全没有，那么银行的后台系统会直接检测到，并且有可能封号。

8. 自己办一台 POS 机直接套现

POS 机的办理条件并不高，绝大部分商家都可以自己办一台 POS 机用于业务处理，在这种情况下，就会有部分人通过自己的 POS 机直接套现。这种能够直接查询到的套现行为属于证据确凿的类型，银行可以直接对用户进行罚款。

9. 多次进行整数的刷卡消费

在正常的交易中，信用卡刷卡很少会出现刚好整数的情况，尤其是在超市等零散商品的场所，用户进行整数刷卡消费同样会触发银行针对信用卡套现的警报，次数较少的情况下银行会进行电话认证，次数较多则会封号。

用户刷卡消费要尽可能地避免 10 000、20 000、15 000 等整数消费情况的出现，单笔交易最好有一位小数点的数据。

10. 同卡在多终端上进行操作

短时间内同一张信用卡在多个终端机器上进行操作，包括查询额度、取现、消费或者转账等，无论是否成功，都会让银行产生怀疑，认为用户是否将信用卡送给他人使用，或者是否出现盗刷的情况。

同卡在多终端上操作之后，如果涉及的额度较大，银行一般都会通过电话进行确认，了解是否为本人操作，并且需要知道该操作的原因。

7.2.3 信用卡也可以帮你记账和查账

任何信用卡都具有记账和查账的基本功能，用户可以随时查询，也可以等到账单日时在纸质或电子邮件上查询。用户可以在手机银行、官网或其他第三方平台查询信用卡的账单，笔者一般通过邮箱账单邮件的方式来了解信用卡的使用情况，银行会在固定的时间里将账单发送至邮箱，非常便捷。

信用卡记账是一种较好的理财方式，也是提升个人信用额度的一个方法，良好的消费记录有利于提升信用卡的额度。不同用户使用信用卡记账方法各有不同，但无论采取什么措施，最终目标还是通过信用卡记账来实现真正的理财效果。

在理财领域，有一句话广为流传，那就是“你不理财，财不理你”，对于信用卡更是如此。笔者认为，信用卡的持有者一定要学会利用信用卡记账功能，通过合理的规划来实现理财，增加资产价值。

7.2.4 全币种信用卡，轻松玩转出境游

学生群体使用的信用卡即使是高级的也只是双币卡，除非用户情况较为特殊。从用户的角度出发，要想用一张信用卡就解决出境游，那么仅仅只是双币信用卡是不够的，还需要全币种的信用卡。

中行、工行和农行很早就开始在信用卡业务上主打“全币种”概念并推出相关产品，主要功能就是让持卡人在不同的国家旅游时可以直接使用信用卡刷卡，而不需要被收取货币转换费，从而切合出境游客的需求。

这种“全币种”的信用卡能够帮助用户实现无论在何地消费，回国后均可直接用人民币还款的功能，进而免除购汇手续。

7.2.5 航班延误，信用卡帮你理赔

航空联名卡所带的延误险就属于信用卡用户专享的特殊理赔。图 7-17 所示为广州银行的南航明珠白金信用卡（精英版）的相关介绍，在卡片权益中有明确说明用户可享航班延误险。

广州银行南航明珠白金信用卡（精英版）

积分兑换里程比例

普通消费12:1兑换航空里程，商旅消费6:1兑换航空里程

卡片权益

激活即赠4次众安航班延误险（一年内有效），延误后微信红包实时赔付，最高赔付366元，具体赔付细则如下：

南航明珠白金信用卡（精英版）	
延误1-2小时	按0.1元/分钟赔付
延误2-3小时	按1元/分钟赔付
延误3小时	一次性赔付300元
*备降、返航、取消可获赔100元	

● 图 7-17　广州银行的南航明珠白金信用卡（精英版）的相关介绍

由于特殊保险属于银行方面主动赠送给用户的，所以此类保险与保险公司销售的产品相比区别较大。首先是保险的形式、期限、范围、额度方面都很固定，其次是信用卡的持卡人只能选择被动接受，不能有所选择。但是好处在于，无论是白金卡，还是金卡或者普卡，持卡人都可以拥有一定额度的保险保障。

7.2.6 经常出国，应该办张什么信用卡

境外消费，至少需要双币卡，如果拥有多币种的信用卡更好，可以针对不同的国家或地区，有更好的消费方式。

对于走出国门的游客来说，在国外刷卡消费在所难免。下面对用户在境外消费需要携带的 3 种卡片进行分析。

首先以“4”字开头的银联 VISA 双币卡是首选，招商银行就有这类具有储蓄功能的国际借记卡，名为一卡通金卡，只需招商银行的用户在招商银行存储 5 万元人民币或等值外币就能申请。

其次就是以“6”字开头的银联单币卡，在部分国家和地区，银联卡也是可以用的。以笔者为例，在 2016 年年初去越南旅游，结果发生资金意外，同时携带的双币信用卡丢失，但是在越南的部分地区有 ATM 机显示有银联标志，说明银联卡可用，笔者通过“6”字开头的银联单币卡直接取现 1 000 万越南币，解决了资金问题。

最后是带有 VISA 标志的多币卡，VISA 卡的加盟商户在全球范围内都有，而且在部分区域是只有 VISA 卡才能用，从便捷使用的角度考虑，带有 VISA 标志的多币卡是要有的。

7.2.7 特价电影，学生刷卡消费真实惠

学生群体作为潜力无限的用户群体，一直都是银行发行信用卡时针对的对象，而独属于学生群体的信用卡服务往往也能为学生带来真切的实惠。不仅能够提升用户的信用度，还能省下一笔消费的费用。

大部分针对学生用户的银行信用卡如果没有推出娱乐消费方面的折扣，也一定会有电影特价。对于学生用户而言，寒暑假一直是大片云集的战场，

而银行推出的电影特价直接迎合了用户的需求，例如招商银行信用卡的 10 元看电影，如图 7–18 所示。

• 图 7–18　招商银行信用卡的 10 元看电影宣传页面

7.2.8　资金不足，信用卡缓解经济压力

通过信用卡购买车辆或者按揭贷款、分期付款等是部分用户申请信用卡的主要原因，更常见的是，使用信用卡来购买手机、电脑、家电等大型商品。比如购买一台笔记本电脑，如果通过存钱的方式来购买，需要长久的时间，而通过信用卡分期付款则可以提前使用。

无论用户是通过信用卡分期付款，还是用信用卡提现，都能够在用户出现流动资金不足的情况时帮助用户缓解经济压力。这种方式需要用户支付一定的手续费，但是与可以提前享用半年甚至一年商品所产生的无形价值相比，还是较为实惠的。

7.2.9　银行办业务，虚拟柜员机更省时

虚拟柜员机，也就是 VTM 机器，是一种通过远程视频的方式来办理用户业务的一体化设备。与传统的柜台功能基本一致，只是工作人员并非位于

营业厅内，这种柜员机在许多发达城市中都有。用户通过虚拟柜员机能够快速申请信用卡，还可以查询、存钱、取钱和转账。国内的中国银行、工商银行、建设银行、光大银行等都推出了虚拟柜员机，用户可以在这些银行的营业厅内看到这种柜员机。

7.2.10　信用卡理财，可以带来更多便利

信用卡在理财方面的功能也是非常突出的，尤其是对于刚走进职场的新人用户来说，通过合理的理财手段，用信用卡来实现适度的消费，可以帮助用户获得更好的理财体验。图 7–19 所示为信用卡为用户理财带来的三个便利方面。

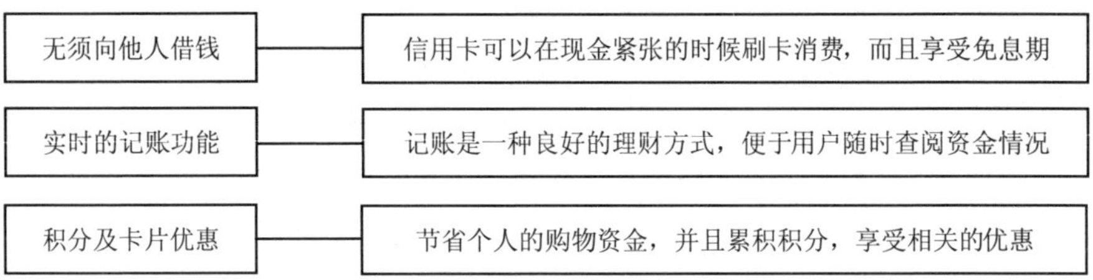

• 图 7–19　信用卡为用户理财带来的三个便利方面

7.3　信用卡分期付款业务

当你看到一件非常喜欢的商品，或者想去国外进行一次旅行时，但你发现自己的钱却总是攒不够，也许这些愿望会成为一种遗憾。

针对这些情况，银行对那些有稳定收入的用户推出信用卡分期付款服务，大到买房、买车，小到电脑、手机，用户都可通过分期付款来购买，以减轻经济压力。

7.3.1　信用卡账单分期业务

【实战】: 用户利用信用卡进行消费，是需要在规定的时间内进行还款的。

通过网上银行，用户可以办理账单分期，每个月的还款日只需还款一部分即可。

步骤 01 在个人网上银行主页的导航栏中依次单击“信用卡”|“卡账往来”|“信用卡分期”按钮，如图 7-20 所示。

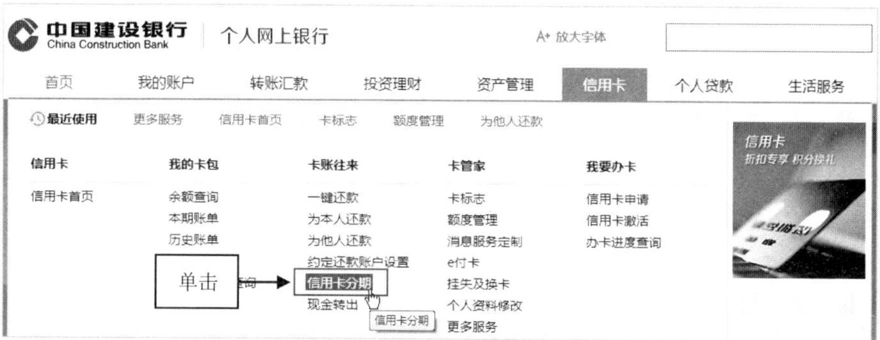

• 图 7-20　单击“信用卡分期”按钮

步骤 02 进入“信用卡分期”页面，选择信用卡卡号，单击“下一步”按钮，如图 7-21 所示。账单分期是指将已出账单全部或部分消费金额办理分期偿还。

• 图 7-21　单击“下一步”按钮

步骤 03 填写账单分期申请信息，以后需要设置的项目主要包括申请账单分期金额和申请分期期数，如图 7-22 所示。单击“下一步”按钮，确认账单分期申请信息，无误后单击“提交申请”按钮即可。

●图 7-22　填写账单分期申请信息

7.3.2　信用卡现金分期业务

【实战】：在用户使用信用卡的过程中，了解预借现金与现金分期是非常有必要的，紧急时刻可帮助用户渡过难关，缓解资金危机。

步骤 01 在“信用卡分期”页面切换至“现金分期申请”选项卡，用户可以在此选择信用卡卡号，如图 7-23 所示。

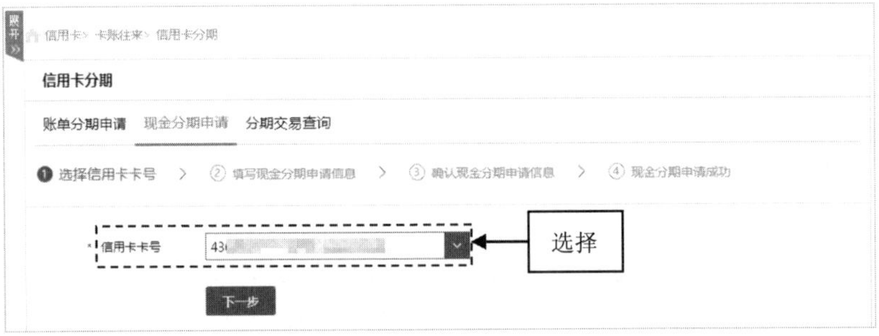

●图 7-23　选择信用卡卡号

步骤 02 单击“下一步”按钮，填写现金分期申请的相关信息，包括申请金额、申请期数、收款账户、资金用途等，如图 7-24 所示。其中，期数越多，时间越长，利息费用越高。

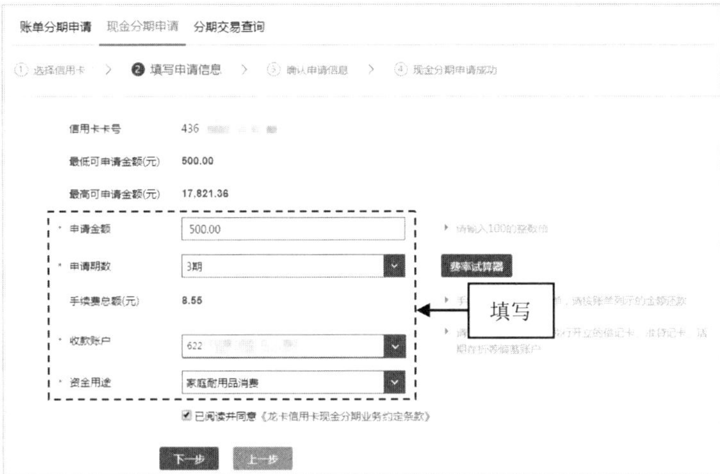

• 图 7-24　填写现金分期申请的相关信息

步骤 03 单击“下一步”按钮，确认申请信息，系统会自动发一条验证短信到用户手机上，输入短信验证码，单击“提交申请”按钮即可，如图 7-25 所示。系统会进行实时审核，审核通过后资金即刻到账。

• 图 7-25　确认申请信息

通过网上银行办理信用卡现金分期是非常容易的，而且比通过信用卡取现所需的手续费要实惠得多，但是绝大部分用户并不知道信用卡拥有该功能。

7.3.3 查询分期交易的明细

如果用户同时办理了多个分期交易，那么，每份账单分了多少期还？现在离还款还剩下多少时间？事情一多就会容易忘记，此时网上银行的分期交易查询功能可以帮你让账单一目了然。

在“信用卡分期”页面切换至“分期交易查询”选项卡，用户可以在此选择信用卡卡号和分期类型（包括现金分期和账单分期两种），单击“确认”按钮即可，如图 7-26 所示。

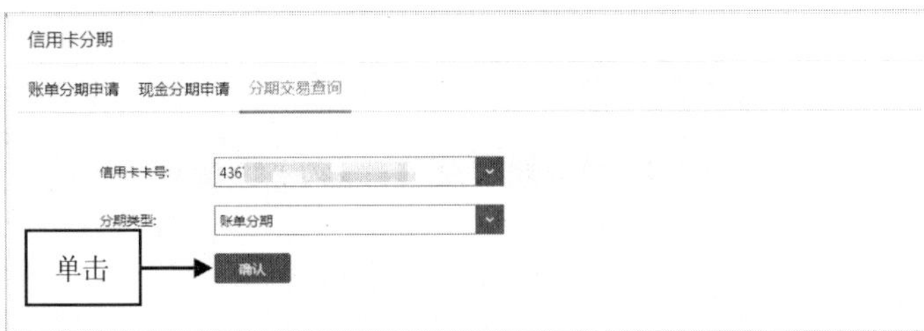

●图 7-26 “分期交易查询”选项卡

7.3.4 信用卡购车分期业务

分期购车是银行推出的服务，无论是分期付款还是现金分期，用户的自主度受到银行限制，而刷卡购车在自主度上由用户自己决定。建设银行的信用卡用户单击“信用卡首页 | 快易金融”板块中的“账单分期”按钮，如图 7-27 所示，可进入分期业务界面。

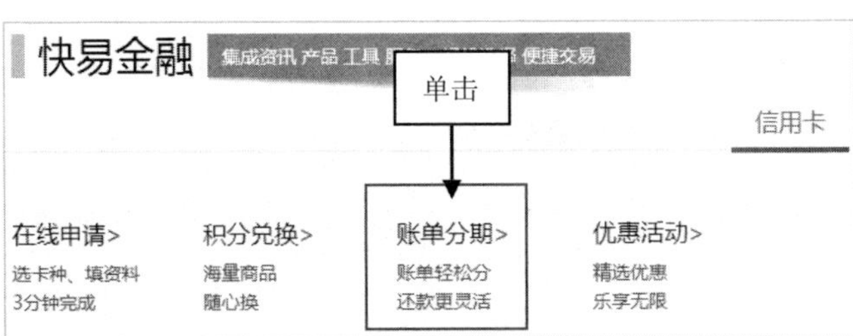

●图 7-27 单击“账单分期”按钮

用户单击“购车分期”可以查看建设银行推出的购车分期内容，如购车分期的促销活动、分期攻略、合作品牌、合作商户及常见问题，如图 7–28 所示。

● 图 7–28　购车分期界面

但是购买一辆车的费用往往不是一张普通的信用卡可以支付的，比如招商银行的普卡最高额度为 6.5 万元人民币，用这笔钱购买一辆中档次的车还不够。至少需要是金卡、白金卡，甚至钻石卡等高端信用卡才可能用信用卡刷卡。

如果用户持有最高等级的黑卡，那么直接用黑卡刷卡买一辆 1 000 万元人民币的车都没有问题。

> 专家提醒：如果用户能够刷卡购车，那么通过刷卡的方式更好，因为银行有免息期，如果用户使用一定的技巧，还可以延长免息期。分期购车则是在一开始就需要用户缴纳手续费，而且大部分银行都要求先交首付款。

7.3.5　信用卡装修分期业务

信用卡的分期消费模式是用卡达人最为喜欢的，也是信用卡提供的主要附加服务之一。这种方式满足了那些想要提前消费，但是钱还不够的用户。

比如，年轻人装修新房，就喜欢用信用卡进行分期消费。图 7–29 所示为建设银行推出的装修分期业务详情。

装修分期业务详情

装修分期业务流程

1.客户在建行网点填写申请表，并提交身份证、房产证明等相关材料；

2.建行受理客户申请，并通知客户审批结果；

3.客户根据房屋装修进度，向建行申请支用额度；

4.建行发放装修额度至客户名下信用卡/专用借记卡账户；

5.客户使用专用借记卡至我行指定类型商户内消费，并按信用卡对账单列示金额还款。

业务亮点

超高额度：最高50万，最长可分48期

超多商户：硬装软装、家具家电任您选

超简手续：申请材料少，房贷客户专享绿色通道

超多特惠：百分百0利息，享受多家商户特别礼遇

申请材料

请您在我行指定受理点提交下列申请材料（指定受理点包括我行网点、个贷中心等，各地区所要求申请材料可能略有差异，具体以当地建行宣传为准）：

1.本人和房屋权利人身份证件；

2.所需装修房屋的房产证明；

3.申请人与该房屋权利人的关系证明；

4.工作及收入财力证明；

5.《龙卡信用卡装修分期业务申请表》。

• 图 7-29　建设银行装修分期业务详情

当然，要申请装修分期，用户还需要准备一些材料，并在银行指定的受理点提交这些申请材料，如图 7-30 所示。需要注意的是，各地区及不同银行所要求的申请材料可能略有差异，具体以银行规定为准。

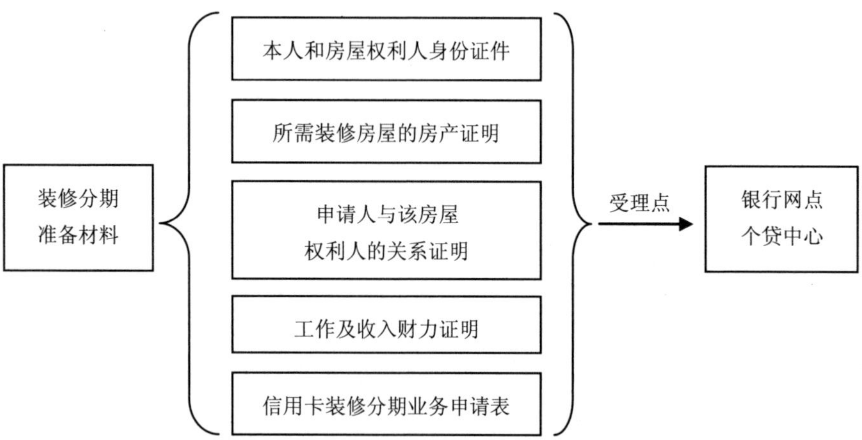

• 图 7-30　建设银行装修分期的申请材料

7.3.6 信用卡商户分期业务

商户分期就是分成一定的期限，对贷款所欠的费用或者购物时的费用进行还款。以中信银行为例，用户在第三方平台购物进行支付时，可以直接选择分期付款方式，付款金额 = 订单总金额 + 分期手续费。

除了线上购物外，用户也可以去线下的指定商户进行分期消费，包括旅游、购物、车险等不同类型的消费项目。图 7-31 所示为建设银行推出的商户分期活动。

● 图 7-31　建设银行推出的商户分期活动

通过这种模式，用户消费的资金支付就可以将总价平均分成 3 期、6 期、12 期等情况，先购买再分期进行还款。

7.4 通过手机银行进行分期

从本质上来说，分期付款与贷款都是一个意思，就是今天花明天的钱。用户进行贷款会产生分期付款，而分期付款的购物需求又催生贷款的出现，就是因为买东西可以先用再还钱。

用户通过分期还款或者贷款可以先住上新房、开上汽车，剩下的款项通过几年甚至更久的时间来偿还。有些分期付款会免息，但是在银行贷款是不免息的。

7.4.1 通过手银申请账单分期

分期付款对于大部分人而言并不陌生，今天买电脑用分期付款，明天买手机可能又用分期付款。分期期数就是用户选择分成多少次来付款，期数越少，手续费用越低；期数越多，手续费用越高。

不同银行推出的用户可选择的分期期数不同，而贷款和分期付款可选择的分期期数也不同。

【实战】： 下面以建设银行手机银行为例，介绍申请账单分期的操作方法。

步骤 01 进入“信用卡”主界面，点击“我要分期”按钮，如图 7-32 所示。

步骤 02 执行操作后，进入“我要分期”界面，点击“账单分期申请”按钮，如图 7-33 所示。

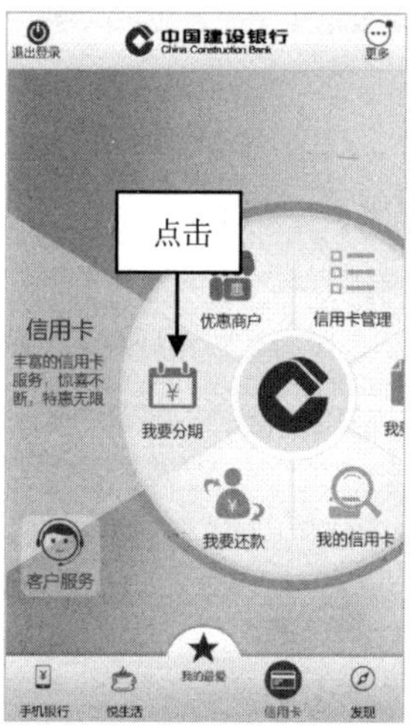

●图 7-32 点击“我要分期”按钮

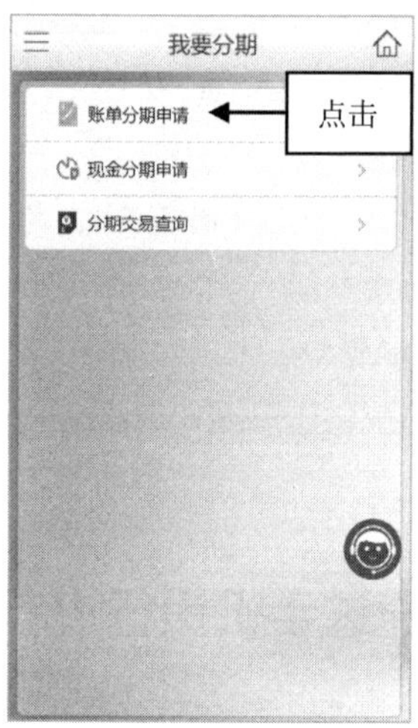

●图 7-33 点击“账单分期申请”按钮

步骤 03 进入“账单分期申请”界面，选择“分期期数”选项，如图 7-34 所示。

步骤 04 在弹出的菜单中设置分期期数为 6 期，如图 7-35 所示。

步骤 05 点击“确定”按钮，即可修改分期期数，如图 7-36 所示。

●图 7–34 选择“分期期数”选项

●图 7–35 设置分期期数

步骤 06 点击“费率试算”按钮，弹出“账单分期试算”对话框，显示相应的费用试算结果，点击“确定”按钮返回，如图 7–37 所示。

●图 7–36 修改分期期数

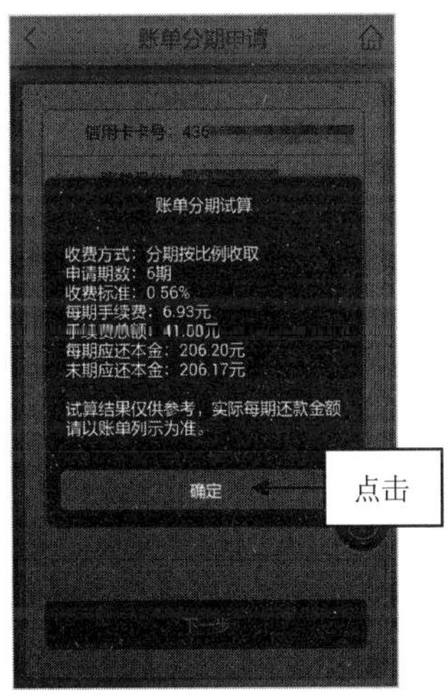

●图 7–37 账单分期试算

步骤 07 设置好账单分期的相关选项后，点击“下一步”按钮，如图 7–38 所示。

步骤 08 执行操作后，确认账单分期申请信息，如图 7–39 所示。

●图 7-38　点击“下一步”按钮

●图 7-39　确认账单分期申请信息

步骤 09 确认无误后，点击“确定”按钮，即可成功申请账单分期业务。

> 专家提醒：用户需要注意展期功能是在分期付款的基础上再进行分期的功能。展期就是用户将原本定的 3 期还款改为 6 期还款甚至更多期，但是这种信用卡分期付款的展期是有代价的。用户申请展期需要向银行支付手续费，银行每期还会按照未出账单金额的一定百分比来增加手续费。

7.4.2　通过手银申请现金分期

通过手机银行同样非常方便地申请现金分期，将信用卡上的资金转入储蓄卡中，然后实现取现操作。

【实战】：下面以建设银行手机银行为例，介绍申请现金分期的操作方法。

步骤 01 在“我要分期”界面点击“现金分期申请”按钮进入其界面，如图 7-40 所示。

步骤 02 在“申请金额”下面的文本框中输入需要申请的现金分期金额，点击“汇率试算”按钮弹出“现金分期试算”对话框，显示相关的试算结果，点击“确定”按钮返回，如图 7-41 所示。

步骤 03 点击“收款账户”选项右侧的“选择账号”按钮进入其界面，选择相应的储蓄卡作为收款账户。

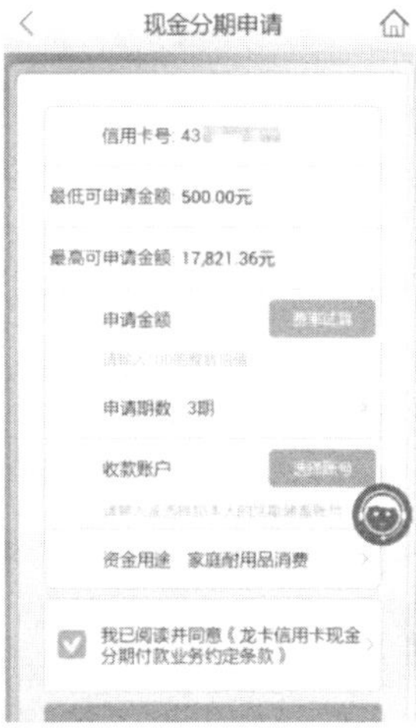

●图 7-40 “现金分期申请”界面

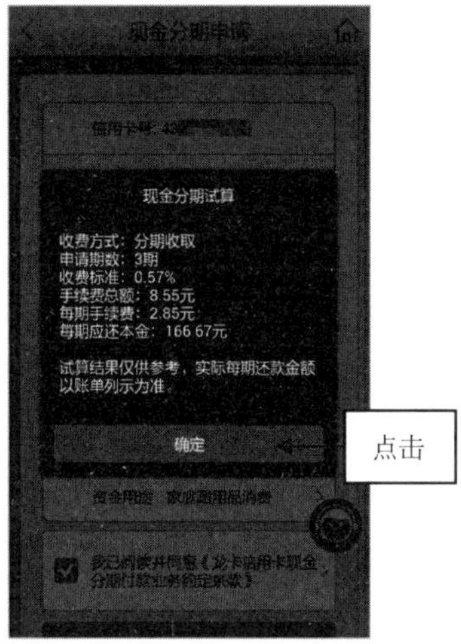

●图 7-41 现金分期试算

步骤 04 执行操作后，即可修改收款账户，设置好现金分期的相关选项后，点击“下一步”按钮，确认现金分期申请信息，输入短信验证码，点击“确定”按钮即可完成申请。

7.4.3 通过手银查询分期交易

用户如果选择分期还款后，应该时刻掌握自己的分期交易情况，以避免错过还款日产生信用污点。

【实战】：下面以建设银行手机银行为例，介绍查询分期交易的操作方法。

步骤 01 在“我要分期”界面点击“分期交易查询”按钮进入其界面，如图 7-42 所示。

步骤 02 点击“分期类型”一栏，可以在弹出的菜单中选择“账单分期”或者“现金分期”等方式，点击“确定”按钮保存设置即可，如图 7-43 所示。

步骤 03 确认好要查询的信用卡账户和分期类型后，点击“下一步”按钮即可查看相关的分期信息，点击“详情”超链接，即可查看分期交易的详情。

●图 7-42 “分期交易查询”界面

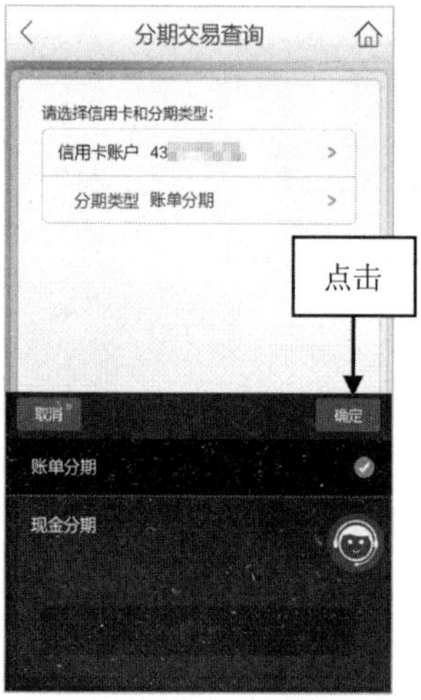

●图 7-43 设置分期类型

7.5 信用卡分期消费攻略

用户选择分期的方式最快可以是 7 天，但只有部分银行提供这个功能，更常见的是 12 个月、24 个月、36 个月。如何进行分期消费，其中有很多的技巧需要用户掌握，才能享受分期付款带来的提前消费的乐趣和实惠。

7.5.1 免息还款期如何更长

100 天免息，这是很多用户都不知道的信用卡刷卡技巧，但是实际上却是可行的。用户要想获得 100 天免息，可以通过两个步骤达到目标。

首先是调整还款日，为了管理账单，便于还款，银行为用户提供调整账单日和还款日的功能，比如，用户还款日为 20 日，那么向银行客服打电话申请更改信用卡还款日，银行会提供几个日期，用户选择最长的日期就可以延缓还款的时间。

其次就是分期付款，需要用户注意的是，大部分银行的分期处理时会将本期的金额分开，从下个账单日重新计算，也就是这个账单日是不需要还款的，这样就可以获得整整一个账单日的免息时间。

7.5.2 使用免息分期付款服务

每一家银行都与很多商户有合作的关系，信用卡的持卡人在这些商户进行消费的话，可以享受到多方面的优惠政策，其中免息服务就是最为重要的一个功能。

一些价格较高的商品，如洗衣机、液晶电视、冰箱、高档数码照相机、新品手机等上市时为了打开市场，会与银行合作。图 7-44 所示为招商银行的分期合作商户。

• 图 7-44 招商银行的分期合作商户

7.5.3 刷卡贷款买房分期付款

买房与买车类似，是信用卡分期购物的一个主要对象。以光大银行信用卡为例，用户可自选分期买房，如果用户选择12期分期，那么在每个月都需要缴纳5‰的手续费。如果总额度为15万元，那么一年的手续费高达9 000元。

对于这类大额的费用，用户最好还是选择申请银行的贷款购买，然后分期还款，因为信用卡的分期付款手续费远远高于银行的贷款利息。

不过银行的贷款不容易被批准，尤其是在信用卡额度不高的情况下。面对银行贷款难题，部分用户可以选择信用卡分期付款，也可以通过借贷民间资金来实现购房梦。

7.5.4 还款日时进行分期付款

要想利用信用卡最大限度地省钱甚至赚钱，那么在还款日时进行分期付款是一个不错的选择。因为用户选择还款日分期，那么金额费用会直接进入下个月的还款中，用户也就可以享受近两个月的最长免息期。

大额账单分期还款是银行非常希望看到的，所以大部分时候都会推出分期付款有礼的活动，这种方式也可以帮助用户获得一些实惠的好处。

> 专家提醒：信用卡分期还款业务的出现，使得持卡人每月可以根据自己的实际收入进行还款，多的可以还几千元，少的甚至可以仅还几百元。用户适当地将大金额消费分期还款，还有助于提高用户的信用卡可用额度。

7.5.5 信用卡的不同分期模式

分期模式除了可以按照期数来分之外，还可以根据分期的对象来分，主要有商场分期、邮购分期和账单分期三种模式。

首先是商场分期，就是用户在购物场所购物时持有该商场支持分期的信用卡说明需分期付款，然后收银员会按照用户的需求进行分期处理，需要注意的是，商场分期中一般分为3期是免手续费和利息的，但需要在特定的POS机上刷卡。

其次是邮购分期，由银行邮购特定的商品手册给用户，用户进行挑选。随着网络的发展，用户也可以在银行的网上分期商城中选择。用户选择好商品，通过网上订购、打电话或者快递分期申请表等方式向银行提出申请。需要注意的是，邮购分期通常没有手续费，但是价格会相对较贵。

最后是常见的账单分期，用户消费之后再向银行提出分期申请，这种模式在之前的内容中已经多次提及。

7.5.6 小心各种分期付款陷阱

与临时额度类似，分期付款也不是免费的午餐。用户在使用信用卡分期服务时，要充分考虑分期付款的费率。

持卡人要理性消费，这是使用信用卡的基本条件。另外分期付款购买的商品不一定便宜，比如信用卡商城里可分期购买的家电、电器甚至饰品等商品，在标价上都是要更贵一些的，这是信用卡商城的不成文行规。所以，银行虽然为用户提供了分期付款的便利，但是用户花出去的钱并不少。

分期付款的低手续费具备一定的诱惑力，但是如果用户没有还款，那么逾期产生的高额利率就是银行为你准备好的陷阱。

7.5.7 分期前看看消费贷款利率

信用卡的年化分期手续费率是指用户一年所需要付出的手续费，相比于按月的手续费计算方式，这种按年算会更容易让用户了解自己需要在一年内为分期付款付出多少手续费。除了这个计算功能之外，还有就是部分银行为用户推出按年还的手续费率，最低为 6%，大部分银行在 8% 左右。

以消费 20 000 元为例，如果用户采用的是一年期的分期付款，那么需要支付的手续费为 20 000 × 6%=1 200 元，如果按照每月还的分期付款，那么用户贷款一年共计支付的利息为 20 000 × 6.31% ÷ 12 × 13 ÷ 2=685.8 元，要低于一年期的手续费。

在这种情况下，银行推出消费贷款的利率越大，那么采用分期付款越有利，而消费贷款利率越小，采用一年期的手续费率更有利。

7.5.8 退货手续费可以退吗

用户用信用卡刷卡购物非常常见，但是遇到退货的情况，问题就来了，尤其是用户选择分期付款却要退货时。

在大多数银行，用户对商品不满意或商品有质量问题需要退货，银行已收取的手续费不退还，无论银行是一次性收取的手续费还是分期收取的手续费，其中农行的分期付款退货，那么提前结束的期数免收，工行分期付款若退货，则全额退还手续费。

第 8 章

增值服务，肥水不流外人田

每个推出信用卡的银行都会有增值服务，卡民们关注卡片所附带的增值服务，可以获得折扣、礼品、兑换积分等；甚至可以享受卡片提供的贵宾礼遇，比如体检、名医预约、机场接送、高额保险等。那么，信用卡有哪些权益呢？卡民如何才能真正发挥卡片价值？

本章主要内容包括：

- 使用信用卡进行积分兑换
- 使用微信银行管理信用卡积分
- 赚取积分，增加信用卡附加值
- 通过信用卡获得消费折扣
- 通过手机银行发现刷卡优惠

8.1 使用信用卡进行积分兑换

信用卡积分是玩转信用卡的高手最为熟悉的，也是银行信用卡众多增值服务中的一种主要方式。要想通过信用卡获得实惠，那么这样不起眼的小积分，往往具有大用处，用得好的话，不仅能让持卡人省钱，而且还能让持卡人赚钱。下面将以建设银行的信用卡积分商城为例进行讲解。

8.1.1 信用卡积分兑换的操作方法

信用卡积分是所有信用卡的统一标配，是各大银行在各种各样的增值、优惠服务领域的最大共同点。

刷卡送积分被各大银行运用得无比娴熟，这种方式既能刺激用户进行消费，还能够用丰富多彩的兑换活动来培养用户的忠诚度。在每一期的信用卡账单中，都会有对信用卡积分的说明。

> 专家提醒：信用卡的积分是非常有用的，信用卡用户可以通过刷卡消费或者透支取款等方式获得信用卡积分，然后将积分兑换发卡银行提供的相应奖品，也可以兑换服务。部分银行甚至可以用积分来抵用消费金额和年费等。

【实战】： 下面介绍积分兑换的操作方法。

步骤 01 登录网上银行，单击“首页－快易金融”板块的“积分兑换”按钮，如图 8-1 所示。

步骤 02 用户进入“积分商城”页面，单击导航栏中的“特色精选”选项卡，如图 8-2 所示。

步骤 03 执行操作后，进入“特色精选”页面，即可在页面下方显示一些系统精选的积分礼品，如图 8-3 所示。

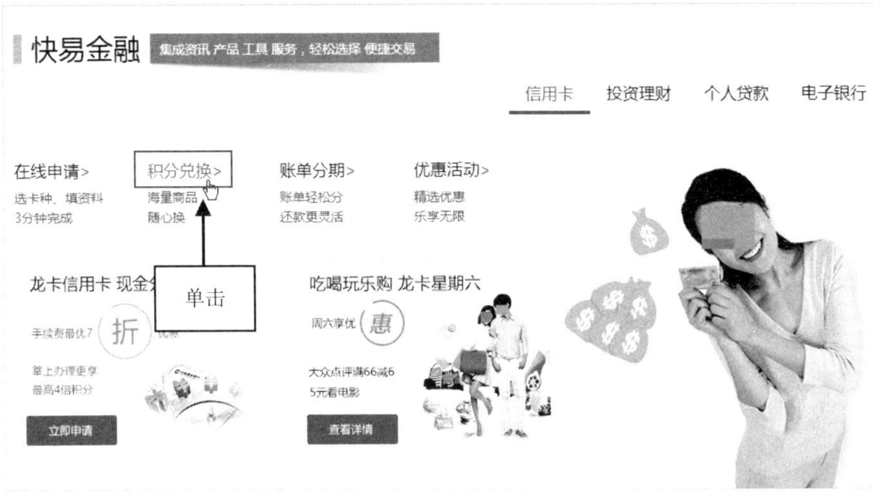

•图 8-1　单击“积分兑换”按钮

•图 8-2　单击“特色精选”选项卡

步骤 04 选择想要兑换的礼品，进入礼品详情页面，确认无误后单击“马上兑换”按钮，如图 8-4 所示。当然，用户也可以单击“加入购物车”按钮将礼品放入购物车，继续挑选其他礼品一起兑换。

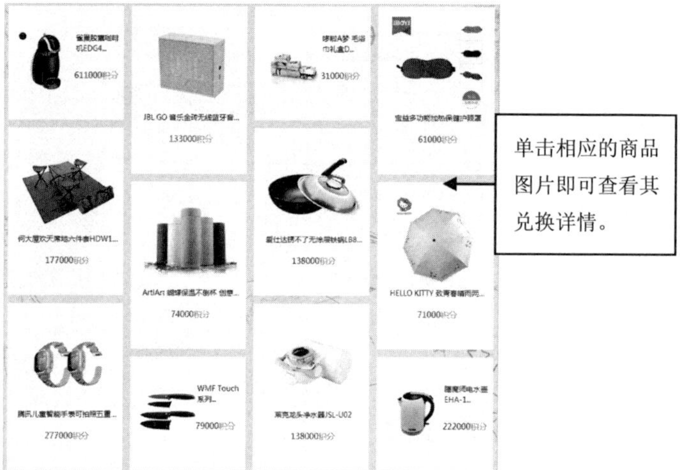

• 图 8-3 "特色精选"页面

• 图 8-4 单击"马上兑换"按钮

步骤 05 执行操作后，弹出"用户登录"对话框，登录后即可根据提示完成积分兑换操作。

8.1.2 不同信用卡可兑换不同礼品

卡种专享主要是针对不同的信用卡，推荐不同的积分礼品，这种做法可以满足更个性的信用卡用户需求。

例如，建设银行旗下的芭比美丽卡可以兑换的礼品，如图 8-5 所示。

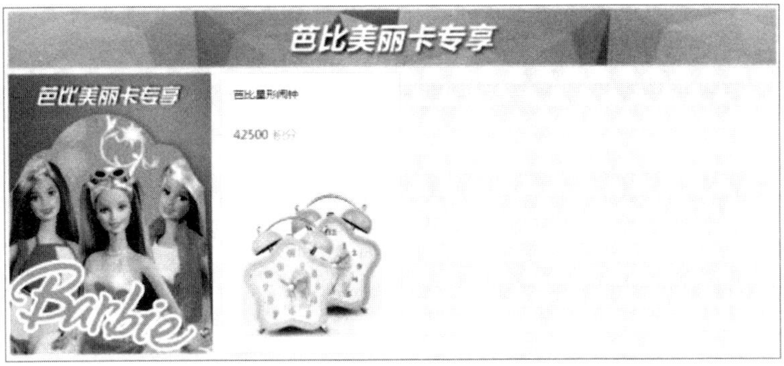

•图 8-5　芭比美丽卡专享的礼品

又如，建设银行旗下的龙卡家庭挚爱卡可兑换的积分礼品，如图 8-6 所示。

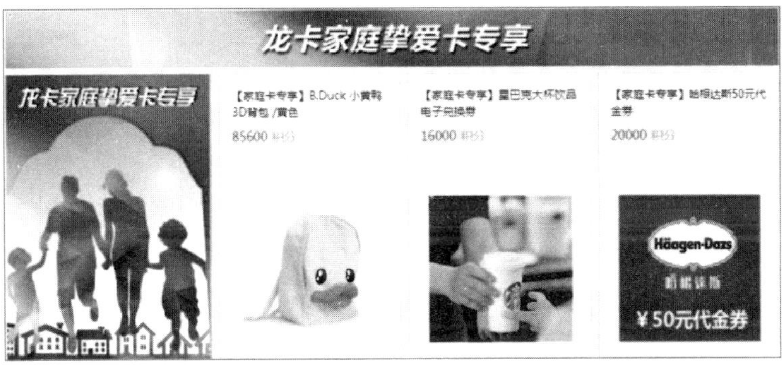

•图 8-6　龙卡家庭挚爱卡专享的礼品

在现代化的城市中生活，每个人都有各种各样的会员卡，但是其中能够用得上的会员卡并不多。信用卡也是如此，每个人的刷卡消费是相对固定的，太多的信用卡无法让用户获得最佳的刷卡消费体验。

从信用卡用户的角度出发，选择一张符合个人需求的信用卡是最佳选择。因为这种信用卡不仅会让用户消费和积分两不误，而且用户持续进行消费，积分的含金量也会逐渐提升。

8.1.3　高端信用卡可兑换品牌礼物

品牌旗舰主要针对有高端消费需求的用户，推出了一系列著名品牌的商品进行兑换，如图 8-7 所示。

•图 8-7　品牌旗舰页面精选的品牌类别

选择相应品牌后，即可查看该品牌的商品分类，如图 8-8 所示，用户可以根据实际需要和积分数量兑换相应的礼品。

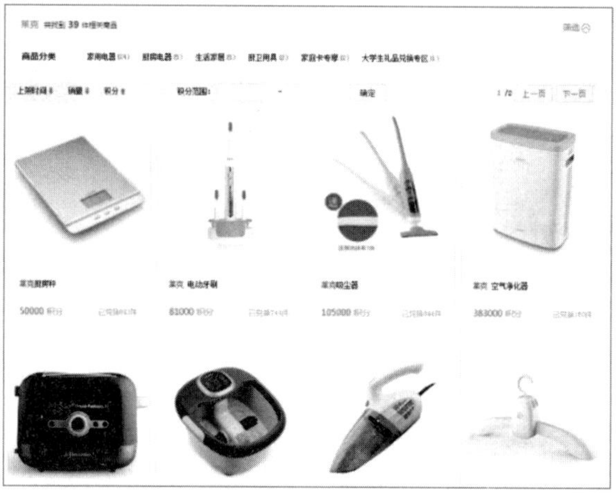

•图 8-8　品牌的商品分类

一般来说，经常去餐馆消费的，使用招商银行信用卡更好，如果是时常在境外消费，可以选择中国银行或浦发银行的信用卡。用户属于网购爱好者，那么用工商银行、光大银行、中信银行、建设银行的信用卡能够获得更多实惠。

8.1.4　信用卡积分线下消费抵现金

店面兑换主要是针对线下的商家服务和产品，如滑冰场、餐馆、酒店、商场等，如图 8-9 所示。用户可以用积分兑换抵消一定的消费金额。

• 图 8-9　建行的店面兑换加盟商户

8.1.5　信用卡积分爱心捐赠做慈善

对于那些充满爱心的信用卡用户来说，选择将积分进行捐赠也是常有的事情。例如，建设银行网上银行就推出了一系列的积分捐赠活动，如图 8-10 所示。

• 图 8-10　建设银行推出的积分捐赠活动

用户选择要参与的积分捐赠活动后，单击“我要捐赠”按钮，可以通过快速捐赠和会员捐赠两种方式进行捐赠，如图 8-11 所示。

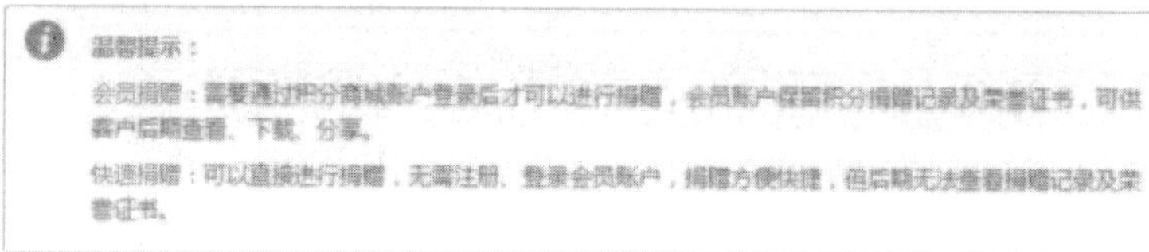

• 图 8-11　建设银行的积分捐赠方式

8.1.6　参与各种活动享受更多优惠

建设银行网上银行的缤纷活动页面包括各种实惠的信用卡积分兑换活动，如图 8-12 所示。

• 图 8-12　建设银行的缤纷活动页面

有些银行推出的刷卡活动是固定的，信用卡持卡人只需在这类活动的时间期限内使用信用卡刷卡即可参与活动。

图 8-13 所示为交通银行推出的积分优惠活动界面。

在交通银行的积分优惠活动中有活动一览、最新活动、最热活动、境外优惠、白金特惠五个板块。银行推出的类似活动都是具有即时性的，如果活动的优惠力度大，那么其持续时间就短，限制就更多。持卡人要经常关注持有银行卡的官方网站的活动信息，并且要积极参与活动，才能获得实现的优惠，换取爱物。

• 图 8-13　交通银行推出的积分优惠活动界面

8.2　使用微信银行管理信用卡积分

信用卡积分是指用户使用信用卡所获得的积分奖励，不同银行的信用卡积分累积方式有所不同，但是大部分银行的普通信用卡都是消费 1 元人民币计为 1 分，金卡等高端卡片的积分方式不同。

另外，各银行信用卡商城中的大部分商品都是用积分直接兑换，少部分商品需要用户用积分加现金购买的方式来兑换，积分只抵用部分现金。下面以建设银行的微信银行为例，介绍卡民如何用微信银行进行信用卡积分的相关管理。

8.2.1　微信银行快速捐赠积分

积分捐赠通常有一定的门槛，例如建设银行就要求每次捐赠的积分必须在 500 分以上，而且每消费 1 元人民币只能积 1 分。不过，积分捐赠可以捐助他人，实现用户美好的公益梦想。

【实战】：下面以建设银行的微信银行为例，介绍积分捐赠的操作方法。

步骤 01 进入建设银行的微信公众平台，选择“信用卡”|“十亿大礼/积分圆梦”选项，出现操作提示信息，点击“点击这里，捐赠积分”超链接，如图 8-14 所示。

步骤 02 执行操作后，进入“积分圆梦 • 微公益”界面，选择相应公益项目后点击其右侧的“我要捐赠”超链接，如图 8-15 所示。

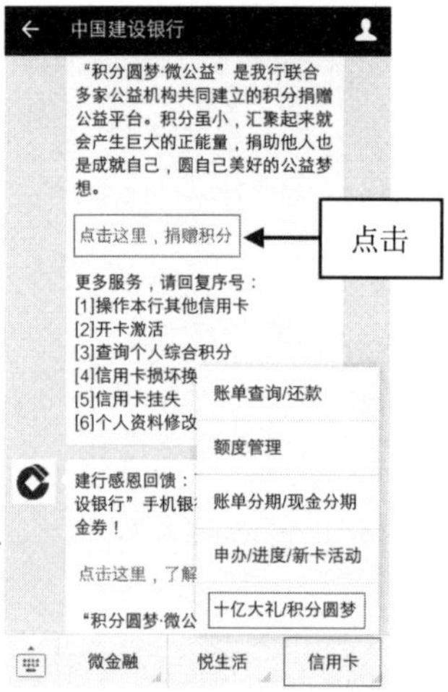

•图 8-14 点击“点击这里，捐赠积分”超链接

•图 8-15 点击“我要捐赠”超链接

步骤 03 执行操作后，进入“我要捐赠”界面，在此可以查看项目介绍和捐赠说明，点击“我要捐赠”按钮确认即可，如图 8-16 所示。

步骤 04 另外，用户也可以在“积分圆梦 • 微公益”界面中点击底部的“圆梦动态”按钮进入其界面，在此可以查看圆梦新闻和圆梦故事，如图 8-17 所示。

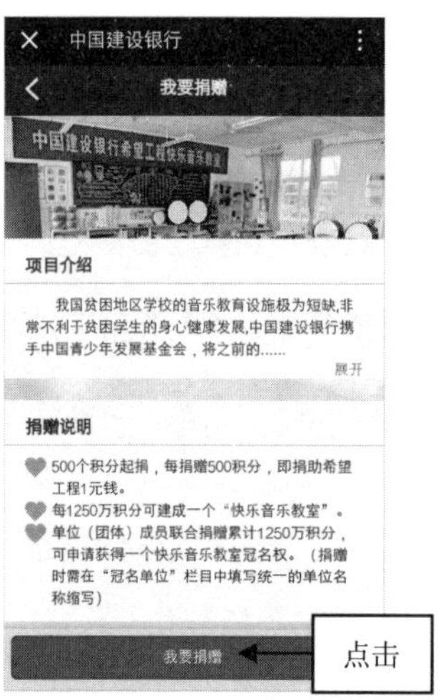

•图 8-16 点击“我要捐赠”按钮

•图 8-17 “圆梦动态”界面

8.2.2 使用微信查询积分详情

卡民们必须会查询积分，了解自己信用卡积分的有效期，以及自己的账户还有多少积分没有使用，不能白白浪费这些没有使用的积分。

下面介绍查询积分的操作方法：进入建设银行的微信公众平台，选择“信用卡”|“十亿大礼 / 积分圆梦”选项，出现操作提示信息，回复数字 3，即可收到显示积分详情的信息，内容包括可用积分、本期消费积分、本期奖励积分等。

8.2.3 通过微信积分兑换礼品

微信银行的出现，为信用卡积分兑换又多了一条更加方便的渠道，用户只需在微信中关注发卡银行并绑定信用卡，即可随时随地用积分兑换自己喜欢的礼品。

【实战】： 下面介绍积分兑换的操作方法。

步骤 01 进入建设银行的微信公众平台，选择“信用卡”|“十亿大礼 / 积分圆梦”选项，出现操作提示信息，回复与积分查询相应数字后，在收到的积分信息中点击相应的积分商城超链接，如图 8-18 所示。进入建行积分商城的网页界面，点击“特色精选”选项卡，如图 8-19 所示。该界面就是建行网上银行的积分商城界面，因此操作也与网上银行类似。

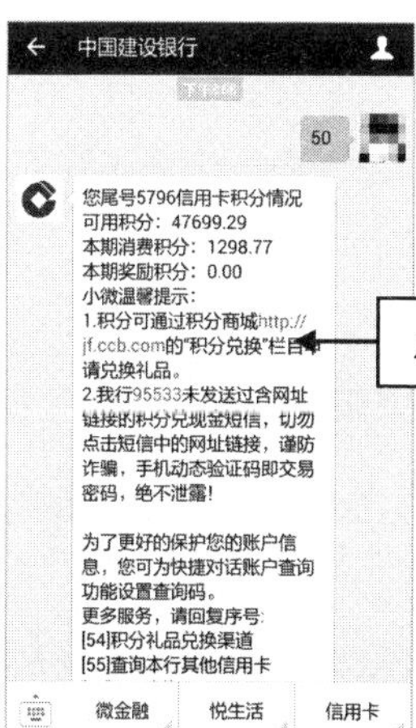

• 图 8-18　点击相应的积分商城超链接　• 图 8-19　建行积分商城

步骤 02 进入“特色精选”页面，用户可以在此挑选想要兑换的礼品，点击该礼品缩略图即可，如图 8-20 所示。

步骤 03 执行操作后，进入礼品详情页面，点击“马上兑换”按钮，如图 8-21 所示，根据提示进行账户登录完成积分兑换操作即可。

• 图 8-20　点击相应礼品缩略图

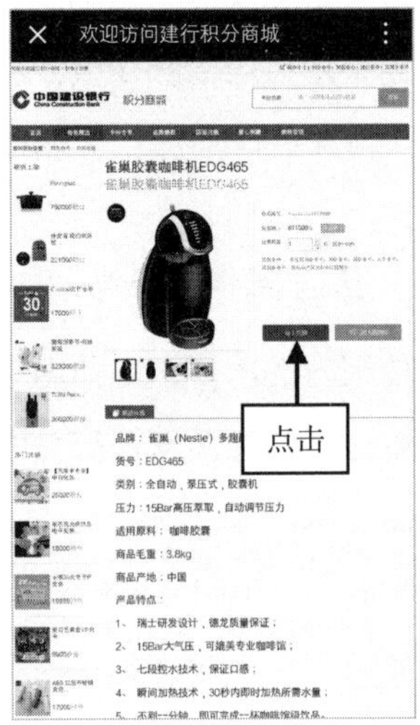

• 图 8-21　点击“马上兑换”按钮

8.3　赚取积分，增加信用卡附加值

消费者在利用信用卡消费时，会产生一定的积分，积分不仅能给消费者带来消费优惠和各种礼品，还能提升信用卡本身的附加值。

8.3.1　三大标准，考察信用卡积分含金量

信用卡积分是所有信用卡的统一标配，是各大银行在各种各样的增值、优惠服务领域的最大共同点。

刷卡送积分被各大银行运用得无比娴熟，这种方式既能刺激用户进行消费，还能够用丰富多彩的兑换活动来培养用户的忠诚度。在每一期的信用卡账单中，都会有对信用卡积分的说明。

每一张信用卡的积分含金量都是不同的，下面针对考察信用卡积分含金量的三大标准进行分析。

1. 符合个人需求的程度

由于每个人的刷卡消费是相对固定的，所以，太多的信用卡无法让用户获得最佳的刷卡消费体验。从信用卡用户的角度出发，选择一张符合个人需求的信用卡是最佳选择。因为这种信用卡不但会让用户消费和积分两不误，而且用户持续进行消费，积分的含金量也会逐渐提升。

2. 积分的保质期长久性

大部分银行的积分有效期都是永久的，但是交通银行、中信银行、浦发银行、光大银行、广发银行等信用卡积分存在有效期，分别是 1 ～ 5 不等。持卡人在消费后一定要记得及时使用信用卡积分兑换，以免损失了本该享受的优惠权利。

3. 积分的性价比突出性

不同银行在刷卡积分方面的要求有所不同，比如，招商银行的积分标准是 20 元人民币 /2 美元积 1 分，浦发银行的外币 1 美元可以获得积分 16 分。

8.3.2 了解信用卡积分累积方式

信用卡的新手用户往往对积分的累积方式不是很在意，但是用卡高手却是对每一张卡的积分累积方式都有充分了解。下面针对信用卡积分累积的方式进行全面分析。

1. 必须了解的积分计算方式

不同银行的信用卡积分的具体计算方式有所不同，而刷卡消费计算积分只是最基本的一种计算方式。下面介绍信用卡积分计算的5个要点，如图8-22所示。

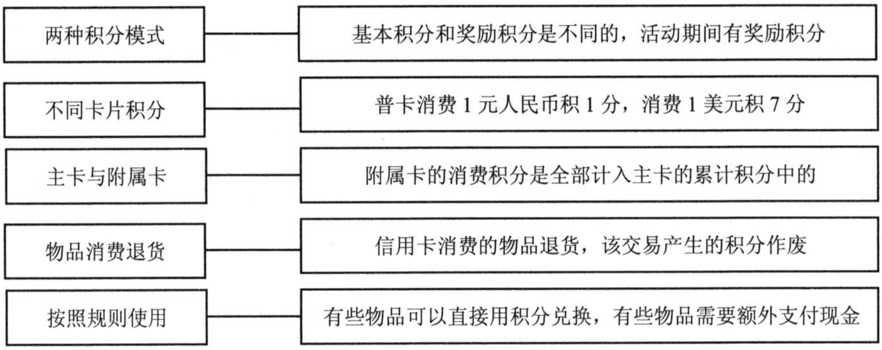

• 图 8-22　积分计算的 5 个要点

2. 普通卡与高端卡的积分问题

使用中信银行的信用卡普卡消费 1 元人民币获得 1 分，消费 1 美元获得 6 分，消费金额所产生的积分在次日生效。使用中信银行的信用卡金卡消费 1 元人民币获得 2 分，消费 1 美元获得 12 分。

图 8-23 所示为中信银行信用卡的权益说明，其中积分特色方面内容中说明了金卡的积分累积方式。

• 图 8-23　中信银行信用卡的权益说明

3. 特色信用卡的积分问题

对于一些特色的信用卡，用户积累卡片积分的方式也有所不同。下面以招商银行的信用卡为例进行说明。表 8-1 所示为特色信用卡的积分累积方式。

表 8-1　特色信用卡的积分累积方式

卡片名称	积分累积方式
城市主题信用卡、丰田联名信用卡	每 20 元人民币累积 1 分，再额外赠送 50% 的积分，累计用户的专属积分
各类游戏、社交平台的联名卡	每 20 元人民币累积 1 分，累计用户的专属积分
各大航空公司的联名信用卡	每消费 18 元人民币或 2 美元累积 1 个航空公司里程
ANA 的航空联名信用卡	每 20 元人民币或 2 美元累积 1 个 ANA 里程

8.3.3　规避无法获得积分的信用卡消费

并不是所有的信用卡消费都可以获得积分，大部分银行都有明确说明，部分领域的消费是无法获得积分的，除非是特殊的联名信用卡消费。不同银行针对同一消费渠道也有不同要求，比如，用户使用招商银行信用卡在超市购物是不计积分的，而中信银行信用卡会计积分。

8.3.4　五大要点玩转信用卡积分

信用卡刷卡不能盲目，这是很多新手的误区，并不是刷卡越多获利越多。刷卡超过个人的承担能力就会让持卡人成为“卡奴”，在这种情况下积分积累未必能达到最好的效果。下面针对用户玩转信用卡积分的五大要点进行分析。

1. 不可错过的刷卡积分活动

大部分的银行都会在节假日或者重大活动时推出“双倍积分”及“积分赠送”等活动，除此之外还有的信用卡本身就是具备双倍积分效果的。

部分特殊的银行信用卡在持卡人生日时也会有双倍或者多倍积分的活动，这都是积累积分的好方式，用户在办卡时就可以注意到这些方面，进而选择实用的信用卡办理。用户可以在双倍或者多倍积分时购买一些必需品或者大件物品，比如电器、家具等，这样就能够获得更多的积分，积分不仅可以兑换物品，而且刷卡次数多与额度高，会让银行考虑提高信用卡的固定额度。

2. 有实惠积分活动时不妨参与

除了刷卡获得积分外，还有部分银行推出的活动是不需要刷卡的，比如在微信公众号上绑定信用卡、下载 APP、办理信用卡主卡或者附属卡等。

这类优惠活动能够让用户获得积分、话费、流量、电影票、红包等奖励，而且大部分活动都是很容易参与的，比如绑定微信银行的活动，只需两分钟即可。积分积累最重要的就是积少成多，用户需要多关注银行推出的相关活动，不要错过积分赠送的活动。

3. 积极地帮助他人刷卡消费

积分的积累并不容易，如何获得尽可能多的刷卡次数是用卡高手需要了解的，其中积极帮助他人刷卡消费成为可行的方式。这种刷卡消费是指大众聚餐消费时用户先刷卡，然后其他人再 AA 支付给用户。

除了与朋友、同事出去消费时可以代刷卡之外，与家人一起消费时刷卡，积分的积累也相当容易。信用卡附属卡的积分是与主卡积分一起计算的，如果家庭成员多，那么刷卡能够在短期内积累较高的积分。

4. 注意积分有效期限

根据大多数银行信用卡的规定，只要信用卡主卡是在使用有效期内，那么用户消费的积分就是有效的。还有部分银行的信用卡积分有效期只有两年左右，过期就无法使用。

5. 注意积分的使用渠道

积分能够给用户带来实惠，但是如何把实惠最大化就需要用户注意积分的使用渠道。主要的使用渠道有三种，如图 8-24 所示。

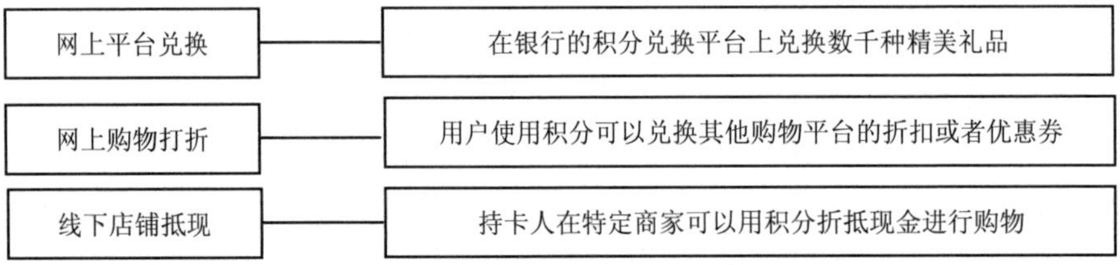

●图 8-24　针对积分使用渠道的分析

8.3.5　注意积分兑换的相关规则

每一家银行的积分兑换规则都是不同的，比如积分折现等方式，用户可以使用积分直接兑换现金。在刷卡消费时，如果信用卡积分不足抵扣消费金额时，不足的金额再从信用卡中扣除。

比如，用户的信用卡有 6 500 积分，可折算为 10 元人民币，如购买 15 元的商品，会扣除 6 500 积分，同时用户还需要用信用卡支付 5 元。如果用户只是通过信用卡积分购买 9 元的商品，会扣除 5 850 积分。

图 8-25 所示为笔者在淘宝平台购物时使用信用卡积分购物的明细。

• 图 8-25　笔者在淘宝平台购物时使用信用卡积分购物的明细

> 专家提醒：持卡人及时了解所持信用卡银行的换礼规则是一件很重要的事，尤其是在所持信用卡具有有效期的情况下，可以有效避免没有及时兑换积分所造成的浪费，也可以避免失去一些兑换有时效性或者是限量版的礼品的机会。

8.3.6　积极参与限时抢购活动

在银行推出的诸多信用卡活动类型中，有一类活动非常少见，那就是限时的商品抢购活动。通过这种限时的商品抢购活动，用户可以获得实在的优惠，虽然兑换有数量限制，但是如果用户持续关注银行的活动，那么还是有机会获得的，至少比抽奖的可能性要大得多。

图 8-26 所示为中信银行信用卡中心推出的 9 积分兑换活动界面。

• 图 8-26　中信银行信用卡中心推出的 9 积分兑换活动界面

8.3.7　特色的信用卡赢积分方式

每一家银行的积分兑换平台上，礼品各式各样，重要级的礼品也不少，但是如果让人通过购物刷卡来获得积分，却是要相当长的时间才有可能兑换一些东西。如果用户疯狂刷卡，又可能盲目消费，致使自己陷入债务危机。在这种情况下，特色的信用卡就成为用户不用刷卡也可以赢得积分的一种重要方式。

比如，笔者喜欢在工作之余玩游戏，那么就办理一张招商银行的英雄联盟信用卡，在游戏中进行对战获胜就可以获得积分，如图 8-27 所示。

• 图 8-27　招商银行的英雄联盟信用卡赢积分活动说明

不要认为玩游戏不能累积多少积分，要知道招商银行信用卡的积分是非常难刷的。按照正常的消费情况，用户需要消费 10 000 元人民币才可以得到 500 积分，而玩一个月的游戏就可以得到 500 积分。

在招商银行的积分兑换平台上，2 000 积分就可以兑换到相当不错的商品，一年的免费杂志包邮也只需要一千多积分。

> 专家提醒：用卡达人在选择信用卡时都会选择特色信用卡，主要原因在于这样能够让信用卡积分最优化，直接发挥较大的附加价值。
> 热爱美食的用户可以选择银行发行的美食信用卡，热爱游戏的用户可以选择银行发行的游戏信用卡，根据需求而定。

8.3.8　及时兑换账户已有积分

及时兑换积分并不仅仅因为部分银行的信用卡积分有时间限制，还在于人民币的快速贬值导致信用卡积分也不断贬值，在一年前的 10 000 积分可以兑换不错的礼品，一年后可能就只能兑换一盒牙膏了。

无论是哪种原因，用户及时兑换账户已有积分总是恰当的，除非是当时银行推出的积分兑换活动不符合用户的需求，那么用户可以再等一等，等商品更多的时候再进行兑换。

> 专家提醒：银行有活动时会通过短信的方式来提醒用户，但是如果用户的信用卡积分即将过期，那么大部分的银行是不提醒的。
> 不过很多银行都会在每期账单上注明积分的有效期限，持卡人只需在查看账单时注意期限即可。

8.3.9　选择最实惠的积分兑换

积分兑换与菜市场买菜是一个道理，要想获得最实惠的商品，那么就要多比较，持卡人拥有的信用卡积分是固定的，如何用有限积分兑换到性价比最高的商品就是用卡高手与新手的区别。

在诸多的信用卡中，笔者比较喜欢招商银行信用卡的积分兑换商品模式。在某一段时间笔者的招商银行信用卡积分累积达到了 10 000 分，于是打算尽快在积分平台上兑换物品。

结合个人需求，笔者找到了好几种商品。然后通过淘宝平台和其他第三方平台，笔者查询到了每一种商品的最低价格，最后选择了其中性价比与实用性最高的三种商品进行兑换。

图 8-28 所示为笔者的招商银行信用卡积分兑换记录。

• 图 8-28　笔者的招商银行信用卡积分兑换记录

笔者选择了小熊电炖盅、迅雷 VIP 会员月卡与《译林》杂志的一年订阅权，这些东西不仅是笔者所需的，而且是性价比较高的，非常实用，不需要笔者额外再进行购买。其中小熊电炖盅花费了 6 390 积分，迅雷 VIP 会员月卡花费了 200 积分，《译林》杂志的一年订阅权花费了 2 800 积分。

> 专家提醒：在换购前用户一定要先算账，一般情况下，银行的信用卡积分礼品价值，是按照刷卡额的 0.2% ～ 0.25% 制定的。用户在换购前应先根据卡内积分算好账，然后在平台上选择换取最实用的礼品。

8.3.10　防止已累积的信用卡积分贬值

从信用卡积分的以往情况而言，各大银行的信用卡“积分”都在持续地贬值。几乎所有的银行都调整了信用卡积分的累积模式，使得相同的一件礼品，兑换积分较之前有了大幅增加。

以招商银行为例，其与知名咖啡品牌星巴克合作，用户可以通过积分兑换一杯咖啡，2016 年时需要 799 积分，而在此之前只需 660 积分，而且原本可以兑换大杯咖啡，现在只可以兑换到中杯的咖啡。

图 8-29 所示为积分兑换星巴克咖啡的活动界面。

• 图 8-29　积分兑换星巴克咖啡的活动界面

积分换购所需数量的上涨，意味着信用卡用户需要花费比平时更多的价钱，才能换购一杯咖啡，相当于星巴克的咖啡在几年内涨价了 21%。

8.3.11　提升信用卡积分的分量

有的银行的信用卡积分在稳定升值，但是有的银行的信用卡积分在快速贬值，不同银行之间的差距就逐渐拉开。

以兑换优惠券为例，同一种 1 元优惠券在信用卡积分分值高的银行只需消费 500 元人民币，而在信用卡积分分值低的银行，则需要消费 1 600 元人民币。如此比较，两家银行信用卡积分的“含金量”就相差了 3 倍多。

在常用积分累积方式无法有效地提升信用卡积分分量时，用户就可以通过其他方式来提升。比如，手机银行 APP、微信银行等，各大银行为了吸引用户使用 APP 或者微信银行，经常会在这些平台上推出专属活动。

8.3.12　超级翻倍积分等你来刷

与淘宝推出“双十一”活动打造品牌类似，部分银行也推出了品牌活动，其中广发银行推出的广发分享日非常有影响力，而且存在的时间已经非常久。

例如，广发银行分享日的活动内容进一步增加广发商城，将优惠品牌的覆盖范围进一步扩大，而且还向用户提供 10 倍积分或 5 倍里程的优惠，能够吸引到不少用户主动参与。图 8-30 所示为广发银行分享日活动的宣传界面。

•图 8-30　广发分享日活动的宣传界面

在活动期间，持卡人购买全场任意商品即可享受半价，也可以选择买一送一。除了价格，每期参与的商品不尽相同，在衣、食、住、行各个方面都有，可满足不同用户群体的购物需求。除了这种积分活动，还有一些银行推出翻倍积分的信用卡。图 8-31 所示为中信银行推出的 8 倍积分信用卡。

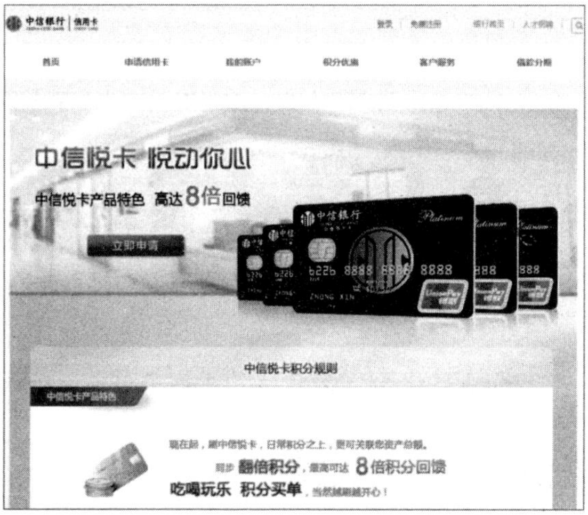

•图 8-31　中信银行推出的 8 倍积分信用卡

8.4 通过信用卡获得消费折扣

对于用卡达人而言，通过信用卡获得消费折扣是办理信用卡的重要原因。随着大众生活水平的提高，在衣、食、住、行方面的需求扩大，主打折扣方面的信用卡越来越受到用户的欢迎。

各大银行为了争取用户，扩大客户数量和增加客户黏性，推出的信用卡刷卡优惠条件也在不断升级，甚至推出了折上折的用卡优惠活动。

8.4.1 特惠商户刷卡消费折扣

用户在与银行签订协议的特惠商户中刷卡消费时，可以享受一定的优惠折扣。图 8-32 所示为建设银行网上银行上的特惠商户专区。单击商户的图标或名字可以看见商户的优惠信息。

• 图 8-32 建设银行网上银行上的特惠商户专区

比如，白金卡用户本身就享受一定的折扣，再加上活动赠送的折扣，使用户只需较低费用就可以获得服务。

对于真正的用卡达人来说，持卡者会根据优惠的不同而选择办多张卡，比如这个银行的信用卡是只在周一优惠，那个银行的信用卡只在周三优惠，还有的银行信用卡在周末优惠，那么合理地使用信用卡，就能够为用户节省很多钱。善用这些优惠，省钱只是一件很简单的事情。

8.4.2 享受各种刷卡特惠活动

除了线下商户的优惠外，信用卡用户还可以享受各种刷卡特惠活动。图 8-33 所示为建设银行网上银行上的特惠活动专区。

• 图 8-33 建设银行网上银行上的特惠活动专区

例如，用户可以使用建设银行的龙卡信用卡，在全国指定的哈根达斯门店刷卡消费时，周六可以享受一次“满 100 元立减 38 元”的特惠，如图 8-34 所示。

• 图 8-34 “周六满 100 元立减 38 元”的特惠活动

这种特惠活动对于银行、商家和信用卡用户来说，是一种三赢的做法，用户获得了更多的优惠，银行得到了更多的信用卡消费额度，而商家则获得了更多的用户。

8.5 通过手机银行发现刷卡优惠

用户可以通过手机银行的 LBS 功能（Location Based Service，基于位置服务），快速发现身边的吃、喝、玩、乐等商户优惠信息，在线下消费时使用信用卡刷卡即可获得一定的优惠。

8.5.1 搜索周边商户的优惠信息

建设银行手机银行的周边商户包括特色餐饮、时尚购物、生活服务、精品酒店、休闲娱乐、汽车服务、汽车销售等类型，有相关需求的用户可以使用该功能寻找更优惠的商户进行刷卡消费。

【实战】: 下面以建设银行手机银行为例，介绍查看商户优惠的操作方法。

步骤 01 进入“信用卡”主界面，点击“优惠商户”按钮，如图 8-35 所示。

步骤 02 执行上述操作后，进入“周边商户”界面，点击“全部”按钮，如图 8-36 所示。

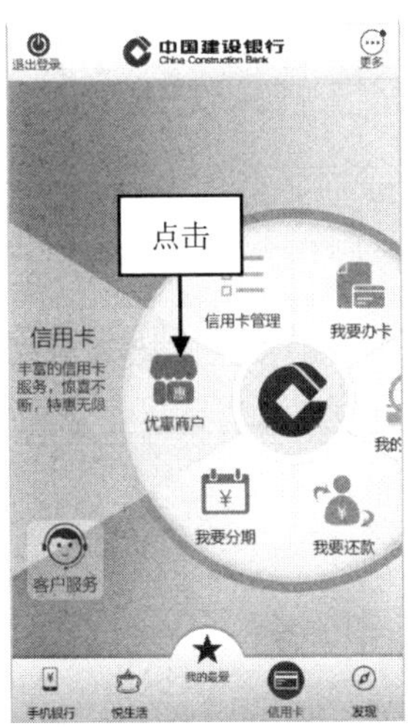

• 图 8-35　点击“优惠商户”按钮

• 图 8-36　点击“全部”按钮

> 专家提醒：信用卡的好处在于支付便利，用户只需通过信用卡的卡面信息就可以快速地完成支付过程。在移动互联网上通过信用卡进行支付时，信用卡就从实体转化为数字，只要用户有卡号、有效期及安全码，就能够实现快速支付。

步骤 03 执行操作后，可以在弹出的菜单中选择商户类型，如图 8-37 所示。

步骤 04 在“周边商户”界面上方点击“1 000 米”按钮，在弹出的菜单中可以设置显示相应距离内的商户，选择“5 000 米”选项，如图 8-38 所示。

●图 8-37　选择商户类型

●图 8-38　选择“5 000 米”选项

步骤 05 点击相应的蓝色坐标点，可以显示商户名称和地址，如图 8-39 所示。

步骤 06 点击商户名称进入“商户详情”界面，可以在此查看商户的联系方式（点击可直接拨打商户电话）、优惠信息及商户简介，如图 8-40 所示。

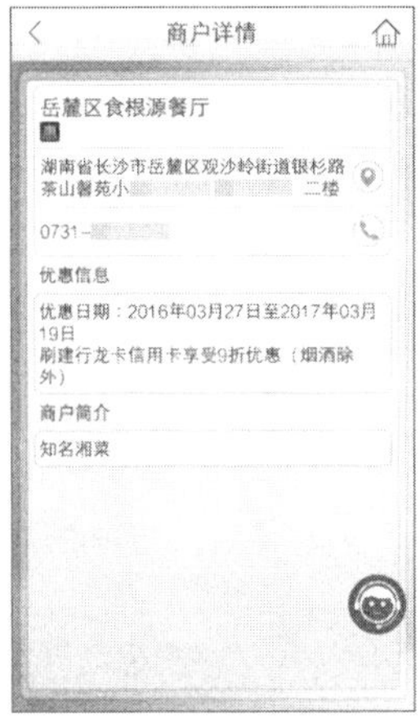

• 图 8-39　点击蓝色坐标点　　• 图 8-40　“商户详情”界面

8.5.2　使用分类查询功能找优惠

另外，用户还可以使用分类查询功能，找到更精确的商家优惠信息。

【实战】：下面以建设银行手机银行为例，介绍分类查询的操作方法。

步骤 01 在“周边商户”界面中，点击右下角“分类查询”按钮进入其界面，如图 8-41 所示。

步骤 02 点击中间的“全部”按钮，在弹出的菜单中选择“特惠商户”选项，如图 8-42 所示。

• 图 8-41　“分类查询”界面　　• 图 8-42　选择“特惠商户”选项

步骤 03 执行操作后，即可显示特惠商户列表，如图 8-43 所示。

步骤 04 点击右上角的城市名称，进入“选择城市”界面，选择“重庆市”选项，如图 8-44 所示。

•图 8-43　显示特惠商户列表

•图 8-44　选择城市

步骤 05 执行操作后，即可显示重庆市的特惠商户列表，如图 8-45 所示。

步骤 06 点击相应的商户名称进入“商户详情”界面，可以在此查看商家的地址、电话、优惠信息及商户简介，如图 8-46 所示。

•图 8-45　显示相应城市的特惠商户

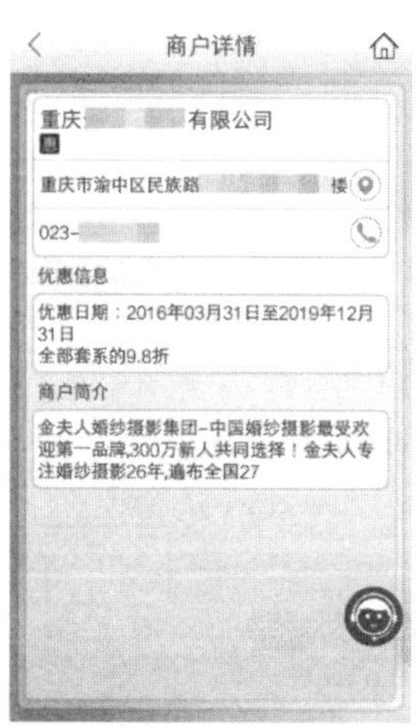

•图 8-46　“商户详情”界面

步骤 07 点击商户地址右侧的◎图标，如图 8-47 所示，可以进入地图模式查看商家的具体位置。

步骤 08 用户可以将两个手指放置在手机触摸屏上，并让它们靠近或分开以放大或缩小显示地图，便于查看更详细的商家地址，如图 8-48 所示。

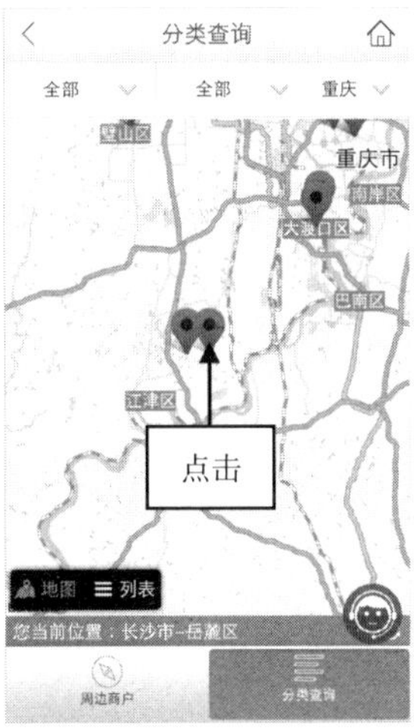

●图 8-47　进入地图模式

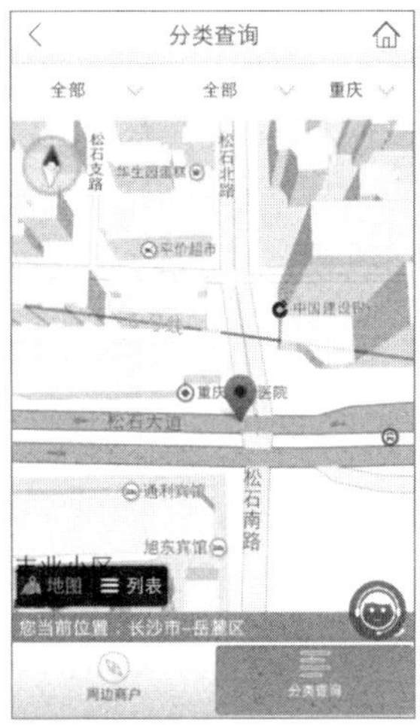

●图 8-48　放大地图

> 专家提醒：在出行时选择使用信用卡，那么用户可用的出行功能类型就多了一些，这些信用卡功能能够为用户带来不一样的出行体验。
>
> 尤其是在每年的旅游旺季，不少银行会与其他第三方平台或商户合作，推出一些境内外旅游优惠活动和费用减免，而旅游达人的联名旅游信用卡更是能够为持卡人获得较大的优惠条件。
>
> 银行在旅游季推出的旅游优惠往往非常适合用户出行，但是这种旅游优惠是有时间限制的，而且不同银行的优惠条件不同，如果用户确定出行，一定要选择好适合自己的信用卡，以及适合的优惠条件，将信用卡带来的优惠进行最大化地利用。

第 9 章

提升额度：卡上越来越有钱

不同的银行，授予信用卡的额度不同，大多数银行都表示是通过用户的用卡情况来提高信用卡的额度。那么，用户想快速提高信用卡的额度，还可以怎么做呢？信用卡提升额度之后，会有什么变化？用户如何管理信用卡的额度？提高信用卡额度又有哪些注意事项？

本章主要内容包括：

- 提升额度，用卡好处多多
- 申请提额，七大重要条件
- 提高额度，掌握两大妙招
- 通过网上银行提额
- 额度管理，手银调额就是快
- 额度管理，操作便捷，快速提额
- 提额法则，记录好分值高
- 避免失信，牢记用卡细节

9.1 提升额度，用卡好处多多

信用卡消费成为越来越大众化的一种消费方式，信用卡额度低成为不少刷卡一族心中的痛，信用卡提额已成为很多持卡人关注的焦点问题。那么，提升信用卡额度对持卡人来说，究竟有哪些好处呢？

9.1.1 卡上的钱变多

出门旅行、买车、买房……这些花费都可能大大突破你平日的消费水平，也可能大大超出你信用卡的固定额度。因此，很多持卡人努力想办法提升自己的信用额度，让卡上的钱变多，以满足各种消费要求。

去年年初，在保险公司工作的曾小姐碍于朋友的情面，带着这两样证明办理了一张某银行的信用卡，等待了 15 个工作日后，信用卡准时发放了下来，信用额度 3 000 元，曾小姐没多想，把卡片塞在了钱包夹层里。

偶尔地，曾小姐会在整理钱包的时候看到这张信用卡，然后拿出来刷一刷，享受一下不用现金的快乐，但她还是习惯用现金，感觉更真实。所以每月准时寄来的对账单，很多时候还款金额也就是几百元，有时甚至为零。

就这样过去了一年半，前些日子曾小姐想着要送一份大礼给过 60 岁大寿的父亲，可是手头拮据，信用卡额度又不够，她就一下没辙了起来。曾小姐问身边的同事，不少人额度上万元，曾小姐又有点奇怪了，为什么收入差别不大的两人，信用额度相差这么大呢？

与曾小姐相比，她的朋友杨小姐可谓是信用卡使用中的高手了，两年前杨小姐取得信用卡时，信用额度也只有 3 000 元，但无论是购买家电，还是买小物件，杨小姐都不会放过一切刷卡的机会，这样一来，带给杨小姐的除了每月不断上涨的积分，还有被调高的信用额度。一年前，因为信用良好，发卡行主动给杨小姐打来电话帮助她把信用额度从 3 000 元升至 5 000 元，而今年春节，杨小姐因为购置大型家电，又通过银行的客服电话将 5 000 元的信用额度调高至 10 000 元。

9.1.2 提升信用价值

对于信用卡持卡人来说，信用卡的后台服务是其在意的一方面，而一张信用卡的信用额度却是持卡人最看重的。较高的信用卡额度一方面方便日常大额消费使用，另一方面也被很多持卡人当成是拥有良好信用记录的象征。

由于信用卡额度取决于个人在申请程序中提供的有效收入和资产担保价值，即越高的收入和担保资产，获得的额度越高。因此，信用卡的信用额度越高，就越能体现持卡人的收入和担保资产程度。其中，资产担保通常包括房产、汽车等固定资产，也包括储蓄、债券等流动资产。

9.2 申请提额，七大重要条件

首次申请信用卡时获得的信用额度主要依据申请信用卡时所填写的资料和提供的相关证明文件综合评分而得。因此，信用卡额度的审核存在一定的标准。

笔者公司两位年轻的同事黄科和李翔，平时关系不错，工作生活上互相帮助鼓励，最近又都申请了同一银行的信用卡，不久两人都相继收到卡片，相互比较了一下，李翔发现自己信用额度只有 8 000 元，而黄科却有 1 万元额度，相差虽然不大，但李翔心里有点不平衡，想想彼此收入比较接近，为何银行会区别对待呢？

笔者告诉他，信用额度是指发卡行根据持卡人的资信，在指定期限内给予持卡人最高可使用的金额，虽然申请人资料可能类似，但仍会因年龄、学历、经历、消费潜力、经济状况、申请卡种、信用记录等方面的差异，得出不同的评分，信用额度也会有所差别，但这并不一定说明持卡人资质有高低。

另外，李翔现在所获得的仅是初始额度，如果觉得卡片额度不够用，一般可在卡片启用 6 个月后，拨打银行的客服热线，申请调高额度，信用卡中心会根据持卡人的消费和还款情况，做适当调整。

李翔需要认识到的是，资信状况可点滴积累，只要自己正确用卡，按时还款，珍视自己的信用记录，信用额度完全可以很好地为自己服务。

9.2.1 婚姻状况

通常情况下，已婚且夫妻关系好的客户，会比单身者更具有稳定性，申请提升额度时更能得到银行的青睐。

部分银行的模拟评审系统中，在其他条件不变的情况下，已婚人士可以获得比未婚人士整整一个级别的信用提升，原因是有家庭的人更加稳定。

9.2.2 技术职称

技术职称是指根据评审条件应达到水平的要求，通过笔试的形式对专业技术人员测试情况进行检验，考试成绩是衡量专业技术人员水平的组成部分。

对于银行方面来说，技术职称是客户工作能力的见证。相对来说，各个等级的工程师、经济师、会计师、优秀教师、律师成为借款人的话，更能受到银行的垂青，往往信用卡的额度提升会更快。

9.2.3 工作状况

好的工作状态能帮助你在生活与工作之间调节，并且有一个好的心理状态，从而维持生理与心理健康及工作能力等。稳定性较高的行业从业人员也可以为信用卡额度加分。比如，公务员、医生、电力系统等行业，他们具有较强的消费能力，会更加受到银行的喜爱，也会根据工作的级别和年限提高信用等级。

> 专家提醒：申请信用卡的时候，客户必须提供自己的收入证明，这里就包括了月收入多少、工作单位性质、工作岗位等。

9.2.4 信用记录

现在各行的信用记录都有联网，如果信用卡使用人过去在银行开有账户，且经常有资金进出，其存折上就会反映出过去存款的积数。那么，当客户出现罚息等不良记录情况时，银行通常会酌情考虑信用卡提额问题；相反，记录良好，银行也会酌情考虑给予加分，即可顺利提额。

近日，笔者好友张先生碰到了一件烦心事，他被告知刚刚申请的信用卡提额办不出来，原因是他在银行系统上有一笔“不良信用记录”。

张先生在与笔者交流中，回想了一下自己手头的还款记录都很正常，突然记起来，两年前，他曾经把一张信用卡借给朋友用，那里面并没有钱，但是有一万元的透支额度。这张卡出现了不良记录的原因，是那个朋友从卡里透支了5 000元，但是逾期未还，而经过核对，这已经是这位朋友第二次出现未能及时还款的情况，一次超期两天，一次超期六天。最终导致张先生背上了“不良信用记录”。

笔者特地咨询了在银行工作的朋友，了解到目前所有银行的信用记录信息都会汇总到人民银行，因此持卡人在任何一家银行留下的“不良信用记录”都会被其他银行查询到，进而影响其他银行信用卡的申领或者额度提升。

“不良信用记录”是不会消除的，只能建议张先生对于手头在使用中的信用卡及房贷都保持正常还款，同时对于朋友手中那张造成不良信用的卡及时还款，并用按时还款的良好信用来覆盖，如果信誉情况良好的话，虽然该记录还存在，但是最快在半年之后张先生在银行系统内的“不良信用记录”就会从“关注”变成“正常”。

9.2.5　经济能力

单位的个人收入证明是一个有力的证据，能表明持卡人的收入预期和收入是否稳定等情况。如果你的个人收入证明可以提供详细、收入稳定、收入增长有长远性展望，则肯定能得到比较高的评级，对提额自然有利。

以下三个方面可以体现出持卡人的经济能力：

（1）拥有自己固定资产。如果你的名下有房产或者汽车，可以携带房产证、行驶证复印件及个人身份证前往银行办理申请手续，这种情况申请提升信用卡额度非常简单，通过率也很高。因为每个银行都可以通过个人信用数据库查询到你名下的固定资产。但需要注意的是，房产、汽车必须在你本人名下，在父母或者配偶名下都无助于申请信用卡。

（2）有稳定的收入来源。如果你的名下既没有固定资产，同时也没有大额储蓄，但是有稳定的收入来源，也可以到和你发生交易的银行调取银行流水证明，以此向银行提出申请。如果你的收入来源比较稳定，申请提升信用卡额度的成功率还是很高的。

（3）在银行有大额储蓄。如果你没有固定资产，但有银行大额储蓄，则可以携带存折和身份证到银行网点和大堂经理沟通，一般情况下，只要你有银行大额储蓄，申请提升本行的信用卡额度是可以获得通过的。

9.2.6 学历高低

在银行的提额规定中，高中文化程度和大学本科文化程度两者的信用评级没有变化。但是，对于拥有更高学历和更低学历的客户来说，就会影响其分数，不过差别并不会太大。例如，研究生以上的评级会比大学本科高一点，获得的信用卡额度自然也要高一些。

专家提醒：据悉，银行方面以后将会考虑把学生平时在校的学习成绩考虑在内，并不是每一个申请者都会获得批准。

9.2.7 拥有它行信用卡

通常情况下，对于拥有其他银行信用卡的客户，都是比较受各大银行欢迎的。因为如果你已有一张某银行的信用卡，那么可以表示你已经通过了这家银行的信用审核，再申领或者提额时其他银行会对你比较放心。

9.3 提高额度，掌握两大妙招

想要提升信用卡的额度，持卡人首先要明白自己的可用额度有多少，是否足以支付消费需求。

信用卡可用额度是指所持信用卡尚未被使用的信用额度。计算方式如下：

可用额度＝信用额度－未还清的已出账金额－已使用未入账的累积金额

（1）未还清的已入账金额：是指已出账单，但尚未归还的刷卡交易金额；

（2）已使用未入账的累积金额：是指已发生但尚未出账单的刷卡交易金额；

（3）其他相关利息、费用：是指取现或分期付款等利息。

举例：你所持有的某张信用卡的信用额度为 5 万元，未还清的已出账金额为 1 万元，已使用未入账的金额为 2 万元，则此时你的可用额度为 3 万元。

对于信用卡一族来说，不论是通过信用理财还是消费，或是周转资金，都希望自己的信用额度能够高一点，这样用起来就没有那么多的限制。不过银行在信用额度的审批方面是比较严格的，有些人用卡很久了额度还是没能提高多少，有些人则在较短的用卡时间里就获得了较高的信用额度的提升，这其中的诀窍就在于一些用卡的技巧和方法，持卡人在新的一年中只要在用卡过程中采取如下一些技巧，还是很容易提升信用额度的。

9.3.1　临时提高信用卡额度很简单

对于信用额度的评定，各家银行均有自己的一套信用评分体系，办卡人在填写完信用卡申请表并提交一系列证件后，各银行会参照自己的标准来制定额度，某银行信用卡中心一经理指出，申请信用卡时所提供的金融资产证明越多，则信用额度会相应高一些。表 9-1 所示为各银行信用卡提高临时额度的周期表。

表 9-1　各银行信用卡提高临时额度的周期表

银 行	第一次提临时额度	再次提临时额度
中国银行	有还款记录即可	随时
工商银行	随时	1 个月后
建设银行	2 个月后	1 个月后
农业银行	随时	随时
招商银行	随时	随时
广发银行	6 个月后	6 个月后
浦发银行	4 个月后	1 个月后
光大银行	3 个月后	3 个月后
华夏银行	6 个月后	2 个月后
深发银行	6 个月后	3 个月后
兴业银行	随时	随时
民生银行	6 个月后	只能银行邀请
交通银行	只能银行邀请	只能银行邀请
中信银行	只能银行邀请	只能银行邀请

小梅最近碰到一件烦心事，一张信用卡用了 3 年，还是 6 000 元的额度，嫌换卡麻烦，就向银行申请提高额度，但结果碰了“闭门羹”。

其实，像小梅这样的烦恼大多数持卡人都会碰到。事实上，在用卡时间超过半年之后，持卡人可向银行提出调高透支额度的申请，相对比较容易通过。如果持卡人的刷卡频率较高，且平时的透支额较大，信用记录良好，银行就会酌情调高信用卡的透支额度。信用额度调高后，使用一段时间，可再次向银行提出申请，逐步提高信用总额度。

另外，如果持卡人信用卡用卡记录良好，没有逾期或其他违规用卡情况，都是可以临时提高信用额度的。但值得注意的是，临时调额的还款时间与正常刷卡额度的还款期限计算方法不一样，持卡人要及时还款。

下面介绍一些提高额度的“秘籍”。

（1）批发类和购房、购车等大宗消费越少，提额越容易。

（2）刷卡的商户类型不能总是与所在公司的经营范围性质类似。

（3）网上购物、支付宝交易及取现越少，提高额度申请越容易批核。

（4）消费次数尽量多，平均每月 10 笔以上，若 20 笔以上更易提额。

（5）如刷卡金额数目尽量大，半年内消费总额至少在额度 30％以上。

（6）消费商户类型多，诸如商场、超市、加油站、餐饮、旅店、旅游、娱乐场所等。

9.3.2 永久提高信用卡额度的捷径

信用卡消费成为越来越大众化的一种消费方式，信用卡额度低成为不少刷卡一族心中的痛，信用卡提额已成为很多持卡人关注的焦点问题。

此外，还有部分持卡人涉及申请提高永久额度的问题，经询问，如果信用卡持卡人想要申请提高永久额度，那么在消费过程中应该注意以下的问题。

1. 各银行永久提额的周期

信用卡提额是很多持卡人关注的焦点问题，关于怎样用卡可以使手中的信用卡提额更顺利地得到审批，笔者详细咨询了各家银行，几乎所有银行客服的回答都是根据用卡情况，系统综合分析判断来评定能否为信用卡提额的，诸如频繁使用、按时返款、无不良记录、消费类型多样化、少取现等。表 9-2

所示为各银行信用卡提高永久额度的周期表。

表 9-2 各银行信用卡提高永久额度的周期表

银 行	第一次提永久额度	再次提永久额度
中国银行	6 个月后	3 个月后
工商银行	6 个月后	6 个月后
建设银行	6 个月后	6 个月后
农业银行	6 个月后	随时
招商银行	3 个月后	3 个月后
广发银行	6 个月后	6 个月后
浦发银行	6 个月后	6 个月后
光大银行	6 个月后	6 个月后
华夏银行	6 个月后	6 个月后
深发银行	6 个月后(卡原额度 > 5 000)或 8 个月后(卡原额度≤ 5 000)	6 个月后
兴业银行	随时	3 个月后
民生银行	只能银行邀请	只能银行邀请
交通银行	只能银行邀请	只能银行邀请
中信银行	只能银行邀请	只能银行邀请

2. 申请提高永久额度的重要条件

个人提高信用额度一般分为临时性和永久性两种。前者，当持卡人因出国旅游、装潢新居、结婚、子女赴国外读书等原因，需要使用大额资金时，只需提前打电话申请，即可调高临时额度；后者申请时，额度控制相对较严格。信用卡授信额度不仅和银行卡类有关，而且还有其他很多重要的因素。例如，刷卡还款记录、个人需求、持卡人工作单位、综合财力等。

持卡人要申请提高永久额度，必须具备以下重要条件：

（1）金额数量尽量多，半年内消费总金额至少在额度 30% 以上。

（2）消费次数尽量多，平均每月 10 笔以上，达到 20 笔以上更易提额；

（3）消费商户类型多，诸如商场、超市、加油站、餐饮、旅店、旅游、娱乐场所等。

（4）批发类和购房购车等大宗消费越少提额越容易。

（5）网上购物、支付宝交易及取现越少提高额度申请越易批核。

（6）刷卡的商户类型不能总是与所在公司的经营范围性质类似。

持卡人需要注意的是，良好的刷卡还款记录是最基本前提，其他大多是“充分不必要条件”。

> 专家提醒：银行提额的其他规则。
> - 不太用反而会提额，或者持卡9个月以上才有可能提额的银行——中信。
> - 系统测评很好调额，但主动申请比较难批准的银行——建行、工行、中信、交通、光大、民生。
> - 公司法定代表人或总经理不容易提额的——民生。
> - 央行总授信额度高的不会被提额的（20万元以上）——民生。

3. 不同银行的提升额度方式

另外，不同银行的提升额度方式也有所差别：

（1）建设银行。持卡人如果想提升额度，可以根据自身需要及目标额度，随时拨打客服热线进行申请。客服人员会先听取客户自身的目标额度，然后进行审核，根据客户日常用卡情况进行额度的最后核准。

（2）交通银行。交通银行信用卡中心会在每个账单日对持卡人进行自动测评，核定其日常消费情况及还款情况是否符合提升额度标准，如果符合会自动提升额度，不接受持卡人自动申请。

（3）招商银行。招商银行信用卡持卡人如果需要额度提升，可以致电客服热线进行自行申请，建议持卡人用卡3个月以上再根据用卡需求和还款情况进行提升额度的申请。如持卡人在这期间个人名下有房产、车产等固定资产的增加，提升额度的申请会比较容易获得批准。

（4）民生银行。首先持卡人要自己提出电话申请，然后银行会根据信用卡使用者的前期使用状况，在2～3个工作日后银行会给予是否提额的答复。

（5）光大银行。持卡人用卡半年后，可以致电客服热线，进行提额申请。客服系统会当场为持卡人进行测评。如果客户在当月或当年有还款逾期记录，那么申请将不予批准，并且当年提出的提额申请都不会批准。

9.4 通过网上银行提额

当信用卡用户进行购物时，一旦遇到心仪的产品，往往就会出现不理智的消费，针对这种情况，银行特别推出了网上支付的可用额度限制，用户提前设置信用卡的可用额度，就能避免信用卡被透支过多的情况。

9.4.1 查看信用卡调额

以建设银行网上银行为例，用户在“账户查询 | 信用卡查询”选项中，可查看信用卡的额度信息，如图 9-1 所示。

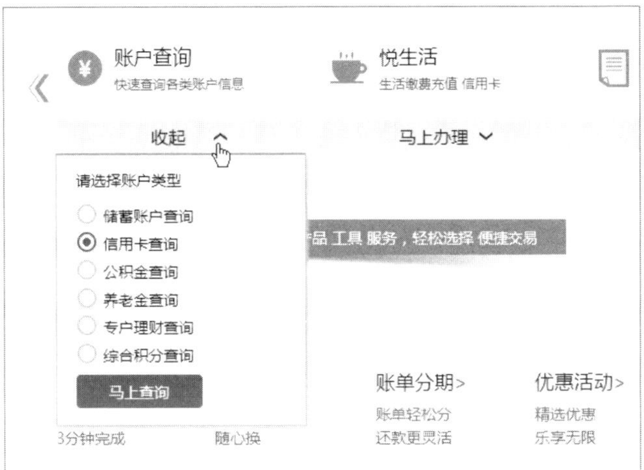

• 图 9-1　账户查询信用卡额度信息

新手用户拿到信用卡，首先是要了解信用卡的额度相关信息，具备内容分为可用额度、永久额度和临时额度三个方面。

图 9-2 所示为关于信用卡额度三个方面的内容分析。

可用额度	持卡人的信用卡能够进行消费的直接额度
永久额度	银行为用户提高的额度，永久有效，除非用户销卡
临时额度	银行为用户提高的额度，临时有效，一段时间后消失

• 图 9-2　关于信用卡额度三个方面的内容分析

可用额度是银行第一次审核用户信息，给用户下发的信用卡额度，一般根据用户的自身条件和薪资能力而定。

用户使用信用卡一段时间之后就可以申请提高额度，银行会根据持卡人消费情况进行额度调整，因此用户要尽量将自己的额度刷光，让银行看到你确实缺钱用，让其主动帮你提升额度。一般情况下，用户提供新的资产证明，银行也会提升永久额度，如果用户只是需要购物或者其他消费，那么银行会提升临时额度。

永久额度对用户的好处更大，能够帮助用户获得更多的服务及更好的服务质量，而临时额度主要是临时的资金救急。

> 专家提醒：银行喜欢用户多次刷卡，哪怕额度不高，如果用户还会偶尔进行分期还款，那么正常情况下 6 个月就可以提永久额度一次。
>
> 例如，建设银行信用卡提额的额度每次在 50% 之间，其中普卡和金卡属于同一个等级，最高提额为 10 万元人民币，如果用户需要继续提额，那么就需要申请白金卡或其他高端信用卡。建设银行信用卡持卡人有提额的需求时，可以随时拨打客服热线进行申请。除此之外，持卡人也可以通过网银、微信银行、手机银行等方式提交提额申请。如果是客服热线，那么客服人员会先听取客户自身的目标额度，然后进行审核，最后根据客户用卡情况批准一定的额度。

9.4.2 申请额度调整

不同银行对于信用卡额度的上调方式各不相同，比如用户在网上银行申请提额，一般能在原基础上浮 10% 的额度。通过客服电话进行提额，一般能在原基础上浮 10% ～ 50% 的额度。

【实战】: 下面以建设银行网上银行为例，介绍申请额度调整的操作方法。

步骤 01 登录网上银行，进入信用卡选项中的“卡管家 | 额度管理”页面，单击“申请额度调整”超链接，如图 9-3 所示。

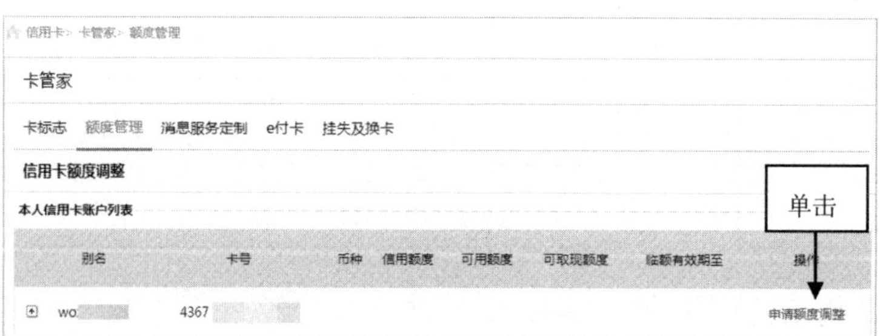

• 图 9-3　单击“申请额度调整”超链接

步骤 02 进入“信用卡额度调整”页面，选择调整类型，单击“下一步”按钮，如图 9-4 所示。填写相应的申请信息，包括申请额度、临时额度生效日及临时额度失效日，然后单击“下一步”按钮。

●图 9-4　单击“下一步”按钮

步骤 03 确认调额信息有无错误，此时系统会自动发短信验证码到用户手机，输入短信验证码并单击“确认”按钮，即可完成调额操作，如图 9-5 所示。

●图 9-5　单击“确认”按钮

用户在不同银行申请提额的时间是不同的，申请临时提额和永久提额的时间也是不同的，下面对各大银行的提额时间进行整理。

➤ 提升临时额度的周期表：每一家银行都会参照自己的相关标准来制定用户的额度。表 9-3 所示为各大银行信用卡提升临时额度的周期表。

表 9-3　各大银行信用卡提升临时额度的周期表

所在银行	第一次临时额度	第二次临时额度
招商银行	随时	随时
工商银行	随时	1 个月后
建设银行	2 个月后	1 个月后
农业银行	随时	随时
中国银行	有还款记录	随时
交通银行	银行邀请	银行邀请
广发银行	6 个月后	6 个月后
光大银行	3 个月后	3 个月后

> 专家提醒：大部分情况下，用户用卡时间超过半年之后，持卡人向银行提出调高额度的申请会较容易通过。具体能否被通过，还是在于持卡人的刷卡频率是否较高，平时的刷卡额度是否较大，信用记录是否良好等信息。

➤ 提升永久额度的周期表：提升永久额度的要求比提升临时额度的要求要高得多，用户如果没有频繁使用信用卡，而且按时返款，那么是没有可能在短时间内提升永久额度的。表 9-4 所示为各大银行信用卡提升永久额度的周期表。

表 9-4　各大银行信用卡提升永久额度的周期表

所在银行	第一次永久额度	第二次永久额度
招商银行	3 个月后	3 个月后
工商银行	6 个月后	6 个月后
建设银行	6 个月后	6 个月后
农业银行	6 个月后	随时
中国银行	6 个月后	3 个月后
交通银行	银行邀请	银行邀请
广发银行	6 个月后	6 个月后
光大银行	6 个月后	6 个月后

9.5　额度管理，手银调额就是快

除了分期还款外，额度也是大家比较关注的一个方面，高额度的信用卡总是比较受欢迎。当然，用户也可以在用卡的过程中，通过手机银行来调整信用卡额度，以满足自己的消费需求。

9.5.1　通过手机银行调整额度

申请提示额度最有效的方式就是告知银行，持卡人近期有大额的消费需求，需要银行提高额度。

在方式上持卡人可以通过拨打银行的客服电话进行申请，客服人员在核实持卡人的身份及提额需求后，会在一段时间内为持卡人提高额度。另外，用户也可以用手机银行快速提升临时额度，这种方式方便快捷，是申请临时额度的首选方式，但其提升空间有一定的限制。

【实战】： 下面以建设银行手机银行为例，介绍调整额度的操作方法。

步骤 01 进入“信用卡管理”界面，在“额度管理”选项区中点击“额度调整”按钮，如图 9-6 所示。

步骤 02 执行操作后，进入“额度调整”界面，点击“信用卡”一栏可以在弹出的菜单中选择要调整额度的信用卡，点击“确定”按钮保存即可，如图 9-7 所示。

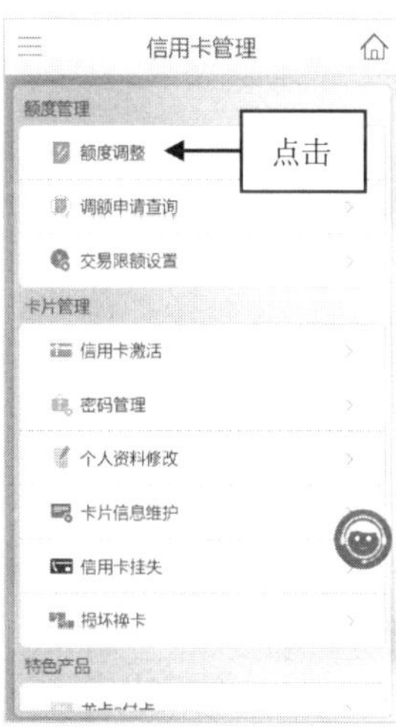

• 图 9-6　点击“额度调整”按钮

• 图 9-7　选择要调整额度的信用卡

步骤 03 选择好信用卡后，进入“额度调整”界面，点击“调整额度”按钮，如图 9-8 所示。

步骤 04 执行操作后，进入“调额申请”界面，在“申请额度”文本框中输入相应的资金数值，如图 9-9 所示。

• 图 9-8　点击“调整额度”按钮

• 图 9-9　设置申请额度数值

步骤 05 点击“选择日期”按钮进入其界面，选择相应的生效日和失效日，如图 9-10 所示。

步骤 06 点击“确定”按钮，设置好调整申请的相关选项后，点击“下一步”按钮，如图 9-11 所示。

• 图 9-10　选择日期

• 图 9-11　点击“下一步”按钮

步骤 07 执行操作后，确认申请信息是否正确，在“验证码”文本框中输入手机接收到的短信验证码，点击“确定”按钮即可完成调额申请操作。

> 专家提醒：用户通过建设银行手机银行申请提额后，可以在“信用卡管理”界面的“额度管理”选项区中点击“调额申请查询”按钮查看申请状况。

9.5.2 设置交易限额保证安全

用户可以通过手机银行为自己名下的信用卡设置一个账单周期内的消费、取现等交易的累积额度，限制当期可用额度及取现额度，可以在一定程度上保证安全。

【实战】： 下面以建设银行手机银行为例，介绍设置交易限额的操作方法。

步骤 01 在“信用卡管理”界面的“额度管理”选项区中点击“交易限额设置”按钮进入其界面，点击“是否设置限额”选项右侧的“否”按钮，如图 9-12 所示。

步骤 02 执行操作后，可以在下方输入本期交易限额的数值，输入短信验证码并点击“确定”按钮保存即可，如图 9-13 所示。

• 图 9-12　点击“否”按钮

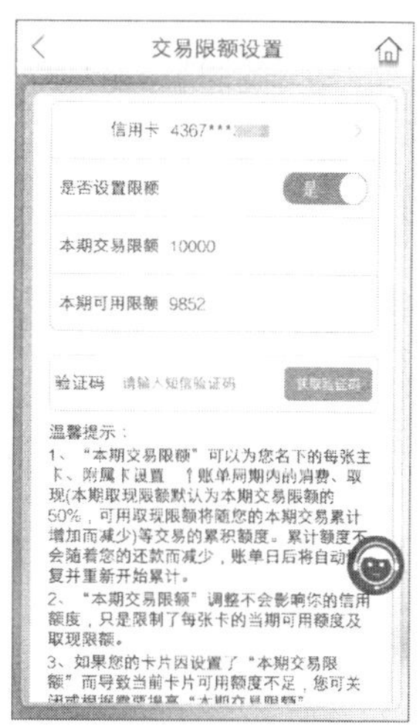

• 图 9-13　输入数值和验证码

9.6 额度管理，操作便捷，快速提额

现在大多数人手里都有信用卡，关于信用卡的提额方式也有很多种。在诸多提额方式中，微信银行以其操作便捷、提额快速的优点被用户所支持。

9.6.1 通过微信申请临时调额

查询用户信用卡的用户额度是微信银行的基本功能，所有的微信银行都会具备这个功能。由于查询信用卡的额度涉及个人隐私，所以用户在进行这一操作时，必须要先绑定个人信用卡。

在微信银行推送的信用卡额度信息中，用户除了看到信用卡的信用额度之后，还可看到可用额度、可取现额度等信息。

【实战】： 下面以建设银行的微信银行为例，介绍申请临时调额的操作方法。

步骤 01 进入建设银行的微信公众平台，选择“信用卡”|“额度管理”选项，出现操作提示信息，同时信息中也会显示信用卡的额度详情，点击“点击这里，立即申请”超链接，如图 9-14 所示。

步骤 02 执行操作后，进入“身份验证”界面，输入相应的手机后 4 位与短信验证码，点击“确定”按钮，如图 9-15 所示。

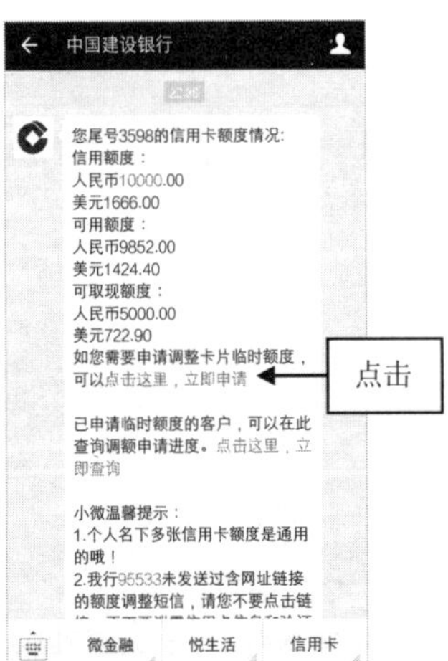

•图 9-14 点击“点击这里，立即申请”超链接 •图 9-15 “身份验证”界面

步骤 03 进入“信用卡调额”界面，选择信用卡卡号和调额类型，点击“下一步”按钮，如图 9-16 所示。

步骤 04 执行操作后，输入申请额度的具体金额，如图 9-17 所示。

步骤 05 设置好临时额度的生效日和失效日后，选中相关协议，点击“下一步”按钮。输入短信验证码，点击“确定”按钮即可完成操作，如图 9-18 所示。

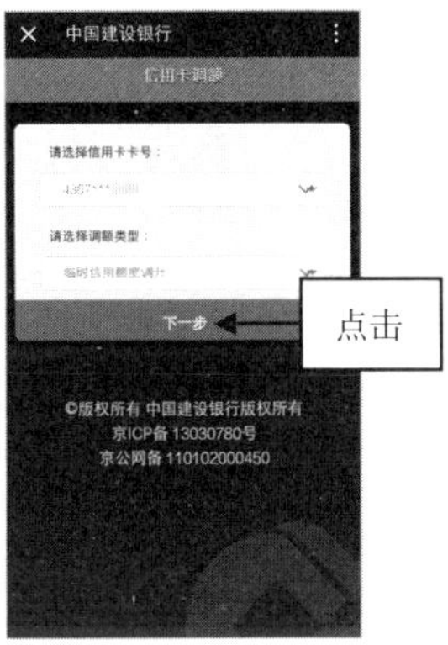

●图 9-16 点击“下一步”按钮

●图 9-17 输入申请额度

●图 9-18 点击“确定”按钮

9.6.2 快速查询调额申请进度

如果已经申请了临时额度的调整，即可通过微信银行来查询调额申请进度。

【实战】：下面以建设银行的微信银行为例，介绍查询调额申请进度的具体操作方法。

步骤 01 进入建设银行的微信公众平台，选择“信用卡”|“额度管理”选项，出现操作提示信息，点击查询调额申请进度的“点击这里，立即查询”超链接，如图 9-19 所示。

步骤 02 进入“身份验证”界面，输入相应的手机后 4 位与短信验证码，点击“确定”按钮，如图 9-20 所示，即可显示查询结果。

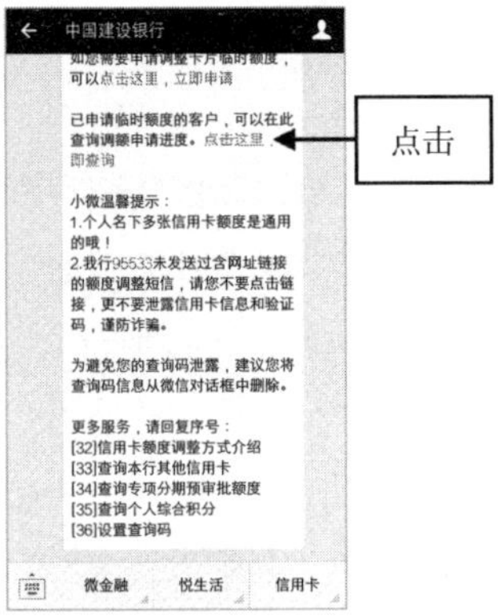

●图 9-19　点击“点击这里，立即查询”超链接

●图 9-20　点击“确定”按钮

9.7　提额法则，记录好分值高

获得较高的信用额度对于持卡人来说是比较有利的，不仅可以运转更多的信用卡资金，方便购物消费，而且刷爆卡超限的概率也会减少，从而降低产生意外收费的概率。

9.7.1　信用要凭记录来考察

信用卡就是体现个人信用的指标。有了可靠的信用，别人才会信任你。只要你能保证做到按时还债，非常的方便，还可以帮助提升自己的信用度，从信用额度为几百元的普通卡升级到额度为几千元的金卡，甚至额度为上万元的白金卡。反之，不能履行还债义务，则会对个人信用产生消极影响，获得信用卡将难上加难。

个人、企业信用报告记录的内容，主要包括以下内容。

（1）个人信用记录包含个人基本信息、银行信贷交易信息及其他信息三个方面。

➢ 个人基本信息：主要是指个人身份信息、婚姻状况信息等。

➢ 银行信贷交易信息：主要是指个人在各商业银行办理贷款和信用卡的信息，包括账户的基本信息、当前的还款信息和逾期信息等信息。

- 其他信息：主要是指与个人信用状况密切相关的行政处罚信息、法院强制执行信息等社会公共信息。

（2）企业信用记录包含企业基本信息、信贷信息、非银行信用信息三个方面。

- 企业基本信息：包括企业概况信息（工商、质检部门信息）、高管人员信息、资本构成信息、对外投资信息、借款人财务信息。
- 信贷信息：包括信贷信息、当前对外担保信息、被担保信息、垫款信息、公开授信信息、欠息信息、资产剥离信息、冲销信息等。其中，信贷信息是指贷款、担保、银行承兑、信用证、票据贴现、保理、贸易融资、保函、公开授信等。
- 非银行信用信息：主要是指政府部门与企业发生的相关信息。包括环保违法、工资拖欠、欠缴税费等信息。

9.7.2　针对性培养信用分值

信用分值和信用等级如实地反映了持卡人的信用状况，是个人信用的积累。如果你是喜欢花钱、为经济多做贡献的消费者，不妨首先提高自己的信用分数，这样才能在购买商品和服务时享受更有利的条件。

来自美国的艾伯特买过 4 次房子，贷过 4 次款。艾伯特曾说："只听贷款员说我的信用分值很好，不知道为什么，但我从来都不知道自己的信用分到底是多少？"

近日，艾伯特准备用现金给刚刚大学毕业的儿子买辆车，销售员说要查一下他的信用分。艾伯特问销售员："现金买车为什么要查信用分？"销售员说这是规定。查完回来，销售员竟然对艾伯特说："你真棒，我从来没见过这么高的信用分。"

艾伯特问是多少，销售员说有 835 分，而满分是 850 分。要知道，在美国 75 分就可以通过考试拿贷款员执照，信用分 740 分就可以拿到最好贷款利率。

信用体现了一个人偿还债务的能力和愿望，银行更愿意把钱借给讲信用的人。贷款额上限是由贷款人的经济状况决定的，能不能贷到款或利率好坏是由贷款人的信用分决定的。因此，持卡人一定要养成按时全额还款的习惯，应避免因还款不及时而超出免息期支付利息，否则不但不利于提升信用额度，还可能产生信用记录污点。

9.7.3　申办时提供充分资料

要想获得比较高的信用额度，可以采用以下两种方法。

（1）在办卡时尽量多地提供资产证明，如收入证明、房产证明、汽车产权证明、银行存款证明及有价证券凭证等，这样可以帮助银行更好地做资产评估。公务员、在大型事业单位工作、企业资信良好，都有助于办卡人取得较好的信用。而如果是在户口所在地办卡的话，也会有一定的帮助。

（2）办卡时有一张表格需要填写，有些办卡人嫌麻烦不愿填写完整，然而对于银行而言，填写得越完整越有利于申请到合适的信用额度。

你如果想要大幅提高申请时的信用额度，还是要认真准备各种信用证件，如收入证明、房屋产权证明、按揭购房证明、汽车产权证明、银行存款证明等。千万不要嫌麻烦，因为材料越充分就意味着你越能成功申请到高信用额。

9.7.4　选择高额度的信用卡

持卡人如何才能快速提高自己的信用额度呢？下面进行介绍。

（1）好单位拥有好信用。银行一般都非常看重持卡者的工作单位，一些商业银行在重点大企业甚至设有专门的客服人员，这些企业的人在申请提额度时只要说明是正式员工，查证信用记录清白，上调几千元是非常容易的。

（2）充分展示你的资产。向银行提供充分的财力证明，诸如：存折、工资卡、自有车辆行驶证、高尔夫等高档会所俱乐部的会员卡及会籍资格证明、其他银行的信用卡及近期对账单、自有商品房房产证等。持卡人可以充分展示你的所有流动资产、固定资产甚至隐形资产。

9.7.5　持续频繁的刷卡消费

信用卡提额是很多持卡人关注的焦点问题，关于怎样用卡可以使手中的信用卡提额更顺利地得到审批，笔者特意详细咨询了多家银行的信用卡客服中心，几乎所有银行客服的回答都是根据用卡情况，系统综合分析判断来评定能否为信用卡提额，诸如频繁使用、按时还款、无不良记录、消费类型多样化、少取现等。

银行发行信用卡的目的就是为了让持卡人进行有效消费，而且消费越多越好，这样银行就能灵活周转资金并获得收入，所以想要提升信用额度就必须在刷卡的持续性和频繁性方面下功夫。

（1）持续性是指拥有信用卡之后，要坚持长期刷卡消费，最好连续三个月以上每个月都有刷卡消费额度产生，别用一段时间后又冷冻很长一段时间。

（2）频繁性就是在可以刷卡消费的地方尽量刷卡消费，不论金额大小都刷卡，刷的次数和商家越多越好，若是集中一次性刷卡的话，很容易被银行认为有套现嫌疑，很难提额。

做到了以上两点，信用卡活跃指数就较高，申请提高信用额度获批的可能性就会增大。

> 专家提醒：在过节或者有大型采购消费的时候，一定要多申请提高临时信用额度，申请的次数越多，并且有消费额度产生的话，银行就会考虑提升你的长期信用额度，这样你的提额申请就很容易通过了。需要注意的是，临时额度的上调期限通常为一个账单周期，即一个月，最长不超过 3 个月。

9.7.6 偶然刷爆一下信用卡

如果用户每月的消费金额都远远没有达到或超过信用卡本身的信用额度的话，银行就会认为这样的信用额度对用户来说是足够的。因此，持卡人最好每个月的刷卡消费金额都超过信用额度的三成以上，偶尔刷爆一下，当然事后要记得及时还账，这样银行就会认为你还有更多信用额度需要，才会考虑给你提升信用额度。

中国的新年通常是消费旺季，信用卡交易频繁，因此每年到了这个时候，主动为持卡人上调信用卡临时额度，几乎成了银行的惯例。

笔者为此咨询了某行信用卡中心相关人士，该人士表示，现在信用卡额度确实卡得比较紧。之前只要持卡人的信用记录不是特别差，一般打个电话申请就有可能提高。但是现在不一样了，提出申请后不仅要看持卡人的消费记录及在银行的净资产，而且还要排除恶意套现等行为。该人士表示，这跟近年来发生的信用卡借贷风波有关，有持卡人还不上钱或恶意套现，因此不少人上了银行“黑名单”。笔者还从其他方面了解到，信用卡额度现在卡得比较严，主要是由于一些不良贷款比较多。

在目前信用卡额度两极分化日趋严重的背景下，不少持卡人都在担忧：怎样保住我的额度？笔者认为，虽然银行审核力度较为严格，但只要不是恶意透支，是持卡人正常刷卡消费，提高透支额度还是可能的，毕竟银行也不会因不良率上升而因噎废食。

9.7.7 销卡威胁或休眠暂停

赵先生是一家公司总裁，两年前办了一张额度为 5 万元的白金信用卡，后来他又通过网银的自助调额系统将信用卡额度调整为 10 万元。但是，不久后赵先生的额度被当地银行卡部降为 2 000 元。

之后，赵先生多次打电话给银行要求恢复他的额度，银行客服都推说要他提供新的财力证明到当地卡部。由于没有新的财力证明，赵先生只好就此作罢。临近信用卡要收年费时，虽然有点不舍得，但他这次却下定决心要把卡销掉。

赵先生打电话给银行客服，接电话的工作人员一听赵先生要销卡就沉默了。过了有 5 秒钟，工作人员问赵先生为什么要销卡，赵先生说他的额度被降为 2 000 元，且一直不恢复，对他来说这张信用卡等于没用。工作人员表示现在销卡要收 1 500 元的年费，提醒赵先生可以刷到免年费的条件时，再考虑是否销卡。赵先生反问道：“2 000 元的额度怎么刷到 20 万元的免年费条件？”工作人员又问赵先生希望调整到多少额度，赵先生说他原来是 10 万元的额度。工作人员操作了一段时间后，告诉赵先生帮他调整回来了。与此同时，赵先生的手机短信收到信息，显示信用卡额度调整为 10 万元。

从本例可以看出，销卡对银行客服人员的影响也是很大的。因此，当持卡人提出多次申请并且遭拒之后，就可以考虑使用此方法，直接告诉银行的客服或工作人员，如果信用卡额度满足不了实际需要的话就会考虑销卡，最好能够摆出一些事实。当然，态度不能太差，最好软中带硬，这样就容易获得商量和周旋的余地。

此外，若是银行长期不审批通过申请的话，也可以让卡暂停消费一段时间，使卡处于休眠状态，这样银行通常为了刺激和鼓励持卡人进行信用卡消费，在审批提升信用额度申请方面态度可能会软化一点。

9.7.8 曲线提额可能会更快

曲线提额是众卡友自创的词汇，源自“曲线救国”，多指不通过拨打信用卡中心客服电话要求提额，而采取其他欲提高信用卡额度的行动。运用最低额还款说明最近需要用钱，并可让银行得到利息，根据以往信用良好等情况，可达到提额目的。

1. 为什么要进行曲线提额

直接申请提额会碰到很多困难，比如以下方面。

（1）消耗的时间太长。比如，某些银行规定，持卡人用卡时间必须满 3 个月（有的则是半年或 9 个月）才能申请提高信用卡固定额度。

（2）申请的过程复杂。当持卡人满足时间条件后申请提额时，银行还要看持卡人在这段时间内的消费、还款、是否取现、分期及持卡人自身条件等诸多因素。

（3）提升的额度有限。多数银行提升信用卡固定额度的标准，一般不会超过原有信用卡额度的 50%。如果申请提额成功，那么距下次能申请提额的时间，至少是三个月以后，曲线提额的话就完全不用去等这三个月。

2. 曲线提额的方法

既然曲线提额的效果如此高，那么，究竟是如何做到的呢？

（1）向银行表达强烈的提额愿望。直接打电话到信用卡中心，要求复审，态度要强硬，可以质问他们批卡的时候怎么审核的？这也是曲线提额的一种方式！委婉一点的做法是附加自己的材料，如房产证、行驶证等再去申请该另外的卡种，并注明期望额度。

（2）坚持用卡，多次申办信用卡。先用满 3 个月，如果该银行支持 3 个月申请提升固定额度，就先打电话试试，成功或失败都不要紧，接下来就是再次申请该银行的信用卡。通过不断申请同一家银行的信用卡达到提高个人总额度的目的。另外，新卡批下来后，再次在 3 个月后申请提额。

3. 曲线提额的注意事项

在使用曲线提额的方法时，持卡人不要一味地追求高额度，应量力而行，一般信用额度在持卡人月薪的 4 ～ 5 倍，保证够突发情况消费的需要即可。

9.8 避免失信，牢记用卡细节

可以说，信用记录对提升额度起到了关键作用。“为了避免出现信用不良记录，每个人最好不要超过 2 张信用卡，否则很有可能上银行失信名单。”出席在北京召开的“首届中国信用管理社团建设研讨会”的信用专家提醒人们。因此，除了持有较少的信用卡外，用户还需注意避免信用卡失信的细节。否则，不但提升信用卡额度遥遥无期，银行还很可能会拒绝你的办卡、续卡等要求。

9.8.1 信用卡欠款零头数

对于刚刚使用信用卡的消费者来说，很多人似乎都对信用卡罚息没有深刻了解。但钟先生却深有体会。有一次在某家具城，钟先生刷信用卡买下了一套皮质沙发。寄来的账单显示总额为 10 011 元，钟先生还款时只还了 1 万元，心想剩下几块钱零头干脆与下月的账单一起还算了。只是后来账单上出现的利息和滞纳金费用让钟先生摸不着头脑。致电银行客服时，他才知道原来不管是欠 1 万元，还是只欠了剩余的 11 元，银行都是按账单总额来计算罚息和滞纳金的。

消费者在使用没有取消全额罚息制度的银行信用卡时，千万不能忽视未还余额，宁可多还也不要留有“未还清余款”。另外，不要超出额度消费，否则会被收取“超限费用”。

专家提醒：下面看看部分罚息与全额罚息的区别。

部分罚息是指发卡机构只对当月未还款部分计收从银行记账日起至还款日止的透支利息。计算公式为：未还款额 × 日利息（0.05%/ 天）× 记账日至还款日的天数

全额罚息是指只要持卡人当月没有全额还款，银行将对全部透支款项从记账日起至还款日止收取每日利息，直到本息全部还清。计算公式为：消费总金额 × 日利息 × 记账日至首次还款日的天数 + 未还款额 × 日利息 × 首次还款日至二次还款日的天数

例如，假设钟先生是在 11 月 1 日时刷卡消费了 10 011 元，当月无其他消费及应还款，11 月 30 日还款日当天，钟先生只还了 1 万元，剩下的 1 元是在 11 月 15 日当天才还清。

按照部分计息方式，钟先生在 11 月 15 日时必须还利息：11 元 ×0.05%×45 = 0.247 5 元。

按照全额计息法，钟先生到期应还的利息为 10 000×0.05%×29 + 11×0.05%×16 天 = 145.088 元。

同样是欠款 11 元，采用两种不同的计息方式，利息相差了 140 多元。

9.8.2　牢记信用卡还款日

家住宝城的梁京去年办了一张信用卡，有三次未及时还款，前不久他计划买住房时，去售楼部打听得知，如果信用记录不好、以前有逾期还款记录，银行将对房贷利率不给予最大的优惠。

想来想去，梁京只好销掉了这张信用卡，因为在他看来，这张卡不存在了，附着在这张卡上的记录也会一并销掉。

梁京的做法是非常错误的。某国有银行的相关人士称，“在个人信用报告上，一般显示的是信用卡最近 24 个月的还款记录。梁先生即使销了卡，逾期还款记录 5 年内会一直保留在他的个人信用报告里。如果想要销掉信用卡相关的逾期记录，就要继续使用至少 24 个月，而且在此期间要做到消费后按期还款，这样才会在他的个人信用报告里给银行留下最近一段时期按期还款的良好印象。”

9.8.3　信用卡年费别忘交

目前，各家银行的信用卡年费标准都有所不同，即便是同一家信用卡中心发行的信用卡，年费标准也会有很大出入，因此持卡人在办卡时就应该先问清楚这个“潜在成本”有多高，尽量选择容易达到年费减免条件的信用卡。

例如，银监会下发《关于进一步规范信用卡业务的通知》明确规定：持卡人激活信用卡之前，银行不得扣收任何费用。此后，银行基本上遵守了这

一规定，对未开卡的普通信用卡不再扣收年费。但持卡人需要注意的是，银行只是对普通信用卡不激活就不收费，对于一些特殊的卡种（如白金卡、汽车卡等），没有开卡使用照样产生年费，而且年费产生于信用卡寄达持卡人的第一个账单周期。

尽管如此，还是有很多持卡人在年费上留下信用污点。原因是这些持卡人办有多张信用卡，开始还能关照到每张信用卡，一年都会刷上三五次，以免除年费。但时间一长，在长期的用卡中，逐渐对某一两张信用卡产生了偏好，经常固定使用一两张信用卡，结果导致其他信用卡进入“睡眠”，没有刷足次数而欠年费，而年费又没有及时归还，造成不良记录。

那么，拿到这些低额度的信用卡后，持卡人要如何避免因信用卡未缴纳年费而产生滞纳金呢？持卡人在办理信用卡前先了解清楚，卡片的额度申请最多是多少，是属于何种币种，卡片运营商又是哪家等。另外，持卡人应定时致电银行客服中心，了解自己的资产情况。

最后，对于长期不使用的信用卡要进行销户。因为银行对不发生交易的卡片也会定期产生年费，并计入持卡人的应还款项。持卡人如果未按时偿还这些年费，会被银行记为“不良信用”。

建议拥有多张信用卡的持卡人，用纸或电子文档记录每张信用卡的信息，包括信用卡的还款日、年费周期、已刷卡次数、信用额度等。

对于有低额度信用卡的人来说，可以通过以下三种方式来提高透支额度。

（1）补充详细资料。在拿到信用卡后，持卡人可主动向银行提供资产收入证明，提供的证明材料越详细，获得银行审批的信用额度可能就越高。

（2）提高刷卡频率。持卡人在日常消费中尽量多用信用卡支付，在连续消费几个月后，可主动向银行提出申请，银行会根据持卡人的消费记录，决定是否需要和可以提高额度。

（3）按时全额还款。应避免因还款不及时而超出免息期支付利息，否则不但不利于提升信用额度，还可能产生信用记录污点。

9.8.4 保存刷卡消费记录

刷卡消费结账时，不要随意将信用卡交由他人，更不要让信用卡离开自己的视线，以避免信用卡信息泄露。信用卡背面的签名栏很重要，如果发现被人盗刷，可以据此进行诉讼，如果发现签名不符，消费者可以据此追偿损失。

9.8.5 账户绑定把握时间

很多人为了防止忘记还款，会把储蓄卡与信用卡绑定自动关联还款。但是这里有一个问题：关联交易最晚必须在最后还款日两天前完成，因为关联功能验证成功最长需要两天，这两天内是不能还款的，如果持卡人的最后还款日刚好在这两天以内，就会还款失败，哪怕储蓄卡里有足够的余额。

在这里，还要注意重复还款的问题。有些人在设置了自动关联还款后还手工还款，觉得这样是双保险，万一手工还款记错金额，还有自动还款补救。其实，系统在自动还款的前一天生成扣款文件，如果持卡人手工还款是在最后还款日，且在自动还款之前，那么仍会产生重复的自动还款，更重要的是，这样往往会产生溢缴款，而取回溢缴款是要收费的。

> 专家提醒：持卡人一定要牢记消费日、账单日和还款日这 3 个日期。消费日即持卡人刷卡的日子，账单日是银行每个月为客户结账的日子，上个账单日之后到这个账单日之前的所有消费，都会记到本期账单上，信用卡还款日是客户应该还钱的日子。不同银行的信用卡账单日不同，免息期也不尽相同。有的银行免息期是 25 ～ 56 天，有的则是 20 ～ 50 天。因此，要想获得最长的免息期，最好是在账单日之后的第二天消费。

9.8.6 熟悉不同还款方式

只要我们采用最低还款方式，就会以全额为基数开始计循环利息，还款时间越迟，利息越高。第二个账单日后，开始计复利，第二次还款时间越迟，复利的计算时间也越长。也就是说——最低还款方式下，还款时间越迟，利息就越高。

一旦你选择最低还款方式，应该尽可能早一些还款，这样可以少交利息，最理想的是在账单日的次日还款（这样利息最少，且不计复利）。

到期还款日还款，是全额还款者才可以享受的待遇。对于最低还款者或部分还款者而言，不但不能得到免息产生的利益，反而会损失更多的利息。

选择最低还款方式，除了不用支付 1% ～ 3% 的手续费外，在利息方面与预借现金没有本质区别——可以把最低还款方式的消费看成是预借现金以后消费（只是免了预借现金的手续费）。

9.8.7 提额后的注意事项

当前各大超市卖场均在想方设法吸引客户消费，而银行也不甘落后。据悉，信用记录良好的客户只需打一个电话，便可以提高国内信用额度，享受超前刷卡消费的乐趣。但你知道吗？提高信用卡额度是有讲究的，如果没有处理好，虽然临时有钱花了，但却会影响以后的信用记录。

1. 临时额度是有期限的

临时提额一般都是在外出、旅游时才会选择临时提高额度，若持卡人现有的信用额度不够时，可事先向银行申请临时调高信用额度，建设银行将根据持卡人的信用状况和用卡情况做出调整。

如果通过建行的审核，提高额度的时间一般为 1 ～ 3 个月不等。各银行信用卡临时额度有效期如下。

（1）建设银行：最长 3 个月。

（2）农业银行：最长 3 个月。

（3）工商银行：一般 60 天。

（4）交通银行：一般 60 天。

（5）中国银行：一般 60 天。

（6）招商银行：一般 1 个月，最长 2 个月。

（7）光大银行：一般 45 天。

（8）中信银行：一般 30 天。

（9）北京银行：最多 30 天。

（10）兴业银行：最长 1 月。

（11）上海银行：一般 1 个月。

各银行对信用卡临时额度有各种巧妙规定，如使用不当，持卡人就只能以损失资金来解决各种问题。

信用卡临时额度是有期限的，到期后将自动恢复为原来的额度。例如，建设银行信用卡和农业银行信用卡的临时额度最长使用期则为 3 个月；光大银行信用卡临时额度有效期一般为 45 天；而招商银行和兴业银行信用卡临时额度使用期一般只有 30 天。有效期到期后，持卡人的信用卡授信额度将自动恢复到原来的额度。持卡人在申请了信用卡临时额度之后一定要注意在有效期内还清临时额度，否则部分银行将会收取超限费，同时也将会产生利息。

2. 临时额度分期有差异

信用卡临时额度部分不能享受分期还款的待遇。例如，招商银行信用卡在店面刷卡无法享受分期付款，刷卡之后如果想分期付款，必须通过电话申请（在出账单之日至少 1 天前申请），如果测评（交易类型、账户已经使用情况等综合评定是否可以予以分期）通过则可享受分期付款，否则也无法享受分期付款；而农业银行信用卡则无法享受分期还款。

例如，持卡人原有信用卡额度为 5 000 元，通过申请，临时额度上调至 8 000 元，如果刷卡消费 8 000 元，分期 10 次还款，那么首次还款时至少应还 3 500 元，其中 3 000 元为临时额度，500 元为最低还款额。否则就要支付利息、滞纳金和超限费。

持卡人需要注意的是，信用卡的临时额度绝不是免费的午餐，如果持卡人确实自身刷卡资金额度不断提高，原来信用卡的授信额度不够使用，建议通过书面申请或者银行客服电话来提高信用卡本身的授信额度，而不用每次都得申请“较为烦琐”的临时额度来缓解资金压力。

3. 临时额度背后的费用

近年来，“临时提额”成了银行春节期间的一项“惯例”。在这段旅游购物消费的黄金期，一些银行会主动为部分信用状况良好、刷卡频繁的持卡客户临时提高信用卡授信额度，增幅在 10% ～ 50% 不等，时限为过年前后的 1 ～ 3 个月。持卡人的额度越高，下次透支得更多，对于很多“存钱意志不坚定”的持卡人来说，其实银行就是纵容他们“超前消费”。“临时提额”期间额度固然上升，同时要注意的风险、还款事项也多了。持卡人在享受临时提额带来的便利时，消费更需谨慎。

（1）临时额度不能享受循环信用。由于临时额度一般不能享受循环信用，在使用中若是超过原信用额度的超额部分，将加入下期对账单的“最低还款额”中，须在到期还款日之前一次还清。

（2）逾期未还会产生高额超限费。临时提额期间的欠账若是逾期未还，该部分欠款将收取 5% 的超限费，还可能造成个人不良信用记录。

如今，刷卡消费环境越来越便利，对于不少年轻都市人来说，出门带一张高额度的白金卡、金卡、黑卡，绝对比揣着几十万元的现金更牛。但是，作为一种提前消费方式，持卡人应该合理规划自己的购物计划，切不可因额度提高而盲目刷卡消费。

4. 小心出现高透支额

有了较高的信用额度并不意味着可以无尽挥霍，尤其是对于还款能力有限但信用额度较高的工薪阶层而言，过高的透支额可能会影响到生活品质，一旦不能及时还款，还要按照日利率万分之五计收利息，并按月计收复利。

李先生失业后成天无所事事，办理了很多银行的信用卡，然后刷卡消费。不到 1 年，李先生已欠下银行 16 多万元。银行催收通知单像雪花一样飞来，催款电话也是一个接一个。

银行方面表示，如果李先生不立即还款就报警。李先生吓坏了，跑回家向母亲哭诉。无奈的老母亲最后决定将自己唯一的一套住房卖掉，拿来还了欠款。

母亲做出这么大牺牲，却并没有让李先生有所警醒，他又开始新一轮的刷卡消费和套现。自己的信用额度用完不说，他还冒用母亲的名义申请了 5 张信用卡，欠款又达到 10 万元。

银行最终向警方报案，李先生随后被抓获。法院经审理后对该案做出判决，认为李先生使用信用卡恶意透支，数额巨大，已构成信用卡诈骗罪，决定判处他有期徒刑 6 年，并处罚金 6 万元。

恶意透支信用卡是犯罪的行为，不管犯罪人如何逃脱，最终都摆脱不了刑事拘留。同时，警方提醒，恶意透支应当追究刑事责任，但在公安机关立案后人民法院判决宣告前已偿还全部透支款息的，可以从轻处罚，情节轻微的，可以免除处罚。恶意透支数额较大，在公安机关立案前已偿还全部透支款息，情节显著轻微的，可以依法不追究刑事责任。

> 专家提醒：根据刑法第一百九十六条规定，利用恶意透支进行信用卡诈骗活动，数额较大的，处五年以下有期徒刑或者拘役，并处二万元以上二十万元以下罚金；数额巨大或者有其他严重情节的，处五年以上十年以下有期徒刑，并处五万元以上五十万元以下罚金；数额特别巨大或者有其他特别严重情节的，处十年以上有期徒刑或者无期徒刑，并处五万元以上五十万元以下罚金或者没收财产。

5. 勿信大额“馅饼”

陈先生最近由于急需用钱，本想找“关系人”提高信用卡的透支额度，没想到被“关系人”骗了一把。

陈先生近日在网上认识到一个叫王强的人，他自称有朋友在银行部门工作，可以帮人办理信用卡并提高信用卡额度，但不办理小额的，只办理大额信用卡。陈先生当即表示想申请大额信用卡，办一张透支额度为 5 万～ 8 万元的信用卡。陈先生与王强见面后，王强给了陈先生一张银行优质客户信用卡申请表让其填写。填好后，王强便拨打银行客服电话，当需要输入密码时，他把电话递给了陈先生，陈先生输入了银行卡密码。此时，王强也悄悄记下了陈先生的银行卡密码。

第二天，在王强的带领下，李某以银行职员的身份与陈先生见面。李某说：“办这种事在单位不方便，咱们到网吧修改网上信息吧。”在网吧里，李某让陈先生登录银行系统填写个人信息。随后，李某以复印其银行卡为由，让王强把银行卡拿走。卡上的信息全部被复制到他们事先准备好的空银行卡上。“你找人先借 8 万元，在卡上只要存 1 个小时，我就可以给你办理透支额度为 8 万元的信用卡。”李某对陈先生说。

陈先生借不到钱，就打电话告诉王强。王强建议：“你先存几千元，然后再取出来。反复几次，就有银行存款流水账记录了，有利于信用额度的申请。”陈先生觉得这个方法不错，便往卡内存入了 8 000 元，随即取出 3 000 元。当他再支取剩余的 5 000 元时，发现钱已被取走。陈先生于是拨打王强的电话，提示音显示对方已关机。陈先生去银行调阅取款记录，发现有人在另外一个储蓄点上通过银行卡将钱取走。想起这两天的经历，陈先生发觉自己被骗了，于是赶紧报了警。王强被公安机关抓获归案后说：“我手中的卡和他手中的卡一模一样，只要他卡上有钱，我就能取出来。”

陈先生从公安机关了解到，犯罪嫌疑人王强、李某通过复制他人银行卡信息的方法伪造他人信用卡，其行为涉嫌伪造金融票证罪，已被检察机关批准逮捕。

银行卡上的信息之所以会泄露，一方面是持卡人自己行为所致；另一方面是由于银行疏于管理。另外，有些不法分子利用在 ATM 机上安装读卡器，以获取储户的银行卡信息，并在数字键盘上方安装针孔摄像头偷窥密码，然后通过复制假卡实现盗刷取现或刷卡消费。

6. 切勿贪图积分奖励

为了鼓励持卡人刷卡消费，银行会设置一定的积分奖励，持卡人可用积分兑换相应的礼品，有些持卡人为了兑换到自己喜欢的礼品而不惜花更多的钱得到积分。

网上流传着的那个著名的故事就一直提醒着持卡人，切莫因为贪图礼品而让自己负累：一位大富翁寿终正寝前把家人叫到床前，颤巍巍地从枕头下摸出一把车钥匙和一张信用卡金卡交给孙子："打你出生那天起，爷爷就想送你一辆车，今天，我终于完成了这个心愿，可以瞑目了。这张卡就不要剪了，我走时把它放在我旁边。"

孙子望着车钥匙和那张磨损得连颜色都快掉光的信用卡，终于明白过来，泪如雨下："爷爷啊爷爷，我终于明白了，这 66.67 年来，你为什么每个月都坚持要刷满 5 万元的信用卡额度，为什么无论刮风下雨也要在最后还款日去缴钱。5 万元 ×12 个月 ×66.67 年 = 4 000 万元，4 000 万元 ÷20 = 200 万积分，原来你是为了给我兑那辆车啊！"

其实，如果不受积分的影响，正常地消费，不花不必要的钱，说不定早在很多年前这辆车的成本就已经省下来了。

7. 防止信用卡被盗刷

有了一定的信用额度，也要学会好好保护和使用，银联宁波分公司工作人员说了这样一件事：曾有一位金卡的持卡人，在使用卡片时没有注意好好保护，结果卡片被盗刷，造成了数万元的损失。所以，持卡人不妨根据自己的消费习惯，随时调节信用额度，平时只要能够保证基本的消费即可。

例如，张先生和朋友在某酒家就餐。一个多小时后埋单时，张先生发现钱包不翼而飞。几乎同时，张先生从手机短信上得知信用卡被盗刷。

自丢失信用卡当晚 20 时 53 分至次日 9 时 28 分，张先生先后拨打 9 次该银行客服电话，第一次电话中，客服人员没有办理挂失手续，也没有按照惯例转接到紧急挂失处，而是要求张先生另行拨打挂失电话。

第二次，张先生等待多时未有人接听，而且此后的 6 次挂失电话也始终未能接通。直到第 9 次电话，才成功办理紧急挂失。另外，尽管张先生与及时出警的民警、酒店工作人员的协助下准备抓贼，但是狡猾、狂妄的盗贼不但在 21 时 16 分 41 秒仍在疯狂地透支信用卡，且在同伙的帮助下顺利从负一层地下停车场溜走了。最终，张先生的信用卡总计被盗用了近 10 000 元。

上述案例中，主要是由于持卡人挂失不成功或挂失耗时过长导致了被盗刷。就此，笔者拨打了包括 5 大国有银行在内的 10 家商业银行的客服热线，通过调查发现，从打通电话（包括等待的时间）到人工服务挂失核对密码、身份证等步骤完成后，整个挂失时间普遍在 4 ～ 6 分钟。

另外，居然还有一些国有银行的电话等待时间比较长，有的甚至要等半分钟或忙音，而有些银行会在等待时间播放银行业务广告。根据以往客户报失银行卡过程中遭盗刷案例来看，若责任主要在银行，通常由银行承担被盗刷金额 50% ～ 70% 的赔偿。

持卡人一旦发现自己的银行卡遗失，其实可通过网上银行转移资金、手机银行挂失、智能终端机紧急挂失三种方式进行紧急挂失。

（1）网上银行转移资金。补办新卡通常需要花费一周左右的时间，但如果持卡人开通过网上银行，可以第一时间通过网上银行将账户内的资金转移到自己另外一张卡内来规避盗刷风险，不但可以节省一笔挂失费用，还可以避免耽误正常的用卡计划。

（2）手机银行挂失。如果持卡人开通了手机银行，并下载了手机银行客户端，只要输入手机号和密码就可以挂失；而对于未开通手机银行的持卡人，就要进行身份证的认证，输入银行卡账户及卡密码才能挂失，顺利的话 2 ～ 3 分钟即可完成整个挂失操作。

（3）智能终端机紧急挂失。一些银行对 ATM 机进行了智能化的改造，因此持卡人通过智能终端机进行及时视频对话及身份核对就可以紧急挂失，这样可以更容易、更快地进行资金冻结。

第 10 章

省心省力：还款轻松有妙招

所有使用信用卡的人都需要在还款日或还款日前进行信用卡还款，以便信用卡的再次使用，而选择合适的还款方式，信用卡还款也可以像刷卡时一样方便快捷。那么，卡民们能通过哪些渠道进行信用卡还款呢？信用卡还款有什么技巧？

本章主要内容包括：

➤ 通过网上银行还款

➤ 通过手机银行还款

➤ 通过微信银行还款

➤ 通过第三方 APP 还款

➤ 信用卡轻松还款攻略

10.1　通过网上银行还款

在各大银行的网上银行平台上，都设有专门用于用户进行还款管理的界面，用户能够进行操作的功能包括一键还款、为本人还款、为他人还款、购汇还款、约定还款账户设置等。

10.1.1　网上银行一键还款

通过网上银行的一键还款功能，可以快速归还用户名下的所有信用卡欠款。

【实战】：下面以建设银行网上银行为例，介绍一键还款的具体操作方法。

步骤 01　登录个人网上银行，在“信用卡”主页导航栏中依次单击“信用卡”|“卡账往来”|“一键还款”按钮，如图 10-1 所示。

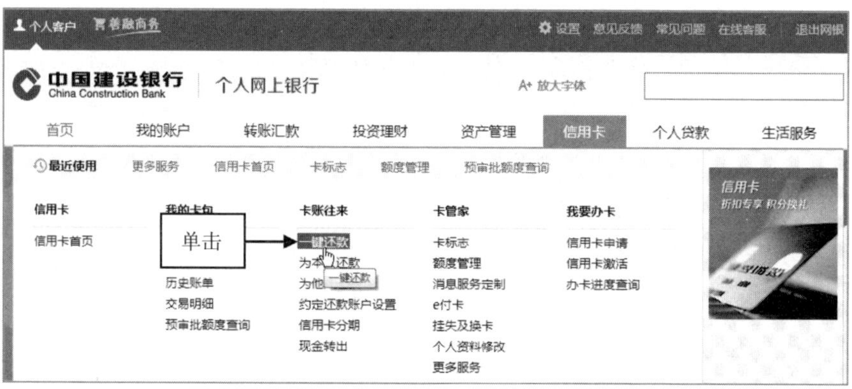

• 图 10-1　单击“一键还款”按钮

专家提醒：没有哪一种信用卡的还款方式会比网银还款更快，无论是从操作方式还是到账速度，网银还款都是非常突出的。只需要绑定一次，用户以后就可以快速进行还款，甚至半分钟就能够完成还款操作。

用户支付的还款费用是实时到账的，不会出现过了几天才到账的情况。如果用户是跨行还款，那么需要 2 天左右才能到账。

步骤 02 执行操作后，进入“一键还款”页面，用户基本上不需要做任何设置，可以看到系统为用户选择了最佳的还款方式，单击“下一步”按钮，如图 10-2 所示。

•图 10-2　单击“下一步”按钮

步骤 03 执行操作后，进入“确认还款信息”页面，确认无误后单击“确认”按钮即可完成还款操作，如图 10-3 所示。

•图 10-3　单击“确认”按钮

10.1.2　为本人信用卡还款

为本人信用卡还款是指给信用卡持卡人本人还款，用户可以自由设置还款账户和还款金额，但需要注意有一个本期最低还需还款。

【实战】： 下面以建设银行网上银行为例，介绍为本人还款的具体操作方法。

步骤 01 进入“为本人还款”页面，选择要还款的信用卡卡号和币种，并设置相应的还款账户和金额，如图 10-4 所示。

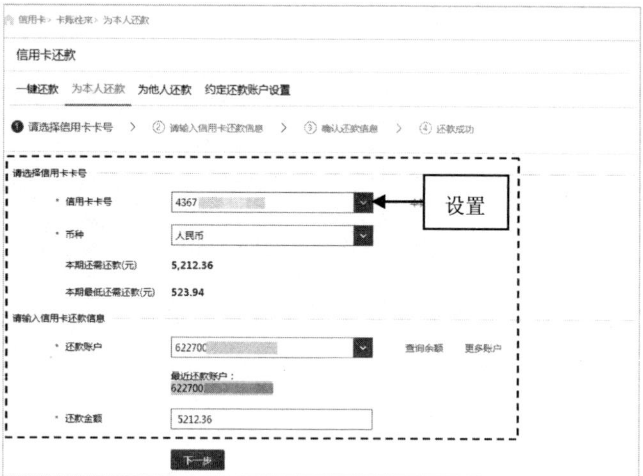

• 图 10-4　输入信用卡还款信息

步骤 02 单击“下一步”按钮，进入“确认还款信息”页面，确认无误后单击“确认”按钮即可完成还款操作，如图 10-5 所示。

• 图 10-5　单击“确认”按钮

10.1.3　为他人信用卡还款

通过网上银行的为他人还款功能，可以给其他人的信用卡账号还款。

【实战】：下面以建设银行网上银行为例，介绍为他人还款的具体操作方法。

步骤 01 进入“为他人还款”页面，如图 10-6 所示，输入要还款的持卡人姓名和信用卡卡号，并设置相应的还款账户和金额，单击“下一步”按钮并根据提示进行操作即可完成还款操作。

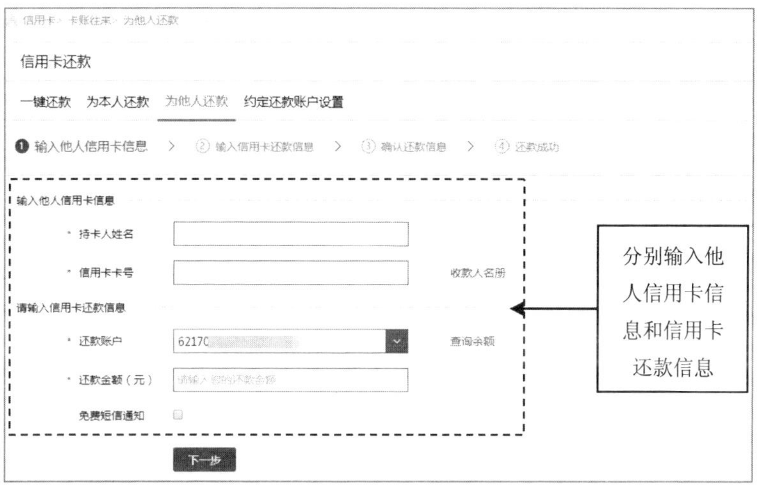

•图 10-6　“为他人还款”页面

步骤 02 用户也可以单击“收款人名册”超链接进入其页面，在此可以搜索持卡人姓名，如图 10-7 所示，可通过单击“持卡人姓名”或“信用卡卡号”快速跳转至为他人信用卡还款页面。

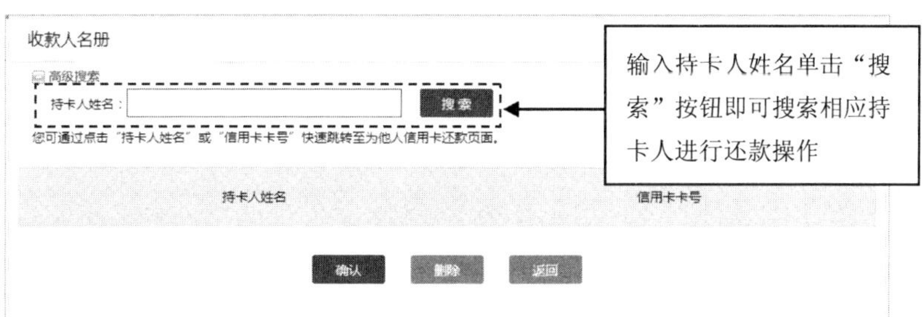

•图 10-7　“收款人名册”页面

10.1.4 境外刷卡购汇还款

在众多功能中，有一个功能是需要用户格外注意的，即人民币自动购汇功能，开通该功能后，用户使用信用卡进行的每一笔外币交易，都将由系统自动转为人民币入账到信用卡账单中，其中汇率为交易入账日的汇率，也就是用户在全球范围内使用其他货币进行交易，只需用人民币进行还款即可。

用户在进行交易的 2 个工作日后可以登录网上银行，查询人民币的未出账单，了解到人民币的汇购账单情况。由于美元在全球的影响力较大，所以非美元的交易会由境外的发卡组织将资金转换为等值的美元，再由招商银行将其转换为人民币入账。

【实战】： 下面以建设银行网上银行为例，介绍购汇还款的具体操作方法。

步骤 01 进入“约定还款账户设置”页面，单击“美元还款账户”选项前的“+”号，如图 10-8 所示。

• 图 10-8 “约定还款账户设置”页面

步骤 02 执行操作后，即可展开美元还款账户，单击右侧的“修改”超链接，如图 10-9 所示。

步骤 03 执行操作后，进入“修改约定还款账户”页面，设置新第一约定还款账户和相应的还款比例，并将“还款方式”设置为“购汇还款”，选中相应的阅读协议，单击“确认”按钮，如图 10-10 所示。

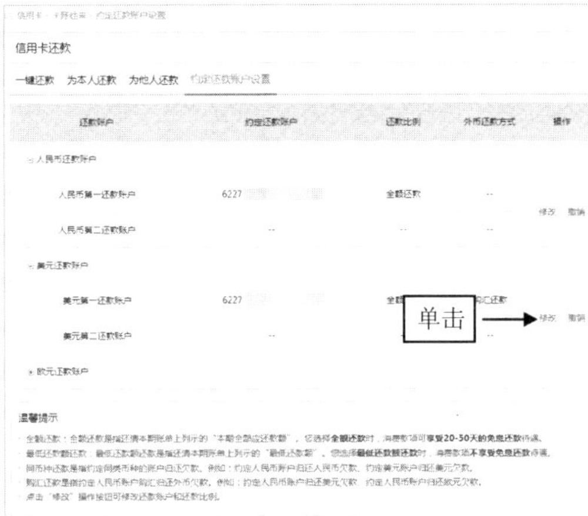

• 图 10-9　单击“修改”超链接

• 图 10-10　修改约定还款账户

步骤 04 执行操作后，进入“确认修改约定还款账户信息”页面，此时系统会自动发一条验证短信到用户手机上，输入相应的短信验证码，并单击“确认”按钮即可，如图 10-11 所示。

在“修改约定还款账户”页面中，各选项主要含义如下。

➢ 全额还款：是指还清本期账单上列示的“本期全部应还款额”。若用户选中“全额还款”单选按钮，则消费款项可享受 20 ～ 50 天的免息还款待遇。

• 图 10-11　确认修改约定还款账户信息

➢ 最低还款额还款：是指还清本期账单上列示的“最低还款额”。若用户选中“最低还款额还款时”单选按钮，则消费款项将无法享受免息还款的待遇。

➢ 同币种还款：是指约定同类币种的账户归还欠款。例如，约定人民币账户归还人民币欠款、约定美元账户归还美元欠款。

➢ 购汇还款：是指约定人民币账户购汇归还外币欠款。例如，约定人民币账户归还美元欠款、约定人民币账户归还欧元欠款。

需要注意的是，如果用户的信用卡账户中人民币存款不足，或者当天没有联机人民币存款交易，此时进行购汇还款会自动扣除用户的人民币信用额度，并会产生一定的利息。

10.2　通过手机银行还款

随着智能手机的日益普及，信用卡用户在进行信用卡还款时也可以通过手机银行来快捷完成。

10.2.1　手机还款更加快捷方便

如果说网上银行的功能非常全面而且省事，那么手机版的网上银行在功能操作上就更加便捷。

基本上所有的银行都会开通手机银行，手机银行的功能与网上银行类似，全面性特点非常突出，比如快捷查询信用卡账单、查询银行网点信息、进行智能记账等操作，最主要的还是随时随地实时还款功能。

用户不用打电话、不用跑网点、不用开电脑，就能够通过手机随时随地进行还款操作，而且也不分周末或者节假日，资金实时到账。

【实战】：下面以建设银行手机银行为例，介绍信用卡还款的操作方法。

步骤 01 进入“信用卡”主界面，点击“我要还款”按钮，如图 10-12 所示。

步骤 02 执行操作后，进入“我要还款”界面，点击“为本人还款”按钮，如图 10-13 所示。

●图 10-12　点击“我要还款”按钮

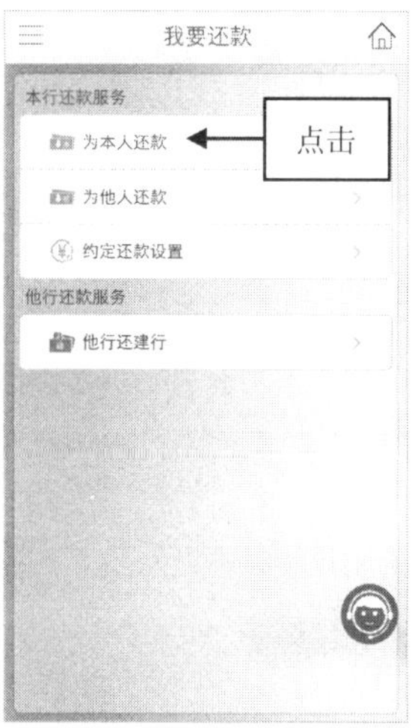

●图 10-13　点击“为本人还款”按钮

步骤 03 进入“为本人还款”界面，此处有“一键还款”和“按卡号还款”两种方式，在“一键还款”选项卡中又可以分为本期还需还款、本期最低还需还款、当前总欠款三种还款方式，如图 10-14 所示。

步骤 04 在“按卡号还款”选项卡中，用户可以设置要还款的信用卡卡号、还款账户及还款金额，如图 10-15 所示。

•图 10-14 “一键还款”选项卡

•图 10-15 “按卡号还款”选项卡

步骤 05 例如，在“一键还款”选项卡中选择“本期最低还需还款”选项进入“一键还款”界面，确认还款金额和还款账户，点击“下一步”按钮，如图 10-16 所示。

步骤 06 确认还款信息无误后，点击“确定”按钮，如图 10-17 所示。

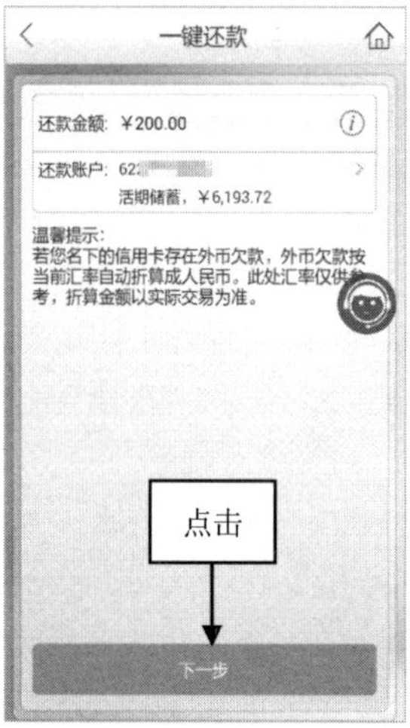

•图 10-16 点击“下一步”按钮

•图 10-17 点击“确定”按钮

步骤 07 执行操作后信用卡即可还款成功，点击“返回”按钮，如图 10-18 所示。

步骤 08 另外，用户也可以通过手机银行为他人信用卡还款，在“我要还款”界面，点击“为他人还款”按钮，设置相应的信用卡卡号、姓名、还款账户、还款金额，如图 10-19 所示，点击“下一步”按钮根据提示进行操作即可完成还款操作。

• 图 10-18　点击“返回”按钮

• 图 10-19　“为他人还款”界面

10.2.2　更省心的设置约定还款

用户可以通过手机银行设置约定还款选项，包括还款账户、还款比例等。

【实战】: 下面以建设银行手机银行为例，介绍设置约定还款的操作方法。

步骤 01 进入“我要还款”界面，点击“约定还款设置”按钮进入其界面，点击“变更约定”按钮，如图 10-20 所示。

步骤 02 执行操作后，进入编辑状态，点击“还款比例”一栏，如图 10-21 所示。

步骤 03 在弹出的菜单中选择“最低还款”选项，点击“确定”按钮，如图 10-22 所示。

步骤 04 执行操作后，设置相应的还款信息，点击“下一步”按钮，确认还款信息，输入验证码后点击“确定”按钮即可保存设置，如图 10-23 所示。

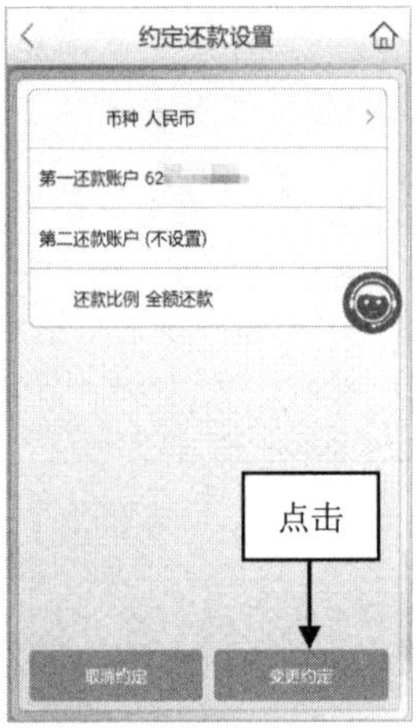

•图 10-20　点击“变更约定”按钮

•图 10-21　点击“还款比例”一栏

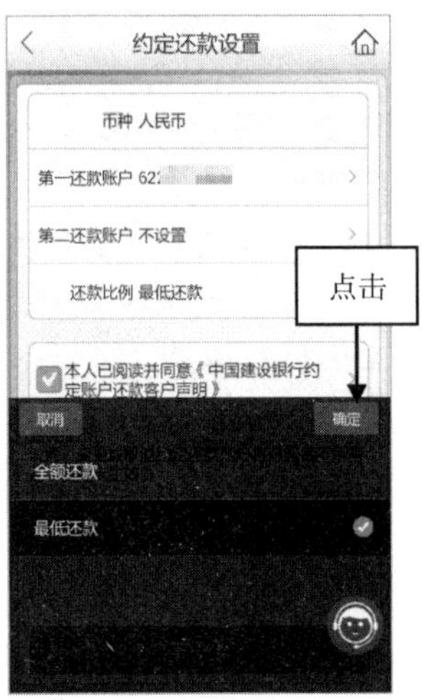

•图 10-22　点击“确定”按钮

•图 10-23　确认还款信息

10.3　通过微信银行还款

现在大多数人手里都有信用卡，关于信用卡的提醒方式也有很多种。在诸多提醒方式中，微信银行以其操作便捷、通知快速的优点被用户所支持。

另外，使用微信银行进行分期和还款等操作，可以更加省心、省时、省力。

10.3.1 微信支付轻松还款

用户通过微信进行还款可以分为微信银行还款和微信功能还款两种，关于微信银行的相关操作步骤在之前的章节中已经详细讲解，下面主要针对微信功能还款进行说明。

用户在微信的个人中心可以点击“钱包”按钮，进入钱包中心，然后选择信用卡还款功能。用户通过微信还款需要先绑定信用卡，绑定之后用户直接点击信用卡就直接进入还款界面，输入还款金额，点击“还款”按钮就能进行还款，到账速度也非常快。

除了还款功能，用户还可以在微信上设置还款日提醒，邀请好友帮忙还款等操作，也可以绑定微信银行的公众号，查看更多信息，比如详细账单等。

图 10-24 所示为微信信用卡还款的相关界面。

• 图 10-24　微信信用卡还款的相关界面

10.3.2 体验快捷分期还款

信用卡分期业务是指用户无法一次性对信用卡的账单进行还款时，用户可以选择分多期进行还款。

用户通过网上银行申请账单分期已经足够方便，但是微信银行的申请账单分期功能则能实现持卡人随时随地申请账单分期的需求。

【实战】： 下面以建设银行的微信银行为例，介绍信用卡分期的具体操作方法。

步骤 01 进入建设银行的微信公众平台，选择“信用卡”|“账单分期/现金分期”选项，出现操作提示，点击“点击这里，申请账单分期”超链接，如图 10-25 所示。

步骤 02 执行操作后，进入“身份验证”界面，如图 10-26 所示。输入相应的手机后 4 位与短信验证码，点击“确定”按钮根据提示进行操作即可。

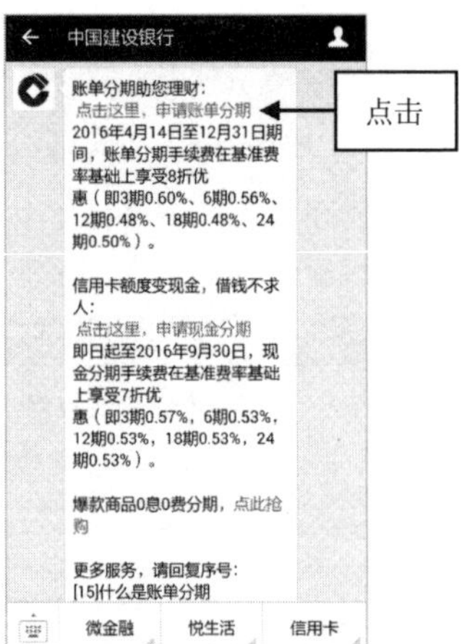

●图 10-25　点击“点击这里，申请账单分期”超链接

●图 10-26　“身份验证”界面

用户可以通过微信银行向银行申请信用卡账单分期和现金分期。

- 业务特点：手续非常简便，办理过程较为快捷，用户无须抵押物品，而银行的授信额度可被用户循环使用。到账的速度很快，能够解决用户的燃眉之急。
- 期限问题：不同银行的期限不同，最长为 3 年。
- 利率问题：不同银行的利率不同，一般是比基准利率要高些。

步骤 03 用户也可以在步骤 01 的图中点击“点此抢购”超链接，进入分期购物活动页面，选择相应商品后，点击“去抢购”按钮，如图 10-27 所示。

步骤 04 执行操作后，进入“个人商城”页面，选择分期支付方式，如图 10-28 所示，点击“立即购买”按钮根据提示进行分期操作即可。

• 图 10-27　点击“去抢购”按钮

• 图 10-28　选择分期支付方式

10.3.3　查询账单交易详情

【实战】： 下面以建设银行的微信银行为例，介绍用微信银行查询账单交易详情的具体操作方法。

步骤 01 使用建设银行微信银行可以快速查询分期交易信息，选择“信用卡”|“账单分期 / 现金分期”选项，出现操作提示，回复数字 39 即可查看信用卡账单，如图 10-29 所示。

步骤 02 继续回复数字 45，出现操作提示，点击“点击这里，立即查询”超链接，如图 10-30 所示。

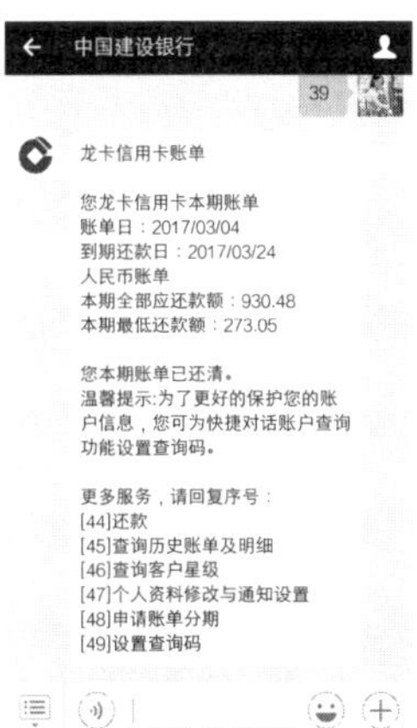

• 图 10-29　查看信用卡账单

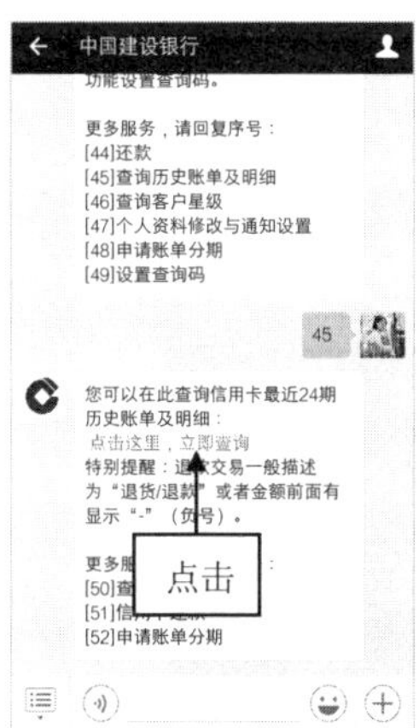

• 图 10-30　点击“点击这里，立即查询”超链接

步骤 03 进入“身份验证”界面，输入相应的手机后 4 位与短信验证码，点击“确定”按钮，如图 10-31 所示。

步骤 04 执行操作后，进入“账单明细查询”页面，用户可以设置相应的起始时间和截止时间，点击“查询”按钮，如图 10-32 所示。

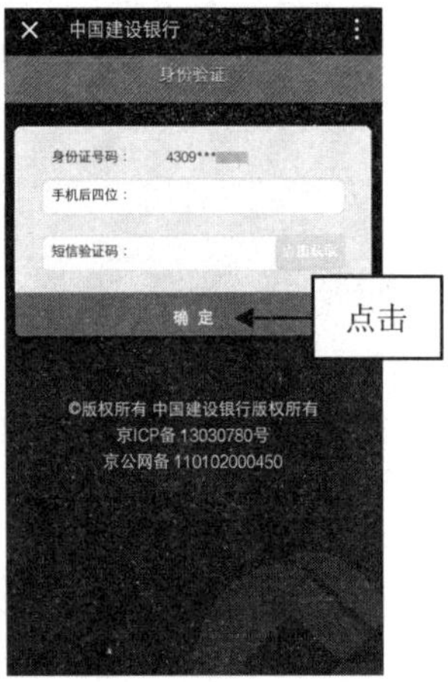

•图 10-31　点击“确定”按钮

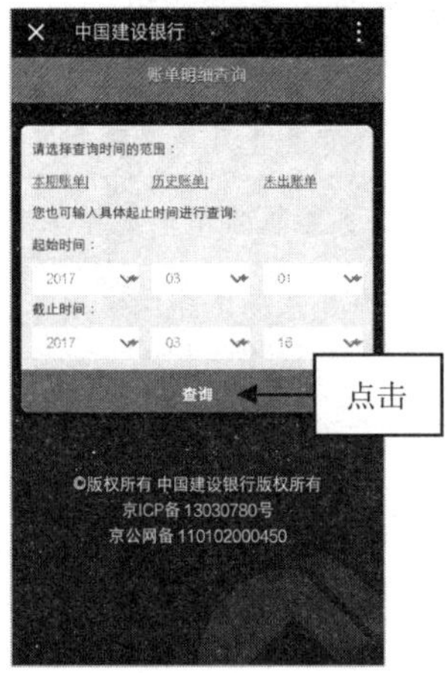

•图 10-32　点击“查询”按钮

步骤 05 执行操作后，即可查看详细的交易项目，如图 10-33 所示。

步骤 06 点击“筛选”按钮，点击“交易类型”选项右侧的“全部”按钮，如图 10-34 所示。

•图 10-33　查看详细的交易项目

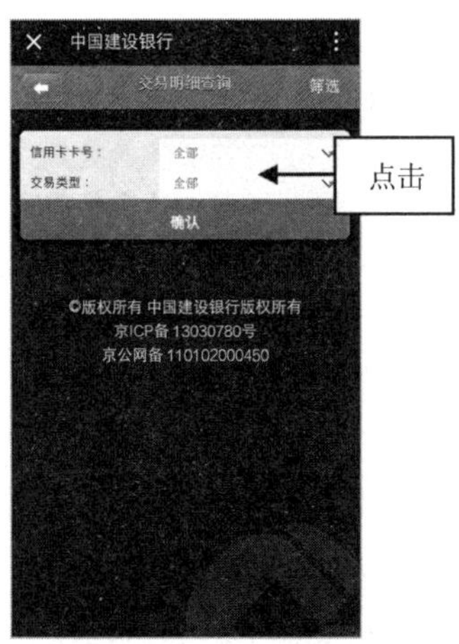

•图 10-34　点击“全部”按钮

步骤 07 在弹出的菜单中选择相应的交易类型，如“消费”，如图 10-35 所示。

步骤 08 设置好交易类型后，点击“确认”按钮，如图 10-36 所示。

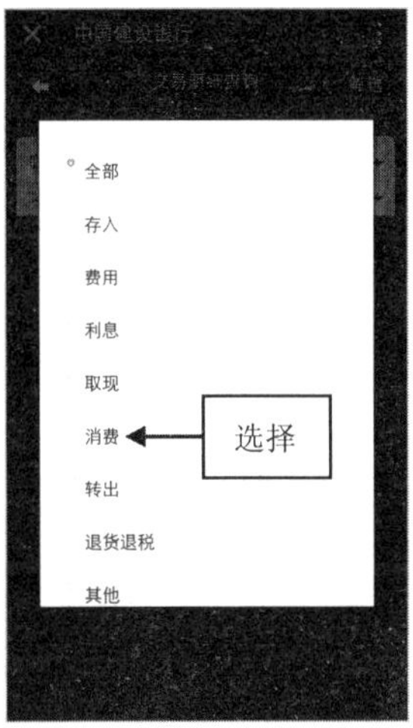

●图 10-35　选择相应的交易类型

●图 10-36　点击“确认”按钮

步骤 09 执行操作后，即可显示所有的消费账单，点击相应账单可以展开查看其详情，如图 10-37 所示。

步骤 10 在图 10-32 中点击“历史账单”超链接，可以查看所有的历史账单，如图 10-38 所示。

●图 10-37　展开查看账单详情

●图 10-38　查看所有的历史账单

步骤 11 点击相应历史账单可以查看其明细详情，如图 10-39 所示。

步骤 12 点击“账单补发”超链接，可以通过选择发送方式补发历史账单，如图 10-40 所示。

●图 10-39　查看历史账单明细

●图 10-40　历史账单的补发方式

步骤 13 在图 10-32 中点击“未出账单”超链接，可以查看所有的未出账单，如图 10-41 所示。

步骤 14 点击相应未出账单可以展开查看其详情，如图 10-42 所示。

●图 10-41　未出账单列表

●图 10-42　查看未出账单详情

> 专家提醒：现在大多数人都有信用卡，关于信用卡的提醒方式也有很多种。在诸多提醒方式中，微信银行以其操作便捷、通知快速的优点被用户所支持。
> 大部分微信银行的功能界面中都会有账单查询功能，部分微信银行需要用户输入特殊的数字来激活该功能。
> 用户在信用卡账单中除了查看本期账单，还可以查看未出账单的明细及历史账单的明细等信息。

10.4 通过第三方 APP 还款

在手机上，除了可以用手机银行进行信用卡还款之外，卡民们还能用第三方的 APP 进行信用卡还款操作，下面进行介绍。

10.4.1 51 信用卡管家还款金礼包

51 信用卡管家的还款金礼包不仅仅是新用户可以获得，老用户也可以通过多种渠道获得还款金礼包。比如参与平台推出的活动获得礼包，或者邀请好友获得礼包。人际关系较为优质的用户可以通过邀请好友最多获得 75 元人民币的还款金礼包，并且在进行还款时，可以将还款金叠加使用。

【实战】： 下面针对用户如何快速使用还款金的流程进行说明，这也是用户通过 51 信用卡管家进行还款的操作方法。

步骤 01 在“我”界面点击“我的红包”按钮进入“还款金”界面，点击相应还款金红包后的“去使用”按钮，进入“使用还款金”界面，如图 10-43 所示。

步骤 02 选择需要还款的信用卡，点击该信用卡后的“立即还款”按钮，进入“身份认证”界面。用户需要输入真实姓名和身份证号进行实名认证，点击“下一步”按钮，如图 10-44 所示。

步骤 03 用户完成实名认证后进入银行卡认证界面，在该界面中用户输入银行卡号、开卡地及在银行预留的手机号码，点击“下一步”按钮，如图 10-45 所示。

步骤 04 执行操作后，系统会向用户预留的手机号码发送验证码，用户需要在出现的界面中输入正确的验证码才能够进入“设置交易密码”的界面，如图 10-46 所示，用户输入交易密码并确认，点击“完成”按钮即可。

●图 10-43　使用还款金的用户操作界面

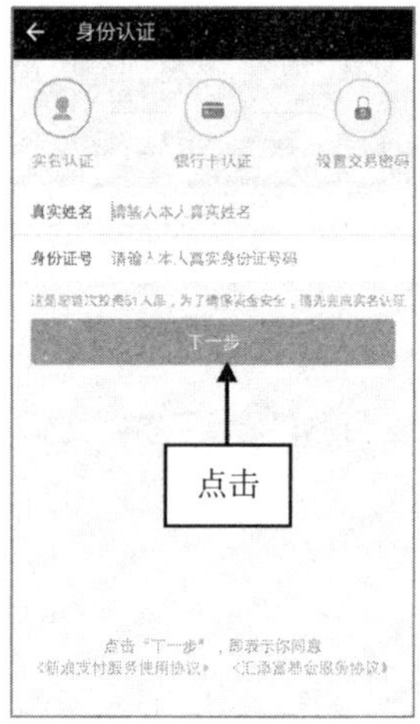

●图 10-44　“身份认证”界面

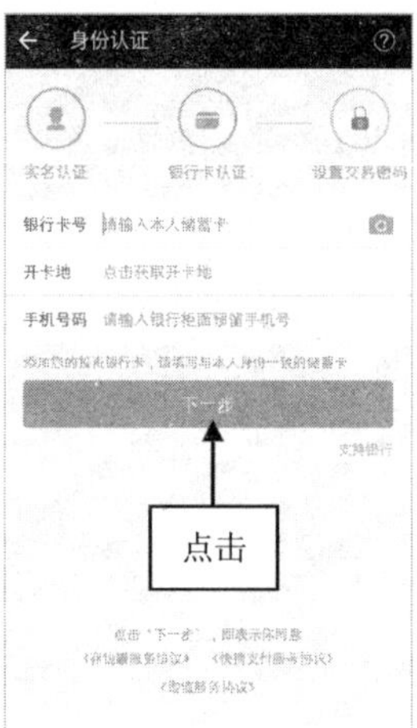

●图 10-45　银行卡认证

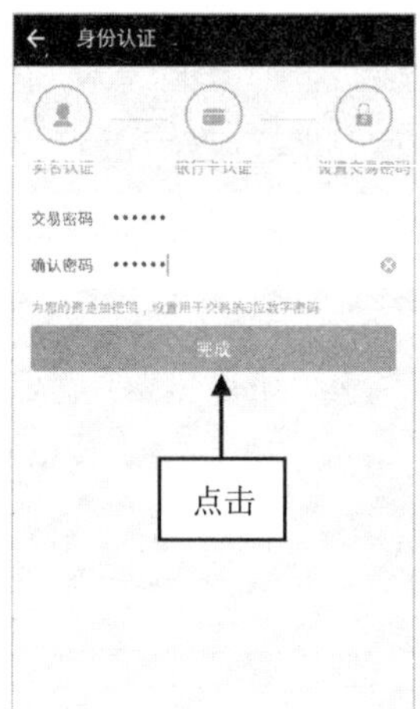

●图 10-46　“设置交易密码”界面

步骤 05 完成认证后，用户进入“人品宝还款”界面，输入信用卡卡号，点击“人品宝余额不足，去充值”按钮，如图 10-47 所示。

步骤 06 按照界面的提示信息充值资金，点击“充值”按钮，如图 10-48 所示。

步骤 07 执行上述操作后，在出现的界面中输入支付密码和手机验证码，完成充值操作。返回还款界面，输入信用卡卡号及还款金额，点击“实际支付”按钮，如图 10-49 所示。

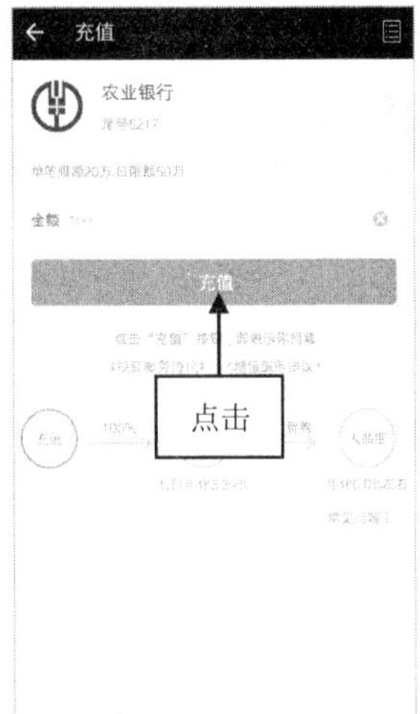

●图 10-47　点击“人品宝余额不足，去充值”按钮　●图 10-48　点击“充值”按钮

步骤 08 在出现的界面中输入交易密码，完成交易过程，如图 10-50 所示。

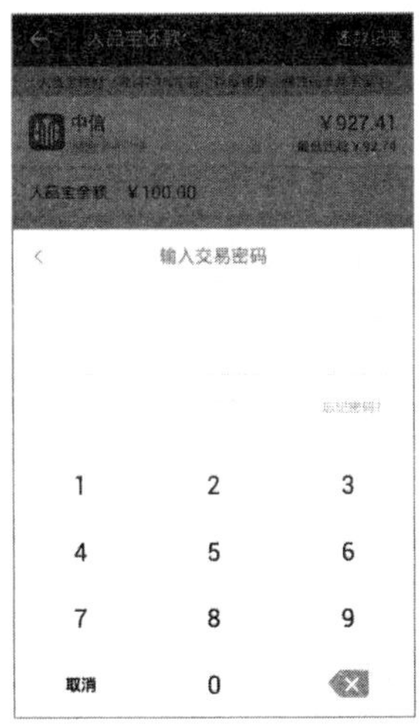

●图 10-49　点击“实际支付”按钮　●图 10-50　输入交易密码

步骤 09 用户完成上述操作后，界面会显示还款结果，主要分为三个过程，分别是提交成功、银行处理中和汇款成功，在界面中用户还可以查看付款明细，其中还款金 10 元人民币为平台免费赠送，如图 10-51 所示。

步骤 10 用户还款成功之后，银行的信用卡平台会自动发送短信至用户的手机中，如图 10-52 所示。

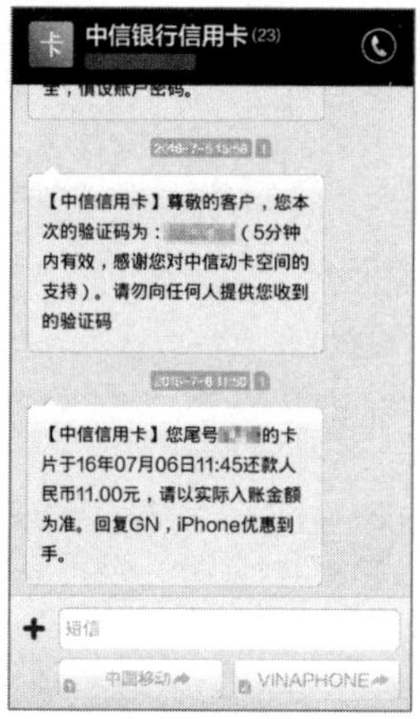

●图 10-51　“还款结果”界面　●图 10-52　银行的信用卡平台自动发送的短信

10.4.2　使用挖财 APP 轻松还款

挖财具有及时、贴心的还款提醒服务，可以帮助用户防止逾期还款而浪费钱财。用户可以进入“服务窗”界面，点击“信用卡还款”按钮，如图 10-53 所示。添加相应信用卡后，进入“信用卡还款”界面，输入相应的还款金额，可以选择储蓄卡还款、微信还款、分期还款等还款方式，还可以使用还款卷，设置好后点击“立即还款”按钮即可，如图 10-54 所示。

●图 10-53　点击“信用卡还款”按钮　●图 10-54　“信用卡还款”界面

10.4.3　使用卡牛 APP 手机还款

卡牛信用卡管家 APP 并没有自己的还款渠道，而是帮助用户跳转至支付宝、微信、附近网点付款及已关联银行卡自动还款等，如图 10-55 所示。

• 图 10-55　卡牛信用卡管家 APP 的还款渠道

例如，在主界面点击“”图标，即可查看最长免息期，如图 10-56 所示。另外，用户还可以进入“设置 - 消息通知设置”界面，开通“还款提醒”功能，可以自由设置周期、时间、还款金额、提醒声音等，如图 10-57 所示。

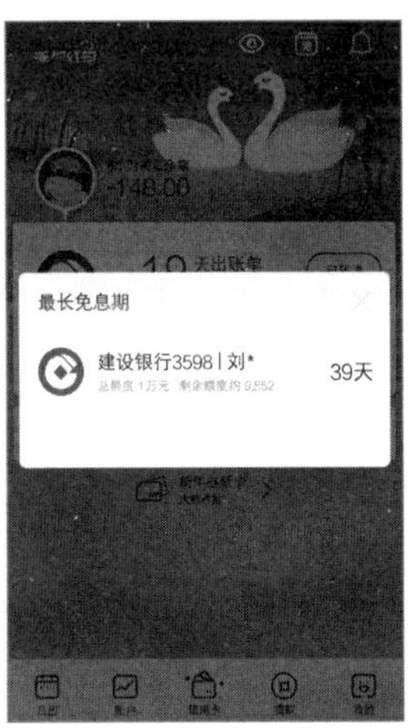

• 图 10-56　查看最长免息期

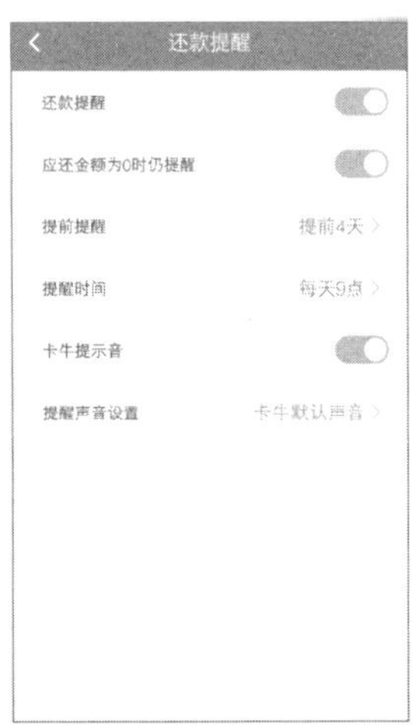

• 图 10-57　“还款提醒”界面

10.5 信用卡轻松还款攻略

信用卡最为重要的就是申请、办理、使用、积分及还款，随着科技的不断进步，信用卡还款方式也变得越来越多。与传统的柜台还款相比，现在的便捷还款更加适合于用户，本节学习的内容便是信用卡的还款方式和还款注意事项。

10.5.1 电话还款业务，自由度更大

电话还款是银行为了进一步服务用户而推出的便捷功能，也是诸多信用卡还款方法中最简单、最方便的方法。

需要还款的时候，只需拨打银行信用卡客服电话，即可轻松解决还款。图 10–58 所示为通过电话还款的一般操作流程。

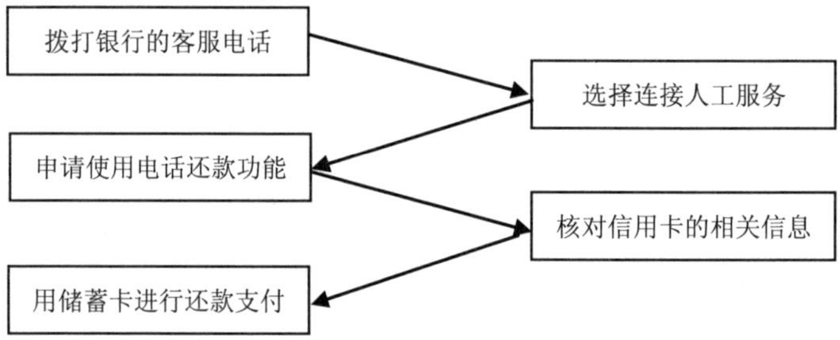

• 图 10–58 电话还款的一般操作流程

大部分银行都提供电话还款业务，从本质上而言与银行推出的自动转账功能类似，但是电话还款的自由度更大，也更适合用户进行快速还款，而且这种还款方式可以由用户决定还款时间、还款金额等。

10.5.2 约定自动还款，省心、省事

自动还款分为两种模式，一种是银行提供的自动还款功能，只需用户在同一家银行办理一张储蓄卡即可，让银行将储蓄卡与信用卡进行绑定。还有一种是通过第三方平台设置自动还款，还款款项的来源可以是任何银行的储蓄卡。

用户在与银行签订账户还款协议时，银行会让用户现在“全额还款”和“最低额还款”，持卡人选择“全额还款”的模式更好，也就是一次性全部还款，能够更好地避免利息问题。如果用户选择“最低额还款”，那么还需要支付一定的利息。

如果用户选择银行方面的自动还款，那么从第二个月开始的还款日，银行会自动从用户的储蓄卡中全额扣除信用卡的欠款。这种模式让用户享受了还款的便利性，用户不需要到银行排队还款，也免除了利息问题。但是储蓄卡账户里面需要保持有足够的资金，以免无款可扣。

10.5.3　到账更快的营业厅柜台还款

在银行营业厅柜台处进行还款是常用的还款方法，也是长久以来大部分信用卡持卡人的还款方式。

用户可以在所在城市中找到银行的线下营业厅，进入柜台向工作人员说明情况，并直接用现金实现对信用卡的还款。这种还款方式接受他人代还和无卡还款，而且还款是立刻到账的，不需要用户额外支付手续费。

> 专家提醒：用户在柜台进行还款，可以分为两种方式，分别是本行柜台还款和他行柜台跨行还款。
> 与本行柜台还款的时间不同，他行柜台跨行还款的到账时间一般为两天左右，而且部分银行会收取一定的手续费，还款金额入账后恢复信用卡额度。用户如果要追求稳妥，那么提前 3 天还款最好。

10.5.4　互联网刷卡工具还款新方式

随着互联网技术的发展，用户可以用的线下支付工具也越来越多。比如银联推出的智能支付电话、拉卡拉和富友推出了刷卡支付工具等。在这种支付工具上，用户可以通过其信用卡还款功能对信用卡进行还款操作。

图 10 59 所示为线下刷卡支付工具进行信用卡还款的一般操作流程。

如果出现“交易失败，请确认转出卡”或“交易失败，请咨询发卡行”等情况，用户可以通过支付工具上的联系电话进行查询，有可能用户所持有的银行卡卡种、功能、类型对于线下支付有限制。

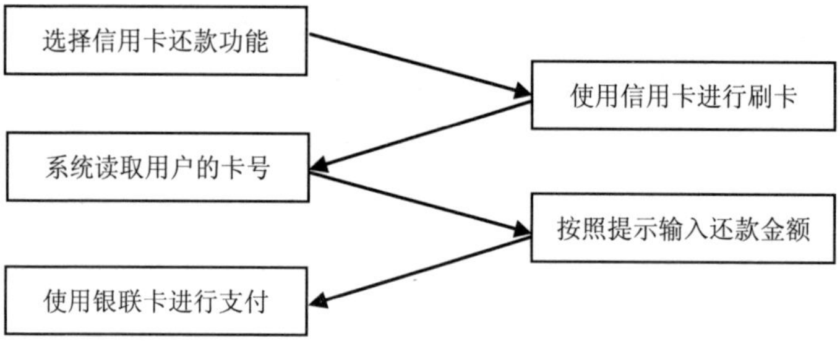

• 图 10-59　线下刷卡支付工具进行信用卡还款的一般操作流程

在这种支付工具上，用户只需用一张储蓄卡，就能够及时还款，而且除了向同行的信用卡还款外，还可以向其他行的信用卡进行还款，还款过程不产生手续费。这种自助刷卡终端还为用户提供信用卡余额查询、手机充值、查看账单等其他服务项目，功能非常实用。

10.5.5　可跨行转账还款的 ATM 机

通过在发卡行的 ATM 机进行还款，是大部分信用卡用户不知道的还款方式，但是随着 ATM 机的普及，越来越多的人正在使用这种方式。ATM 机还款的本质就是现金存储与转账功能，用户向信用卡中存入现金就是还款。

图 10-60 所示为 ATM 机还款的一般操作流程。

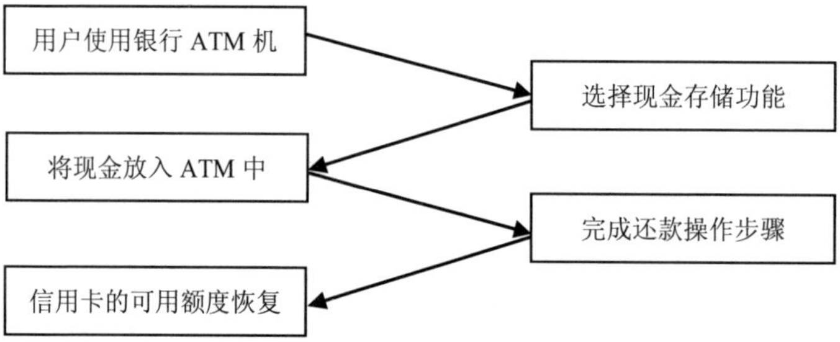

• 图 10-60　ATM 机还款的一般操作流程

与其他的还款方式相比，ATM 机还款的操作步骤有较多，而且现金还款是根据银行的规定要收取一定手续费的。使用 ATM 机也可用跨行转账，分为同城跨行、异地跨行两种方式，银行会收取一定的费用，而且资金到账时间比较慢。

10.5.6 拉卡拉还款，小便利店就有

拉卡拉是一种便捷的设备终端，持卡人可在便利店、银行网点等地方使用“拉卡拉”，通过这个终端设备持卡人可以完成信用卡还款、手机充值、账单支付等相关业务的操作。

与其他的还款方式相比，用户使用“拉卡拉”还款的到账时间不算稳定。用户在进行还款时一定要提前几天进行还款操作，以免不能及时到账而产生还款利息和不必要的滞纳金。

> 专家提醒：用户使用“拉卡拉”还款，在一个月内往同一张信用卡里还款的次数是有限制的，并且“拉卡拉”只支持人民币还款。
> 用户通过“拉卡拉”还款后，一定要保留交易的单据，以防设备出现问题时进行对账或出现交易故障时提供相关交易信息。

10.5.7 盛付通还款，10 秒钟到账

盛付通属于用户较多的第三方支付平台，其用户要进行信用卡还款，不需要开通网银，只要用户有银行卡和手机就能够完成。

盛付通平台推出了“10 秒钟到账”的快捷功能，让用户真正体会到“随时随地，想付就付”的特色服务。支持盛付通平台的银行主要有工商银行、建设银行、中国银行、农业银行、招商银行、交通银行、中信银行等。

图 10-61 所示为盛付通还款的一般操作流程。

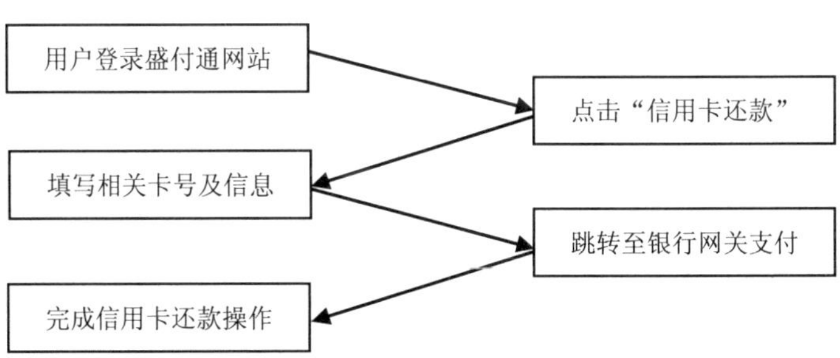

● 图 10-61 盛付通还款的一般操作流程

盛付通平台的到账时间为工作日当天，但如果用户是在 17:00 后进行的操作，那么第二天才到账，但是节假日时暂不入账。

10.5.8 容时容差，不同银行有差异

随着信用卡还款金额的尾数等问题被广大用户深为不满，银行逐渐地改善还款的相关服务，比如推出了信用卡还款“容时容差”功能，容许用户在时间和金额上有低程度的相差。

这个功能在部分银行已经实行，但是还有一些银行并没有动静，甚至一直没有就此有任何表示。下面针对部分银行在“容时容差”方面的处理进行分析。

首先是各大银行在“容时”服务方面的差异：表现较为突出的是中国银行、兴业银行和招商银行，这些银行为用户提供的宽限时间均为 3 天，用户也不用申请，银行自动处理，也就是用户的还款日到期后，用户可以再推迟 3 天进行还款。

其他的银行有此项服务，但是需要持卡人进行申请，可以是电话申请，也可以是网上银行申请。至于交通银行，用户需要支付一定的费用，购买“信用保障”服务，才能够延期还款，而且不是每个月都能使用。

其次是各大银行在“容差”服务方面的差异：表现较为突出的有招商银行、兴业银行等，其推出的标准是用户还款差额在 10 元以内就不算逾期还款，而中国银行推出的标准是欠款金额的 1%，非常适合用户的还款操作。至于光大银行推出的标准是本金的万分之五，还有部分银行没有推出“容时容差”功能。

10.5.9 提前还款，小心多收手续费

用户选择账单分期还款时一定是因为资金的不足，暂时没有足够的资金，那么用户在还款的过程中有了足够的资金，想要提前还款，是否就一定可以免除后面几期的手续费呢？

这是不可能的。其实用户提前还款，有两个需要注意的地方，一是手续费免不了；二是可能还要加收手续费。例如，用户申请 24 期分期还款，每期还款 1 000 元，其中每期手续费 66 元。等到 12 个月之后用户有钱了想直接还款，那么用户会发现不仅要还剩下 12 个月的手续费，还要加一定额度的提前还款手续费。

> 专家提醒：银行这么规定的原因非常简单，用户通过分期还款可以增加一个月的免息时间，如果用户下个月全额还款不需要缴纳手续费，则银行就没有利益。除此之外，用户申请部分银行的分期付款时，银行是会要求用户一次性缴纳所有手续费的。

第 11 章

安全用卡：避免违法受损

如今，使用信用卡消费已经成为一种时尚，许多人也很享受刷卡消费的方式，但在这种时尚的消费下也存在着安全隐患，面对信用卡“危机四伏”的现状，卡民们该如何应对呢？卡民如何防范信用卡使用过程中的风险，安全用卡？

本章主要内容包括：

- 保护密码，刷卡要安全
- 依法合规，用好信用卡
- 远离“卡奴”，晋级为“卡神”
- 防范风险，谨防掉入陷阱

11.1 保护密码，刷卡要安全

作为“电子钱包”，信用卡虽然给人们带来便捷，但电子货币时代的安全漏洞，又成了方便快捷的伴生品。近日，有银行工作人员爆料，信用卡不设置密码更安全。因为设置密码的信用卡被盗刷由持卡人负全责，不设置密码则有机会让银行承担部分责任。据了解，国外的信用卡在交易时不需要输入密码，仅凭持卡人签名即可进行交易。凭密码输入，密码可能被人发现；不输入密码，只凭签名刷卡，又可能被人仿冒签名。因此，信用卡的安全问题还需自己把关。

11.1.1 信用卡的密码种类

用户在使用各家银行信用卡的过程中，涉及的密码主要有以下几种。

1. 查询密码

查询密码是指用户在普通用户版网上银行、电话银行进行查询时使用的密码。

例如，当用户申请了农行信用卡以后，银行会为你自动设置好信用卡查询密码，也就是初始密码，银行在设置初始密码时，是根据用户填写的个人信息来确定的，一般都是你的出生日期，为 6 位数。比如，你的生日是 1988 年 8 月 8 日，那么你的初始密码就是 880808。

2. 交易密码

交易密码是指用户在中国银联商户进行 POS 机消费，在 ATM 机取现、查询及网上支付时使用的密码。用户可以自主选择在中国银联商户 POS 机进行消费时是否使用交易密码校验功能。如用户选择使用交易密码校验功能，则必须在设置交易密码成功后才能进行刷卡消费。

3. 网上支付密码

网上支付密码是用户在通过某银行网上平台进行网上支付时必须输入的密码（需持本人有效证件和交通银行信用卡到需办理的银行境内各营业网点开通短信密码版或证书版网上银行和网上支付功能）。若用户在VISA 或 MasterCard 指定网上商户进行支付时，则无须使用该网上支付密码。

11.1.2 密码与签名的利弊

通常情况下，银行一般会在持卡人收到信用卡后，拥有一个信用卡初始密码，同时银行会提醒持卡人更改密码。只有持卡人拨打银行客户电话，要求改为密码支付时，信用卡才会被更改为密码支付。信用卡最开始默认的是签名支付，如果持卡人没有拨打电话，只要持卡人签名了，哪怕输入的是一个错误的密码，也能支付成功，因为系统默认持卡人为签名消费，输不输密码都是一样的。

1. 凭签名消费

从银行提供的失卡保障方面来说，凭签名消费的信用卡对于持卡人来讲的确更加安全，因为一旦出现盗刷，权益相对会受到更多的保障。很多情况下银行是要负责任的。签名最大的弊端在于容易效仿，一些收银员不会太仔细检验签名，而且中国人使用汉字签名与外国人的字母签名相比鉴别难度更大。

因此，凭签名消费的信用卡被盗刷后，持卡人需要举证消费非本人所为，并且要求银行做调单处理，还要与银行沟通也是一件很浪费时间的事情。随着信用卡在我国日益发展，信用卡盗刷事件也时有发生，银行虽然会承担因盗刷而产生的损失，但赔偿金额也是有限制的，并不是全额赔偿，这些也是要特别注意的。

2. 凭密码消费

偷盗密码和信用卡，往往是专业的犯罪人员所为，其难度也相对较大。从现实中的发案情况来看，这种情况发生的概率也远小于“签名信用卡”被盗刷的概率。因此，采用“密码信用卡”能有效地帮助银行降低风险，有利于保护持卡人及发卡行的利益。在国际上，为了防止“免密码信用卡”的伪冒风险，银行卡界不仅采用成本昂贵的在线欺诈侦测技术，而且还在推行成本更为浩大的磁条卡向 IC 卡的 EMV 迁移。而国内人口众多，短期内国内银行卡界还不具备全面 EMV 迁移的能力。

3. 密码和签名哪个更安全

目前，消费者常用的验证方式是“签名”和“签名＋密码”的方式，这些验证方式的优缺点，如表 11–1 所示。

表 11–1　各银行的信用卡线下刷卡短信通知服务一览表

验证方式	优点	缺点
密码	安全性比“签名”要高，一旦信用卡丢失，被盗刷的风险很小	一旦信用卡被盗刷，消费者将负全部责任及损失，银行不再负赔偿责任
签名	商户有验证签名的责任，银行也要承担信用卡被盗刷的赔偿责任，因此，一旦信用卡被盗刷，消费者可以获得银行或商户的赔偿。在相关技术及法律成熟的情况下，选择“签名”这种验证方式不仅方便，而且也可以将盗刷的责任交给银行，一旦出现盗刷，消费者可以申请赔偿	由于我国的签名核实技术还不健全，信用卡一旦丢失被盗刷的风险很高，而消费者如果没有在规定的时间内进行挂失处理，就需要承担相关的损失。由于银行还要对盗刷情况进行取证与核实，因此，消费者索赔需要一定的时间
密码＋签名	安全性最高	“密码＋签名”的验证方式主要以密码核对为主，一旦刷卡人的密码正确，即使签名不符，盗刷的损失也需由消费者全部承担

如今，不少银行已经推出了 24 小时挂失、48 小时赔付等条款，即银行每天 24 小时都接受持卡人的挂失申请，同时，持卡人只要丢失后的 48 小时内挂失，盗刷的损失即由银行赔付。因此，“签名”验证方式对于那些喜欢方便时尚，以及对于个人物品保管仔细的人来说，是一种理想的选择。相反，由于“签名”的验证方式，需要持卡人能及时发现卡片丢失并办理挂失才能防范风险，而且发卡银行还需要一段时间对于盗刷情况进行取证。因此，对于那些日常生活比较马虎，经常丢失物品或是比较相信密码的人来说，选择“密码＋签名”的方式会更好。

11.1.3 信用卡要如何挂失

下面列举了三种常用的挂失信用卡的方法。

1. 电话挂失

如持卡人来不及到银行卡部办理，可打电话办理口头挂失。图 11-1 所示为华夏银行的信用卡挂失流程。

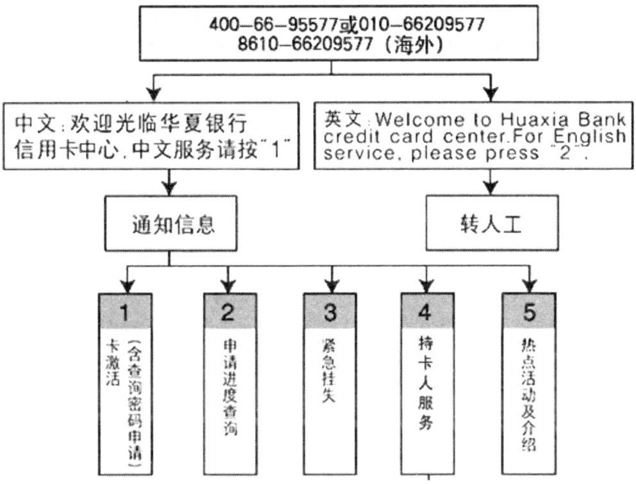

●图 11-1 华夏银行的信用卡挂失流程

需要注意的是，大部分银行规定必须在 72 小时内到银行营业网点办理正式挂失，否则 24 小时后挂失自动解挂。

2. 网点挂失

网点申请挂失属于正式挂失，办理正式挂失的手续是持卡人要填写挂失申请书，交验本人身份证件，交纳挂失费和挂失补卡费。持卡人办理挂失后又找到信用卡，可办理撤销挂失。填写撤销挂失申请书，撤销挂失后不退原挂失手续费和挂失补卡费。

3. 网上挂失

信用卡挂失可以选择电话挂失、柜台挂失，也可选择网上挂失。卡民登录信用卡对应的网上银行按照提示进行操作即可。

11.2 依法合规，用好信用卡

“富人懂得用钱滚钱，把财富越滚越大，富上加富；穷人常常以债养债，把债务越养越大，穷上加穷。”依法合规使用信用卡，能给用户带来种种好处与便利。

11.2.1 法律法规，必须熟知牢记

要做一个高尚的、依法合规用卡的持卡人，首先必须清楚地知道哪些用卡行为是违反法律的。因此，对如下的法律规定，持卡人必须熟知。

1. “恶意透支”构成犯罪的条件

很多持卡人都想知道一个问题，即信用卡欠款多少以上会被判刑?

笔者了解到，信用卡欠款超过 3 个月未还，就会被视为“恶意透支”，银行即可启动司法诉讼程序。另外，我国刑法还规定：信用卡透支 5 000 元以上，欠款长达 3 个月以上，并经银行 3 次以上催缴拒不偿还的，司法机关将采取相应措施（5 000 元以上判刑；5 000 元以下刑事拘留）。

笔者衷心提醒各位持卡人：办理信用卡额度及利用信用卡进行透支时，应理性考虑自己的偿还能力，在规定期限内及时归还，一旦触犯法律，不是事后弥补就能免责，切莫以身试法。

从人民法院的司法解释来看，并不是所有的“恶意透支”都会构成犯罪，必须满足如下几个条件。

（1）在司法解释中，对“恶意透支”增加了两个限制条件：一是发卡银行的两次催收；二是超过 3 个月没有归还。这里面就排除了因为没有收到银行的催款通知或者其他催款文书，而没有按时归还的行为，持卡人没有接到有关通知或者文书，过了一定的期限没有归还的，不属于“恶意透支”。

（2）司法解释中，人民法院结合近年来的司法实践，对“以非法占有为目的”的规定列举了六种情形。比如明知无法偿还而大量透支的不归还；肆意挥霍透支款不归还；透支以后隐匿、改变通信方式，逃避金融机构的追款等。这些情形都是“以非法占有为目的”的表现。

（3）司法解释明确了“恶意透支”的数额，“恶意透支”的数额是指拒不归还和尚未归还的款项，不包括滞纳金、复利等发卡银行收取的费用。恶意透支,数额在1万元以上不满10万元的,应当认定为刑法第196条规定的“数额较大”；数额在 10 万元以上不满 100 万元的，应当认定为刑法第 196 条规定的“数额巨大”；数额在 100 万元以上的，应当认定为刑法第 196 条规定的“数额特别巨大”。

（4）根据宽严相济的形式政策，在法院未判决或者公安机关未立案之前，偿还了透支款息的，从轻处理或者不追究刑事责任。

2. 伪造信用卡的犯罪规定

近年来，随着我国信用卡产业高速发展，信用卡犯罪活动日益增多，新的犯罪形式不断出现，特别是一些违法犯罪分子进行信用卡虚假申请、信用卡诈骗和信用卡套现等活动已发展到公开化、产业化的程度。这些违法犯罪行为具有严重的社会危害性，不仅扰乱了正常的金融管理秩序，而且侵害了银行消费信贷资金和持卡人财产。

《关于办理妨害信用卡管理刑事案件具体应用法律若干问题的解释》，其相关规定如下。

第一条，复制他人信用卡，将他人信用卡信息资料写入词条介质、芯片或者以其他方法伪造信用卡 1 张以上的，应当认定为刑法第 177 条第一款第（四）项规定的“伪造信用卡”，以伪造金融票证罪处罚。

伪造空白信用卡 10 张以上的，应当认定为刑法第 177 条第一款第（四）项规定的“伪造信用卡”，以伪造金融票证罪定罪处罚。伪造信用卡，有下列情形之一的，应当认定为刑法第 177 条规定的“情节严重”。

（1）伪造信用卡 5 张以上不满 25 张的。

（2）伪造的信用卡内存款余额、透支额度单独或者合计数额在 20 万元以上不满 100 万元的。

（3）伪造空白信用卡 50 张以上不满 250 张的。

11.2.2 无忧生活，安全用卡四步

信用卡安全才是王道。申卡过程中有什么安全隐患呢？领卡要注意哪些

细节？刷卡时又会有什么样的陷阱等着用户？下面总结了一些信用卡申请到使用全过程的必要安全用卡尝试与技巧，掌握这些用卡招数，定能体验信用卡为你带来的优越生活。

1. 第一步：申卡

申请信用卡要通过正规渠道办理，一是到银行网点，二是到经银行授权的营销机构。正规渠道办理信用卡的一个重要特征是不收取任何办卡费用。用户千万不要被不切实际的信用卡额度所诱惑，代办信用卡一定要谨慎。

根据银行方面的调查，中介公司一般利用三大伎俩来迷惑申请人和银行。

（1）利用银行旗号骗取顾客的手续费。黑中介公司通常会打着能提供“小额贷款申请”“快速融资”“贷款绿色通道”的幌子来诱骗申请人。例如，中介公司一般会告诉申请人，他可以向各家银行同时申请信用卡，这样申请总数达到十几张。每张信用卡的额度为 2 万～ 5 万元，那么总额度就达到了三四十万元。

（2）利用顾客资料骗取银行信用卡。中介公司通过提供最全套的手续去“骗取”银行的信用卡金卡。与正常申请人提供部分个人资料相比，由中介公司包装出来的申请人资料都有厚厚一沓，从存款证明，到房产证、车证，甚至于每个月缴纳的税款证明一应俱全。

（3）通过 POS 机为申请人大量提现。当信用卡从银行办理出来后，中介公司一般都要向申请人索要 10% ～ 50% 的手续费，如果申请人希望能直接提取现金，中介公司也可以利用自己公司的 POS 机刷卡，使银行资金转入公司账内提取出来。

2. 第二步：领卡

领取信用卡时，要注意以下细节。

（1）申领信用卡或因故需补发新卡时，如果是在银行网点领取，应当面检查新卡的卡函（装有你申请的信用卡的函件，一般是一个信封装着的）是否完整无损。

（2）如果是邮寄方式，注意查收新卡信函和密码信封，是否遭拆封、破损或有重新黏合的痕迹，如信封被打开过则立即要求调换。

（3）检查信用卡正面的英文凸字姓名、性别与你所填写在申请表上的内容是否相同。

（4）在卡片背面的签名条上，注意卡片背后签名需与申请书签名和日后消费签单签名保持一致。

（5）第一次使用信用卡时，拨打银行客服中心电话完成“卡片激活”后，要立即修改密码，尽量设置一些相对复杂的密码，不要设置“123456”“888888”等简单密码，也不要用生日、家庭电话号码等作为密码。

3. 第三步：保管

领到信用卡后，一定要妥善保管你的信用卡，下面介绍一些简单的方法。

（1）信用卡仅限持卡人本人使用，切勿将信用卡转借他人使用。这将会保障持卡人的权益，防止盗用风险，以避免不必要的损失。若有需要，可为符合条件的家人申请附属卡片，并引导亲友安全用卡。

（2）妥善保管个人资料，也勿将卡号、有效期等个人信息告诉他人。任何人（包括银行工作人员）都无权询问持卡人的个人密码。

（3）将信用卡和身份证、密码分开存放，在一些需要寄放外套的公共场合，不要将装有信用卡的钱包放在外套口袋，也不要将其置于车内或寄物柜中。另外，最好将卡号及银行客户服务电话号码另行抄录并妥善保管，以便出现意外时可及时联系。

4. 第四步：刷卡

持卡人刷卡消费时，也需要掌握一定的安全原则，如表 11-2 所示。

表 11-2　刷卡消费时的安全原则

安全原则	刷卡细节
无论何时何地要做到卡不离身	在商户刷卡消费时，尽量让卡片保持在视线范围内，并留意收银员刷卡的次数
	认真核对签购单上的金额及币别是否有误，注意签购单是否有两份重叠
	签名样式尽可能与卡片背面的签名一致
交易凭条要妥善保管	不论在本地还是异地用卡，均应妥善保管交易凭条，最少应该保留至下一个月对账单寄来时，核对无误后再销毁，若发生重复扣款、交易金额与结算金额不符等账务问题，应该及时与银行客服中心联系解决
	不要随意丢弃 POS 机和 ATM 机打印出来的交易凭条，避免泄露信用卡卡号和有效期等关键信息

续表

安全原则	刷卡细节
用卡情况要及时核对	收到对账单后应及时核对账目，一旦发现不符，应电话或书面通知发卡银行，查明原因，分清责任
短信通知确保境外消费的安全	在境外消费时，卡片如发生损坏或遗失等意外情况，可以开通境外紧急取现、紧急补卡等境外服务
	在东南亚等信用卡高风险地区用卡时，请尽量选择在大型知名商户刷卡，请关注短信通知服务，随时掌握卡片账户资金变动情况，一旦发现异常，可在第一时间与银行联系
刷卡网购时要多留一个心眼	网购应选择较知名、信誉佳、运营时间长且与知名金融机构合作的网站，了解交易过程的资料是否有安全加密机制
	注意保留网上消费的记录，以备查询，一旦发现有不明的支出款项，应立即联络银行信用卡客服中心

11.2.3 选对卡片，值得好好斟酌

合理用卡从理性办卡开始。与其选择卡面美观、开卡礼品诱人的卡片，不如多在意卡片本身的功能及提供的服务。

（1）首要标准是便利。比如银行网点就在家或公司附近，或者信用卡与工资卡或其他有定期资金流入的借记卡同属一家银行。这样，持卡人还款就会相对方便一些，不必每月一次费时费力。

（2）卡片的种类也值得持卡人好好斟酌。比如商场联名卡比较适合喜爱购物的持卡人，航空联名卡可以为商旅人士提供购票、里程累积的便利，而美食联名卡持卡人可以在指定餐饮商户享受折扣优惠等。如果持卡人在某一方面有特别的需求或是爱好，那么联名卡的魅力显然大于标准卡了。

（3）增值服务要多一些，最好能够免费。比如短信提醒功能对用卡安全有很好的保障作用，也能作为持卡人消费的二次提醒。只要账户稍有变动，持卡人就能第一时间掌握情报。有些银行的短信提示不设门槛，且全部免费，而有些则只针对 300 元、500 元以上的金额变动予以提示，还有的则需要持卡人支付一定的服务费。

（4）如果信用卡中心提供失卡保障，就能让持卡人更加放心。通常有此功能的银行会对持卡人挂失前 48 小时内、经公安部门确认为盗刷行为的金额予以承担，不会令持卡人“雪上加霜”。

11.2.4　合理用卡，注意三大规则

信用卡欠费不还，可能被处以刑罚，如果你还是一个被信用卡牵着鼻子走的“卡奴”，那么赶紧转变角色，学学怎样合理用卡吧！

1. 理性消费

如何才能杜绝非理性、无计划的消费行为，做到理性消费？笔者认为至少要做到以下三点。

（1）培养正确的消费观念和健康的消费意识，克服攀比心理，不要盲目追求高消费。持卡人在消费过程中要做到“一切从实际出发”，形成量入为出、有计划的消费行为，选择适合自己的消费标准，给自己理性的消费定位。

（2）注重精神消费，养成健康的消费心态。精神消费不仅能够弥补物质消费的不足，而且还能丰富持卡人的精神生活，提高文化涵养和素质。所以，持卡人应该通过各种文化教育和活动，把娱乐和摄取知识相结合，不断提高自己的内在价值，逐渐养成勤俭节约、积极向上的消费行为。

（3）建立一个属于自己的小账本，每一笔支出不管大小都记录得清清楚楚，这样就不会出现盲目消费、过多的超出预算开支的现象。通过这种方法，不仅能够帮助持卡人养成良好的消费习惯，还可以锻炼持卡人的理财能力。

2. 按时还款

牢记自己信用卡的账单日和还款日，在免息还款日内按时全额还款。特别要记住，即使透支金额有尾数也需要偿还，宁愿多还些也要避免因小失大。如果当月还款确实有困难，切记至少需要偿还当月最低还款额。一般银行规定的最低还款额为当月需还透支金额的 10%。否则将被定义为恶意拖欠，记录将被录入征信系统，影响到自己的信用就得不偿失了。

3. 不在信用卡中存钱

不要将大笔资金存在信用卡中，否则不仅不能产生任何利息，而且刷卡消费涉及的金额实际是从自己现有资金中支付的，无法享受信用卡带来的先消费后还款的利益。而且很多银行甚至规定取现需要支付至少 1% 的手续费（国外不低于 4%）。

11.2.5　信用额度，不可盲目追求

高信用额度之所以为人们所追求，主要有以下两点原因。

第一，出于实用考虑，人们都希望自己刷卡时额度充足。特别是购买大宗商品、出门旅行时，一张高额度信用卡可以让持卡人心里多一份“底气”。

第二，可能是个人心理原因造成的。很多人会误把信用额度当作消费实力，或是以此作为身份、信誉的象征，从而对高信用额度抱有很高希望。

一般情况下，在节假日临时调高信用额度，均可快速得到批复。另外，这一业务虽然有利于银行信用卡业务的发展，也为客户的消费提供了便利，但是银行和消费者都应该注意风险。从消费者角度来说，信用额度的扩张会促使其盲目消费，令其在未来较长一段时间内手头变得拮据。作为一种提前消费方式，信用卡用户应该合理规划自己的购物计划，切不可盲目刷卡消费。

因此，对于理智的消费者来说，不能忽略这些问题：透支消费总有归还的一天，高信用额度必须要有高收入的保障。对于自制力较差的持卡人来说，高信用额度很容易造成还款危机，反倒成了“毒药”。有多项心理学研究表明，人们在使用信用卡消费时，要比使用现金来得大方许多，对自制力差的人来说也就需要额外警惕。

11.2.6　减少数量，控制用卡成本

持有多张信用卡并不一定就好，应根据实际用卡情况，综合比较，对多张卡的功能进行整合。选择为自己量身定做的信用卡，提高个人资金的管理效率。不用的“睡眠卡”及早销户，减少不必要的费用支出。卡片过多难免累赘，容易混淆还款日，倘逾期未还，将影响个人信用。

因此，办理信用卡的原则是宁缺毋滥，一般两张为宜。如果你持有的信用卡过多，不妨保留几张信用额度较高、还款便利、有失卡保障功能的卡，及早注销那些闲置的“人情卡”“礼品卡”，为自己减少“养卡”的成本。

另外，降低用卡成本的范围很广泛，比如尽量满足银行提出的条件从而避免年费产生，及时还款不产生循环利息，在开通服务前问清是否收费、标准如何，避免失卡重办、密码重置产生手续费等。

这里需要特别提醒持卡人容易混淆的两点。

（1）持卡人应尽量做到全额还款，而非最低还款额还款。后者虽然可以保证持卡人的信用不受影响，但是会有利息产生，增加持卡人的消费成本。

（2）分期还款并非免费午餐。银行“免息分期还款”的背后，其实隐藏着一笔为数不小的手续费。虽然不同银行的收费标准不一，但年化利率均在 10% ～ 15% 之间，实则并不低廉。其中，工行、中行、招行等银行会在第一次分期账单中根据分缴期数一次性收取一定比例的手续费，而建行、交行、浦发、广发、光大等会按比例分期收取手续费。

最后，对于“睡眠卡”各家银行会定期进行清理，首先统一打包冻结卡片，持卡人只有到柜台解冻才可以正常使用，如果长期未用，银行则会自行销户，但每家银行的规定时限也有所不同。

11.2.7 境外刷卡，要注意小细节

信用卡在国外消费的安全问题，应该引起持卡人的注意。下面将讲述信用卡在境外消费应注意的事项。

（1）国外刷卡消费基本都是签名刷卡，都不需要输入密码。在办好国际卡后，要做的第一件事就是：在卡片的签字栏中签好自己不易被人模仿的名字。在日常生活中一定要保管好银行卡，丢掉信用卡等于丢掉现金。另外，出境旅游一定要把信用卡和身份证件（包括护照、身份证或港澳通行证）分开放。在出境前最好咨询自己的发卡银行，如果在境外失卡该如何挂失，这样即使失卡，也能及时挂失，减少损失。

（2）把信用卡的服务电话记下来，如果发现卡片丢失，要第一时间挂失，以免被人盗刷。同时，也可以紧急补办信用卡，一般加入 Visa 组织的信用卡补办费是 175 美元，而加入 Master 组织的信用卡补办费是 155 美元。

（3）消费后一定要认真看打印的消费凭条，不要拿起来就签字。其中三个条目是需要特别注意的：银行卡号，消费金额，结算币种。银行卡号当然必须跟你持有的卡号一致，同时消费金额和结算币种也必须核对是否跟商品的标价一致，一般来说商户是必须告知的，也有可能商户会忘记或者忽略。

（4）境外持卡消费时，要注意消费币种，不同币种之间的比价相差很大。填写签购单时，要留意各栏目下的金额，一般有三栏金额：消费金额、小费

及总金额。签字时务必仔细查看总金额计算正确。

（5）尽量使用银联系统结算，银联在许多国家和地区都开通了网络，要是使用银联结算的话，可以节省一笔不小的货币转换结算费用。在还款时也比较方便，一般消费的是哪个币种，最好就用哪个币种还账，这样也能节省费用。当然，在既接受银联又接受其他国际组织信用卡的商户消费时，还要在刷卡时提醒商户要走银联系统，因为在境外使用国际卡消费时，商户会默认为走国际发卡组织的刷卡系统。

（6）在开始消费前一定要认真阅读消费条款，尤其是使用信用卡订酒店等服务，有些是一旦预定就不能取消的，有些取消也必须有一定的程序和条件，不要想当然地认为可以随意预定，随意取消。如果看不懂英文或其他文字的服务条款，可以要求酒店工作人员翻译。在国外享用某些服务后，有些行业是必须收取小费的，如果你刷卡的话，这些可能会从你的银行卡账户里扣取，不能拒付，看清楚后再签字。

（7）国外有些消费是可以返税的，有些是在消费条款上有标明，有些则是需要自己询问当地负责的机关。有些是直接消费后就返到持卡人的银行卡账户里，有些必须提出申请后才能获得返税，尤其是大额消费时，这笔返税的数额不小，持卡人不要别人也不会主动给。

11.2.8 账单到期，尽量全额还款

25 岁的小张在刷卡消费 1.6 万余元后，因为缺乏还款意识，无视银行的催款通知，逾期 3 个月未还款，被检察院以信用卡诈骗罪提起公诉。根据检方的指控，小张因信用卡透支产生的本金息共 2.6 万元，其中逾期利息和滞纳金就达 0.9 万元。虽然，小张在被关押之后如数归还了透支款，但法官考虑到银行催收了 59 次，而且超过 3 个月未还，数额达到了 1 万元以上，情节比较严重。最终，法院以信用卡诈骗罪判处小张有期徒刑 6 个月并处罚金。

现实生活中，像小张这样，因为缺乏还款意识的人不在少数，随时都可能给自己带来牢狱之灾。

1. 忘记还款的代价

笔者之所以一再强调持卡人要记得还款，是有一定道理的。持卡人的账

单到期时，只要全额还款，是不会有利息产生的。最低还款额是指最少需要还款的金额，一般为当月消费额的 10%，只要持卡人还了最低还款额，其余款项以后还清，就不会影响持卡人的信用。但是如果仅还了最低还款额，那么其余账款一般会从银行记账日起，计付每日万分之五的高额利息（折合年 18.25%）。

只要没有全额还款，有些银行对已还款部分也要从银行记账日起至还款日收取日万分之五的利息。如果持卡人的账单是 5 万元，哪怕还了 49 999 元，只差 1 元没有还，也算部分还款，也会产生高额的利息，所以要尽量全额还款，避免不必要的财务支出。

2. 选择还款的途径

信用卡的还款渠道多种多样，那么，究竟哪种才是最适合自己的呢？笔者特意将安全主流的还款方式进行总结、对比，以供信用卡用户参考，如表 11-3 所示。

表 11-3　安全主流的还款方式对比

还款途径	安全程度	便利程度	自主程度	综合评价
银行柜面还款	★★★★★	★	★★★★★	★★
银行自动扣款还款	★★★★★	★★★★★	★★	★★★
银行 ATM 还款	★★★★★	★★	★	★★
便利店信用卡还款	★★★★	★★★★	★★★★	★★★★
网上银行还款	★★★	★★★★★	★★★★	★★★
第三方支付还款	★★★	★★★★★	★★★★	★★★

3. 无忧还款的技巧

那么，如何才能做到真正的无忧还款呢？下面笔者为大家讲解。

（1）记好还款的时间。不同信用卡中心申请分期还款的规定时间不同，有些必须在账单日之前申请，有些则可在最后还款日之前申请。因此，持卡人必须清楚还款时间，可在刷卡后马上致电信用卡中心问清楚，避免错过时间给还款带来压力。

（2）购汇还款有顺序。在境外旅游或出差时，由于大部分持卡人在使用美元账户的同时，也会用人民币账户进行消费，因此在还款时，就必须特别留意还款顺序的问题。工行、中行等信用卡中心规定，存入信用卡账户的资金将优先用于偿还人民币账户欠款，只有在人民币账户存在溢缴款时，溢存部分才能用于电话购汇。

（3）视情况选择分期还款。尽管分期还款每期需要支付 0.5% ～ 0.8% 的手续费，但其成本是确定、可控的，并不会随时间的推移水涨船高，而选择只偿还最低还款额部分虽然不影响信用记录，但利息会日复一日地增长，时间一长，反而会比分期还款压力更大。因此，对于还款能力差的持卡人来说，选择分期还款则可以降低还款压力。

（4）注意延时到账的情况。据笔者了解，拉卡拉、支付宝等支付方式在不同的地区和银行都有不同的到账时间，甚至同城的 ATM 机存款，也未必能实时到账。因此，持卡人最好提前几天还款，也可以错过人流还款高峰，赶上最后还款日。

（5）尽量避免透支现金。因为信用卡内的存款不计利息，所以持卡人不要提前在信用卡内存放大量现金，因为这样既无法提高你的透支额度，还会让你损失这些钱本应得到的利息。另外现金透支是不能免息的，信用卡仅在刷卡消费透支时才能享受免息期。

11.2.9 管理卡片，养成记账习惯

记账可以让你察觉自己的“言行一致”，进而改善消费行为。用户可以制作一个记账本，把每天的花费按类别详细记录下来。比如，生活费、装置费、书籍学习用品费等，这些开销需要分门别类。到月末的时候，回顾一下购买的物品哪些是必需品，哪些是不必要消费。这样不仅能把消费清单列清楚，最重要的是，从账单中可以看出资金流向，进而更加合理地安排资金。久而久之，消费自然而然就合理了，用户也养成了良好的消费习惯。

通过记账，规划自己每个月的预算，并定期检查支出状况，借此提醒自己不可过度消费，清楚还剩下多少钱可运用。用软件记账也是不错的工具，现在软件市场推出了不少适合家庭记账使用的软件，在相关程序里已经列入了家庭的各项开支，而且每个人都可以根据实际的需要创建新的开支项目。这样的话，用户只需花几分钟的时间，录入一些发生的费用，而计算、统计

这样的事情都可以留给电脑完成，一些软件还为用户分析出每个月各项支出的比例，生成饼状图，并和上一期的财务情况进行比较，从而让电脑帮用户分析财政状况。

11.3 远离“卡奴”，晋级为“卡神”

“卡神”杨慧如为什么能大赚银行的钱？原因就是她的用卡技巧已经到了登峰造极的地步，所以说“小卡片，大乾坤”。相信读完本节后，用户的用卡之旅更加顺畅，你也会成为“卡”通时代的第二个“卡神”。

11.3.1 “卡奴”是怎样形成的

“卡奴”是指一个人使用大量的信用卡，但负担不出缴款金额或是以卡养卡、以债养账等方式，一直在还利息钱的人。“卡奴”顾名思义就是持卡人每月都要为信用卡还款的人。

随着信用卡的逐渐普及，出现了越来越多的“卡奴”。非理性消费的增多，使“卡奴”们陷入一种难以走出的财务困境，以致形成恶性循环。

卡奴产生的主要原因如下。

- 奢侈性消费。
- 无目标的刺激性办卡。
- 收入中断，或收入不稳定。
- 急难性支出，如天灾或亲友生病、住院等。
- 道德风险，即指从事经济活动的人在最大限度地增进自身效用时做出不利于他人的行动。
- 信用扩张，例如，信贷+信用卡+现金卡的总额度，超过实际月收入的 22 倍。信用卡越多越容易引发信用过度扩张，用户在办理一张新信用卡时，应多考虑一下能否负担得起。
- 银行的惩罚性违约金，导致利滚利。
- 继承亲友的负债。

- 投资失败。
- 受到诈骗，因而购买高价但低价值的商品或服务。
- 经常使用信用卡进行套现。
- 信用卡遭到盗刷。

11.3.2 银行如何吞噬“卡奴”的钱

“卡奴”一词最先源于台湾地区，是指没有能力偿还透支信用卡的卡民。台湾金融主管部门将无力偿还银行最低还款额，且连续 3 个月未能还款的人定义为“卡奴”。银行间为争夺客户“滥发”信用卡，使很多没有足够支付能力的人也拥有信用卡；持卡人狂购物乱刷卡这是造成“卡奴”现象出现的根源。

要摆脱卡奴困境，首先要明白你是如何一步步欠下银行这么多钱的。

1. 每年 18% 以上的利息

信用卡的利率为每天万分之五，很多人不明白万分之五是什么概念，换算成月利率为 1.5%，那么年利率为 1.5% × 12 ＝ 18%。

信用卡是复利计算计息的，由于复利算起来太麻烦，下面都采用单利计算。持卡人只要明白一点：以复利计算的话，数值比单利计算的更高。

那么，18% 的利息究竟是什么概念呢？笔者统计了一下：是一年定期存款年利率（2.5%）的 7.2 倍，是房贷利率（4.158% ～ 5.94%）的 3 倍多。也就是说， 1 万元，一个月的利息大约是 150 元。

2. 1% ～ 3% 的取现手续费，最低 10 ～ 30 元不等

当持卡人手头紧的时候，可以用信用卡去 ATM 取现。目前，各个银行条款不一样，手续费为 1% ～ 3%。但是有一个最低手续费，最低为 10 ～ 30 元。例如，中信银行的信用卡取现手续费最低为 30 元，即去 ATM 取款 100 元人民币，卡里立马就少了 130 元。照这样算来，单笔手续费高达 30%。另外，只要你取现，银行系统就会立刻计算利息，就算你全额还款，也不能获得免息优惠。

3. 5% 滞纳金

这个是最低还款额没还上部分的 5%，也有最低 10 ～ 50 元不等。也就是说，如果持卡人还款晚了一天，不但要被全额收取利息 1.5%，还要收取滞纳金。

假如你欠款 1 万元，当月最低是 1 000 元。那么滞纳金就为 1 000 的 5% 等于 50 元人民币。当然，也有人出现过少还 1 元，被收取 50 元滞纳金的情况。因为银行滞纳金有一个最低收费，这个最低收费在银行条款里面写的，很多人都不会注意，经常会出现迟一天还，被收取滞纳金的。这些小失误，都将导致被收取滞纳金，同时还会带来逾期记录。

4. 3% ～ 5% 的超限费

有时候额度不够了，可以打银行电话要求提额。其实，这个时候银行风险是很大的，但是利益更大。因为一旦你没有在规定时间内还款，超限部分又另外收取 3% ～ 5% 的超限费。假如你的信用卡额度是 1 万元，当你的欠款超过 1 万元时，超限费就会不断产生。

11.3.3 你会成为“卡奴”吗

每个“卡奴”都有一部血泪史，笔者有一个朋友叫李畅，她自诩自己为“刷卡达人”，钱包里塞满了各式各样的银行卡，仅信用卡就有 8 张，算得上是信用卡使用“大户”。

李畅的这些信用卡都有不同的用途：有专门用来日常消费的，有出国购物消费用的，有用来购买类似笔记本电脑等“大件”的，还有用来分期付款买家具的等。

李畅打开手机简单算了一下，下个月又有 3 000 元信用卡欠款要还。这个月李畅拿到刚发到手的 5 000 元工资，却一点也兴奋不起来，皱着眉头盘算这有限的 5 000 元该如何分配，才能躲过这个月的财务危机。

随着“用明天的钱做今天的事”的观念逐渐普及，信用卡透支已经成为了很多年轻人生活中习以为常的行为。但是无规划的乱刷卡往往会使持卡人在无形当中沦为“卡奴”，为了避免这样的厄运，持卡人要了解和掌握更多的信用卡理财知识，成长为真正的“卡神”！

11.3.4　什么人容易成为“卡奴”

下面就一起分析一下哪些人会有沦为“卡奴”的潜能危机。

（1）冲动消费的人。现在的生活中有形形色色的广告不停地刺激着人们的购买欲望，让人不知不觉地受到诱惑，并形成了冲动消费。

（2）虚荣心太重的人。喜欢攀比，享受炫耀的人。

（3）为生活所迫的人。

（4）就业困难、收入过低的人。现在社会中存在着这么一种现象：年轻人比中年人敢花钱，年轻人更比中年人敢借钱花。究其原因，是因为年轻人认为自己年轻，赚钱的机会很多，压根不担心还不了钱。可是现实生活比他们想象的残酷得多。

11.3.5　如何避免成为“卡奴”

如何避免成为“卡奴”呢？下面进行介绍。

1. “量身定做”信用卡

目前，办理信用卡的门槛越来越低，各类信用卡也是百花齐放，因此寻觅一款适合自己的银行卡才是最佳选择。

（1）就各类型银行卡的收费、品牌、福利、便利、外观等因素综合考虑，选择一款性价比高、最适合自己的卡。

（2）仔细地阅读发卡机构的信贷资料。

（3）年息率、各项收费和延期付款均会影响信贷的总成本，要认真参考。

因此，事先研究好自己的各种习惯，如还款习惯等，然后再做抉择，才是明智之举。最后，不论最终选择如何，都应该适度地使用信用卡，而且要及时还款。

2. 卡债不宜超过信用额度的一半

由于各家银行竞争激烈，银行在审核信用额度时，出于推广循环信贷的考虑，额度往往相对较高，有些甚至可能会超过持卡人收入的两三倍。如果在此范围内尽情刷卡消费，很容易使自己成为“卡奴”中的一员。因此，计算每月还款的额度很重要，每月控制卡债不超过信用额度的一半，也是适当的自我保护措施。

2. 卡不在多重在精

信用卡的使用技巧有很多，消费者选对卡片很重要，但不能盲目追求信用额度，同时避免无休止办卡、开卡，减少不必要的用卡成本，这样才能让信用卡更好地为我所用。对于一般的工薪族而言，一张储蓄卡（借记卡）、一张准信用卡（准贷记卡）、一张信用卡（贷记卡）就足够了。

借记卡可以承担储蓄功能；准贷记卡可储蓄，且有利息收入，还可以适当消费；信用卡在购买大件物品时进行贷款以备不时之需。

3. 刷卡消费要适度

想减少不必要的开支，就必须按照理财计划精打细算。例如，在经济不好的时候，就在减少日常生活开支上动脑筋，即省吃俭用，少花钱。特别是普通的工薪族，由于收入有限，更要注意节俭，做到能省则省。尤其是“月光族”，先理财后消费是非常有必要的。

11.3.6 将自己打造成“卡神”

信用卡既会让人成为“卡神”，也会让人成为“卡奴”。其实，这两者只在一念之间。“卡神”之所以“神”，无非是玩转了信用卡里的“大乾坤”。只要用卡理念正确，任何人都可以成为“卡神”而不是“卡奴”。那么，“卡神”们究竟有什么秘籍呢？

秘密 1：理财改变生活方式

例如，很多“卡奴”因为囊中羞涩，到了最后还款日不得不选择只偿还最低还款额，而一旦无法全额还款，就会产生利息。信用卡的利息是复利，前面已经算过了，可以说是非常高，很多“卡奴”接到账单后往往不敢相信。因此，为应对这些问题，“卡神”们最重要的一条就是：巧理自己的账本。银行每月会将账单发到客户邮箱，通过分析这份账单，可以清楚知道自己每个月的资金流向。持卡人可以据此制定合理消费方案，削去不必要的开支，养成良好理财习惯。

秘密 2：到还款日才还款

利用最后还款日多赚些利息，如果还款日那天，持卡人因为一些特殊原因无法还款，还可以打电话给银行的信用卡客服热线，说明一下情况，要求延迟还款 1 ～ 2 天，银行一般都会批准的。

秘密 3：关注信用卡的活动

如今，信用卡业务竞争激烈，因此银行都采取了一系列措施来获得客户资源。例如，办卡一般都有小礼物，有的礼物还相当不错；用卡有积分，还有各种抽奖、折扣等活动。持卡人可以了解清楚，能免费得到的礼物都要得到，能使用的积分也尽量使用，能参加活动和抽奖的也都可以参加。

秘密 4：提高信用额度有技巧

提高信用额度其实并不难。只要我们在平时养成良好的用卡习惯，不断积累自己的信用，从细节入手，避免失信行为，那么信用额度的提高自是水到渠成。

秘密 5：巧用信用卡赚钱

如何让信用卡这个理财工具发挥最大效用，确实难倒不少人。为此，持卡人必须在延长免息期、妙用优惠手段、争取用卡特权、赚取消费积分等方面做足文章，同时还得对还款方式有所研究。

11.4 防范风险，谨防掉入陷阱

如今，几乎人人都有一两张信用卡，用得好，信用卡可以为你省钱、方便消费、帮你理财；若用得不好，信用卡则会让你陷入透支的恶性循环，成为“卡奴”，甚至给你的信用带来不良记录。那么，信用卡的背后到底藏着什么陷阱呢？使用时该注意什么呢？

11.4.1 信用卡的主要风险有哪些

目前，国内信用卡市场面临的风险形势日益严峻，信用卡套现、伪卡欺诈、支付资金诈骗等案件日益增加，银行卡犯罪手段不断向高科技、集团化、专业化、规模化发展，案件实施过程更为隐蔽，手法不断翻新，这些都会对银行和持卡人的资金安全构成威胁，成为制约信用卡产业长期健康发展的重要因素。下面对信用卡的主要风险进行分析，帮助持卡人远离这些风险。

1. 手机短信诈骗

诈骗短信多是以几大发卡银行、银联或是所谓“银行联合管理局”的名义发出。一旦持卡人心急拨打短信中所留的电话，便上当受骗，而诈骗分子得手后会迅速取款。骗子要求的操作步骤一般比较冗长，但仍不断有人一步步被骗走了金钱，这说明有些持卡人还需要掌握安全用卡的基本常识。

其实，持卡人只要平时多留意各发卡银行或银联的咨询电话、客户服务号码，或者了解清楚 ATM 实际的转账操作步骤，就不会上当。因此，若收到的短信是由手机发送的，就一定要多留意了，不能轻易提供卡片信息或者回电。

2. 假冒网上银行网站

有些不法分子往往会利用电子邮件、网络黑客软件及终端设备，引诱持卡人登录到假冒的网上银行网站，盗取持卡人的银行卡卡号、密码等账户信息后，制作伪卡进行消费、转账，这也是目前比较新的一种窃取银行存款的方式。因此，笔者建议用户在访问银行网站时，直接在浏览器地址栏输入卡上网址登录，并将正确的“工商银行网站”地址添加到浏览器的收藏夹中，以备今后使用。

持卡人在进行网上支付或使用网上银行时，千万不要使用不明链接或电子邮件提供的银行网站，登录时要仔细检查网站名称、标识是否正确。另外，一定要记住，最好不要在网吧等公共上网场所操作网上银行或进行网上交易。最后，注意保留网上消费的记录，以备查询。

3. 申请环节的风险

欺诈分子往往通过盗取他人的电话账单、水电费账单、银行对账单等途径获得他人的身份信息，然后以盗取的他人身份信息或伪造的他人身份证件，以他人的名义申请信用卡，进行欺诈使用。下面笔者对各类人群申请信用卡过程中所存在的风险进行详细的分析，如表 11-4 所示。

表 11-4　申请信用卡过程中所存在的风险与防范方法

	存在的风险	风险防范
单位卡	单位卡申领人无开户许可证，未在境内开设基本存款账户，未在本发卡行所在地开立基本户，未以书面委托方式指定持卡人，指定持卡人未提供有效证件，未对持卡申请人的基本资格进行合规审查	申领单位卡时银行必须审核申请人是否具备以下条件：发卡行所在地的中国人民银行分支机构核发开户许可证；在发卡行所在地金融机构开立基本存款账户；具有单位证明材料，包括营业执照、代码证、法定代表人有效身份证件、法定代表人或其委托代理人对持卡人的书面指定材料等；其持卡人由申领单位法定代表人或其委托代理人书面指定，指定持卡人具有有效身份证件
个人卡	个人卡申领人未提供本人有效证件，未满 18 周岁，未在申请表上亲笔签名并表示同意遵守该章程，未在卡面背后签名	对个人申请人查验申领个人是否具有合法收入和完全民事行为能力，检查附属卡申领人是否符合条件；若申请人通过提供担保方式申请信用卡则审核其担保方式。 在发卡时，应特别注意以下事项：持卡人领取信用卡，要出示本人有效身份证件，在登记簿上签名确认；请持卡人认真阅读相关章程或领用协议，在“申请表”上签名则表示同意遵守该章程，在卡片背面签名；及时修改个人交易密码，特别要提醒持卡人不能将个人密码告知他人，由于个人密码泄露造成的损失由其承担；卡与个人密码应分开存放，并妥善保管，要将卡与磁性物品分开保管
批量发卡	集体批量发卡采用统一密码，未及时修改密码，所以，当持卡人批量办理的信用卡，在收到卡的第一时间将卡的密码修改一次	加强对单位或集体申办信用卡的审查，原则上禁止发放统一密码，提醒持卡人及时修改初始密码

4. 网上套现的风险

据笔者了解，目前信用卡套现一般分为两类：一是依托于实体店，通过 POS 机刷卡套现；二是通过网上虚拟交易实现套现。

（1）网上套现有以下模式。

➢ 开网店自行“买进卖出”

➢ 刷卡充话费后销号

➢ 申请支付平台再“买卖”

➢ 买机票后退票取现金

（2）信用卡网上套现有以下四个特点。

➢ 摆脱实体商户，套现流程简单。

➢ 以年轻人居多，熟悉网购流程。

➢ 套现金额较低，属于善意套现。

➢ 利用循环套现，实现低廉成本。

5. 网上套现的风险

目前，利用网贷平台进行信用卡套现的大有人在。这些人甚至组成QQ群，讨论如何迅速地提升信用卡借贷额度、使用哪家的信用卡更好等。由于缺乏法律监管，其实网上套现隐藏着不小的风险。

（1）存在着金融风险。目前，法律对网上套现没有明确的界定，它属于法律监管的“真空”地带。现在很多人用这种方式进行资金循环流动，但其隐藏的风险要谨慎考虑，一旦信用卡无法及时还款，将要面临高息偿还的风险。

（2）是一种违规行为。银行针对这一情况有自己的预警机制，用户每次刷卡都会保留记录；如果同一时期发现频繁交易取现，预警系统会自动报警。笔者还从银行方面获知，一旦发现套现，银行会立即停止与客户的合作关系，冻结客户资金，客户会上信用黑名单，对以后的贷款、融资造成影响。

（3）连锁负面效应大。作为消费者的每一个人，如果对套现这样的行为不能正视和纠正的话，恐怕引起的连锁负面效应会在不久以后显现出来。这其中就可能包括套现行为引起的欺诈犯罪的增多，甚至是非法集资等恶性案件的死灰复燃。

6. 恶意透支的风险

恶意透支行为包括以下两种基本行为方式。

（1）超过规定限额透支，即超过信用卡章程的规定或者发卡银行的允许透支。

（2）超过规定期限透支，即在规定的时间内没有归还本息。一般来说，信用卡恶意透支行为，将在发卡银行留下不良的信用记录，影响持卡人的个人信用。

信用卡恶意透支的数额是指拒不归还和尚未归还的款项，不包括滞纳金、复利等发卡银行收取的费用，具体情况如表 11-5 所示。

表 11-5　信用卡恶意透支的数额、定性与刑责

数额	定性	刑责
1 万～ 10 万元	数额较大	处 5 年以下有期徒刑或拘役；并处 2 万元以上 20 万元以下罚金
10 万～ 100 万元	数额巨大	处 5 年以上 10 年以下有期徒刑；并处 5 万元以上 50 万元以下的罚金
100 万元以上	数额特别巨大	处 10 年以上有期徒刑或无期徒刑；并处 5 万元以上 50 万元以下罚金或没收财产

7. 自助银行里的风险

如今，许多不法分子利用自助设备和自助交易设置实施犯罪活动，如利用偷安监控装置、在自助银行自动门刷卡器处安装微型电子设备等方式窃取持卡人账户信息，然后通过伪造银行卡、网上银行等方式转移持卡人账户资金，持卡人的财产权将受到严重的侵害与威胁。表 11-6 所示为笔者整理了 ATM 机的六大诈骗形式。

表 11-6　ATM 机的六大诈骗形式

诈骗形式	主要方法
张贴虚假告示	不法分子冒充 ATM 管理单位，在 ATM 上张贴紧急通知或公告，让用户把资金转移到其指定的账户上
制造吞卡假象	不法分子将自制装置放入 ATM 读卡器内，当取款人将银行卡插入插卡口时，实际上是插入该自制装置，于是就出现“吞卡”假象
设置出钞故障	不法分子利用自制装置在 ATM 出钞口设障，如用铁片或胶水粘住出钞口，使 ATM 机吐出的钱卡在出钞口内
监控取款设备	不法分子直接在 ATM 机上安装微型摄像装置，或利用高倍望远镜在距 ATM 机不远处窥视，窃取客户的银行卡密码
“热心帮助”设诈	不法分子冒充“好心人”提醒或帮助受害人再提款设诈
取款键盘设障	不法分子用仿造的 ATM 键盘（内有电路装置，具有记录存储功能）附在 ATM 键盘上

8. 网络刷卡购物的风险

持卡人在信用卡网购操作时要确保电脑未遭受病毒侵害，尽可能避免在公共场所用电脑（如网吧等）使用网上银行和留下个人信息；完成网银业务或中途离开时，要及时退出网银页面并清除相关资料；切勿点击可疑链接，尽量手动输入正确网址登录合法网站。

9. 银行柜台前的风险

随着银行不断加强防范，在自助银行机具前作案日渐困难。于是，不法分子开始利用持卡人在银行柜台前防范意识不强的特点进行作案。

例如，持卡人对信用卡号不够保密，将信用卡拿在手上排队，被不法分子窥得卡号。然后，不法分子再伺机靠近柜台，偷看持卡人输入密码。这样，卡号和密码就都被窃取了。

持卡人将填写错误但填有身份证号码和姓名的凭条，或是将银行存取款的回单乱扔在柜台和地上，造成泄密。

一些持卡人在多次输错密码时，对银行柜员或是自言自语地说：“没错，我上次留的密码就是‘123456’啊！”结果“密从口出”。

所以，没有防范就没有安全的地方，柜台交易也有风险的存在。

10. POS 刷卡消费时的风险

酒店、商场的 POS 机是刷卡最频繁使用之处。因此，其风险较高，且风险的花样多，必须多加防范。在这个场所，会存在哪些风险呢？

一是一些图谋不轨的收银员或是商家针对绝大多数持卡人签字时不注意看金额的特点，故意多计消费金额。

二是心术不正的收银员会借持卡人不注意之时，多刷一次卡，重叠回单让顾客签字，或是自行仿冒顾客签单赚黑钱。

三是信用卡被收银员调包，顾客的信用卡被调换成一张空卡或是无效卡。

四是用特制的机具刷取客户信用卡的信息，转卖给不法分子获利，不法分子据此“克隆”信用卡。

五是收银员故意制造交易错误或取消交易后又重新进行交易，以期让顾客多付账。

综上所述，都是持卡人要加强防范的风险。

防范方法：签名是防范信用卡被冒用的重要措施，因此在使用信用卡之前，应在信用卡背后的签字栏上留下不易被人模仿的签名。确认交易单据是否仅此一份，有无重叠，只有在确定交易单据上的金额与实际相符时，方可签字。

> 专家提醒：若发生交易错误或取消交易的情况，要当场将错误的单据撕毁。消费刷卡时，视线不要离开信用卡。刷卡完毕收回信用卡时，要仔细查看是否是自己的信用卡，以防被调包。最后，要妥善保存所有 POS 交易单据，以备日后核查和防止被仿冒使用。

11. 商业银行的风险

商业银行内部存在不法工作人员，他们往往会利用职权在内部作案。如擅自打制信用卡或盗窃已打制好的信用卡，冒充客户提取现金或持卡消费；或擅自超越权限，套取大额现金；或通过更改电脑客户资料和存款余额，盗取现金。

商业银行的风险预防策略是指信用卡风险尚未发生时，发卡机构事先采取的一定的防备性措施以减少或降低信用卡风险发生的可能性。预防策略与回避策略的最大不同在于它是一种主动、积极的策略，由银行主动通过采取措施减少风险发生的次数和损失规模。

12. 分期付款的风险

“最重要的是记得按时向银行还款。”某行的高端管理人员说：“用信用卡分期付款，等于是银行先帮持卡人垫付了消费金额，持卡人再将钱分月还给银行，如果不按时还款，逾期将收取相应利息，而且他们的信用等级会受影响。”以工行为例，如果持卡人累计两期没能按时还款，银行将终止分期付款业务，即持卡人得一次性还清未付余款。因此，一定要避免信用卡任意分期的弊端，主要有以下方面。

（1）免息不免费。信用卡分期还款成本低，但分期付款免息并不是免费的。

（2）分期越长，费用开支越大。信用卡分期手续费的收取主要有两种，一种为首期一次性收取，另一种为每期分期收取。不管持卡人是分 3、6、9 或 12 期，都是要付一笔手续费的，而且分期期数越长，所缴纳的费用也就越多。

（3）信用卡循环利息。持卡人可以使用网上的“信用卡循环利息计算器”来计算循环利息。

（4）滞纳金的收取。如果持卡人利用最低还款额偿还欠款，就不能享受“免息期”待遇，银行一般会从消费当日开始按照每天万分之五的标准收取透支利息，一直到还清欠款为止。持卡人可以使用网上的“信用卡滞纳金计算器”来计算循环利息。

那么，持卡人该如何避免信用卡出现滞纳金呢？有以下三种方法。

（1）记住信用卡的还款日。

（2）开通自动还款功能。

（3）紧急情况用现金还款。

11.4.2 如何防止信用卡犯罪行为

现实中，很多信用卡盗用和诈骗案件，都是由于持卡人不注意保护自己的个人资料，或者随意转借信用卡而造成的。那么如何才能避免这些风险引起的信用卡犯罪行为，确保信用卡的安全使用呢？

1. 小心被人恶意透支

持卡人以非法占有为目的，超过规定限额或者规定期限透支，并且经发卡银行两次催收后超过 3 个月仍不归还的，应当认定为刑法第一百九十六条规定的“恶意透支”。如果是持卡人自身原因造成的“恶意透支”还相对容易解决，如果被其他不法分子“恶意透支”则就比较麻烦了。下面介绍两种常见的恶意透支。

（1）“假挂失”恶意透支。是指不法分子通过非法手段购买或盗取大量客户身份信息，从中任意选择某个人，通过客服电话进行信用卡挂失，然后嫌疑人会要求银行邮寄一张新的信用卡到其提供的地址，再用此卡进行恶意透支。一旦犯罪分子“得手”，就会把风险转嫁给银行，给银行带来资金和声誉损失。

（2）窃取用户信息克隆卡。主要是不法分子购买了磁卡数据采集器、读写卡器、空白磁卡，在商场、酒店的收银台进行“窃取信息”的非法活动。例如，酒店服务员借给客户结账机会，用磁卡数据采集器刷走对方信用卡中的信息，交给不法分子换取数千元“信息费”。然后，不法分子利用窃取来的信息，加工制作克隆卡，从而大肆盗取持卡人的资金。由于盗取加密卡信息难度大，犯罪分子会专挑不设密码的信用卡下手。

2. 信用卡防盗从办卡开始

周伦最近碰到了一件麻烦事，近两年来自己办了多张信用卡，都被盗刷，甚至连一张锁在保险柜里的银行卡都被盗刷了。由此可见，盗刷者对周伦的个人资料十分清楚，很有可能是盗刷者通过银行信用卡客服中心先进行挂失，然后重新设置密码，并更改了周伦的个人资料。但是，盗刷者是如何通过银行的层层审核的呢？

笔者也以忘记密码为由，致电某银行信用卡服务中心要求修改密码。结果经调查发现，在忘记密码的情况下，可以通过两种方式设置新密码：一种是通过网上银行；另一种是致电银行信用卡中心人工服务，客服人员将根据持卡人申办信用卡登记的资料，从中抽取问题随机提问，如果核实通过就可以修改或重新设置密码。

就这样，笔者轻松地更改了信用卡的密码。此外，只要知道信用卡密码，即可通过银行信用卡客服中心修改个人资料。这也意味着，持卡人在办卡时登记的个人资料泄露，就很容易遭遇盗刷。

万一“被盗刷”，应第一时间向银行挂失，并打信用卡客户服务热线，通过人工方式对盗刷款项进行详细反馈，可将损失降到最小。如果牵涉金额过大，可在银行挂失冻结账户后自行报警，银行方面会配合警方调查。

> 专家提醒：持卡人必须保管好自己的身份证，以下介绍两种方法。
> （1）需要对证件进行复印时，要在复印件中注明使用缘由及有效范围。复印件上的标注也是有技巧的，不能离证件太远，如果有空白要画上横线，防止被不法分子往上填写别的内容，身份证复印件扔掉时一定要撕毁或粉碎，防止资料泄露。
> （2）不论何种情况造成的身份信息遗失都应尽快申请、报失、补领，可采用向派出所索要报警记录等方式，以有效证明身份证或其他个人信息、证件遗失的原因，以便补办和日后澄清。

3. 牢记信用卡防盗刷十二招

目前，随着信用卡的普及，越来越多的人使用信用卡，与此同时，信用卡被盗刷也经常发生，那么，信用卡防盗刷的招数有哪些呢？

防止信用卡盗刷需谨记以下十二招。

（1）领取信用卡时，要当场检查密码信封。如果信封被打开过，则应及时向银行提示，要求更换密码信封。

（2）领到信用卡后，立即签上名字。当然，被人越难模仿的个性化签名，越能防范被冒用的风险。

（3）领卡后要及时修改密码。密码不要用家中的电话号码、自己的生日等易于破译的号码，更不要清楚地写下你的密码（可用一些别人看不懂的方式加以提示），不要将密码透露给任何人。

（4）在消费或取现时，输入密码时应尽量迅速，最好用手遮盖按键，以防被人偷窥密码。而且要学会用多指快速输入，防止不法分子记住按键顺序。

（5）要保留好交易回单，切不可不加处理就乱丢回单，以防止信用卡账号泄露，给不法分子伪造信用卡造成可乘之机。

（6）在商店、旅馆等特约商户消费时，不要将信用卡交给收银员处理，应尽量自己到柜台当面刷卡结账。千万不要让信用卡离开自己的视线。当今，一些不法分子用一种状如 BP 机的“猫仔机”，只要将信用卡在它上面刷一下就可以把所有的信息盗取。

（7）在特约商户消费时，收银员刷卡后要仔细检查验收，以防信用卡被调包。

（8）不要把信用卡和身份证放在一起。如果信用卡和身份证同时丢失或被盗，将给窃贼冒用造成机会。

（9）不要将信用卡随意出示给别人，更不能让陌生人记下你的卡号等信息。

（10）在公共场所不要随便放置装有信用卡的包或外套。外出旅游度假时，不要将信用卡等私人贵重物品遗漏在旅馆房间里或沙滩、游泳池等公共场所，以防遗失或被盗。

（11）如果信用卡不慎遗失或被盗，要第一时间致电给银行信用卡客服热线进行口头挂失，再找卡。

（12）如果联系电话特别是手机号码更改，或是收件地址更改时，要及时告知银行。这样，万一信用卡被盗用，持卡人就会因第一时间收到刷卡交易短信而能及时让银行止付，防止损失进一步扩大。

11.4.3 小心掉入各种信用卡陷阱

信用卡，给人们的生活带来了方便，它的安全也一直是众人关注的热点。提到安全，通常大家想到的是信用卡的“密码泄露”“非法盗用卡号”等问题，实际上，从申办、使用甚至换取积分过程中都可能存在一系列的陷阱。

那么，信用卡背后到底藏着什么陷阱，使用时该注意什么呢？

1. 节前还款，小心银行陷阱

一般来说，节假日通常有大量人外出，如果还款日正好赶在节假日期间，银行是否有义务将信用卡的还款期限自动延迟到节假日结束后，以方便持卡人还款呢？对此，笔者一位银行的朋友提出了几点意见。

（1）慎选网银跨行转账。在节假日期间，央行相应的系统会关闭，网上银行跨行转账无法正常进行，即使通过网上银行转账成功，到账时间一般从假期结束后的第一个工作日算起，3 ～ 5 个工作日方可到账，为避免延误资金到账时间，最好不要选择网银跨行转账。

（2）尽量在节前提前还款。如果还款日恰逢节假日，持卡人可在节假日到来之前提前还款。如果在当地同行存现金或转账还款，资金可以实时入账，但异地同行存款或转账，资金到账时间则可能会滞后，因此如果节假日选择外出，应做好提前还款的准备。

（3）部分银行可申请还款宽限期。招行、中信、光大、兴业等银行规定，如有特殊情况无法及时还款，持卡人可通过申请延迟还款，银行将根据持卡人的用卡情况确定延迟时间，一般延迟时间为 1 ～ 3 个工作日。另外，从 2013 年 7 月 1 日，信用卡开始施行“容时容差”服务，还款通常能宽限 3 天。

持卡人需要注意的是，并非所有银行信用卡还款都有宽限期。中、农、工、建四大银行则表示，一般情况下不受理申请延期还款，持卡人须在最后还款日到之前还款，否则将按一定比例收取滞纳金。

2. 终身免年费，不过是噱头

顶级信用卡一般从第 1 年就要开始收取年费，刷多少次都不能免除。顶级信用卡普遍被各大银行称呼为白金信用卡，年费金额少则不到 2 000 元，多的接近 6 000 元，有些白金信用卡甚至无须持卡人激活就要收取年费。

不过，大多数消费者持有的还是普通的信用卡，这些信用卡的年费一般在 100 元左右，金卡则在 200 ～ 300 元区间。与顶级信用卡不同的是，这些信用卡大部分都能免除首年年费，第一年之后的年费也可以通过刷卡满足银行规定的次数或金额实现减免。

由于涉及细节太多，银行业人士提醒，消费者在办理信用卡过程当中一定要了解清楚自己所持信用卡免除年费的规定，以做到刷卡时心中有数。另外，银行一般会设置一些诱人的“增值服务”，这些增值服务也都是“非免费”的项目。

借记卡余额不足以缴纳小额账户管理费和卡的年费，超过一定期限后，银行会自动注销。然而，信用卡与借记卡不同，一定要按规定使用和还款。有些人办完信用卡后就一直闲置，如果银行规定没有激活的信用卡也会收取年费，持卡人逾期不缴，就会影响个人信用记录。因此，对于未使用的信用卡，最好通过电话银行办理正式信用卡注销手续，但是千万不要把卡随处乱丢，如果打算把注销后的信用卡丢弃，务必要将卡片磁条剪断。

> 专家提醒：信用卡磁条中存有持卡人的相关信息，如果没有销毁，不法分子可以通过特殊的技术手段获得磁条中的信息，之后利用获得的信息重新激活账户，然后进行刷卡消费，给原来的持卡人造成损失。

3. 不知不觉产生信用黑名单

如今，信用卡已经走进越来越多人的生活中。当各家银行纷纷宣布自己发行的信用卡过百万、上千万张的数据时，一份关于信用卡使用率的调查却揭示了有 80.14% 的信用卡用户平均每月用卡频次少于 4 次，按照国际标准，这表示在我国至少有八成信用卡属于“睡眠卡”。

有很多信用卡卡主在办卡时，并不考虑自己的实际需要，持卡后让信用卡长时间“休眠”。他们或多或少地都抱有这样的想法：“我不用信用卡进行消费，就不会产生欠款，那么就算信用卡闲置，也不会对账户产生损害。”但是，事实并非如此。信用卡长期不用，年费、滞纳金银行照收不误。

办了信用卡，银行就会储存办卡人的个人资料。对于商业银行来说，长期保持信贷往来并遵守还款约定的客户，才是银行的优质客户。而一个客户办了信用卡长期没有使用，并不能表示该客户是信用优质的客户，最多只能算是暂时没有信用污点的客户，至于真正有信贷业务往来后，是否能守信用还是未知数。所以，当这些客户在向银行申请信贷业务时，未必能获得预期的授信额度。

如今，我国早已将信用卡还款作为征信系统的重要信用参考依据之一。如果出现了不良记录，就会直接影响到持卡人未来的经济生活。笔者从银行方面获悉，如果持卡人不能按期支付利息及最低还款，很快将会被列入黑名单。然而，一旦征信系统中有了信用卡逾期还款记录，信用受损，以后贷款买房都存在问题。因此，持卡人一定要认真了解信用卡的使用条款，并经常和别的持卡人做交流，了解哪些环节容易引发信用风险，这样才能以最小的代价获得最大的利益。

4. 签名卡被盗刷，也要还款

目前，国内的大部分信用卡消费时都会采取“签名＋密码”的方式进行安全认证。因此，很多持卡人都会认为，如果遇到信用卡被盗刷时，只要能证明不是持卡人本人的签名，就不用承担这笔被盗刷资金的风险。事实并非如此，虽然被盗刷资金并非由持卡人消费，但银行方面在未收到还款或调解未达成一致前，都会将逾期记录计算到持卡人的信用卡记录中。

5. 境外消费，遭遇还款陷阱

张有在今年 10 月份结婚了，婚后他和妻子选择去欧洲度蜜月。为方便旅程，张有特意到某银行申请了一张人民币和欧元双币信用卡。此前，张有已经是该银行的黄金客户，信用度也高。因此，这次双币卡的申请，很快就批准了，而且额度也比较高。

甜蜜的蜜月时光很快就过去了，回国后张有去银行还双币卡上刷的 8 000 欧元的时候，麻烦来了。张有的手上正好有剩余欧元，他打算用这些欧元还掉信用卡的欧元欠款。银行工作人员却表示他们不收欧元，必须还人民币，或者用人民币购汇。

张有顿时火了，“我有欧元现金，凭什么要再购你的汇。之前在你这里办理双币卡业务时，你也没有说这里不能还欧元现金，现在却要我白白为此额外支付货币转换买入卖出的损失，你有何道理？”

在这之前，张有也曾使用过其他银行的双币卡，也在国内成功地还过美元、港元等币种。但是，欧元、人民币的双币卡还是第一次使用，按照他的经验，既然银行开的是双币卡，那么持卡人在还款的时候，就可以选择两个币种的任何一种。

随后，张有就此致电了该银行的全国客服，客服人员表示，“我们总行是有这个业务的，但目前您所在城市的分行确实没有开办双币卡还欧元的业务。”

张有还是觉得有些说不通，又找来了该银行的分行经理，经理解释：“两三年前我们银行推出这个双币卡的业务时，主要针对的是在欧洲留学的中国学生，留学生的附卡绑定父母的主卡，自动绑定还款。最近，由于去欧洲旅游的人越来越多，这个业务在年初也开放给个人。”不过，对于银行的回复，张有并不满意，他觉得既然银行没有资格开展欧元外汇业务，配套服务也跟不上，那当初就不要发卡给持卡人。最后，张有又要把手上的欧元换成人民币，再购入外汇变回欧元还钱，几乎要多付 100 多元，其中还不包括买卖差价。

笔者也从该行网站上看到，该行信用卡境内外币还款方式中，写着“如果您在境内持有外币，想直接给您的信用卡外币欠款还款，可直接咨询汇款银行柜面人员。但境内银行并非所有柜面均可办理外币现钞业务，汇款前请提前咨询汇款银行。” 此外，笔者咨询其他银行的朋友，他揭开了整个事件的真相：该银行的分行并没有申请欧元现钞业务牌照，因此出现了上述张有不能用外币还款的现象。

银行业内人士对笔者分析表示，“由于欧元业务量一直比较少，有些外汇业务较少的银行并没有申请或开办该币种现钞业务。对于银行来说，开办欧元现钞业务资格需要缴纳一定的费用，为了节省支出，一些中小银行只开通美元和港元现钞业务。”然而，笔者认为，银行提供了一项服务，必须有对应的配套功能，发行了欧元卡却不能直接还欧元，当初办卡时也没有详细跟申请人说清楚，这就是变相地强制要求持卡人使用银行的购汇服务，摆明就是消费陷阱。

6. 高价收购信用卡暗藏陷阱

由于银行卡暗藏个人信息，因而不要轻易为了蝇头小利就将闲置信用卡卖给那些从未谋面的“商家”，以防废旧银行卡被收购后用来从事非法活动。

在百度上输入“收购信用卡”并搜索，可以看到很多相关信息。在收购银行卡信息的网页上，收购者除了明确标明收购银行卡种类和价格外，为了打消卡主的顾虑，还特意声明了收购银行卡的用途：“我们收购这个卡是用来申请广告联盟，只是用来收钱而用，因为广告联盟一个人只能申请一次，而我们需要申请很多个账户。所以请放心，我们不是用来从事什么非法活动。”

对于这种另类回收，笔者认为这些银行卡被回收后可能导致卡上个人信息泄露，也有可能被用于洗钱、诈骗等非法活动。比如，网店店主购买银行卡用以炒作信用度，企业单位通过虚开股票账户转移存款用以逃税，一些买主则是因为业务需要接受汇钱、转账、消费、送礼等。

信用卡上储存许多个人信息，如被不法分子破解后用以犯罪，可能令持卡人蒙受不白损失。因此持卡人应保管好个人信息，不要轻易泄露银行密码等开户资料，以免给自己留下损失隐患。如果银行卡不慎丢失，应尽快销户或挂失。

第 12 章

征信查询：做好信用维护

在信用卡的使用过程中，一部分卡民会因为个人的不良信用记录导致房贷利率增加，严重者甚至会遭遇拒贷。因此，卡民要掌握查询征信记录的方法和学习维护自己的信用记录。那么，卡民如何查询个人的征信记录呢？又如何规避信用卡带来的信用污点？

本章主要内容包括：

- 了解个人信用报告
- 七种方法，查询征信
- 如何摆脱个人信用污点
- 不良的信用卡使用行为
- 不良信用记录如何消除

12.1 了解个人信用报告

在发达国家中，个人信用记录已经成为每个人在市场经济中都不可缺少的一部分，国内的个人信用记录出现速度较慢，但是发展速度很快，这种个人信用记录是终身可用的。

12.1.1 六种类型，解析个人信用报告

个人信用报告是针对用户个人信息的客观记录，需要获得用户的认可才能够被提取，个人信用报告包括的内容类型主要有六个方面。

图 12-1 所示为个人信用报告的六种内容类型。

借贷内容	用户与其他机构或个人发生借贷关系而产生的信息内容
信贷内容	用户与金融机构发生信贷关系所形成的履约记录
社会经济	用户的住房公积金、社会保险等方面的经济内容
商业赊购	与商业机构或其他事业单位产生的赊购记录
缴费记录	包括欠费缴纳记录、税费缴纳等记录
其他内容	影响个人信用状况的刑事处罚、行政处罚等内容

• 图 12-1　个人信用报告的六种内容类型

12.1.2 三个版本，明白个人信用报告

根据中国人民银行征信中心的信息显示，目前只有三个版本的个人信用报告。

➢ 个人版是用户主要使用的信用报告，主要展示用户的信贷信息和公共信息，分为个人版和个人明细版。

➢ 银行版主要是方便银行进行查询的版本，而社会版是供用户开立股指期货账户的版本。

➢ 社会版的内容是最为全面的，内容包括个人执业资格记录、行政的奖励和处罚、法院诉讼记录内容、法院强制执行记录、用户的欠税记录、社会保险的记录、住房公积金记录、信用交易的记录。

12.2 七种方法，查询征信

用户要维持优质的个人信用很难，需要长时间的信用卡良好使用记录才能够打造出一份优秀的个人信用记录。

不良的信用记录却非常容易出现，比如逾期还款就会出现信用卡不良记录，而且该记录会长时间地影响用户申请信用卡的成功率。因此，用户应多注意自己的信用卡使用情况，同时也要学会查询个人信用报告的方法。

12.2.1 银行柜台查询，传统的查询方式

最传统的查询方式莫过于去银行柜台查询个人信用报告，需要用户本人携带自己的有效身份证件的原件及复印件，并填写《个人信用报告本人查询申请表》。

其中，个人身份证、军官证、士兵证、护照、港澳居民来往内地通行证、台湾同胞来往内地通行证、外国人居留证等证件都属于有效证件。

12.2.2 自助查询机查询，限制比较多

用户可以携带本人的二代身份证（其他有效证件暂时无法查询），在自助机上查询个人信用报告。不过，这种查询方式每个版本仅限查询一次，而且只能用于本人办理，无法代办查询。

通过自助查询机查询需要注意以下事项：

➢ 用户应距离自助机半步左右的距离，目光对准摄像头进行拍照，确保取景框可以出现完整的用户头像。

➢ 当成功查询到个人信用报告后，应审核查对报告页数，并及时取走身份证。

12.2.3 商业银行查询，登录网上银行

目前，可以查询个人信用报告的商业银行有北京银行和中信银行。

➢ 中信银行：在中信银行开通网银并领取 USBKey 证书，登录中信银行的网上银行，点击“特色服务”页面中的“信用报告查询”即可，没有查询次数限制，通常会在第二个工作日获得结果。

➢ 北京银行：查询个人信用报告仅针对证书版或财富版个人用户，登录网上银行，可以在“我的报告”|“信用报告”页面中申请查询及下载，一年可以免费查询 2 次详细版信报。

12.2.4 通过互联网查询，更快捷方便

用户还可以登录中国人民银行征信中心，注册成功并激活账号后，即可查询信用报告。

【实战】：下面介绍通过互联网查询个人信用报告的具体操作方法。

步骤 01 用户进入中国人民银行征信中心的“核心业务－互联网个人信用信息服务平台”页面，单击右上角“注册”按钮进入注册页面，根据系统提示输入相应的信息，然后提交即可，如图 12-2 所示。

• 图 12-2　注册页面

步骤 02 用户注册成功，会得到一个激活码和查询码。收到激活码后，用户需要再次进入中国人民银行征信中心的“核心业务－互联网个人信用信息服务平台”页面，单击右上角的“登录”按钮进入登录页面，如图 12-3 所示，输入信息进行登录。

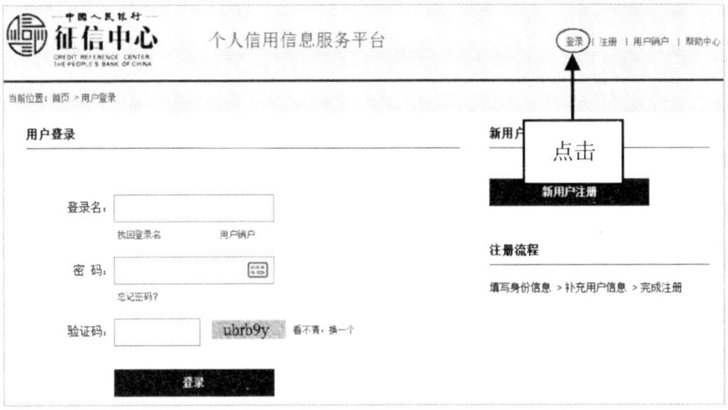

•图 12-3 登录页面

步骤 03 用户成功登录后，单击左侧的“信用报告查询”按钮，如图 12-4 所示，并进入页面，选择身份验证方式，并输入步骤 02 中获得的查询码，如图 12-5 所示。

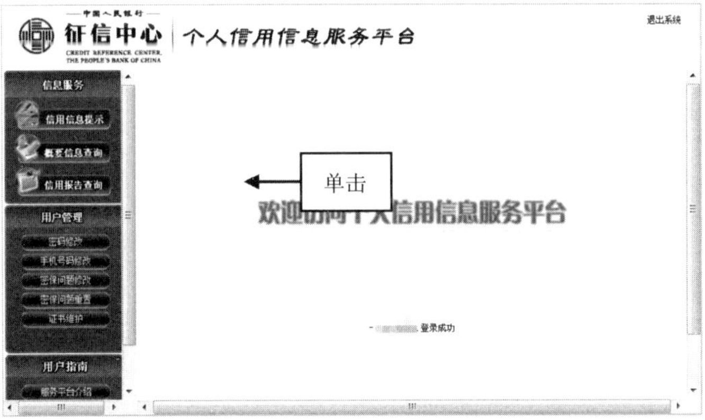

•图 12-4 单击“信用报告查询”按钮

步骤 04 单击“提交”按钮，即可获取个人信用报告，单击报告页面底处的“生成 PDF”按钮，即可下载保存为 PDF 版本的个人信用报告。

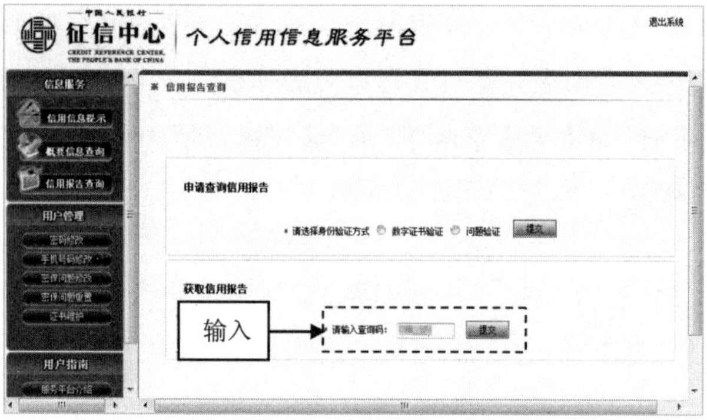

• 图 12-5　输入查询码

12.2.5　51 信用卡查询，手机轻松搞定

征信报告是记载有个人信用记录的文件，只能够由中国人民银行的征信中心提供。在51信用卡管家平台上，平台为用户提供了个人征信报告的查询功能。

【实战】： 下面介绍通过 51 信用卡管家查询个人信用报告的具体操作方法。

步骤 01 进入 51 信用卡管家 APP 的"发现"界面，点击"征信查询"按钮，如图 12-6 所示。

步骤 02 进入"注册征信账号"界面，填写姓名、身份证号和验证码，点击"下一步"按钮，如图 12-7 所示。

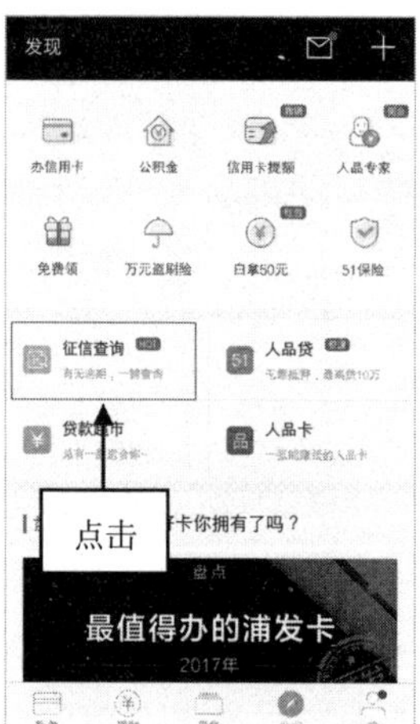

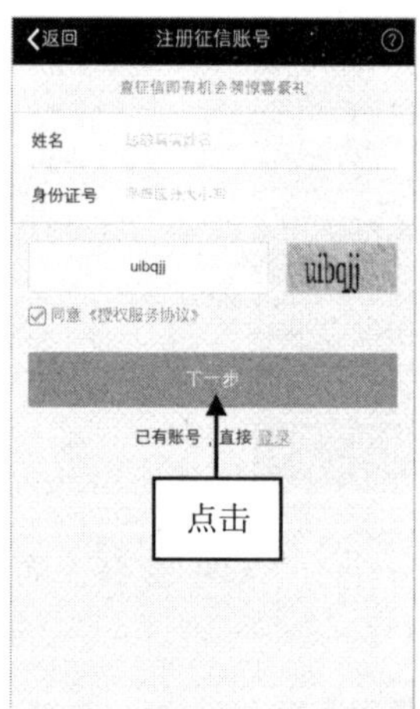

• 图 12-6　点击"征信查询"按钮 • 图 12-7　点击"下一步"按钮

步骤 03 输入登录名、密码和手机号，点击“发送动态码”按钮，手机收到动态码后输入文本框中，并点击“提交”按钮，如图 12-8 所示。

步骤 04 进入“征信账户”页面，点击“申请报告”按钮，如图 12-9 所示。

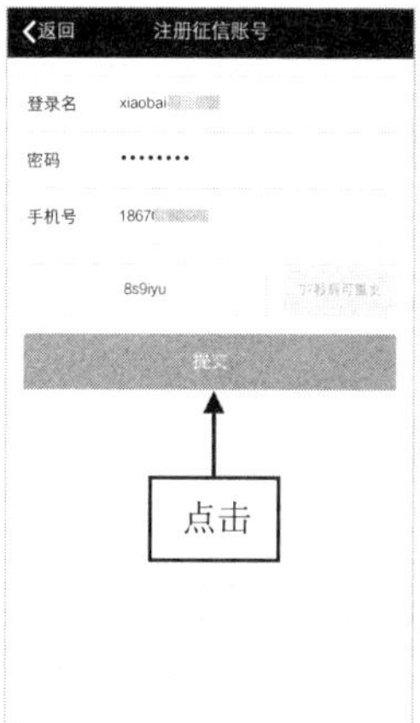

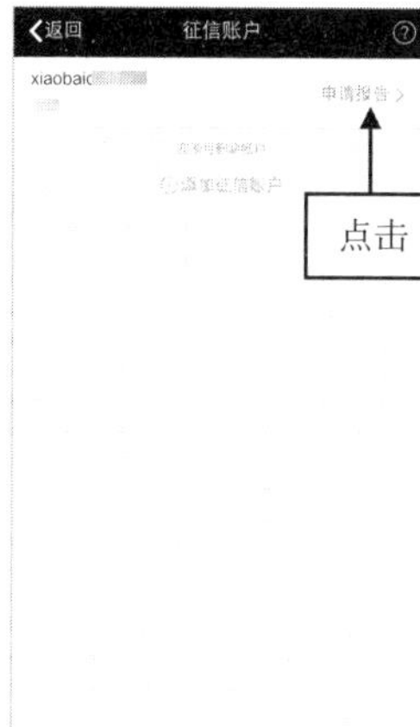

●图 12-8　点击“提交”按钮 ●图 12-9　点击“申请报告”按钮

步骤 05 执行操作后，进入“获取身份验证码”界面，用户必须在 10 分钟内回答界面中的问题，如图 12-10 所示。

步骤 06 回答完成后，点击“确定”按钮，如图 12-11 所示。

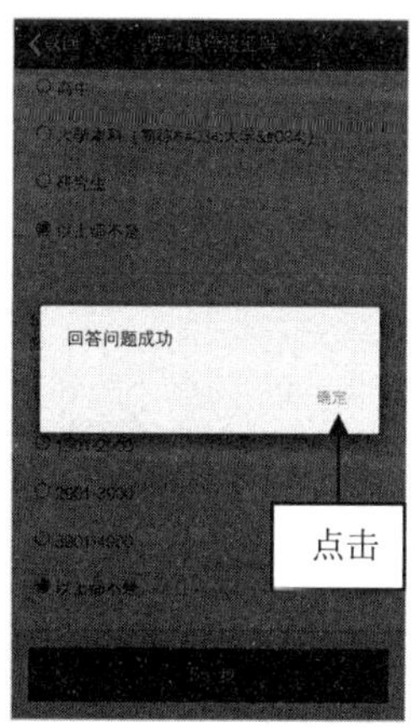

●图 12-10　回答界面中的问题 ●图 12-11　点击“确定”按钮

步骤 07 弹出“等待身份验证码”对话框，显示报告申请中，用户需要收到身份验证码后才能访问取报告，如图 12-12 所示。

步骤 08 当用户的手机收到身份验证码（有效期为 7 天，遗失或过期需要重新申请）的短信后，再次进入“征信账户”界面点击申请的信用报告进入“身份验证”界面，输入验证码点击“提交”按钮，如图 12-13 所示。

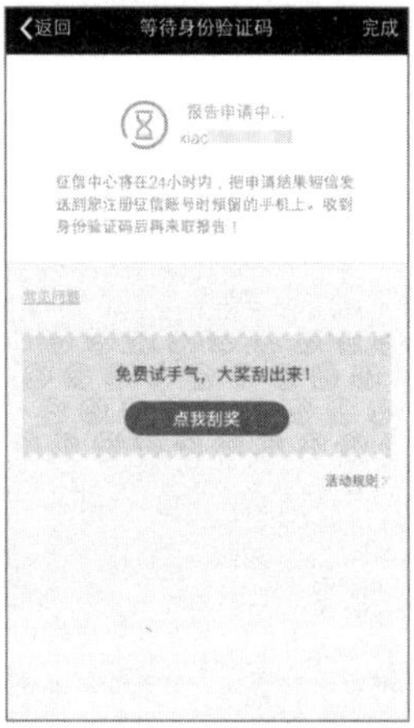

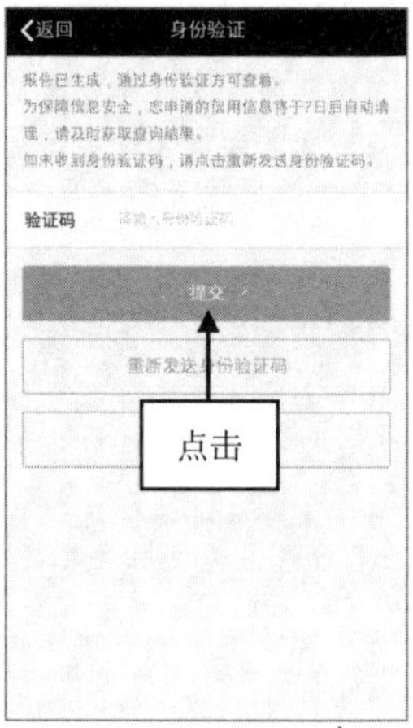

●图 12-12　等待身份验证码界面　●图 12-13　点击“提交”按钮

步骤 09 执行操作后，进入“征信账户”界面，在此会显示用户的征信信息，如图 12-14 所示。

步骤 10 用户点击相应的报告，可进入“个人信用报告”界面查看相应的征信记录详情，如图 12-15 所示。

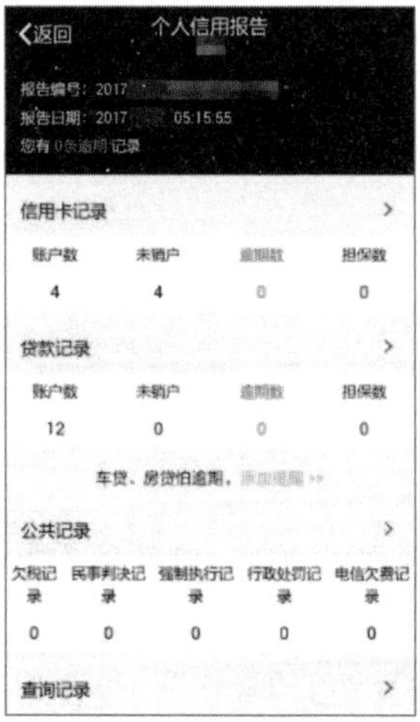

●图 12-14　“征信账户”界面　●图 12-15　“个人信用报告”界面

12.2.6 卡牛 APP 查询，用户体验更好

卡牛信用卡管家也推出了“个人征信查询”功能，而且采用了分级分类展示信用报告的处理方式，极大地提高了用户体验。

【实战】： 下面介绍通过卡牛信用卡管家查询个人信用报告的具体操作方法。

步骤 01 登录卡牛信用卡管家后，进入“我的”界面，点击“个人征信”按钮，如图 12-16 所示。

步骤 02 进入“个人征信”界面，填写登录名、密码和验证码，点击“登录”按钮，如图 12-17 所示。

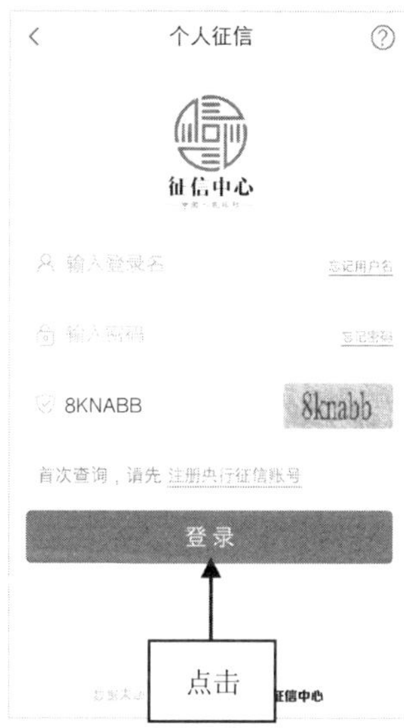

• 图 12-16　点击“个人征信”按钮 • 图 12-17　点击“登录”按钮

步骤 03 执行操作后，进入“个人征信报告”界面，提示查询请求已提交，将在 24 小时内返回相应结果，如图 12-18 所示。

步骤 04 查询成功后，用户可以在此查看个人信用报告的具体内容，包括信用卡记录、贷款记录、公共记录等信用信息，如图 12-19 所示。

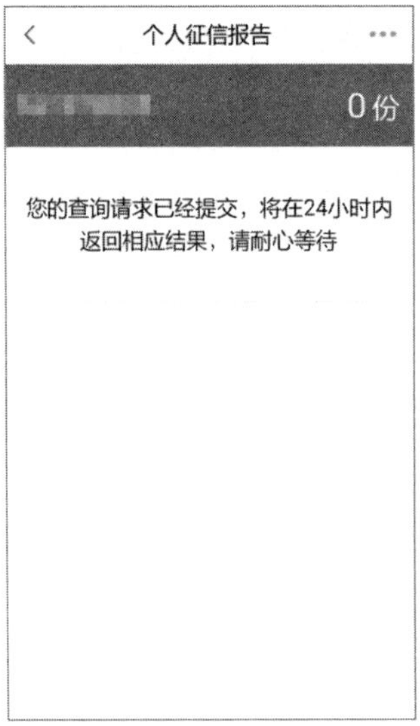

●图 12-18　提交查询请求

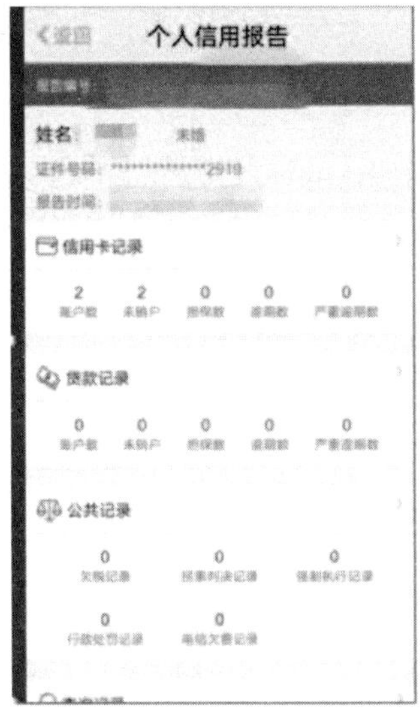

●图 12-19　查看个人信用报告

12.2.7　挖财 APP 查询，可看 PDF 版本

挖财信用卡管家的征信查询与卡牛类似，也是通过央行的个人征信平台来查询，主要过程为注册征信账号、进行身份验证及得到征信数据的反馈。

【实战】：下面介绍通过挖财信用卡管家查询个人信用报告的具体操作方法。

步骤 01 登录挖财信用卡管家后，进入“服务窗”界面，点击“征信报告”按钮，如图 12-20 所示。

步骤 02 进入“登录央行征信”界面，首次使用央行征信的用户可以点击“立即注册”按钮，进入“注册央行征信”界面，根据操作提示进行注册，如图 12-21 所示。

步骤 03 已有央行征信账户的用户直接在登录界面输入登录名、密码和验证码，并点击“登录”按钮，如图 12-22 所示。

步骤 04 进入“等待身份验证码”界面，提交查询申请，征信中心会在申请的 24 小时内反馈用户查询结果，如图 12-23 所示。

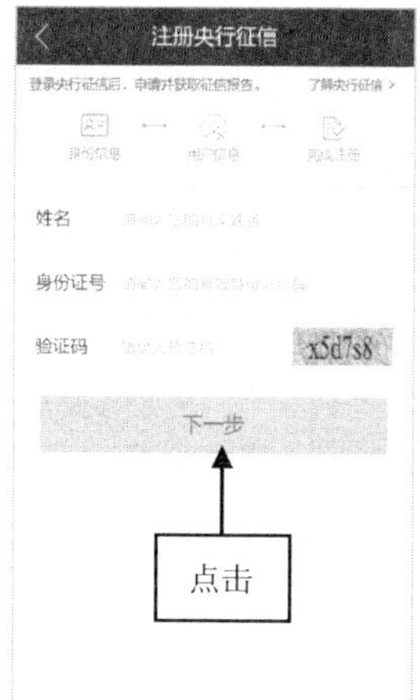

●图 12-20　点击“征信报告”按钮 ●图 12-21　“注册央行征信”界面

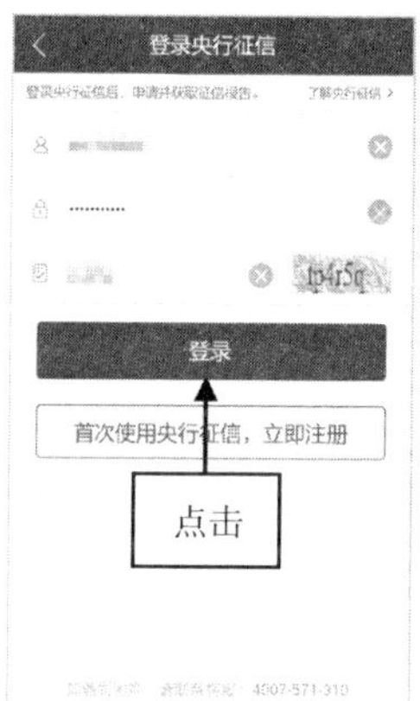

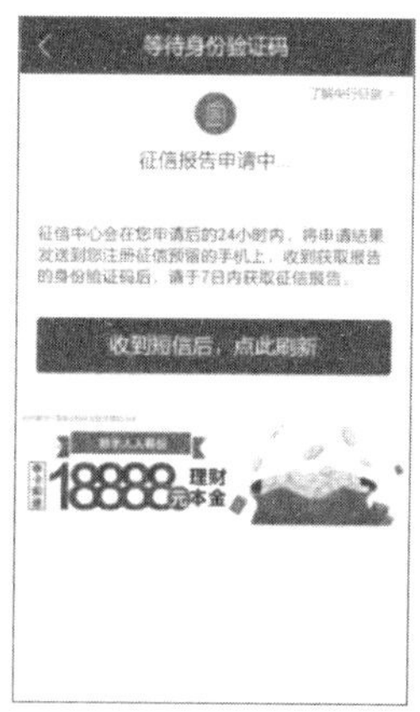

●图 12-22　点击“登录”按钮　●图 12-23　等待身份验证码

步骤 05 当用户的手机收到身份验证码的短信后，再次进入“获取征信报告”界面，输入验证码点击“获取征信报告”按钮，如图 12-24 所示。

步骤 06 进入“征信报告”界面，点击“下载征信报告”按钮，如图 12-25 所示。

步骤 07 执行操作后，即可查看 PDF 版本的征信报告，如图 12-26 所示。不过，挖财信用卡管家只是提供了央行的 PDF 版信用报告，并没有针对手机端做出优化，优点是内容全面，而缺点则是浏览体验比较差。

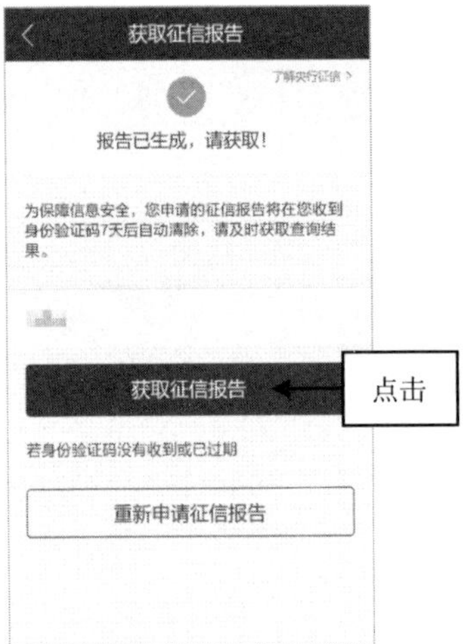

●图 12-24　点击“获取征信报告”按钮

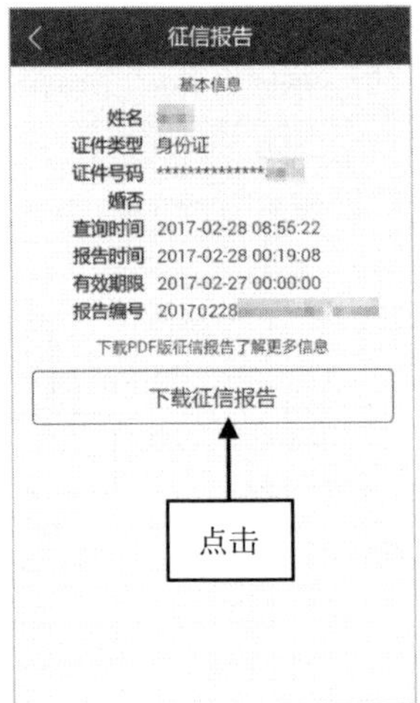

●图 12-25　点击“下载征信报告”按钮

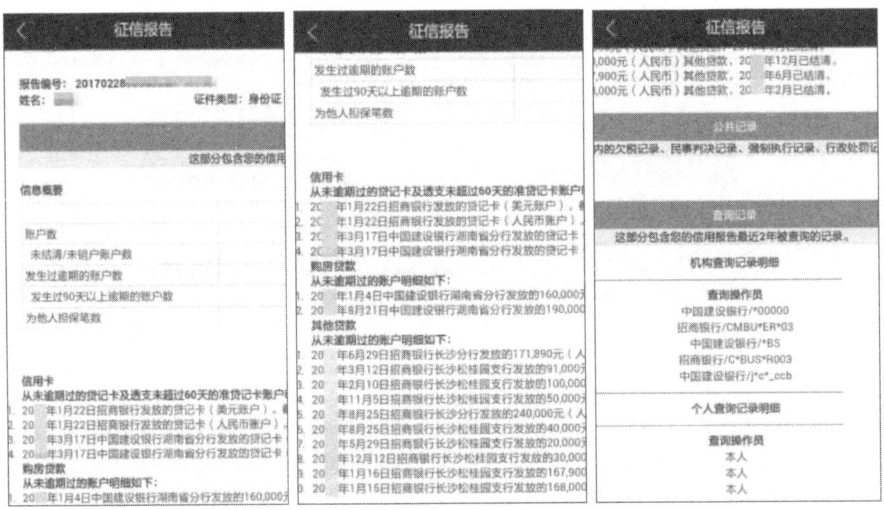

●图 12-26　查看 PDF 版本的征信报告

12.3　如何摆脱个人信用污点

信用卡记载着持卡人详细的用卡信息，是构筑个人信用记录的第一个平台。一旦产生信用污点，对未来进行房贷、车贷、个人商业贷款甚至求学、就业都会有很大影响。使用信用卡的时候，因为信用卡有透支和消费打折的优惠，所以用起来很方便。那么，持卡人该如何摆脱个人信用污点呢？

12.3.1　产生信用污点主要原因

一般来说，逾期还款最容易产生不良信用记录，但并非所有逾期还款都会影响信用。总的来讲，信用污点产生的原因有以下三个方面。

1. 个人原因

一般情况下，主要是由于个人消费后忘记还款产生的。正常情况下，如果持卡人连续 3 次逾期还款，或者累积 6 次逾期还款，那么你的信用就有污点产生了。事实上，如果持卡人不想影响自己的信用记录，只要还款金额能达到最低还款额就可以。各家银行最低还款额大致都是总金额的 10%。

在最后还款日，持卡人没有将最低还款额还上，各商家不需要上报，逾期记录会自动进入中国人民银行的征信系统。就算逾期一天，都能在系统里看到。不过，各银行对逾期还款的评价不同，如有的银行将逾期条件设得较宽，即使超过最后还款日，只要在下一个账单日之前还上欠款，也不算逾期，不会作为不良记录。有的银行还设定了信用逾期的级别，如逾期 1 ～ 30 天为一级，31 ～ 60 天为 2 级，61 ～ 90 天为三级，级别越高，说明问题越严重。

另外，如果在个人信用报告中发现，某人多次办卡而不用卡，或办卡后就把卡销掉等记录，这也会引起银行对其资信评级时的关注，向银行申请贷款时可能遭到拒绝。处理睡眠卡最稳妥的方法是通过银行的服务热线，查询是否有开通及是否有透支利息产生。

尤其是在个人信息中有类似恶意套现、提供信息不真实等记录时，对信用记录伤害更大。还有一些特例，如朋友借用别人的身份证去办卡，透支后没有还上，那么不良记录就会记在身份证主人身上。

> 专家提醒：按揭贷款没有及时按期还款，哪怕是延期一天都算作违反约定，连续 3 次逾期还款或累计 6 次逾期还款的个人都很可能被记录在案，导致在办理银行贷款业务时遭到拒绝。

2. 银行原因

有时候，由于银行的系统原因，也会误记录个人的不良信用污点。例如，贷款利率上调后，但银行仍按原金额支付“月供”或分期，无意中产生了到期无法划账还款的情况，而造成用户产生不良信用污点。

另外，国家助学贷款由商业银行发放，自发放之时，商业银行就将这些信息报送到了个人信用数据库中。无论贷款人毕业后在哪个城市工作，如果不按时归还国家助学贷款，就违背了借款人向金融机构借款时与金融机构建立的按期还本付息的约定，在个人信用报告中就会形成负面记录，影响个人将来的经济金融活动。

3. 他方原因

这种情况有很多，比如自己的身份证被别人拿去办理信用卡，产生信用污点；有的人归还信用卡的时候是通过第三方公司代还的，结果第三方公司因为其他的原因没有及时还款。

现在个人因为身份证遗失，被不法分子冒用，造成身份证的主人被公安机关网上通缉和关押的事时有发生。所以持卡人必须谨慎、妥善保管好个人有效身份证件，努力做到：妥善保管好各种有效身份证件（包括各种可以证明身份证的证件）及其复印件，不要轻易将这些身份证件借给他人。

> 专家提醒：除了最常见的信用卡透支、个人按揭贷款逾期还款外，一些生活缴费未按时和担保等行为都将可能被收录进入个人信用报告。新版个人征信报告显示，如本人有过欠税、民事判决、强制执行、行政处罚或电信欠费等情况，报告中或将有所陈列。这意味着，以后水电煤气或固话费欠费，以及为第三方提供担保，而第三方没有按时偿还贷款，也会纳入不良信用记录。因此，用户更要珍视个人信用，保证贷款、信用卡还款等按时足额，避免产生逾期还款记录。

12.3.2 信用记录不会伴随终身

“银行征信系统的不良信用记录并不是一份‘黑名单’。”业内人士表示，个人征信记录只是一个数据库，真实客观地记载客户的信用记录，不做任何评价。

在“卡时代”，刷卡消费、贷款买房，已深深嵌入大众的生活习惯中。而与之俱来的，是信用风险的叠加。过期不还、透支额度等现象，造成经济纠纷频发，信用存档也就成了对应的掣肘举措。在新上线的央行新版个人征信报告系统中，个人信用污点的封存时间缩短，只保留 5 年，这也意味着信用污点不再伴随终生。

目前，信用记录也只是银行参考的一个因素而已，不同的商业银行有不同的标准，对待方式有重有轻，但肯定不会因为有不良信用记录而“一棒子打死”。可能有的客户因为记录中显示曾有一笔贷款逾期还款而无法申请按揭，但也有人虽屡屡延期还款，却仍能顺利得到房贷，并享受优惠利率。

个人信用需要持卡人在生活中好好维护，如果先前出现了逾期污点，没有办法消除，只能不断修正，也就是从现在起多加注意，重新建立起自己的信用记录，污点才不会伴随终身。

12.3.3 还款余额宁可多还一点

2016 年 3 月，张黄收到了自己上个月的信用卡对账单，上面显示共欠款 5 050 元。他在到期还款日还了 5 000 元，却大意地把 50 元零头漏掉了，之后，张黄再没用过这张卡消费。4 月的对账单寄来时，账单上显示的本期应还利息是 20 元，账单日是 4 月 6 日。张黄计算了一下，发现银行并不是按照自己欠的 50 元来计算利息的，而是按 4 月对账单上所有的欠款 5 050 元来计息。

俗话说：“天下没有免费的午餐。”银行对于在到期还款日尚未偿还的债务，收取的利率通常是日息万分之五，也就是说，年化利率高达 18.25%，超过当前 5 年期以上贷款利率 3 倍还多。如果持卡人到期没有全额还款，就不能享受“免息还款期”待遇，银行不但不会免息，而且会按照所有应支付额，从消费日开始，以万分之五的日利率计收利息。

吃了一堑的张黄在当月的还款日 4 月 16 日全额缴清了账单，但是事情远远还没有结束。7 月份，张黄的账单上，又出现了一笔 15 元的循环利息。张黄再次向专业人士咨询，得知这笔钱是从 4 月账单生成日到 16 日还款前产生的利息，因为持卡人收到对账单的时间往往滞后于账单生成日，在这期间，欠款仍然有利息，而张黄本人对此一无所知，便落入“利滚利”的黑洞陷阱。

因此，对于有能力还款人来说，如果记不清零头，最好查一下，宁可多还一点（最多就是溢缴部分损失一点活期利息）。千万不能差一点，因为这样不但要付出高额利息，而且还会产生信用污点。

12.3.4 花钱也无法删信用污点

央行新版征信系统上线后，对“不良记录只展示 5 年”一说的理解产生了分歧，甚至有持卡人以为 5 年前欠的钱可以不还了，也不会影响自己的信用记录。

其实，所谓不良信用记录不伴随终生的说法不太严谨。举例来说，某“老赖”10 年前欠银行贷款 3 万元至今未还，以为如今的信用报告只展示 5 年内的不良记录，就可以不还这 3 万元的贷款了，这种想法是十分错误的。如果“老赖”的贷款一直不还，那么他新版的信用报告内仍然会详细显示这笔逾期贷款的情况，并且这种超过 5 年的逾期是相当严重的，银行肯定不会再批任何贷款。

持卡人需要知道一点：《征信业管理条例》规定的不良信息记录保存期限为 5 年，只是说 5 年前已经还清的逾期记录不再出现在信用报告内而已。

一不小心留下了信用污点，后果轻则申请不到信用卡，重则办不了房贷等各项贷款。那有没有办法消除个人信用污点呢？

“听说现在不良信用记录可以删除，不知道是不是真的。”陈先生问他的朋友，最近他在办理第二套房贷时被银行拒绝了，原因是他的第一套房贷有多次逾期还款的不良信用记录。眼看房子就要被别人买走之时，陈先生听说现在有中介公司可以帮人删除不良信用记录，网上一查果然有很多类似的中介。中介宣称，给钱就能帮助消除不良信用记录，每条报价在 3 000 ～ 10 000 元不等。姜先生很想试一试，于是请他的朋友探探虚实。

他的朋友在网上搜索发现，一些网站打出了消除不良信用记录中介的广告，于是拨通电话号码，与其中一家公司取得联系。

“你先到人民银行打一份自己的信用报告给我，半个月左右就能帮你清除不良记录。费用是 5 000 元，先付一半，删除成功后再付另一半。”中介说。当他的朋友询问如何操作时，中介称：“我们能搞定银行内部，银行打报告就可以删掉记录了。我们已经做了很多笔了，全部都能搞定。”他的朋友随后走访了银行人士，“这很可能是诈骗，个人信用记录有严格的管理流程，要修改也没有那么容易。”

据介绍，征信系统客观、如实记录个人信用活动，对真实反映企业和个人信用状况的历史数据，无论是报送数据的商业银行，还是征信中心，都无权更改或删除。但是，央行设置了异议处理处，如果商业银行确实由于录入或者数据错误导致个人信用记录出现了不应该有的污点，则可向央行异议处理处出具报告反映，经严格审查，才能进行修改。商业银行违规修改征信数据，央行将会对其处罚。

个人需持本人有效身份证件原件及复印件，到中国人民银行征信中心、各分中心或县支行征信管理部门提交《个人信用报告异议申请表》即可。中国人民银行征信中心在接到《个人信用报告异议申请表》后会迅速完成异议信息的确认工作，如果异议信息经核查确实有错，将予以更正，并会通知申请人领取异议回复函。

> 专家提醒：个人信用信息基础数据库的网络覆盖全国各地，无论在哪里，都可以到所在地的中国人民银行各地分支行、征信分中心查询。个人信用报告中的很多信息都是个人的敏感信息，其他人是不能让别人随便查、随便看的。任何机构或个人如果想查看当事人的信用报告，必须首先获得当事人的书面授权。

12.3.5 销卡不会消除信用污点

在上海某外企上班的孙凡这两天为自己的信用卡逾期有点儿坐立不安，由于这阵子特别忙，然后又出了一趟差，他忙得忘记给信用卡按时还款。这是因为孙凡最近正在银行排队办理房贷，他很担心这次逾期给银行留下不好的印象，影响到自己住房按揭贷款。

很多持卡人与孙凡一样，担心自己会不会成为信用“污点”，想着如何补救？另外，还有一些持卡人误认为，信用卡出现了逾期，只要销卡了，个人信用报告中的逾期记录就会一起消失，其实这是一种完全错误的想法。

个人征信系统明确规定：对于记录在册的逾期，任何人都无法进行更改。但是，笔者也了解到，对于银行来说，考察一位持卡人的信用状况，最近的还款记录也远比几年前的还款记录更有参考价值。因此，如果持卡人想为逾期还款进行补救，正确的做法是“继续使用这张信用卡，并且坚持按时还款”。换而言之，即用最新的良好还款记录刷新个人信用报告，这才是最好的办法。

对此，笔者特意整理了以下几个要点，帮助持卡人维护好信用记录。

（1）变更信息须及时通知发卡银行。在个人联系信息发生变更后及时通知信用卡发卡银行，以便准确接收对账单和其他银行通知，保证能按时偿还各种欠款。

（2）刷卡时谨慎使用信用卡进行交易。尤其是在陌生的地方使用信用卡时，应留意商户是否为可信赖的商户，以避免相关的损失。另外，持卡人切勿参与各种违法和欺诈交易，以免给个人信用带来不可挽回的损害。因此，持卡人尽量在可信赖的网站进行安全的网上购物，并且安装银行提供的各种安全产品，保护自己的信用卡信息不被网络不法分子盗取。

（3）经常关注信用卡的使用状态。持卡人需要经常核对信用卡状态，避免卡片被盗而产生的欠款。

（4）刷卡消费时要“量入为出”。持卡人首先要建立理性的消费观和良好的理财习惯，在消费能力范围之内合理使用信用卡，避免过度消费。信用卡并不是免费资金，所以在使用信用卡时一定要区分“需要”和“想要”，避免因无法偿还欠款而产生的不良记录。

（5）长期不使用的信用卡可销户。有些银行对不发生的交易的卡片也会定期收取年费，并计入持卡人的应还款项。持卡人如果未按时偿还这些年费，会被银行记入个人信用记录。因此，对长期不使用的卡片，笔者建议持卡人及时销卡。

12.3.6 必须做到远离信用污点

5 年前，刚从大学毕业参加工作的王涛，遇到了一家银行的工作人员上门推销信用卡，他没多想就办了一张信用卡，信用额度为 5 000 元。

在农历新年前一个月，王涛顺利地拿到了信用卡。王涛持信用卡在商场买了电视机等家电，两三天就把信用额度用完了。当时，王涛每个月的工资只有 3 000 元左右，在还了第一个月的最低还款额度以后，他的经济便接不上了。王涛一直拖欠了大约半年的时间，最后在银行再三催债的情况下，找朋友借钱把信用卡欠款还了。

但是，使用这张信用卡，让王涛付出了代价。在买房时，王涛找银行申办房贷，银行均以“曾出现恶意拖欠”为由遭拒绝。王涛现在是悔不当初：“当时没有保护个人信用的意识，让我至今都很后悔。”

前段时间，王涛急需向银行申请个人消费贷款，再次专门去查询自己的个人信用报告。王涛拿到报告后一看，发现 5 年前发生的信用卡拖欠记录已经消除了。

如今，信用记录越来越受到持卡人的重视，使用信用卡的时候，远离信用污点是每位持卡人必须办到的。

专家提醒：个人信用报告主要有以下三个版本。

（1）本人查询版：主要供消费者了解自身信用状况，此版本包括征信机构拥有的所有关于消费者的信息，以及是哪家银行给消费者的贷款等。

（2）银行标准版：主要供商业银行查询，但出于保护商业秘密、维护公平竞争的目的，在信用交易信息中，该报告不展示除了查询机构外的其他贷款银行或授信机构的名称。

（3）社会版：供消费者开立股指期货账户，此版本展示消费者的信用汇总信息，主要包括个人的执业资格记录、行政奖励和处罚记录、法院诉讼和强制执行记录、欠税记录、社会保险记录、住房公积金记录及信用交易记录。

大部分持卡人的信用污点都不是特意所为，有相当一部分持卡人是因为工作繁忙、一时疏忽忘记还款而无意造成的，有的是因为不了解信用卡的使用规定而造成的。为了不让信用记录存有污点，笔者特意整理了以下几个要点。

（1）开通自动还款功能。可以将同一银行的信用卡绑定借记卡，通过办理信用卡自动还款协议实现自动还款。一旦信用卡到了最后还款日，银行就会自动从借记卡活期账户里全额扣除欠款。但借记卡里要有足够的存款，保证能扣款成功。

（2）开通账户余额提醒。定制银行信用卡账户余额短信提醒服务，每月提前知晓还款金额和最后还款日。有的银行不用定制就可以有这项服务，但有的银行需要定制才可以。

（3）手动设置备忘录提醒。把手机设置每月定时提醒备忘录或闹钟提醒，催促及时还款。

（4）利用手机或账本记账。有手机的持卡人可以在手机中安装一个专门的记账软件，通常都会有信用卡记录的功能。另外，也可以为信用卡准备一个小账本，清楚地记录自己什么时候需要还款，这种方法适合信用卡比较多的卡友。

（5）利用其他暗示的方法。比如，可以让父母每个月定期提醒自己，或者在家里最醒目的地方张贴提醒贴示。

信用卡给人们的生活带来了很多的方便，不管出于什么样的理由，持卡人都应该珍惜自己的信用，尽量保持一份干净的信用记录，严防个人信用记录污点，否则后果可能很严重。

12.4 不良的信用卡使用行为

有了信用污点不仅不光彩，而且给申请大宗贷款带来麻烦。持卡人“抹掉”不良信用记录的想法可以理解，如果强行把信用污点删去，那么诚信历史就是不忠实、不客观、不完整的；也不利于全面、客观、准确地评价记录的对象。因此，持卡人用卡时需要注意一些细节，以避免因自己的疏忽而产生的信用污点。

> 专家提醒：现在个人信用报告除了找银行申办房贷、办信用卡等有借款性质的业务以后，还在多个领域有重要作用。信用记录几乎涉及个人每一项重大经济活动中，如果没有良好的个人信用记录，很多事可能都办不成。

12.4.1 利用信用卡借取现金

“我以为信用卡提取现金和刷卡消费是一样的，都有一定的免息期。谁知道，我只取了 1 000 元，一天之后手续费加利息就有 11 元。”孙小姐后怕地告诉朋友，“幸好我只取了 1 000 元，刚开始我还打算取现 1 万元。”

近日，孙小姐正在筹办婚事。“前些天，我去一家影楼联系婚纱照，时间和价格随后都谈好了。缴纳定金时，影楼的 POS 机却不能用，不能刷卡。”于是，孙小姐只好前往银行网点，用信用卡借取了 1 000 元现金，缴了定金。回到单位后，孙小姐无意中听到同事说，“信用卡借取现金和刷卡消费是两码事。提取现金不仅需要收取利息，而且利率还不低。”孙小姐随后拨打了银行电话进行咨询，“不问不知道，一问吓一跳。”银行方面告诉孙小姐，“提取现金没有免息期，银行每天收取万分之五的利息，同时每借一笔钱，还要收取 3% 的手续费。”

对此，笔者调查了华夏银行和中国银行，发现不同银行的信用卡需还款金额并不一样，而且信用卡取现要交预借现金利息、手续费及手续费的利息 3 笔费用，计算方法，如表 12-1 所示。

表 12-1　华夏银行和中国银行信用卡取现还款金额计算方法

收费	华夏银行	中国银行
手续费	1 000 元 ×3%=30 元	0 元
利息	（1 000+30）元 ×0.05%×20 天 =10.3 元	1 000 元 ×0.05%×20 天 =10 元
最终还款额	1 040.3 元	1 010 元

另外，笔者调查各大银行发现，目前除了工行、建行、广发等少数银行对溢缴款取现免费外，绝大多数银行会收费，收费标准大多在 0.5% ～ 1% 之间，最高的达到 3%，其中还有多家银行收费更是“上不封顶”。

在利率方面，统计发现，各行对于信用卡取现的利率基本都是每天万分之五，计息时间从交易日起，到清偿日为止，而且按月循环计算复利，就连取现时产生的手续费也要按日收取利息。信用卡取现要支付相当于 18% 的年息和一定手续费，不是万不得已最好不要取现。

专家提醒：据悉，不论是自动还款的客户，还是对于通过其他形式还款的客户，在取现金后，一般会发现其后续 2 ～ 3 期的账单上产生循环利息的情况。因此，建议持卡人最好不要用信用卡取现，取现后应该直接将钱存入信用卡中，并且多存入一小部分，这样能最大限度地避免循环利息不断产生，尽快还清取现利息。

12.4.2　存钱过多或重复还款

近日，淘宝店主肖强遇到一件烦心事。肖强的生意伙伴要还他一笔 100 000 元的货款，根据对方指定的银行，肖强报了一个账号，到银行一查才发现，由于疏忽，肖强报的竟然是信用卡的账号，而这张信用卡还没有用过，都不知丢哪儿去了。

肖强问银行该怎么办，银行给出解决方案：先挂失、再补卡、再将钱消费掉或者提取现金。

肖强按照银行的建议，先花费50元挂失信用卡，再补办了一张新卡。肖强通过新卡提取这笔钱时，银行却还要按照0.5%的标准收取手续费，最低2元，最高50元，说是溢缴款提取手续费。肖强有点郁闷，“为什么没有跨行，也没有跨城，将自己卡里的钱取出来还要收这么高的手续费呢？”

很多人分不清储蓄卡（借记卡）与信用卡（贷记卡）的区别，信用卡有别于储蓄卡的地方一是可以透支；二就是存款无利息，取款要收费。不仅仅是透支取款要收费，而且就连取出溢缴款（多还款的钱，实际上是自己的钱，不是银行的钱）也要收。信用卡账户内的存款是没有任何利息的。同时对于取款，即使持卡人的卡内有存入的现金，也是同样要收取至少1%的手续费的，且没有上限。

专家提醒：信用卡和借记卡不同，用户办理信用卡时，必须多了解相关知识，了解它的收费情况，以免在使用过程中产生一些不必要的费用，给自己带来麻烦。

12.4.3 进行大额信用卡套现

需要使用现金，但是信用卡提现额度不够怎么办？不少用卡人利用各种办法进行信用卡套现，即利用网络交易平台、POS机刷卡等手段，制造假消费换取现金。比起提现当天起计息，套现可以利用银行的免息期来缓解燃眉之急。

山东济南市某公司销售经理李某，以他人做担保，在中国工商银行济南市分行办理了一张牡丹贷记卡，信用额度为1万元。李某在3个月内先后10余次使用这张卡透支提取现金消费，透支金额为7 250元。

工商银行1个月后，多次向李某催收这笔欠款，但他一直没归还。半年后，银行向公安机关报案。随后，警方依法传唤了李某。他对透支和未按规定还款的事实供认不讳，并表示立即退还欠款。第二天，李某就向银行退还了透支的本金和利息。

半年后，法院开庭审理认为，李某使用信用卡透支后，自收到催收通知起3个月内仍不归还透支款，属恶意透支，侵害了金融管理秩序和银行财产权利，已构成信用卡诈骗罪。鉴于李某系初犯，认罪态度较好，被传唤后已积极归还透支款和利息，且犯罪情节轻微。最后，法院判处其犯信用卡诈骗罪，但免于刑事处罚。

> 专家提醒：恶意透支是指持卡人以非法占有为目的，超过规定限额或者规定期限透支，并且经发卡银行催收后仍不归还的行为。按银行规定在一定期限内可以有一定限额的透支，个别人总喜欢要“小聪明”，以为超过规定限额或者规定期限不还钱没什么，此类案件提醒人们，不要恶意透支，否则可能遭到法律的制裁。

用卡套现对于持卡人和商户都存在着很大风险。虽然持卡人通过套现获得了信贷资金，减少了利息支出，但持卡人终究需要还款。一旦超过免息期，还要追加偿还免息期内的透支利息（日利率 0.5%）和逾期滞纳金。另外，倘若持卡人通过中介机构套取资金，不仅要支付较高的套现手续费，而且还可能造成个人信息的泄露，存在被“盗刷”的风险。

信用卡套现是违法行为，一旦持卡人的套现行为被发现并列入信用报告“黑名单”，将承担个人信用缺失的法律风险，今后向银行借贷资金将非常困难。对于提供套现服务的商户，除了承担法律风险，还面临受理伪卡、遭持卡人恶意挂失等风险。

12.4.4 销卡不进行定时检查

“想还钱，却没有还钱的办法！只能听任信用卡欠款如‘滚雪球’般越滚越大。”客户王先生如此表达他的无奈境遇。他说：“由于单位工作需要，申请了一张公务消费卡，在离职之际将此卡还给单位；为保险起见，还电话致电中国银行信用卡中心撤销该卡。”

岂料，7 年后他在央行征信中心查询个人信用状况时发现，自己居然已向中国银行欠款 160 多元。致电中行，他才被告知当年一笔 40 元的挂失费，辗转 7 年已成了 160 多元。

对此，王先生表示，虽然他对 40 元的挂失费存在异议，但仍有意愿偿还该笔费用，却发现并无还款渠道。王先生致电中行信用卡中心，服务人员表示，由于该卡的有效期已满作废，账号也已取消，因此，客户不能直接向此账号存款。

事实上，问题的关键在于银行是否故意纵容客户欠费，以贪图利息。王先生表示，自离职之后，中行从未以书面或口头方式向其催讨过该笔欠费；

而他手中另外两张中行借记卡和信用卡一直工作正常，这足以证明中行从未失去与该客户的联系途径。

对此，中行上海信用卡中心客服人员表示，2009 年起中行曾发送过手机短信“若有欠款，请及时偿还”。对此，王先生表示，由于该短信并无明确催款金额和卡号，不应构成有效追收。

有法律专家表示，银行在之后是否有效催讨该笔欠费是此案关键。根据我国“民法通则”：民事权力的诉讼时效为两年，诉讼时效从知道或理当知道权力被损害时起计较。该信用卡于王先生离职后发生挂职欠费起，之后中国银行也未正式向客户追收欠费及利息，而是直至客户从央行征信中心查找时才获悉。显然，该笔债权已过诉讼时效。

此前，广州佛山中级人民法院曾有案例：银行以 12 年前拖欠的信用卡透支利息 0.27 元为由，12 年后向客户被告催讨累计利息 627.37 元。对此，法院一审、二审均判定，客户仅需支付原告银行的 0.27 元，而驳回了银行的其他诉讼请求。

央行征信中心方面也指出，个人信用记录是银行发放贷款的重要依据，个人不妨每年检查一次个人征信情况，以免在不知情下被不良机构“下套”。个人可带上本人的有效身份证件原件和复印件，亲自到当地人民银行征信部门提出申请。征信中心会在 2 ～ 3 天内，免费向个人提供本人的信用报告。如发现自己的征信记录中有些信息与事实不符，应立即向征信机构和商业银行提出，若查实是机构错误，征信机构和商业银行会及时处理和更正。

> 专家提醒：需要注意的是，信用卡注销后，信用卡磁条上的信息还存在，如果被不法分子收集到个人信息，重新向银行提交新信用卡的申请，就会产生被盗刷的危险。因此，对于注销的信用卡要做剪卡处理。更重要的一点是，信用卡销卡并不等于销户，销卡是注销不用的信用卡，但是客户信息仍然存在。因此，为了保障个人信息安全，注销信用卡之后，最好再向银行客户中心申请注销账户。

12.4.5　过度透支后找人代还

一些持卡人因刷信用卡过度导致透支，不能及时还款（产生滞纳金等）。于是，一种“替你还钱”的小广告就出现了，并成为时下不少信用卡中介一项热门的赚钱业务。对此，笔者在网上搜索“代还信用卡”，发现有数万条相关信息，大部分都是出自信用卡中介。这些中介被冠以“×× 信用卡中心”“×× 科技公司”等头衔，有的直接称提供“信用卡代还”，有的则称为“养卡”、“信用卡维护”等，这些中介还同时提供信用卡套现等。

笔者根据其中的一则“替你还钱”小广告上提供的电话号码，拨通了一家“某信用卡代还中心”的电话。

“任何时间都可以办理，只要你带上身份证和信用卡就行。”听完讲述后，该中心一工作人员表示，他们只收少量手续费，比如 1 万元以下，100 元就可以搞定。但是，还款量大的，则可以优惠一些。

“那具体怎么操作呢？”笔者询问道。

“这个你不用管，我们替你还就是了。”该人员说，代还之后，不仅不会影响信用额度，相反还可获得一定数量的积分，信用度也会越来越高，“如果是老客户的话，自然可便宜。”

最后，见笔者有些心动，该人员还说：“节后业务比平时好得多，昨天就办理了十多笔，如果你需要，我们可以优惠一点，只需几分钟时间就能办好。”

那么，“替你还钱”是如何实现的呢？笔者特意就此问题咨询了银行工作的朋友。“从表面来看，持卡人通过代还偿还了卡内欠款，而且不用偿还利息，其信用记录也良好。但是，事实上只是暂时不用还款，实际债务仍然存在。”银行工作人员表示，“替你还钱”整个过程就如同一个鸡蛋在几个空篮子里轮流放，确保银行催款时，某个篮子里有鸡蛋就行。

接着，银行工作人员为笔者详细解说了“替你还钱”业务的流程：中介机构先用自己的现金替持卡人将欠款还上，让信用卡显示正常还款；随后，再通过刷 POS 机等虚假消费的方式把卡上相应额度的现金“套”出来。这样，持卡人的信用记录就正常了，而现金转了一圈还是中介机构的。“这有点类似于信用卡刷卡套现的行为。”该人士说：“其实，信用卡代还属于违法行为。”对于代还业务的合法性，业内人士表示，一旦被查出，持卡人将受到法律法规制裁，因为代还后，一旦出现无法还款的现象，就会给发卡银行带来风险。

根据央行和银监会最近发出的《关于防范信用卡风险有关问题的通知》等有关规定，刷卡恶意套现、捏造购物事实并数额巨大构成犯罪的，将移送司法机关处理，最高可被判处无期徒刑。

据笔者了解，“替你还钱”虽然在一定程度上替持卡人还上最低限度的欠款，但是其中也暗藏不少风险。比如，中介公司在进行最大限度的消费后就此消失，持卡人便会遭受损失。由于目前从事此类行为的中介大多是非正规公司，因此发生此类事件的概率较高。

12.4.6 信用卡随意借给他人

在郑州一家企业做文案的杨先生，随便把信用卡借给了别人。因为杨先生自己不怎么使用信用卡，而好友经常找他借钱，为了图省事，就把信用卡给了好友，并提醒他，刷完之后记得及时还款。

时间一长，杨先生就把这件事情给淡忘了。直到有一天接到银行的催款电话，他才意识到问题的严重性。“银行告诉我，我已经超过 3 个月都没有还款，消费金额加上利息和滞纳金我总共欠了银行 3 万多元，如果再不还款，他们就准备通过法律的途径来解决。”这下可把杨先生给急坏了，赶紧打电话找那个朋友，还好对方只是出差去了外地，没能及时还款，并不是故意欠账。

记住，无论多长时间的逾期未还，银行都会将信息记录在银行个人征信系统中。以后个人要到银行贷款、申请信用卡可能会被拒绝，或者以高于市场的利率才能获得贷款。如果被银行认为是恶意逾期不还，除了按规定罚重息外，银行将向个人做出追讨赔偿，个人须承担刑事责任。持卡人作为第一责任人，即便是刷卡行为不属于持卡人，也有义务把欠款偿还。所以，杨先生可先把信用卡的钱还上，再去找朋友追偿，假如出现朋友恶意欠款的行为可以报警。

如果手中信用卡较多，或是根本不需要信用卡，建议及时去银行注销，因为即便是开通不用，信用卡也是有年费的。

持卡人将信用卡租借给他人的行为存在着巨大风险，一旦借卡人因非法套现、放高利贷触犯法律，持卡人必将受牵连甚至成为共犯。如果信用卡被利用从事其他违法犯罪活动，将给持卡人带来更多麻烦。持卡人不能为了牟取蝇头小利，将信用卡租借给他人，要知道以任何形式出借信用卡都可能给自己的财产和信用带来风险。

12.4.7 还款时不注意银行动态

目前，消费者通常使用存折或银行卡等关联账户归还住房贷款，在贷款合同最后还款日前几天才往存折或银行卡里存钱，这样很容易在加息后出现少还款情况。如此一来，不仅会在信用报告上留下负面记录，而且还将影响持卡人今后贷款或办理信用卡。

贷款利率变动在什么情况下可能会影响到个人的信用记录？

贷款利率上调，增加了借款人每月的应还款额，但借款人因不知道等原因未能及时增加月还款金额，这样借款人的信用记录就会受到影响，因为所有未能足额、按时还款的信息都会被记录在个人信用报告中。个人信用报告是对过去行为的客观记录。一般情况下，界定个人贷款是否逾期的关键是贷款合同约定的“结算应还款日”，无论本息，都应在该日期前按合同约定金额归还，否则即为逾期，这一信息就会被记入个人信用报告。

因银行利率变动造成负面记录后该怎么办？

近日，曾先生十分着急，他还车贷时，因银行利率调整连续8次少还1～20元，在人民银行留下不良记录。现在，导致曾先生办理其他业务受阻。

通常情况下，这种情况需要曾先生本人与贷款银行协商解决，一般来说，贷款合同里都会约定还款方式，并且注明遇到利率调整怎样还款，建议曾先生先看看贷款合同里是怎样约定借贷双方责任的，再与贷款银行交涉。

如何避免因利率调整、月还款额变动给自己造成负面记录？

对于这种情况，贷款人要注意与商业银行签订的贷款合同中的利率条款，如果采用的是浮动利率，还款的利率会随着基准利率的变动而变动，这时要特别留意央行利率调整的消息，如果订合同后至次年的1月1日，中国人民银行上调了贷款利率，则商业银行将从次年的1月1日起按最新的贷款利率计收利息，会引起月还款额发生变化，这时，每月还款时不妨往存折或银行卡里多存入一些钱，以免由于储蓄账户资金不足而影响到个人信用记录。

> 专家提醒：在贷款利率上调的时候，个人住房贷款的利息也会增加，而有些粗心的消费者仍按原金额支付“月供”或分期，还款不足，从而造成欠息逾期。因此，有房贷的消费者，在每次利息调整之时，应该及时查询自己应还款金额，确保每月能准时、足额地缴纳“月供”。

12.4.8 “休眠卡”过多不管理

张宾今年刚毕业，他最近收到了一份647.2元的账单。经过仔细回想，他想起两年前在学校时办理过一张学生信用卡，激活后一直没有使用。此卡的年费虽然只有20元，但是两年后利息加上滞纳金，居然“驴打滚”，变成了600多元。

现在有不少消费者为了得到赠品而申请信用卡，待信用卡批下来之后，却没有激活信用卡，而是让卡片成为“睡眠卡”。但是殊不知“睡眠卡”也是需要交纳年费的，若不缴纳就会产生不良的信用记录。

目前，按照信用卡等级的不同，银行每年会收取10～200元不等的年费，到期银行会在账户内自动扣款。大多数银行刷卡次数在3～6次，即可以免除次年年费，但是有的银行却高达18次。这就给休眠卡带来了很大的“安全隐患”——即使不刷卡消费，每年的年费扣取也会形成欠款，这笔欠款将会按照透支消费对待。一旦超过了透支消费的免息期，这笔欠款便会按照年利率“利滚利”地计算“贷款利息”。并且，银行还会收取一笔不菲的滞纳金。另外，如今各家银行大都采用“跑马圈地”的方式扩张着其信用卡的市场份额。但业内对“跑马圈地”的卡海战术也存在一定的担忧，不少业内人士认为，由于中国人相对保守、不喜欢花明天的钱的传统观念，导致已经发行的信用卡当中，有六成的卡处于休眠状态。

因此，如因某种特殊原因造成“睡眠卡”也必须及时与银行交涉，讲清情况。因为喜欢赠品而办理信用卡或是为了帮朋友而开卡的消费者，要记得拿到信用卡后及时注销自己不需要的信用卡，以免产生年费。

最后，还需要提醒的是，信用卡并非越多越好，银行业界人士提醒，信用卡过于分散不仅不利于消费积累，而且有可能产生信用不良的记录。消费者手头信用卡太多，其中一些就会变成长期不用的“睡眠卡”。如果不按期偿还睡眠卡的年费，就要以每天万分之五的利率收取欠费利息。

12.4.9 没有与银行保持好联系

如今的年轻人，受花样繁多的营销影响，在几大运营商之间更换手机号码越来越频繁。对于信用卡消费记录来说，持卡人的手机号是银行向其第一时间发布“情报”的途径，因此一旦换号码不要忘记及时告知银行申请更改，以免影响办理相关业务。

但是，不少持卡人称自己更换信用卡预留的手机号码时，在多家银行遭遇不同的烦琐程序。为此，笔者对多家银行进行调查，发现各家银行并没有一套统一的操作方法，规矩也不尽相同。

变更信用卡的手机号码大致有电话更改和银行网点现场更改两种途径，在笔者调查的多家银行中，有 11 家银行可以通过客服电话或者银行网点现场同时进行更改。不过也有少数银行例外，如：光大银行流程略微烦琐，只能持信用卡及身份证去网点办理，无法通过客服电话更改；招商银行恰恰相反，网点无法办理，只能通过电话或者网络进行修改。

另外，如果使用办理信用卡时预留的手机号码拨打银行客服电话，办理变更手机号码的业务，有 9 家银行可以当即更新生效，有 3 家银行则是延时生效的。例如，中国银行、招商银行、浦发银行，分别为电话审核通过后 5 小时、次日 24 点和 3 天。

通过电话更新手机号，银行通常依据之前办理信用卡预留电话进行身份确认。当持卡人预留电话无法使用时，部分银行要经历更为复杂的操作过程进行确认。例如，广发银行需到营业网点进行变更申请，耗时 6 ～ 10 个工作日；华夏银行需要拨打电话进行身份确认，5 ～ 7 个工作日后生效；交通银行的申请流程比较曲折，需要去网点办理，而且生效时间还是不确定的。

不少人发生不良信用记录是因为家庭住址变更、手机号码变更等原因没有收到银行对账单或还款通知，结果造成逾期还款。当个人基本信息变更时，如家庭住址和手机号码变更等，应尽快通知与自己有发生业务关系的金融机构。

> 专家提醒：不仅是变更电话号码，很多在外租房的持卡人在搬家之后也容易遗忘向银行申请更改投寄地址，很多信用卡的消费明细单可能误落他人之手，给自己的隐私甚至财产带来安全问题。

12.4.10　不保护好个人的资料

近日，钟先生在公司上班时接到一个自称是办信用卡的营销电话，对方表示只要他办理建行信用卡，即可得到某电影票作为礼品。当时，钟先生正准备月底去看这场电影，因此对这一办卡“送礼”活动颇感兴趣。

“我原本以为就像在地摊上办信用卡，填好申请合约就能拿到电影票了。”钟先生表示，发卡营销员告诉他由于最近办卡地摊受到“清理”很难在市中心摆，所以发卡采用电话营销的方式。营销员会将信用卡申请合约寄给钟先生，让他填好后回寄，等银行对办卡审批通过后，钟先生就能得到作为礼品的电影票了。

细心的钟先生向建行网点咨询是否有这一“办卡送礼”时，网点的工作人员表示近期并未听说。随后，钟先生又拨打了建行信用卡中心的客服热线，工作人员也对他表示没有办信用卡送电影票的活动。这令钟先生认为接到的所谓电话营销发卡在“搞花头”，当发卡营销员再次打电话过来时，钟先生质问他究竟是不是建行的员工，对方发现情况不对，支支吾吾就挂断了电话。

钟先生对此愈加怀疑，并且了解到部分朋友最近也遇到了电话营销发卡的情况，虽然在申请合约上填好个人信息资料并附上身份证复印件回寄，但迟迟没有收到电话营销员承诺赠送的礼品，相当于是被“钓鱼”了。

最近，发卡营销员利用送礼来“钓鱼”的情况频频出现，尤其是在电话营销发卡中。以前客户都是在地摊上或银行现场办卡，一手填资料一手拿礼品。但是，电话营销发卡通常都是等客户办卡通过审批后再送礼品，因此出现部分营销员向客户口头承诺的礼品却不兑现。还有一种发卡“钓鱼”的情况更恶劣，于目前各家银行散发在外的信用卡申请合约很容易得到，一些不法分子擅自打着银行名义在外找客户办卡，实际是在套取客户的个人信息资料，然后冒用客户名义办信用卡恶意透支。从上述案例看来，钟先生很可能就是碰到了这种情况。另外，据笔者从信用卡业内了解，由于大多数发卡营销员是以外包形式工作，并不享受银行正式员工的福利待遇，所以为拿到提成经常出现各种违规行为。

例如，不同银行的发卡营销员为完成指标，会互相交换甚至购买客户信息资料，这造成屡屡有客户投诉莫名其妙“被办卡”。一位银行工作人员解密道：“信用卡营销员的主要收入都是计件提成，固定底薪很少，而且发卡送给客户的礼品基本是营销员自己掏腰包购买的，随着发卡提成减少，部分营销员为减少成本就想出了利用送礼‘钓鱼’发卡的主意。”

毫无疑问，个人信息是个人隐私的重要内容，保护自己的个人信息不被泄露和滥用，是保护隐私权的一部分。然而，人们对保护个人信息的关注程度远低于保护个人隐私，有些时候、有些场合人们往往不把个人信息当作个人隐私来对待，发生随意泄露个人信息的事件还不以为然。

由于居民身份证和身份信息被盗用情况越来越多，给当事人信用档案产生负面信用的情形也屡见不鲜。为此，持卡人要尽量做到以下几点：

（1）不要轻易将身份证件借与他人。在向他人提供身份证复印件时，最好在身份证复印件有文字的地方标明用途，同时加上“复印件无效”字样。

（2）慎重填写各类身份信息表格。加强个人信息保护，应该从自身做起，比如，在网上不要随意在表格中填写自己的身份信息，应该选择安全防范能力较强的网站存储重要个人信息；在马路上接受市场调查，或者在商店里填写贵宾卡等时，要留个心眼，不要随便将自己的重要资料泄露给他人。

（3）不要随意丢弃实名火车票。铁路部门表示，实名制车票最好不要随意处置，丢弃之前，可将二维码、身份证号码和姓名等部位涂黑或者粉碎处理，以免泄露个人信息。

（4）快递收件单上的个人信息要撕干净。对于喜欢网购的消费者来说，下订单网购是常事，但不少消费者可能还未意识到，一张小小的快递单，很可能已经将个人信息泄露出去。因此，消费者填写快递单时，个人信息应“能省则省”；收到快件后，应及时处理姓名、电话号码、地址、订单号等信息，或直接销毁快递单据。

（5）自动提款不必要回单。虽然银行回单很小，功能简单，但只要是消费者发生的业务内容，都会在上边显示，包括存款账号、户名、产品名、金额、余额等，即便是最普通的个人活期账户取款回单，信息种类也有十多项之多。不法分子在获得回单之后，很可能通过技术手段窃取您的密码，继而伪造银行卡，套取账户内钱款。因此，消费者可以每次存完钱或者取完钱之后选择不打印回单，包括在柜台办理业务。如果打印了回单，那就必须妥善保存，用完之后彻底粉碎。谨记妥善处理以防账号信息外流。

> 专家提醒：因此，在日常生活中务必要谨慎保管身份证、信用卡账号、密码等个人资料，防止被不法分子利用；当自己的通信地址变更时，一定要及时通知银行，以免重要信件被截留。

12.5 不良信用记录如何消除

很多人都拥有银行信用卡，信用卡确实给生活带来了不少的便利，而且在很多时候信用卡的透支业务让我们可以渡过短期的财务危机。善于使用信用卡的客户一般是越用信用额度越高，然而有些人或许是透支刷卡没有注意，或者是卡丢失而没有想那么多，造成小额度的欠款，逾期后形成不良信用记录，严重影响到以后的信用卡办理、房贷、车贷等业务。

所谓不良记录，是指在个人征信记录中出现："/""N""*""C""G"这几种以外的信息，如数字等。

- "/"是代表未开立账户。
- "*"是代表本月没有款历史，即本月未使用。
- "N"是代表正常。
- "C"是代表结清销户。
- "G"是代表结束。

征信信息是客观的，是对客观发生过的实际情况的记录，是可靠的。但征信信息的适用具有一定的关联性，征信的关联性就要求对所关联事件的实质性进行探究。所以在解读征信报告时既要尊重客观，更需要究其根本。

12.5.1 不良记录的处理方法

笔者的同事小李最近为买房的事情一直在忙活。2013 年国庆长假后上班第一天，还没踏进办公室大门，就听小李在里面狂乐，"哈哈，我的房贷终于下来啦！"还以为什么喜事，房贷获批不是很正常的事吗？

笔者细问之下才知，原来两年前小李因信用卡过期几个月忘了还款，被留下了不良信用记录，原以为会终生受影响，没想到在广泛钻研了各种政策、规则后，小李总结出一套方法，不仅抹去了不良记录，而且连房贷也获批了。

细细打听，原来应对不良信用记录，小李有三招秘诀。

（1）用好记录抹去坏记录。按照目前的个人信用记录的相关政策，只保留最近 24 个月的信用情况，就是说，虽然有不良记录产生，但只要在之后 2 年内保持良好记录，就能抹去不良记录的影响。

（2）及时还清欠款和利息。每个持卡人都必须为自己犯下的错埋单，虽然万分之五的利息有点高，但这是“自救”的代价。

（3）不要轻易注销信用卡。小李当年是因为某银行信用卡还款逾期而留下的不良记录，还清后虽然额度降到零，但他却没有选择销卡。只要没有销卡，银行就必须仍按月向人行更新相关情况，即使额度为零，该月信用情况仍为“*”，即表示当月没使用。

如果信用卡出现逾期还款的坏账记录，还款后不要马上销户，避免信用记录中的逾期还款记录没有修复的机会，长久影响自己的信用状况。正确的做法是正常使用这张信用卡，用两年时间，修复好信用记录之后再进行销户处理。

这是因为所有的信用记录在征信系统中都有一定的保存期限。

目前国家规定金融机构不得披露、使用自不良信用行为或事件终止之日起已超过 5 年的个人不良信用记录，以及自刑罚执行完毕之日起超过 7 年的个人犯罪记录。一般情况下，金融机构更加关注两年内的信用记录。

有很多人担心自己信用报告中出现负面记录，彻底影响自己的个人信用。其实个人信用报告中有了负面记录，只能说明个人出现了未能按合同约定履行义务的事实，并非就此全盘否定个人信用。负面记录与信用并不能完全画等号。

最终我们在和金融系统合作的时候能否通过审核，关键还是在于商业银行。中国人民银行征信中心只是提供个人信用报告，供商业银行审批贷款申请时参考。

如果我们确实有了负面记录，首先要避免出现新的负面记录，其次是必须尽快采取相应的措施加以修复，重新建立良好的个人信用记录。如果先前只是偶尔出现了逾期还款行为，之后都是按时足额还款，就可以用来证明自己的信用状况正逐步在向好的方向发展，这时候银行在具体的借贷关系中也会重新予以评估。

如果已经出现被银行拒绝的情况，那么就需要利用任何和其他金融机构信贷来往的机会，比如使用银行信用卡或者获批贷款，有意消费并且坚持做到按时还款，从点滴开始，从小金额开始，重新累积自己的信用记录。

个人应当在日常生活中注意养成良好的意识和习惯，从根本上避免因出现负面记录而给自己造成的不利影响。首先，以诚为本，恪守信用，树立良好的信用意识；其次，是妥善安排有关信贷活动，并做好关联预警提示工作。选择合适的还款方式，采取有效的提醒措施，确保每笔贷款和信用卡欠款都按时还款。

12.5.2 哪些信用污点可删除

几日前，某国有银行到笔者的单位去办理信用卡业务，针对公司员工推出了一些优惠，比如可现场免费办理一张理财金卡，而且这张卡转账汇款均免费，无论是本地还是外省。工作人员介绍说，平时办这张卡，需要缴费 800 元。

听到有这么好的事情，很多同事都办了这张卡，隔壁办公室的刘华也想办一张，可是银行的工作人员却在众目睽睽之下拒绝了他。原来，银行工作人员一查信用记录，发现刘华有多次违约，尽管刘华一再解释都只是忘记还款这样的小事，但银行工作人员还是委婉地拒绝了他。

此后，刘华信用卡没办成倒也罢了，结果还弄得单位同事人尽皆知，虽然大家对他的调侃并没有恶意，但刘华还是觉得“哑巴吃黄连，有苦说不出”。

“你明知道办理信用卡都要看诚信记录，而且也知道自己有不良信用记录，为什么不去消除呢？”笔者问刘华。

“这个也能消除？”刘华充满怀疑的反问道。

“当然可以，因为你的不良记录仅仅是几次忘记还款，而且后来都补上了，所以并不是恶意的、性质严重的。有几种情况的不良记录产生后是可以通过与银行协商消除掉的。”笔者告诉他。

笔者从建设银行、农业银行、工商银行等机构了解到，因为不良记录产生的原因各不相同，如果有不良信用记录的市民申请贷款，他们要看申请人产生不良信用的原因是善意还是恶意的，如果是因为利率调整、出差、手机号码更换无法接收银行短信等原因造成的逾期还款，产生不良信用记录，他们都会根据相关政策予以贷款。

其实，像刘华这样的非主观恶意造成不良信用记录者大有人在。对于这类持卡人，有以下四种情况可向银行申请消除不良信用记录。

（1）小金额欠款没还造成不良记录。以前没有启用“容时容差”还款制度的时候，也是可以通过客服热线与银行协商“宽限几日”。而目前，大多数银行都推出了容差还款，比如在 5 元或是 10 元以内的零头忘还，那么银行是免收罚金和滞纳金的，但不良记录还是会记录的。持卡人需要注意的是，信用卡和贷款是不一样的，只要持卡人还了最低还款额之后就视同正常还款，不会上征信系统。一般来说，最低还款额为账单金额的 5% 或者 10%。另外，对于零头欠款引起的不良记录，有银行可以为客户出一份相关说明。

（2）因为未缴年费引起的不良记录。目前，部分银行对于年费欠费并不上报征信系统，但也有银行仍然上报的。对于这种情况只要与之协商，一般来说银行是会宽容的。

（3）由于被盗刷所引起的不良记录。如果客户信息是被人盗用的、冒用的，那么客户应该向公安机关报案，并且到银行填写否认办卡或是贷款的声明书。同时，银行会启动最长 3 个月的调查处理期。一旦确认贷款或是信用卡与持卡人本人无关，那么银行会立即修改客户的征信记录。

（4）由于特殊情况造成的不良记录。比如战地记者或是武警、医护人员，因为突发的情况，需要去战区、疫区、地震现场等连续几个月不能回来，并且那些地方既不通信也不通邮的，在这种情况下，这些人员可能会延迟信用卡还款，而导致出现信用不良记录。只要是有特殊原因，而相关部门能给开具证明，银行均可以根据相关证明修改客户征信记录，甚至对于产生的利息滞纳金也会给予减免。

正确使用信用卡，及时地全额还贷，可以提高持卡人的信用记录和信用额度，所以真正要保持良好的信用，在于持卡人平时的注意，然而即使出现了不良信用记录，也不要紧张，按照正确的方法去做就可以消除，不会影响到未来的信用贷款。

专家提醒：个人信用报告只是如实地记录个人原始的信用信息，不加任何主观判断生成信用报告。个人征信系统是信用状况忠实的“记事本”，它不会写上任何好与坏的评语。个人信用报告中记录的信息包括正面的、积极的信息，也包括一些负面的信息。主要是在与银行发生借贷关系后，未按合同要求时间还本付息，拖欠和借款不还都会如实反映在信用记录中，对个人信用形成不良影响。